edition suhrkamp 2373

Spätestens seit den 60er Jahren lassen sich zeitgenössische Kunstwerke nicht mehr in den Begriffen herkömmlicher Ästhetiken erfassen. Anstatt »Werke« zu schaffen, bringen die Künstler zunehmend Ereignisse hervor, die in ihrem Vollzug die alten ästhetischen Relationen von Subjekt und Objekt, von Material- und Zeichenstatus außer Kraft setzen. Um diese Entwicklung nachvollziehbar zu machen, entwickelt Erika Fischer-Lichte in ihrer grundlegenden Studie eine *Ästhetik des Performativen*, die den Begriff der Aufführung in den Mittelpunkt stellt. Dieser umfaßt die Eigenschaften der leiblichen Kopräsenz von Akteuren und Zuschauern, der performativen Hervorbringung von Materialität sowie der Emergenz von Bedeutung und mündet in eine Bestimmung der Aufführung als Ereignis. Die Aufhebung der Trennung von Kunst und Leben, welche die neueren Ausdrucksformen anstreben, wird hier ästhetisch auf den Begriff gebracht.

Erika Fischer-Lichte lehrt Theaterwissenschaften an der Freien Universität Berlin.

Erika Fischer-Lichte

Ästhetik des Performativen

Suhrkamp

13. Auflage 2016

Erste Auflage 2004
edition suhrkamp 2373
Originalausgabe

Satz: Jung Crossmedia Publishing, Lahnau
Druck: C.H. Beck, Nördlingen
Umschlag gestaltet nach einem Konzept
von Willy Fleckhaus: Rolf Staudt
Printed in Germany
ISBN 978-3-518-12373-7

Suhrkamp Verlag GmbH
Torstraße 44, 10119 Berlin
info@suhrkamp.de
www.suhrkamp.de

Inhalt

Fünftes Kapitel
Emergenz von Bedeutung

Sechstes Kapitel
Die Aufführung als Ereignis

Siebtes Kapitel
Die Wiederverzauberung der Welt

Wolle die Wandlung. O sei für die Flamme begeistert,
drin sich ein Ding dir entzieht, das mit Verwandlungen prunkt;
jener entwerfende Geist, welcher das Irdische meistert,
liebt in dem Schwung der Figur nichts wie den wendenden Punkt.

Was sich ins Bleiben verschließt, schon ists das Erstarrte;
wähnt es sich sicher im Schutz des unscheinbaren Grau's?
Warte, ein Härtestes warnt aus der Ferne das Harte.
Wehe –: abwesender Hammer holt aus!

Wer sich als Quelle ergießt, den erkennt die Erkennung;
und sie führt ihn entzückt durch das heiter Geschaffne,
das mit Anfang oft schließt und mit Ende beginnt.

Jeder glückliche Raum ist Kind oder Enkel von Trennung,
den sie staunend durchgehn. Und die verwandelte Daphne
will, seit sie Lorbeern fühlt, daß du dich wandelst in Wind.

Rainer Maria Rilke

Erstes Kapitel
Begründung für eine Ästhetik des Performativen

Am 24. Oktober 1975 trug sich in der Galerie Krinzinger in Innsbruck ein merk- und denkwürdiges Ereignis zu. Die jugoslawische Künstlerin Marina Abramović präsentierte ihre Performance *Lips of Thomas*. Die Performance begann damit, daß die Künstlerin sich vollständig ihrer Kleidung entledigte. Danach ging sie zur Rückwand der Galerie, um dort eine Photographie von sich anzupinnen, die sie mit einem fünfzackigen Stern umrahmte. Von dort begab sie sich an einen nicht weit von der Rückwand plazierten Tisch, der mit einer weißen Tischdecke, einer Flasche Rotwein, einem Glas Honig, einem Kristallglas, einem Silberlöffel und einer Peitsche gedeckt war. Sie ließ sich auf dem Stuhl am Tisch nieder, griff nach dem Honigglas und dem Silberlöffel. Langsam leerte sie das Glas, bis sie das Kilo Honig aufgegessen hatte. Sie goß sich Rotwein in das Kristallglas und trank ihn in langsamen Zügen. Sie wiederholte diese Handlung, bis Flasche und Glas leer waren. Dann zerbrach sie das Glas mit der rechten Hand. Die Hand fing an zu bluten. Abramović stand auf und ging zu der Wand, an der ihre Photographie befestigt war. Den Rücken zur Wand und frontal zu den Zuschauern, ritzte sie sich mit einer Rasierklinge einen fünfzackigen Stern in den Bauch. Blut quoll hervor. Dann ergriff sie die Peitsche, kniete sich mit dem Rücken zum Publikum unter ihrem Bild nieder und geißelte sich heftig den Rücken. Blutige Striemen erschienen. Anschließend legte sie sich auf ein Kreuz aus Eisblöcken, die Arme weit ausgebreitet. Von der Decke hing ein Heizstrahler, der auf ihren Bauch gerichtet war. Seine Wärme brachte den eingeritzten Stern erneut zum Bluten. Abramović blieb reglos auf dem Eis liegen, offensichtlich gewillt, ihre Marter andauern zu lassen, bis der Heizstrahler das Eis zum Schmelzen gebracht haben würde. Nachdem sie dreißig Minuten auf dem Kreuz aus Eis ausgeharrt hatte, ohne Anstalten zu machen, die Tortur abzubrechen, vermochten einzelne Zuschauer ihre Qual nicht länger mehr zu ertragen. Sie eilten zu den Eisblöcken, ergriffen die Künstlerin, holten sie vom Kreuz und trugen sie hinweg. Damit setzten sie der Performance ein Ende.

Die Performance hatte zwei Stunden gedauert. Im Verlauf dieser zwei Stunden gestalteten die Performerin und die Zuschauer ein Ereignis, das durch die Traditionen, Konventionen und Standards weder der bildenden noch der darstellenden Künste vorgesehen oder gar legitimiert gewesen wäre. Die Künstlerin stellte mit den Handlungen, die sie vollzog, nicht ein Artefakt her; sie schuf kein Werk, das von ihr ablösbar, fixier- und tradierbar gewesen wäre. Andererseits stellte sie mit ihnen aber auch nicht etwas dar. Sie agierte nicht als Schauspielerin, welche die Rolle einer dramatischen Figur spielt, die zu viel Honig ißt und zu viel Wein trinkt und sich die unterschiedlichsten Verletzungen zufügt. Ihre Handlungen bedeuteten nicht, daß eine Figur sich selbst verletzt. Mit ihnen verletzte Abramović vielmehr tatsächlich sich selbst. Sie mißhandelte ihren Körper unter entschiedener Mißachtung seiner Grenzen. Zum einen führte Abramović ihm im Übermaß Substanzen zu, die, in kleinen Dosen genossen, durchaus stärkend wirken mögen, in diesen Mengen jedoch zweifellos Übelkeit und Unwohlsein erzeugen. Um so merkwürdiger mochte es anmuten, daß sich weder auf dem Gesicht noch in den Bewegungen der Künstlerin entsprechende Symptome zeigten. Zum anderen fügte sie sich so schwere äußere Verletzungen zu, daß der Zuschauer auf einen starken körperlichen Schmerz schließen mußte. Allerdings brachte die Künstlerin auch in diesem Fall keine Zeichen hervor, die Schmerz ausdrücken – sie stöhnte nicht, noch schrie sie, noch verzog sie das Gesicht im Schmerz. Sie vermied generell, jene Art von körperlichen Zeichen zu zeigen, die als Ausdruck von Unwohlsein oder Schmerz gelten, ohne allerdings dem Beobachter immer zu erlauben, mit Sicherheit zu entscheiden, ob es sich hier um den Ausdruck eines tatsächlich empfundenen Schmerzes handelt oder ob ein Schmerz dargestellt wird, der lediglich gespielt ist. Die Künstlerin beschränkte sich darauf, die Handlungen zu vollziehen, die ihren Körper wahrnehmbar veränderten – ihm Honig und Wein einverleibten und ihm sichtbare Verletzungen zufügten –, ohne äußere Zeichen für die dadurch verursachten inneren Zustände hervorzubringen.

Damit versetzte sie den Zuschauer in eine irritierende, zutiefst verunsichernde und in diesem Sinne qualvolle Situation, in der bisher fraglos gültige Normen, Regeln und Sicherheiten außer

Kraft gesetzt zu sein schienen. Für den Besuch einer Galerie oder eines Theaters bestand traditionell die Regel, daß die Rolle des Besuchers als diejenige eines Betrachters bzw. Zuschauers definiert ist. Der Galeriebesucher betrachtet die dort ausgestellten Werke aus größerer oder geringerer Entfernung, ohne sie jedoch jemals zu berühren. Der Theaterbesucher schaut dem Geschehen auf der Bühne auch bei größter innerer Anteilnahme und Bewegung zu, ohne jemals einzugreifen, auch wenn auf der Bühne eine Figur (z. B. Othello) sich anschickt, eine andere (in diesem Fall Desdemona) umzubringen, wohl wissend, daß der Mord nur gespielt ist und die Darstellerin der Desdemona am Ende vor den Vorhang treten und sich gemeinsam mit dem Darsteller des Othello artig verbeugen wird. Im Alltagsleben dagegen gilt die Regel, sofort einzugreifen, wenn einer sich oder einen anderen zu verletzen droht – es sei denn, man setzt sich damit selbst einer Gefahr für Leib und Leben aus. Welche Regel sollte der Zuschauer in Abramovićs Performance anwenden? Ganz offensichtlich verletzte sie sich tatsächlich und war gewillt, ihre Selbstfolterung weiter andauern zu lassen. Hätte sie dies irgendwo auf einem öffentlichen Platz getan, hätte der Zuschauer vermutlich nicht lange gezögert und eingegriffen. Aber hier? Erforderte es nicht der Respekt vor der Künstlerin, sie ausführen zu lassen, was ihr Plan und ihre künstlerische Absicht zu sein schienen? Würde man nicht das Risiko eingehen, ihr »Werk« zu zerstören? Andererseits: Ließ es sich mit den Gesetzen der Humanität, mit dem menschlichen Mitgefühl vereinbaren, ihr ruhig dabei zuzuschauen, wie sie sich selbst Verletzungen zufügte? Wollte sie den Zuschauer etwa in die Rolle eines Voyeurs drängen? Oder wollte sie ihn testen, um herauszufinden, wie weit sie noch gehen mußte, ehe Zuschauer sich anschickten, ihrer Qual ein Ende zu bereiten? Was sollte hier gelten?

Abramović schuf in und mit ihrer Performance eine Situation, welche die Zuschauer zwischen die Normen und Regeln von Kunst und Alltagsleben, zwischen ästhetische und ethische Postulate versetzte. In diesem Sinne stürzte sie sie in eine Krise, zu deren Bewältigung nicht auf allgemein anerkannte Verhaltensmuster zurückgegriffen werden konnte. Die Zuschauer reagierten zunächst, indem sie eben solche körperlichen Zeichen hervorbrachten, welche die Performerin verweigerte: Zeichen, die auf innere Zustände schließen lassen, wie auf das ungläubige Staunen, welches sich im Verlauf des Essens und Trinkens einstellte, oder auf das Entsetzen, welches das Zerbrechen des Kristallglases mit der Hand hervorrief. Und als die Künstlerin anfing, sich mit der Rasierklinge ins eigene Fleisch zu schneiden, war buchstäblich zu hören, wie die Zuschauer ob des Schocks, den diese Handlung auslöste, den Atem anhielten. Was immer die Transformationen waren, welche die Zuschauer während dieser zwei Stunden durchliefen – Transformationen, die sich zum Teil durchaus in wahrnehmbarem körperlichem Ausdruck manifestierten –, sie mündeten in den Vollzug von allgemein wahrnehmbaren Handlungen ein, die wahrnehmbare Konsequenzen hatten. Sie setzten der Qual der Performerin und damit der Performance ein Ende. Sie verwandelten die beteiligten Zuschauer in Akteure.

Wenn in früheren Zeiten die Rede davon war, daß Kunst verwandelt, daß sie sowohl den Künstler als auch den Rezipienten zu transformieren vermag, so war in der Regel damit gemeint, daß der Künstler von Inspiration ergriffen oder im Rezipienten ein inneres Erlebnis hervorgerufen wird, das ihm wie Rilkes Apoll zuruft: »Du mußt dein Leben ändern.« Zwar ist allgemein bekannt, daß es zu allen Zeiten Künstler gegeben hat, die ruinös mit ihrem Körper umgegangen sind. Künstlerlegenden oder auch Autobiographien einzelner Künstler berichten immer wieder von Schlafentzug, Drogeneinnahme, Alkohol- und anderen Exzessen oder auch von Selbstverletzungen. Aber die Gewalt, die Künstler in diesen Fällen ihrem Körper antaten, wurde weder von ihnen als Kunst ausgegeben noch von anderen als Kunst verstanden.[1] Entsprechende Praktiken wurden den Künstlern im 19. und 20. Jahrhundert, aus denen die einschlägigen Quellen stammen, bestenfalls nachgesehen, als eine mögliche Inspirationsquelle für das künstlerische Schaffen in Kauf genommen, zwar als Preis für das so entstandene Kunstwerk gebilligt, jedoch nicht dem Kunstwerk selbst zugerechnet.

Dagegen gab – und gibt – es andere kulturelle Bereiche, in denen Praktiken, mit denen Menschen sich selbst Verletzungen zufügen und ernsthaften Gefahren aussetzen, nicht nur als »nor-

1 Eine Ausnahme bildet Antonin Artaud. Denn es war nicht die Bühne, auf der er seine Vorstellungen von einem Theater der Grausamkeit verwirklichte, einem Theater als Pest, welches Tod oder Heilung bringt, sondern sein eigener durch Drogen und die Behandlung mit Elektroschocks geschundener Körper.

mal«, sondern zum Teil geradezu als vorbildlich und modellhaft gelten. Es sind dies insbesondere die Bereiche religiöser Rituale sowie der Jahrmarktsspektakel. In vielen Religionen sind es die Asketen, die Eremiten, Fakire, Yogi, denen gerade deshalb eine besondere Heiligkeit zugesprochen wird, weil sie ihrem Körper nicht nur für den normalen Sterblichen undenkbare Entbehrungen und Gefährdungen zumuten, sondern ihm auch die unglaublichsten Verletzungen zufügen. Um so erstaunlicher ist es, daß sich zu bestimmten Zeiten sogar Massenbewegungen derartige Praktiken zu eigen machen, wie dies bei der Geißelung der Fall ist. Als individuell oder gemeinsam geübte Praxis der Nonnen und Mönche seit dem 11. Jahrhundert entwickelt, wurde sie seitdem vielfach aufgegriffen: von den Geißlerzügen, die um die Mitte des 13. und 14. Jahrhunderts durch Europa zogen und öffentlich, meist vor großem Publikum, ihr Ritual vollzogen, von den Bußgesellschaften, die in romanischen Ländern besonders verbreitet waren und deren Mitglieder sich bei bestimmten Anlässen gemeinsam geißelten. In der Karfreitagsprozession in Spanien und einzelnen Orten in Süditalien, in der Liturgie der *Semana Santa* und der Fronleichnamsprozession hat sich die freiwillige Selbstgeißelung bis heute als lebendige Praktik erhalten.

Wie aus der Beschreibung des Klosterlebens der Dominikanerinnen im Kloster Unterlinden bei Kolmar zu erfahren, die Katharina von Gebersweiler zu Beginn des 14. Jahrhunderts abgefaßt hat, stellte die freiwillige Geißelung einen wesentlichen Bestandteil der Liturgie, wenn nicht gar ihren Höhepunkt dar:

Am Ende der Matutin und der Komplet blieben die Schwestern gemeinsam im Chor stehen und beteten, bis sie ein Zeichen bekamen, worauf sie mit der hingebungsvollen Verehrung begannen. Die einen quälten sich mit Kniebeugen, während sie die Herrschaft Gottes priesen. Andere wiederum konnten, vom Feuer der göttlichen Liebe verzehrt, ihre Tränen nicht zurückhalten, die sie mit hingebungsvoll klagender Stimme begleiteten. Sie bewegten sich nicht von dannen, bis sie in neuer Gnade erglühten und den fanden, ›den seine Seele liebt‹ (*Hohelied*, 1,6). Andere schließlich peinigten ihr Fleisch, indem sie es täglich aufs heftigste malträtierten, die einen mit Rutenhieben, andere mit Peitschen, die drei oder vier verknotete Riemen besaßen, die dritten mit eisernen Ketten, die vierten mit Geißeln, welche mit Dornen versehen waren. Im Advent und während der gesamten Fastenzeit begaben sich die Schwestern nach der Matutin in den Kapitelsaal oder an andere geeignete Orte, wo sie ihre Körper mit den verschiedensten Geißelinstrumenten aufs schärfste traktierten, bis das Blut floß, so daß der

Klang der Peitschenhiebe durch das ganze Kloster hallte und sich süßer als jede andere Melodie zu den Ohren des Herrn Sabaoth erhob.[2]

Das Ritual der Selbstgeißelung hob die Nonnen über ihren klösterlichen Lebensalltag hinaus und versetzte sie in einen Zustand, der ein transformatorisches Potential barg. Die Qual, die sie ihrem Fleisch zufügten, die Gewalt, die sie ihrem Körper antaten, die wahrnehmbare leibliche Transformation vollzog sich zugleich als Prozeß einer spirituellen Verwandlung: »Jenen, die sich Gott auf all diese verschiedenen Weisen näherten, wurden die Herzen erleuchtet, ihre Gedanken wurden rein, ihr Gefühl entbrannte, ihr Gewissen klärte sich, und ihr Geist erhob sich zu Gott.«[3]

Die freiwillige Selbstgeißelung, die dem Körper Gewalt antut, um eine spirituelle Verwandlung herbeizuführen, gehört bis heute zu den von der katholischen Kirche anerkannten Bußpraktiken.[4]

Einen zweiten kulturellen Bereich, in dem Selbstverletzungen und -gefährdungen akzeptiert sind, bilden die Jahrmarktsspektakel. Hier werden zum einen Künste vorgeführt, die »normalerweise« zu schweren Verletzungen führen, den Artisten jedoch wundersamerweise nichts anzuhaben vermögen, wie das Feuer- oder Schwertschlucken, das Durchbohren der Zunge mit einer Nadel u. a. mehr. Andererseits werden äußerst riskante Aktionen vollzogen, die den Artisten einer tatsächlichen Gefahr, häufig sogar der Lebensgefahr aussetzen. Die Meisterschaft des Artisten beweist sich gerade darin, daß er dieser Gefahr zu trotzen vermag.

2 Jeanne Ancelet-Hustache, »Les ›Vitae sororum‹ d'Unterlinden. Edition critique du manuscrit 508 de la bibliothèque de Colmar«, in: *Archives d'histoire doctrinale et littéraire du Moyen Âge* (1930), S. 317-509, S. 340f. Ich verdanke dies Beispiel Niklaus Largiers *Lob der Peitsche. Eine Kulturgeschichte der Erregung*, München 2001, S. 29f.

3 Ancelet-Hustache, »Les ›Vitae sororum‹ d'Unterlinden«, S. 341, zit. nach Largier, *Lob der Peitsche*, S. 30.

4 Vgl. dazu E. Bertaud, Discipline: *Dictionnaire de spiritualité 3*, Paris 1957, wo ausgeführt wird, daß die Selbstgeißelung, wenn sie unter Bedingungen praktiziert wird, die maßvoll sind, »denen, die sie praktizieren«, erlaubt, »sich in Demut dem Leiden Christi während seiner Geißelung anzunähern. [...] Die Praktik der Geißelung gehört keineswegs zur primitiven monastischen Spiritualität oder zum frühen Christentum, für die die eigentlichen Bußübungen Fasten, Keuschheit und Wachen im Gebet waren. Sie muß deshalb als eine achtenswerte Übung gesehen werden, da sie seit ihrer Verbreitung von Heiligen geübt wurde und heute zu den Grundbestandteilen des religiösen Lebens gehört.« (S. 1310), zit. nach Largier 2001, *Lob der Peitsche*, S. 40.

Bei Drahtseilakten ohne Netz, bei Dressuren von Raubtieren und Schlangen genügt es, daß die Konzentration des Artisten für den Bruchteil einer Sekunde nachläßt, um die stets lauernde Gefahr hereinbrechen zu lassen: Die Seiltänzerin stürzt ab, der Dompteur wird vom Tiger angefallen, die Schlangenbändigerin von der Schlange gebissen oder erdrosselt. Es ist dies der Moment, den das Publikum am meisten fürchtet und dem es dennoch zugleich entgegenfiebert, der Moment, dem seine tiefsten Ängste ebenso wie seine Faszination und sensationsgierige Schaulust gelten. Bei diesen Spektakeln geht es weniger um eine Verwandlung der Akteure oder gar der Zuschauer als um die Demonstration der ungewöhnlichen körperlichen und mentalen Kräfte der Artisten, die das Publikum in Staunen und Verwunderung versetzen soll – in Affekte also, von denen offensichtlich auch die Zuschauer Abramovićs ergriffen wurden.

Für die Transformation der Zuschauer in Akteure, die zweite Auffälligkeit der eingangs geschilderten Performance, lassen sich ebenfalls Beispiele aus unterschiedlichen kulturellen Bereichen anführen. Ein in unserem Zusammenhang besonders interessantes Beispiel stellen Strafrituale der frühen Neuzeit dar. Wie Richard van Dülmen gezeigt hat, drängten sich nach vollzogener Hinrichtung die Zuschauer an den Leichnam des Hingerichteten, um seinen Leib, sein Blut, seine Glieder oder auch den tödlichen Strick zu berühren. Von einer solchen Berührung erhofften sie sich die Heilung von bestimmten Krankheiten und ganz allgemein eine Garantie für ihr eigenes leibliches Wohlergehen, für ihre körperliche Unversehrtheit und Integrität.[5] Die Transformation des Zuschauers in einen Akteur wurde in der Hoffnung auf eine anhaltende Veränderung des eigenen Körpers vollzogen. Sie hatte also eine grundsätzlich andere Stoßrichtung als die Transformation, die der Zuschauer in Abramovićs Performance durchlief. Denn ihm ging es nicht um das eigene körperliche Wohlergehen, sondern um das der Künstlerin. Mit den Handlungen, die ihn in einen Akteur verwandelten, mit der Berührung der Performerin zielte er auf ihre körperliche Integrität, die es zu schützen galt. Sie waren Folge einer ethischen Entscheidung, die auf einen anderen, nämlich die Künstlerin, gerichtet war.

5 Vgl. hierzu Richard van Dülmen, *Theater des Schreckens. Gerichtspraxis und Strafrituale der frühen Neuzeit*. München 1988, vor allem S. 161 ff.

In dieser Hinsicht unterscheiden sie sich auch prinzipiell von den Handlungen, mit denen sich in futuristischen *serate*, Dada-Soiréen und ›Besichtigungstouren‹ der Surrealisten zu Beginn des 20. Jahrhunderts die Zuschauer in Akteure verwandelten. Denn hier wurden die Zuschauer durch gezielt verabreichte Schocks zu ihren Handlungen provoziert. Die Transformation des Zuschauers in einen Akteur folgte mit einem gewissen Automatismus aus den Vorgaben der Inszenierung; sie war weit davon entfernt, als Resultat einer bewußten Entscheidung des betreffenden Zuschauers vollzogen zu werden. Dies läßt sich unschwer aus Berichten über derartige Veranstaltungen schließen, aber auch aus den Manifesten der Künstler. In seinem Manifest *Das Varietétheater* (1913) macht Filippo Tommaso Marinetti zum Beispiel folgende Vorschläge zur Provokation der Zuschauer:

> Man muß die Überraschung und die Notwendigkeit zu handeln unter die Zuschauer des Parketts, der Logen und der Galerie tragen. Hier nur ein paar Vorschläge: auf ein paar Sessel wird Leim geschmiert, damit die Zuschauer – Herr oder Dame – kleben bleiben und so die allgemeine Heiterkeit erregen [...]. Ein und derselbe Platz wird an zehn Personen verkauft, was Gedrängel, Gezänk und Streit zur Folge hat. – Herren und Damen, von denen man weiß, daß sie leicht verrückt, reizbar oder exzentrisch sind, erhalten kostenlose Plätze, damit sie mit obszönen Gesten, Kneifen der Damen oder anderem Unfug Durcheinander verursachen. – Die Sessel werden mit Juck-, Niespulver usw. bestreut.[6]

Es handelte sich hier also um ein künstlerisches Spektakel, bei dem die Zuschauer allein durch die Kraft des Schocks, die Stärke der Provokation in Akteure verwandelt wurden, denen die anderen Zuschauer und die Veranstalter bei ihren Aktionen verärgert, erregt, belustigt, voll Häme oder auch anders gestimmt zusahen. Auch bei Abramovićs Performance wird die Transformation einzelner Zuschauer in Akteure bei den anderen Zuschauern widersprüchliche Emotionen ausgelöst haben: Scham, weil man selbst zu feige war, einzugreifen, oder auch Ärger oder gar Wut darüber, daß die Performance vorzeitig beendet wurde und man nicht beobachten konnte, wie weit die Künstlerin in ihrer Selbstfolterung noch zu gehen bereit war, oder auch positive Gefühle wie Erleich-

6 Filippo Tommaso Marinetti, »Das Varietétheater«, in: Umbro Apollonio, *Der Futurismus. Manifeste und Dokumente einer künstlerischen Revolution. 1909-1918*, Köln 1972, S. 175 f.

terung und Zufriedenheit, daß sich endlich jemand entschied, der Qual – der Performerin und höchstwahrscheinlich auch derjenigen der Zuschauer[7] – ein Ende zu bereiten.

Wie auch immer die Gemeinsamkeiten und Unterschiede im einzelnen zu beurteilen sein mögen, es läßt sich nicht übersehen, daß Abramovićs Performance Züge sowohl von Ritualen als auch von Spektakeln aufwies, daß sie permanent zwischen Ritual- und Spektakelhaftigkeit oszillierte. Wie ein Ritual[8] bewirkte sie eine Transformation der Künstlerin und einzelner Zuschauer – ohne daß dies allerdings wie häufig bei Ritualen zu einem öffentlich anerkannten Status- und Identitätswandel geführt hätte –, und wie ein Spektakel löste sie bei den Zuschauern Staunen und Entsetzen aus, versetzte ihnen Schocks und verführte sie zum Voyeurismus.

Eine solche Performance entzieht sich dem Zugriff der überlieferten ästhetischen Theorien. Sie widersetzt sich hartnäckig dem Anspruch einer hermeneutischen Ästhetik, die darauf zielt, das Kunstwerk zu verstehen. Denn hier geht es weniger um das Verstehen der Handlungen, welche die Künstlerin vollzog, als um die Erfahrungen, die sie dabei machte und die sie bei den Zuschauern hervorrief, kurz: um die Transformation der an der Performance Beteiligten.

Das heißt nicht, daß es für die Zuschauer nichts zu interpretieren gegeben hätte, daß die Objekte, welche verwendet, und die Handlungen, die an und mit ihnen vollzogen wurden, sich nicht als Zeichen hätten deuten lassen. Der fünfzackige Stern zum Beispiel konnte höchst unterschiedliche mythische, religiöse, kulturhistorische und politische Kontexte aufrufen – nicht zuletzt auch als feststehendes Symbol für ein sozialistisches Jugoslawien interpretiert werden. Als die Künstlerin ihre Photographie mit einem fünfzackigen Stern umrahmte und sich später einen fünfzackigen Stern in den Bauch ritzte, mag der Zuschauer diese Handlungen als Zeichen für die Unentrinnbarkeit des Staates gedeutet haben,

7 Darauf eben zielt die Performancekünstlerin Rachel Rosenthal ab, wenn sie feststellt: »In performance art, the audience, from its role as sadist, subtly becomes the victim. It is forced to endure the artist's plight emphatically or to examine its own response of voyeurism and pleasure, or smugness and superiority. [...] In any case, the performer holds the reins. [...] The audience usually ›gives up‹ before the artist.« Rachel Rosenthal, »Performance and the Masochist Tradition«, in: *High Performance*, Winter 1981/2, S. 24.

8 Zum Begriff des Rituals vgl. das sechste Kapitel, Abschnitt 3: Liminalität und Transformation.

der den einzelnen mit seinen Gesetzen, Verordnungen und seinen Unrechtstaten umzingelt, als Zeichen für die Gewalt, die dem Individuum vom Staat angetan wird und sich in seinen Leib einschreibt. Als die Performerin am mit weißer Tischdecke gedeckten Tisch mit Silberlöffel und Kristallglas hantierte, könnte der Zuschauer dies als eine alltägliche Handlung in einer bürgerlichen Umgebung wahrgenommen haben – wobei der übermäßige Genuß von Honig und Wein für ihn vielleicht auch eine Kritik an der bürgerlich-kapitalistischen Konsum- und Verschwendungsgesellschaft implizierte. Es kann aber auch sein, daß er in diesen Handlungen eine Anspielung auf das Abendmahl sah. In diesem Kontext hätte er dann die Geißelung – die sich in anderen Kontexten auf staatliche Straf- und Folteraktionen oder auch auf sadomasochistische Sexualpraktiken beziehen ließe – wahrscheinlich als Verweis auf die Geißelung Christi und diejenige christlicher Flagellanten interpretiert. Als die Künstlerin sich mit ausgebreiteten Armen auf das Kreuz aus Eis legte, wird der Zuschauer dies wahrscheinlich mit Christi Kreuzigung in einen Zusammenhang gebracht haben. Und die eigene Handlung, mit der er sie vom Kreuz herunterholte, wird er vielleicht gar als Verhütung einer historischen Wiederholung des Opfertodes oder als Wiederholung der Kreuzabnahme verstanden haben. Die Performance insgesamt hätte der Zuschauer als eine Auseinandersetzung mit Gewalt interpretieren können, jener Gewalt, die dem einzelnen vom Staat und im Namen des Staates bzw. der – nicht nur politischen, sondern auch religiösen – Gemeinschaft angetan wird, und der Gewalt, die er sich selbst zuzufügen genötigt sieht. Er hätte sie dann vielleicht als eine Kritik an gesellschaftlichen Zuständen begriffen, die es zulassen, daß der einzelne vom Staat geopfert wird, und die ihn nötigen, sich selbst zu opfern.

Solche Interpretationen, so plausibel sie im nachhinein erscheinen mögen, bleiben jedoch dem Ereignis der Performance inkommensurabel. Auch werden die Zuschauer sich bereits während der Performance auf derartige Deutungsversuche nur begrenzt eingelassen haben. Denn die Handlungen, welche die Performerin durchführte, bedeuteten nicht lediglich »im Übermaß essen und trinken«, »sich einen fünfzackigen Stern in den Bauch ritzen«, »sich geißeln« usf.; sie vollzogen vielmehr genau das, was sie bedeuteten. Sie konstituierten sowohl für die Künstlerin als auch für die Zuschauer, d. h. für alle an der Performance Beteiligten, eine neue, eine eigene Wirklichkeit. Diese Wirklichkeit wurde von den Zuschauern nun nicht nur gedeutet, sondern zuallererst in ihren Auswirkungen erfahren. Sie bewirkte bei den Zuschauern Staunen, Erschrecken, Entsetzen, Abscheu, Übelkeit, Schwindel, Faszination, Neugier, Mitgefühl, Qual und brachte sie dazu, ihrerseits wirklichkeitskonstituierende Handlungen zu vollziehen. Es ist anzunehmen, daß die Affekte, die ausgelöst wurden und offensichtlich so stark waren, daß sie einzelne Zuschauer zuletzt zum Eingreifen bewegten, bei weitem die Möglichkeiten und Anstrengungen zur Reflexion, zur Konstitution von Bedeutung, zur Interpretation des Geschehens überstiegen. Es ging nicht darum, die Performance zu verstehen, sondern sie zu erfahren und mit den eigenen Erfahrungen, die sich nicht vor Ort durch Reflexion bewältigen ließen, umzugehen.

Die Performance schuf dergestalt eine Situation, in der zwei Relationen neu bestimmt wurden, die für eine hermeneutische ebenso wie für eine semiotische Ästhetik grundlegend sind: erstens die Beziehung zwischen Subjekt und Objekt, Betrachter und Betrachtetem, Zuschauer und Darsteller, und zweitens die Beziehung zwischen Körper- bzw. Materialhaftigkeit und Zeichenhaftigkeit der Elemente, zwischen Signifikant und Signifikat.

Für eine hermeneutische wie für eine semiotische Ästhetik ist eine klare Trennung von Subjekt und Objekt fundamental. Der Künstler, Subjekt (1), schafft das Kunstwerk als ein von ihm ablösbares, fixier- und tradierbares Artefakt, dem unabhängig von seinem Schöpfer eine eigene Existenz zukommt. Dies stellt die Voraussetzung dafür dar, daß ein beliebiger Rezipient, Subjekt (2), es zum Objekt seiner Wahrnehmung und Interpretation machen kann. Das fixier- und tradierbare Artefakt, das Kunstwerk in seinem Objektcharakter, garantiert, daß der Rezipient sich immer wieder mit ihm auseinandersetzen, ständig neue Strukturelemente an ihm entdecken und ihm permanent neue und andere Bedeutungen zusprechen kann.

Diese Möglichkeit wurde von Abramovićs Performance nicht eröffnet. Wie bereits einleitend bemerkt, stellte die Künstlerin kein Artefakt her, sondern bearbeitete und veränderte ihren eigenen Körper vor den Augen der Zuschauer. Anstelle eines Kunstwerks, das eine von ihr und den Rezipienten unabhängige Existenz besitzt, schuf sie ein Ereignis, in das alle Anwesenden involviert waren. Das heißt, auch für die Zuschauer gab es nicht ein von ihnen unabhängiges Objekt, das es immer wieder anders wahrzunehmen und zu deuten galt, sondern vielmehr eine Situation *hic et nunc*, in die die im selben Raum und zur selben Zeit präsenten Ko-Subjekte gestellt waren. Ihre Handlungen lösten physiologische, affektive, volitionale, energetische und motorische Reaktionen aus, die zu weiteren Handlungen herausforderten. Durch diesen Prozeß wurde die dichotomische Subjekt-Objekt-Relation in ein eher oszillierendes Verhältnis überführt, in dem sich Subjekt- und Objektposition kaum mehr klar bestimmen noch auch deutlich voneinander unterscheiden ließen. Etablierten die Zuschauer, welche die Künstlerin berührten, um sie vom Kreuz aus Eis herunterzuholen, damit eine Beziehung zwischen Ko-Subjekten, oder machte ihre Handlung, die Performerin ohne Aufforderung ihrerseits und ohne ihre ausdrückliche Einwilligung vom Eis zu heben, diese zum Objekt? Oder handelten sie umgekehrt als Marionetten, als Objekte der Künstlerin? Auf diese Fragen gibt es keine klare, eindeutige Antwort.

Die Veränderung der Subjekt-Objekt-Relation steht in einem engen Zusammenhang mit dem Wandel des Verhältnisses von Material- und Zeichenhaftigkeit, Signifikant und Signifikat. Einer hermeneutischen und einer semiotischen Ästhetik gilt alles am Kunstwerk als Zeichen. Daraus darf man nicht den Schluß ziehen, daß sie die Materialität des Kunstwerks übersehen würden. Ganz im Gegenteil findet jedes Detail des Materials große Aufmerksamkeit. Aber alles, was am Material wahrnehmbar ist, wird zum Zeichen erklärt und gedeutet: die Dicke des Pinselauftrags und die spezifische Farbnuance im Gemälde ebenso wie Klang, Reim und Rhythmus im Gedicht. Damit wird jedes Element zum Signifikanten, dem sich Bedeutungen zusprechen lassen. Es gibt nichts im Kunstwerk, das jenseits der Signifikant-Signifikat-Relation existieren würde, wobei demselben Signifikanten die unterschiedlichsten Signifikate zugeordnet werden können.

Zwar war es in Abramovićs Performance dem Zuschauer durchaus möglich, entsprechende Prozesse der Bedeutungskonstitution zu vollziehen und den einzelnen Objekten und Handlungen Bedeutungen beizulegen, wie die oben angeführte potentielle Interpretation eines fiktiven Zuschauers zeigt. Gleichwohl ist es evident, daß die körperlichen Reaktionen der Zuschauer, ausgelöst durch die Wahrnehmung von Abramovićs Handlungen, nicht auf die möglichen Bedeutungen zurückzuführen waren, die sie diesen Handlungen beilegen mochten. Als Abramović sich den Stern in die Haut ritzte, hielten die Zuschauer wohl kaum deshalb den Atem an oder wurde ihnen kaum deswegen übel, weil sie dies als Einschreibung staatlicher Gewalt in den Körper interpretierten, sondern weil sie das Blut fließen sahen und den Schmerz am eigenen Körper imaginierten – weil das Wahrgenommene dergestalt unmittelbar auf den Körper der Zuschauer einwirkte. Die Körper- bzw. Materialhaftigkeit der Handlung dominierte hier also bei weitem ihre Zeichenhaftigkeit. Das heißt, sie ist nicht als körperlicher Überschuß, sozusagen im Sinne eines unerlösten Restes zu begreifen – »ein Erdenrest zu tragen peinlich« –, der nicht in den Bedeutungen aufgeht, die der Handlung beigelegt werden. Sie ist vielmehr jedem Versuch einer Deutung, die über die Selbstreferentialität der Handlung hinausgeht, vorgelagert. Die körperliche Wirkung, welche die Handlung auslöst, scheint hier Priorität zu haben. Die Materialität des Vorgangs wird nicht in einen Zeichenstatus überführt, verschwindet nicht in ihm, sondern ruft eine eigene, nicht aus dem Zeichenstatus resultierende Wirkung hervor. Es mag gerade diese Wirkung sein – das Stocken des Atems oder das Gefühl der Übelkeit –, die eine Reflexion in Gang setzt. Aber diese Reflexion wird sich vielleicht weniger auf mögliche Bedeutungen richten, die sich der Handlung beilegen lassen, als vielmehr auf die Frage, warum diese Handlung eine solche Reaktion ausgelöst hat. Welche Beziehung besteht hier zwischen Wirkung und Bedeutung?

Zum einen scheinen diese Verschiebungen innerhalb der Relationen Subjekt/Objekt und Material- bzw. Körper-/Signifikantenstatus, wie sie Abramovićs Performance *Lips of Thomas* vornahm, Fühlen, Denken und Handeln in ein neues Verhältnis zueinander zu setzen, das später noch genauer zu untersuchen sein wird. Jedenfalls sind die Zuschauer hier nicht nur als fühlende oder denkende Subjekte zugelassen, sondern auch als handelnde, als Akteure.

Zum anderen lassen diese Verschiebungen auch die traditionelle Unterscheidung in eine Produktions-, eine Werk- und eine Rezeptionsästhetik gerade als eine heuristische Differenzierung fragwürdig, wenn nicht gar obsolet erscheinen. Denn wenn es nicht mehr ein Kunstwerk gibt, das über eine vom Produzenten und Rezipienten unabhängige Existenz verfügt, wenn wir es statt dessen mit einem *Ereignis* zu tun haben, in das alle – wenn auch in unterschiedlichem Ausmaß und unterschiedlicher Funktion – involviert sind, »Produktion« und »Rezeption« also in diesem Sinne im selben Raum und zur selben Zeit vollzogen werden, erscheint es höchst problematisch, weiter mit Parametern, Kategorien und Kriterien zu operieren, die in separierenden Produktions-, Werk- und Rezeptionsästhetiken entwickelt wurden. Zumindest müssen sie erneut auf ihre Tauglichkeit hin überprüft werden.

Dies erscheint um so dringlicher, als *Lips of Thomas* natürlich weder das einzige noch auch das erste Kunstereignis darstellte, in dem die beiden Verhältnisse eine Neubestimmung erfuhren. In den frühen sechziger Jahren setzte in den Künsten der westlichen Kultur generell und unübersehbar eine performative Wende[9] ein, die nicht nur in den einzelnen Künsten einen Performativierungsschub erbrachte, sondern auch zur Herausbildung einer neuen Kunstgattung geführt hat, der sogenannten Aktions- und Performancekunst. Die Grenzen zwischen den verschiedenen Künsten wurden immer fließender – sie tendierten zunehmend dazu, Ereignisse statt Werke zu schaffen, und realisierten sich auffallend häufig in Aufführungen.

In der bildenden Kunst überwog bereits bei *action painting* und *body art*, später auch in Lichtskulpturen, Videoinstallationen u. ä. der Aufführungscharakter. Entweder präsentierte sich der Künstler selbst vor einem Publikum – nämlich in der Aktion des Malens oder in der Zurschaustellung seines in spezifischer Weise hergerichteten und/oder agierenden Körpers; oder der Betrachter war aufgefordert, sich um die Exponate herumzubewegen und mit ihnen zu interagieren, während andere Besucher zuschauten. Der Besuch einer Ausstellung wurde so häufig zur Teilnahme an einer Aufführung. Häufig ging es darüber hinaus um das Erspüren der besonderen Atmosphäre der verschiedenen Räume, welche die Besucher jeweils umfing.

Es waren vor allem bildende Künstler wie Joseph Beuys, Wolf Vostell, die Fluxus-Gruppe oder die Wiener Aktionisten, welche in den sechziger Jahren die neue Form der Aktions- und Performancekunst kreierten. Seit den frühen sechziger Jahren führte – und führt bis heute – Hermann Nitsch seine Lammzerreißungsaktionen durch, die nicht nur die Akteure, sondern auch die übri-

9 Zum Begriff des Performativen, wie er hier zugrunde gelegt wird, vgl. das zweite Kapitel.

gen Teilnehmer in Berührung mit sonst tabuisierten Objekten brachten und ihnen besondere sinnliche Erfahrungen ermöglichten. Immer wieder wurden die Zuschauer in Nitschs Aktionen auch körperlich involviert, ja, wurden selbst zu Akteuren. Sie wurden mit Blut, Kot, Spülwasser und anderen Flüssigkeiten bespritzt und erhielten Gelegenheit, selbst mit ihnen zu plantschen, das Lamm selbst auszuweiden, Fleisch zu essen, Wein zu trinken.[10]

Ebenfalls in den frühen sechziger Jahren begannen die FLUXUS-Künstler ihre Aktionen. An ihrer dritten Veranstaltung, die unter dem Titel *Actions/Agit Pop/De-collage/Happening/Events/Antiart/L'autrisme/Art total/Refluxus – Festival der neuen Kunst* am 20. Juli 1964 – man beachte das Datum – im Auditorium Maximum der Technischen Hochschule Aachen stattfand, waren die FLUXUS-Künstler Eric Andersen, Joseph Beuys, Bazon Brock, Stanley Brouwn, Henning Christiansen, Robert Filliou, Ludwig Gosewitz, Arthur Køpcke, Tomas Schmit, Ben Vautier, Wolf Vostell und Emmett Williams beteiligt. In seiner Aktion *Kukei, akopee – Nein!, Braunkreuz, Fettecken, Modellfettecken* löste Beuys entweder durch eine majestätische Geste, mit der er einen filzumwickelten Kupferstab waagerecht über sein Haupt hielt, oder durch das Verschütten von Salzsäure (nach Aussagen der Oberstaatsanwaltschaft im Rahmen ihrer Ermittlungen 1964/65) einen Tumult aus. Studenten stürmten die Bühne. Einer von ihnen schlug Beuys mehrere Male mit der Faust ins Gesicht, so daß diesem das Blut in Strömen aus der Nase auf sein weißes Hemd floß. Beuys, über und über mit Blut besudelt und weiter aus der Nase blutend, reagierte, indem er aus einer großen Schachtel Schokoladentafeln hervorholte und sie ins Publikum warf. Umgeben von wahnsinnigem Geschrei und tumultartigem Menschengetümmel hielt Beuys mit der linken Hand ein Kruzifix, das er wie beschwörend und bannend hochhob, während er die rechte Hand in die Höhe reckte, als ob er Einhalt gebieten wollte.[11] Auch hier

10 Vgl. hierzu Erika Fischer-Lichte, »Verwandlung als ästhetische Kategorie. Zur Entwicklung einer neuen Ästhetik des Performativen«, in: dies. et al. (Hrsg.), *Theater seit den sechziger Jahren*, Tübingen/Basel 1998, S. 21-91, vor allem S. 25 ff.

11 Vgl. hierzu Uwe M. Schneede, *Joseph Beuys – Die Aktionen*. Kommentiertes Werkverzeichnis mit fotografischer Dokumentation, Ostfildern-Ruit 1994, vor allem S. 42-67.

ging es um die Aushandlung der Beziehungen zwischen den Beteiligten; auch hier überlagerte der Körper- bzw. Materialstatus den Signifikantenstatus.

In der Musik setzte der Performativierungsschub bereits in den frühen 50er Jahren mit den »Events« und »Pieces« von John Cage ein.[12] Hier waren es die unterschiedlichsten Handlungen und Geräusche – gerade auch die von den Zuhörern selbst hervorgebrachten Geräusche –, die zum Laut-Ereignis wurden, während der Musiker – wie zum Beispiel der Pianist David Tudor in *4'33''* (1952) – auf dem Flügel keinen einzigen Ton spielte. In den sechziger Jahren gingen immer mehr Komponisten dazu über, den Instrumentalisten bereits in den Partituren Anweisungen zu geben, welche für die Konzertbesucher sichtbaren Bewegungen sie ausführen sollten. Der (ohnehin immer gegebene) Aufführungscharakter von Konzerten trat zunehmend in den Blick. Davon zeugen u. a. neue von Komponisten geprägte Begriffe wie »szenische Musik« (Karlheinz Stockhausen), »sichtbare Musik« (Dieter Schnebel) oder »instrumentales Theater« (Mauricio Kagel). Damit wurden zugleich neue Beziehungen zwischen Musikern und Zuhörern postuliert.[13]

In der Literatur läßt sich der Performativierungsschub nicht nur innerliterarisch, z. B. an den sogenannten labyrinthischen Romanen beobachten, die den Leser zum Autor machen, indem sie ihm Materialien anbieten, die er beliebig kombinieren kann.[14] Er wird auch in der enormen Zahl von Dichterlesungen manifest, zu denen sich das Publikum versammelt, um der Stimme des Dichters/Schriftstellers zu lauschen, wie zum Beispiel zu Günter Grass' spektakulärer Lesung aus *Der Butt*, bei der er von einem Schlagzeuger begleitet wurde (12. Juni 1992 im Hamburger Thalia-Theater). Das Publikum strömt allerdings nicht nur zu Lesun-

12 Vgl. zum *Untitled Event*, das 1952 im Black Mountain College stattfand, Erika Fischer-Lichte, »Grenzgänge und Tauschhandel. Auf dem Wege zu einer performativen Kultur«, in: dies. et al. (Hrsg.), *Theater seit den sechziger Jahren*, Tübingen/Basel 1998, S. 1-20.

13 Vgl. hierzu Christa Brüstle, »Performance/Performativität in der neuen Musik«, in: Erika Fischer-Lichte und Christoph Wulf (Hrsg.), *Theorien des Performativen* (= *Paragrana*, Bd. 10, H. 1), Berlin 2001, S. 271-283.

14 Vgl. hierzu Monika Schmitz-Emans, »Labyrinthbücher als Spielanleitungen«, in: Erika Fischer-Lichte und Gertrud Lehnert (Hrsg.), *[(v)er]SPIEL[en] Felder – Figuren – Regeln* (= *Paragrana* Bd. 11, H. 1), Berlin 2002, S. 179-207.

gen »lebender Autoren«; ebenso beliebt sind Lesungen aus den Werken längst verstorbener Dichter. Herausragende Beispiele waren Edith Clevers Vortrag der *Marquise von O.* (1989), Bernhard Minettis Lesung von Märchen der Gebrüder Grimm *Bernhard Minetti erzählt Märchen* (1990) oder auch die Veranstaltung *Homer lesen*, welche die Gruppe Angelus Novus 1986 im Wiener Künstlerhaus durchführte. Die Mitglieder der Gruppe lasen abwechselnd die 18 000 Verse der *Ilias* innerhalb von 22 Stunden ohne Unterbrechung vor. In anderen Räumen waren weitere Exemplare der *Ilias* ausgelegt; sie luden den beim Klang der vorlesenden Stimme herumwandernden Zuhörer zum eigenen Lesen ein. Die besondere Differenz zwischen Lesen und Zuhören beim Vorlesen von Literatur – zwischen Lesen als Text-Entziffern und »Lesen« als Aufführung – wurde so deutlich markiert. Nicht zuletzt endlich wurde die Aufmerksamkeit der Zuhörer auf die spezifische Materialität der jeweils vorgetragenen Stimme gelenkt – ihr Timbre, ihr Volumen, ihre Lautstärke u.a., die bei jedem Wechsel der Lesenden unüberhörbar hervortraten. Hier wurde Literatur emphatisch als Aufführung realisiert. Sie gewann Leben durch die Stimmen der physisch anwesenden Vorlesenden und bahnte sich den Weg in die Einbildungskraft der physisch anwesenden Hörer durch den Appell an verschiedene Sinne. Die Stimme fungierte dabei nicht lediglich als Medium für die Übermittlung des Textes. Gerade aufgrund des Wechsels trat sie in ihrer jeweiligen Eigenart deutlich hervor und wirkte unmittelbar – d.h. auch unabhängig von dem, was sie sprach – auf die Zuhörer ein. Darüber hinaus spielte die Aufführung den Zeitfaktor aus: Die lange Zeitspanne von 22 Stunden veränderte nicht nur die Wahrnehmung der Teilnehmer, sie machte ihnen diese Veränderung auch bewußt. Das Verstreichen von Zeit trat als Bedingung von Wahrnehmung und vor allem als Bedingung von Veränderung ins Bewußtsein. Teilnehmer äußerten später die Empfindung, sich im Verlauf dieses Ereignisses verändert zu haben.[15]

Auch das Theater erfuhr in den sechziger Jahren einen Performativierungsschub. Dabei ging es vor allem um eine Neubestimmung des Verhältnisses von Darstellern und Zuschauern. Auf der ersten »Experimenta« (3.-10. Juni 1966 in Frankfurt am Main)

15 Vgl. dazu Reiner Steinweg, »Ein ›Theater der Zukunft‹. Über die Arbeit von Angelus Novus am Beispiel von Brecht und Homer«, in: *Falter*, Ausgabe 23, 1986.

wurde im Frankfurter Theater am Turm Peter Handkes *Publikumsbeschimpfung* in einer Inszenierung von Claus Peymann uraufgeführt. Hier sollte Theater aus der Beziehung zwischen Akteuren und Zuschauern neu bestimmt werden. Theater sollte sich nicht durch die Darstellung einer »anderen Welt« legitimieren. Es wurde nicht länger als Repräsentation einer fiktiven Welt begriffen, die der Zuschauer beobachten, deuten und verstehen soll, sondern als Herstellung eines besonderen Verhältnisses zwischen Akteuren und Zuschauern. Theater konstituierte sich hier, indem sich etwas *zwischen* Akteuren und Zuschauern ereignete. Dabei war offensichtlich wesentlich, *daß* sich etwas zwischen ihnen ereignete, und – zumindest auf den ersten Blick – nicht ganz so wichtig, *was* sich zwischen ihnen ereignete. Es ging jedenfalls nicht um die Darstellung einer fiktiven Welt, um die Herstellung einer innertheatralen Kommunikation, d. h. einer Kommunikation zwischen dramatischen Figuren, über die erst die externe theatrale Kommunikation, die Kommunikation zwischen Bühne und Publikum, zwischen Darstellern und Zuschauern sich einstellt. Zentral war vielmehr das Verhältnis zwischen Akteuren und Zuschauern. Die Schauspieler entwarfen und testeten diese Beziehung, indem sie die Zuschauer direkt ansprachen, sie als »Tröpfe«, »Flegel«, »Atheisten«, »Liederjahne«, »Strauchritter« attackierten und mit den Bewegungen ihrer Körper spezifische räumliche Relationen zu ihnen herstellten. Die Zuschauer gingen auf sie ein, indem sie ihrerseits mit Handlungen reagierten: mit Beifallklatschen, mit Aufstehen, den Raum Verlassen, Kommentaren, die Bühne Erklimmen, mit den Schauspielern Rangeln u. a. mehr.

Alle Beteiligten scheinen sich darüber einig gewesen zu sein, daß Theater durch eine spezifische Prozeßhaftigkeit charakterisiert ist: durch die Handlungen der Akteure, die darauf zielen, ein bestimmtes Verhältnis zu den Zuschauern herzustellen, und durch die Handlungen der Zuschauer, mit denen diese sich entweder auf die Beziehungsdefinition einlassen, welche die Schauspieler anbieten, oder sie zu modifizieren bzw. sogar durch eine andere zu ersetzen suchen. Es ging also darum, die Beziehungen auszuhandeln, die zwischen den Akteuren und den Zuschauern gelten sollen, und auf diese Weise die Wirklichkeit des Theaters zu konstituieren. Dabei bedeuteten die Handlungen der Schauspieler und der Zuschauer zunächst nichts anderes als das, was sie vollzogen. Sie waren in diesem Sinne selbstreferentiell. Als selbstreferentiell und wirklichkeitskonstituierend können sie, wie alle in den bisher angeführten Beispielen beschriebenen Handlungen, im Sinne Austins »performativ« genannt werden.[16]

Am Abend der Uraufführung verliefen die Aushandlungsprozesse letztlich konsensuell. Die Zuschauer übernahmen ihrerseits die Rolle von Akteuren, indem sie durch ihre Handlungen und Kommentare den Blick der Schauspieler und der übrigen Zuschauer auf sich lenkten. Entweder verweigerten sie sich weiterem Aushandeln der Beziehungen, indem sie den Raum verließen, oder sie arrangierten sich mit den Schauspielern, indem sie sich auf deren mehrmalige Aufforderung wieder hinsetzten. Am zweiten Abend dagegen kam es zu einem Eklat. Die Zuschauer, die auf die Bühne kletterten und dort »mitspielen« wollten, ließen sich nicht auf anderslautende Verhandlungsangebote von Schauspielern und Regisseur ein. Der Regisseur brach daraufhin die Verhandlungen ab und suchte seine Beziehungsdefinition durchzusetzen, indem er die Zuschauer von der Bühne drängte.[17]

Was war hier geschehen? Offensichtlich gingen die Zuschauer, welche die Bühne erstürmten, und der Regisseur Claus Peymann von unterschiedlichen Voraussetzungen aus. Peymann handelte nach der Auffassung, daß er einen literarischen Text inszeniert hatte, der die Beziehungen zwischen Schauspielern und Zuschauern thematisiert. Die Möglichkeit, die Aufführung dieses Textes nicht als ein gespieltes, sondern als ein ernstzunehmendes Angebot zu verstehen, die Beziehungen zwischen Akteuren und Zuschauern neu auszuhandeln, folgte für ihn daraus nicht. Entsprechend war er nicht bereit, aus seiner Inszenierung dieses besonderen Textes derartige Konsequenzen zu ziehen. Indem er dieses Werk in Szene setzte, schuf er seiner Meinung nach ein »Werk«, das er den Zuschauern präsentierte. Sie durften ihren Beifall oder ihr Mißfallen an seinem »Werk« durch Klatschen, Zischen, Kommentare o. ä. zum Ausdruck bringen. Aber er sprach ihnen das Recht ab, in sein »Werk« einzugreifen und es durch ihre Handlungen zu verändern. Peymann verstand die Überschreitung der Rampe durch einige Zuschauer als eine Verletzung der

16 Vgl. hierzu das zweite Kapitel.

17 Vgl. dazu Henning Rischbieter, »EXPERIMENTA. Theater und Publikum neu definiert«, in: *Theater heute* 6, Juli 1966, S. 8-17.

von ihm gezogenen Grenzen und als einen Angriff auf den Werkcharakter seiner Inszenierung, der seine Urheberschaft und seine Definitionsmacht in Frage stellte. Letztendlich beharrte er auf der traditionellen Subjekt-Objekt-Beziehung.

Die Zuschauer dagegen zogen aus dem scheinbaren Konsens, daß Theater sich durch die Beziehung zwischen Schauspielern und Zuschauern konstituiert und definiert, den Schluß, daß es sich bei der Aufführung nicht um ein Werk handelte – das daran zu messen ist, wie es den Text »umsetzt« bzw. dabei die theatralen Mittel verwendet –, sondern um ein Ereignis, das auf eine grundsätzliche Neudefinition des Verhältnisses zwischen Schauspielern und Zuschauern zielt und deswegen auch die Möglichkeit zu einem Rollenwechsel eröffnet. Die Aufführung als Ereignis konnte aus ihrer Sicht nur durch die gleichberechtigte Teilnahme der Zuschauer gelingen. Nicht im Vollzug konventionalisierter Handlungen wie Beifallklatschen, Zischen, Kommentieren sollte sich die von der Aufführung postulierte Performativität auf seiten der Zuschauer verwirklichen, sondern in einer tatsächlichen Neubestimmung der Beziehungen, deren Resultat als offen gedacht war, die also auch imstande sein mußte, zu einem Rollenwechsel zu führen.

Während Peymanns Eingreifen aus seiner Sicht die Integrität seines »Werkes« sichern und wiederherstellen sollte, ließ es aus der Sicht der von der Bühne verdrängten Zuschauer die Aufführung als Ereignis scheitern. Im amerikanischen Avantgarde-Theater dagegen, in Julian Becks und Judith Malinas »Living Theatre« (seit *The Brig*, 1963) oder im »Environmental Theater« Richard Schechners und seiner Performance Group (gegründet 1967) wurde ›audience participation‹ zum Programm erhoben. Die Zuschauer wurden hier nicht nur zur Teilnahme zugelassen, sondern ausdrücklich ermuntert, ja, geradezu zur Berührung der Schauspieler sowie zur gegenseitigen Berührung aufgefordert, um so eine Art von Gemeinschaftsritual zu vollziehen, wie dies vor allem in *Paradise Now* (Avignon 1968) des Living Theatre und in *Dionysus in 69* (New York 1968) der Performance Group der Fall war.[18] Die Neubestimmung des Verhältnisses von Akteuren und

18 Vgl. hierzu Julian Beck, *The Life of the Theatre*, San Francisco 1972; ders. und Julia Malina, *Paradise Now*, New York 1971; Richard Schechner, *Environmental Theater*, New York 1973; ders., *Dionysus in 69*, New York 1970.

Zuschauern ging hier jeweils mit einer Verschiebung der Dominanz vom Zeichenstatus der Handlungen und entsprechend den möglichen Bedeutungen, die ihnen beigelegt werden konnten, zu ihrer spezifischen Körperlichkeit und den Wirkungen einher, die sie auf alle Beteiligten ausüben mochten, d.h. den physiologischen, affektiven, energetischen und motorischen Reaktionen der Beteiligten sowie den sinnlichen Erfahrungen von großer Intensität, die sie ermöglichten.

Die seit den sechziger Jahren des 20. Jahrhunderts von Künstlern, Kunstkritikern, Kunstwissenschaftlern und Philosophen immer wieder proklamierte bzw. beobachtete Entgrenzung der Künste läßt sich also als performative Wende beschreiben. Ob bildende Kunst, Musik, Literatur oder Theater – alle tendieren dazu, sich in und als *Aufführungen* zu realisieren. Statt Werke zu schaffen, bringen die Künstler zunehmend *Ereignisse* hervor, in die nicht nur sie selbst, sondern auch die Rezipienten, die Betrachter, Hörer, Zuschauer involviert sind. Damit haben sich die Bedingungen für Kunstproduktion und -rezeption in einem entscheidenden Aspekt geändert. Als Dreh- und Angelpunkt dieser Prozesse fungiert nicht mehr das von seinen Produzenten wie von seinen Rezipienten losgelöste und unabhängig existierende Kunstwerk, das als Objekt aus der kreativen Tätigkeit des Künstlersubjektes hervorgegangen und der Wahrnehmung und Deutung des Rezipientensubjektes anheimgegeben ist. Statt dessen haben wir es mit einem Ereignis zu tun, das durch die Aktion verschiedener Subjekte – der Künstler und der Zuhörer/Zuschauer – gestiftet, in Gang gehalten und beendet wird. Damit verändert sich zugleich das Verhältnis zwischen Material- und Zeichenstatus der in der Aufführung verwendeten Objekte und vollzogenen Handlungen. Der Materialstatus fällt nicht mit dem Signifikantenstatus zusammen, er löst sich vielmehr von ihm ab und beansprucht ein Eigenleben. Das heißt, die unmittelbare *Wirkung* der Objekte und Handlungen ist nicht von den Bedeutungen abhängig, die man ihnen beilegen kann, sondern geschieht durchaus unabhängig von ihnen, teilweise noch vor, in jedem Fall aber jenseits von jedem Versuch einer Bedeutungsbeilegung. Als Ereignisse, die über diese besonderen Eigenarten verfügen, eröffnen die Aufführungen der verschiedenen Künste allen Beteiligten – d.h. Künstlern und Zuschauern – die Möglichkeit, in ihrem Verlauf Transformationen zu erfahren – sich zu verwandeln.

Der performativen Wende in den Künsten läßt sich mit den überlieferten ästhetischen Theorien kaum angemessen beikommen – auch wenn diese in mancher Hinsicht durchaus weiter auf sie anwendbar bleiben. Das entscheidende Moment dieser Wende jedoch, den Wechsel vom Werk und den mit ihm gesetzten Relationen von Subjekt vs. Objekt und Material- vs. Zeichenstatus zum Ereignis, vermögen sie nicht zu erfassen. Um es in seiner besonderen Eigenart in den Blick nehmen, untersuchen und erläutern zu können, bedarf es der Entwicklung einer neuen Ästhetik: einer Ästhetik des Performativen.

Zweites Kapitel
Begriffsklärungen

1. Der Begriff des Performativen

Der Begriff »performativ« wurde von John L. Austin geprägt. Er führte ihn in den Vorlesungen, die er 1955 an der Harvard Universität unter dem Titel *How to do things with Words* hielt, in die Sprachphilosophie ein. Die Prägung des Begriffs fällt also ungefähr in dieselbe Zeit, in der ich die performative Wende in den Künsten lokalisiert habe. Während Austin in früheren Arbeiten versuchsweise den Terminus »performatorisch (performatory)« verwendet hatte, entschied er sich nun für den Ausdruck »performativ«, weil er »kürzer, nicht so häßlich, leichter zu handhaben und traditioneller gebildet ist.«[1] In seinem ein Jahr später entstandenen Aufsatz »Performative Äußerungen« schreibt er über seine Neuschöpfung: »Es ist durchaus verzeihlich, nicht zu wissen, was das Wort *performativ* bedeutet. Es ist ein neues Wort und ein garstiges Wort, und vielleicht hat es auch keine sonderlich großartige Bedeutung. Eines spricht jedenfalls für dieses Wort, nämlich daß es nicht tief klingt.«[2] Er leitete den Ausdruck vom Verb »to perform«, »vollziehen« ab: »man ›vollzieht‹ Handlungen«.[3]

Austin bedurfte seines Neologismus, weil er eine für die Sprachphilosophie revolutionäre Entdeckung gemacht hatte – die Entdeckung, daß sprachliche Äußerungen nicht nur dem Zweck dienen, einen Sachverhalt zu beschreiben oder eine Tatsache zu behaupten, sondern daß mit ihnen auch Handlungen vollzogen werden, daß es also außer konstativen auch performative Äußerungen gibt. Die Eigenart dieser zweiten Art von Äußerungen erläutert er unter Bezug auf die sogenannten ursprünglichen Performativa. Wenn jemand beim Wurf der Flasche gegen einen Schiffsrumpf den Satz äußert: »Ich taufe dieses Schiff auf den Namen ›Queen Elizabeth‹« oder der Standesbeamte nach der Be-

1 John L. Austin, *Zur Theorie der Sprechakte* (How to do things with Words), Stuttgart 1979, S. 29, Anm. 7.
2 Ders., »Performative Äußerungen«, in: ders., *Gesammelte philosophische Aufsätze*, übers. u. hg. von Joachim Schulte, Stuttgart 1986, S. 305.
3 Ders., *Zur Theorie der Sprechakte*, S. 30.

kundung beider Partner, daß sie miteinander die Ehe eingehen wollen, den Satz spricht: »Hiermit erkläre ich Sie zu Mann und Frau«, so ist mit diesen Sätzen nicht ein bereits bestehender Sachverhalt beschrieben – weswegen sie auch nicht als »wahr/richtig« oder als »falsch« klassifiziert werden können. Vielmehr wird mit diesen Äußerungen ein neuer Sachverhalt geschaffen: Das Schiff trägt von nun an den Namen ›Queen Elizabeth‹, und Frau X und Herr Y sind von nun an ein Ehepaar. Das Aussprechen dieser Sätze hat die Welt verändert. Denn die Sätze sagen nicht nur etwas, sondern sie vollziehen genau die Handlung, von der sie sprechen. Das heißt, sie sind selbstreferentiell, insofern sie das bedeuten, was sie tun, und sie sind wirklichkeitskonstituierend, indem sie die soziale Wirklichkeit herstellen, von der sie sprechen. Es sind diese beiden Merkmale, die performative Äußerungen charakterisieren. Was Sprecher von Sprachen intuitiv immer schon gewußt und praktiziert haben, wurde hier für die Sprachphilosophie zum ersten Mal formuliert: daß Sprechen eine weltverändernde Kraft entbinden und Transformationen bewirken kann.

Zwar handelt es sich in den zitierten Fällen um formelhaftes Sprechen. Aber allein die Anwendung der richtigen Formel garantiert noch nicht das Gelingen der Äußerung als einer performativen. Dazu müssen eine Reihe anderer, nicht sprachlicher Bedingungen erfüllt sein; andernfalls mißglückt sie und bleibt leeres Gerede. Wenn zum Beispiel der Satz »Ich erkläre Sie zu Mann und Frau« weder von einem Standesbeamten noch von einem Priester noch von einer anderen hierzu ausdrücklich autorisierten Person – wie dem Kapitän auf hoher See – ausgesprochen oder in einer Gemeinschaft geäußert wird, die ein anderes Verfahren für die Eheschließung vorsieht, so ist er außerstande, eine Ehe zu stiften.

Bei den Gelingensbedingungen, die erfüllt sein müssen, handelt es sich entsprechend nicht nur um sprachliche, sondern vor allem um institutionelle, um soziale Bedingungen. Die performative Äußerung richtet sich immer an eine Gemeinschaft, die durch die jeweils Anwesenden vertreten wird. Sie bedeutet in diesem Sinne die Aufführung eines sozialen Aktes. Mit ihr wird die Eheschließung nicht nur ausgeführt (vollzogen), sondern zugleich auch aufgeführt.

Im weiteren Verlauf seiner Vorlesungen läßt Austin allerdings den einleitend aufgebauten Gegensatz von Konstativa und Performativa kollabieren und schlägt statt dessen eine Dreiteilung in lokutionäre, illokutionäre und perlokutionäre Akte vor. Damit will er den Nachweis führen, daß Sprechen immer Handeln ist – weswegen auch Feststellungen glücken oder mißglücken und performative Äußerungen wahr oder falsch sein können.[4] So läßt Austin die von ihm getroffene Unterscheidung zwischen performativ und konstativ mißglücken. Wie Sibylle Krämer gezeigt hat, kann die Inszenierung dieses Scheiterns durch Austin als ein Exempel begriffen werden, mit dem »die Anfälligkeit aller Kriterien und das Ausgesetztsein aller definitiven Begriffe für die Unentscheidbarkeiten, die Unwägbarkeiten und Vieldeutigkeiten, die mit dem wirklichen Leben verbunden sind«,[5] demonstriert wird. Damit lenkt Austin den Blick darauf, daß es gerade das Performative ist, welches eine Dynamik in Gang setzt, »die dazu führt, das dichotomische begriffliche Schema als ganzes zu destabilisieren«.[6]

Dieser Aspekt ist für eine Ästhetik des Performativen von besonderem Interesse. Denn wie sich an den einleitend angeführten Performances, Aktionen und anderen Aufführungen gezeigt hat, sind es gerade dichotomische Begriffspaare wie Subjekt/Objekt oder Signifikant/Signifikat, die hier ihre Polarität und Trennschärfe verlieren, in Bewegung geraten und zu oszillieren beginnen. Auch wenn Austin – aus guten Gründen – das dichotomische Begriffspaar konstativ/performativ zum Scheitern bringt, läßt dies doch keineswegs die Definition fragwürdig werden, die er unter Bezug auf die ursprünglichen Performativa vom Begriff des Performativen gegeben hat: nämlich daß dieser (Sprech-)Handlungen meint, die selbstreferentiell und wirklichkeitskonstituierend sind und als solche aufgrund vor allem institutioneller und sozialer Bedingungen glücken oder mißglücken können (wobei ihr Scheitern für Austin offensichtlich den attraktiveren Fall darstellte, wie seine ausführlich und detailliert abgehandelte Lehre von den Unglücksfällen suggeriert). Als weiteres Merkmal

4 Vgl. dazu vor allem Shoshana Felman, *The Literary Speech Act. Don Juan with J. L. Austin or Seduction in Two Languages*, Ithaca/New York 1983, sowie Sibylle Krämer/Marco Stahlhut, »Das ›Performative‹ als Thema der Sprach- und Kulturphilosophie«, in: Erika Fischer-Lichte und Christoph Wulf (Hrsg.), *Theorien des Performativen* (=*Paragrana*, Bd. 10, H. 1), Berlin 2001, S. 35-64.

5 Krämer/Stahlhut, »Das ›Performative‹ als Thema der Sprach- und Kulturphilosophie«, S. 45.

6 Ebd., S. 56.

könnte man daher die Fähigkeit des Performativen anführen, dichotomische Begriffsbildungen zu destabilisieren, ja zum Kollabieren zu bringen.

Austin verwendet den Begriff des Performativen ausschließlich im Zusammenhang mit Sprechhandlungen. Nun schließt seine Definition des Begriffs keineswegs aus, ihn auch auf körperliche Handlungen anzuwenden, wie sie in *Lips of Thomas* vollzogen wurden. Im Gegenteil, eine solche Anwendung drängt sich geradezu auf. Denn wie ich gezeigt habe, handelt es sich hier in der Tat um Handlungen, die selbstreferentiell sind und Wirklichkeit konstituieren (was Handlungen letztlich immer tun) und dadurch imstande sind, eine – wie auch immer geartete – Transformation der Künstlerin und der Zuschauer herbeizuführen. Aber wie verhält es sich hier mit dem Kriterium des Glückens oder Scheiterns? Ganz offensichtlich hat die Künstlerin wirklich zu viel Honig und Wein zu sich genommen, sich mit Rasierklinge und Peitsche tatsächlich verletzt. Ebenso offensichtlich setzten die Zuschauer Abramovićs Qual ein Ende, als sie die Performerin von dem Kreuz aus Eisblöcken herunterholten. Aber war damit die Performance gelungen oder gescheitert? Was sind die institutionellen Bedingungen, deren Erfüllung oder Nichterfüllung uns berechtigt, die Aufführung als »geglückt« oder als »mißlungen« zu bewerten?

Da es sich hier um eine künstlerische Performance handelt, läßt sich zunächst an die Bedingungen denken, welche die Institution Kunst setzt. Der Ort der Aufführung, eine Kunstgalerie, weist ausdrücklich auf die Institution Kunst hin, die hier als Rahmen fungiert, innerhalb dessen die Aufführung von allen Beteiligten vollzogen wird. Aber was folgt daraus? Was sind zu Beginn der siebziger Jahre die mit der Institution Kunst gesetzten Bedingungen – zu einem Zeitpunkt also, als eine Neubestimmung und Umstrukturierung der Institution Kunst intern ebenso wie von ihren Rändern her gerade eingesetzt hatte und nun mit Macht vorangetrieben wurde? Die institutionellen Bedingungen, mit denen wir es hier zu tun haben, sind offenkundig keineswegs so klar und unstrittig wie bei der Eheschließung oder der Taufe. Aus der Institution Kunst lassen sich jedenfalls kaum Kriterien ableiten, nach denen sich begründet entscheiden ließe, ob das Eingreifen einzelner Zuschauer als Gelingen oder als Scheitern der Performance zu bewerten ist.

Damit jedoch nicht genug. Denn die Performance fand nicht nur in einem von der Institution Kunst gesetzten Rahmen statt. Wie ich gezeigt habe, wies sie sowohl Züge eines Rituals als auch eines Spektakels auf. Es erhebt sich die Frage, wieweit damit auch eine Transformation der Rahmen »Ritual« und »Spektakel« in eine künstlerische Performance stattfand. In welcher Hinsicht sind diese miteinander sowie mit dem Rahmen »Kunst« kollidierenden Rahmen bei der Frage nach dem Gelingen oder Scheitern zu berücksichtigen?[7]

Jedenfalls ist evident, daß sich Austins Liste von Bedingungen, die erfüllt sein müssen, damit eine performative Äußerung glükken kann,[8] kaum auf eine Ästhetik des Performativen übertragen läßt. Denn wie *Lips of Thomas* erhellt, ist hier ein wichtiger Faktor gerade das Spiel mit den verschiedenen Rahmen und deren Kollision, dem für die Transformation der Beteiligten eine wichtige Bedeutung zukommt. Ob die Performance aufgrund dieser Transformation als geglückt oder als gescheitert anzusehen ist, wer wollte sich anmaßen, dies zu entscheiden? Die Frage nach Gelingen oder Verunglücken scheint – zumindest in dieser Form

7 Zum Begriff des Rahmens vgl. Gregory Bateson, »Eine Theorie des Spiels und der Phantasie« (1955), in: ders., *Ökologie des Geistes. Anthropologische, psychologische, biologische und epistemologische Perspektiven*, Frankfurt a. M. 1985, S. 241-261, sowie Erving Goffman, *Rahmen – Analyse. Ein Versuch über die Organisation von Alltagserfahrungen*, Frankfurt a. M. 1977.

8 «(A.1) Es muß ein übliches konventionales Verfahren mit einem bestimmten konventionalen Ergebnis geben; zu dem Verfahren gehört, daß bestimmte Personen unter bestimmten Umständen bestimmte Worte äußern.
(A.2) Die betroffenen Personen und Umstände müssen im gegebenen Fall für die Berufung auf das besondere Verfahren passen, auf welches man sich beruft.
(B.1) Alle Beteiligten müssen das Verfahren korrekt
(B.2) und vollständig durchführen.«
Dies sind Bedingungen, die *mutatis mutandis* auch für das Gelingen eines Rituals erfüllt sein müssen – ganz gleich, ob dies mit Sprech- oder mit Körperhandlungen – oder mit beiden – durchgeführt wird. Anders verhält es sich dagegen mit den letzten beiden Bedingungen:
»(Γ.1) Wenn, wie oft, das Verfahren für Leute gedacht ist, die bestimmte Meinungen oder Gefühle haben, oder wenn es der Festlegung eines der Teilnehmer auf ein bestimmtes späteres Verhalten dient, dann muß, wer am Verfahren teilnimmt und sich so darauf beruft, diese Meinungen und Gefühle wirklich haben, und die Teilnehmer müssen die Absicht haben, sich so und nicht anders zu verhalten,
(Γ.2) und sie müssen sich dann auch so verhalten.« (J. L. Austin, *Zur Theorie der Sprechakte*, S. 37)

– falsch gestellt. Das heißt, der Begriff des Performativen wird im Kontext einer Ästhetik des Performativen einer Modifizierung bedürfen.

Während der Begriff des Performativen in seiner Ursprungsdisziplin, der Sprachphilosophie, mit der Ausarbeitung der Sprechakttheorie – und das heißt mit der Verbreitung der Überzeugung von Sprechen als Handeln – an Prominenz verlor, erlebte er in den neunziger Jahren in Kulturphilosophie und Kulturtheorie eine zweite Karriere. Bis in die späten achtziger Jahre hinein herrschte in den Kulturwissenschaften ein Verständnis von Kultur vor, wie es in der Erklärungsmetapher »Kultur als Text« zum Ausdruck kommt. Einzelne kulturelle Phänomene ebenso wie ganze Kulturen wurden als ein strukturierter Zusammenhang von Zeichen begriffen, denen bestimmte Bedeutungen zuzuschreiben sind. Die verschiedensten Versuche zur Beschreibung und Deutung von Kultur wurden entsprechend als »Lektüren« bezeichnet. Die Aufgabe der Kulturwissenschaften bestand nach diesem Verständnis von Kultur vor allem darin, Texte, bevorzugt solche in fremden, fast unverständlichen Sprachen, zu entziffern und zu deuten oder bekannte Texte auf mögliche Subtexte hin zu lesen und sie so im Lektüreprozeß zu dekonstruieren.

In den neunziger Jahren bahnte sich ein Wechsel der Forschungsperspektiven an. Nun traten die bisher weitgehend übersehenen performativen Züge von Kultur in den Blick, die eine eigenständige Weise der (praktischen) Bezugnahme auf bereits existierende oder für möglich gehaltene Wirklichkeiten begründen und den erzeugten kulturellen Handlungen und Ereignissen einen spezifischen, vom traditionellen Text-Modell nicht erfaßten Wirklichkeitscharakter verleihen. Die Metapher von »Kultur als Performance« begann ihren Aufstieg. Damit wurde zugleich eine Rekonzeptualisierung des Begriffs des Performativen notwendig, die ganz explizit körperliche Handlungen einschließt.

Ohne sich ausdrücklich auf Austin zu berufen, führte Judith Butler in ihrem 1988 entstandenen Aufsatz »Performative Acts and Gender Constitution: An Essay in Phenomenology and Feminist Theory«[9] den Begriff des Performativen in die Kulturphi-

9 Der Aufsatz wurde 1990 in der Textsammlung: *Performing Feminism. Feminist Critical Theory and Theatre*, hrsg. von Sue-Ellen Case, Baltimore/London 1990, S. 270-282, veröffentlicht.

losophie ein. In dieser Arbeit soll der Nachweis geführt werden, daß Geschlechtsidentität (*gender*) – wie Identität überhaupt – nicht vorgängig, d.h. ontologisch oder biologisch gegeben ist, sondern das Ergebnis spezifischer kultureller Konstitutionsleistungen darstellt: »In this sense, gender is in no way a stable identity or locus of agency from which various acts proceed; rather, it is [...] an identity instituted through a *stylized repetition of acts.*«[10] Diese Akte nennt Butler »performativ«, »where ›performative‹ itself carries the double-meaning of ›dramatic‹ and ›non-referential‹«.[11] Auch wenn diese Definition des Begriffs auf den ersten Blick erheblich von derjenigen Austins abzuweichen scheint, minimieren sich die Differenzen bei genauerem Hinsehen. Sie sind vor allem dem Sachverhalt geschuldet, daß Butler den Begriff hier nicht auf Sprechakte, sondern insbesondere auf körperliche Handlungen anwendet.

Die performativen Akte (als körperliche Handlungen) sind insofern als ›non-referential‹ zu begreifen, als sie sich nicht auf etwas Vorgegebenes, Inneres, eine Substanz oder gar ein Wesen beziehen, das sie ausdrücken sollen: Jene feste, stabile Identität, die sie ausdrücken könnten, gibt es nicht. Expressivität stellt in diesem Sinne den diametralen Gegensatz zu Performativität dar. Die körperlichen Handlungen, die als performativ bezeichnet werden, bringen keine vorgängig gegebene Identität zum Ausdruck, vielmehr bringen sie Identität als ihre Bedeutung allererst hervor.

Auch der Terminus ›dramatic‹ zielt auf diesen Prozeß der Erzeugung: »By dramatic I mean [...] that the body is not merely matter but a continual and incessant *materializing* of possibilities. One is not simply a body, but, in some very key sense, one does one's body [...].«[12] Das heißt, auch der Körper in seiner je besonderen Materialität ist das Ergebnis einer Wiederholung bestimmter Gesten und Bewegungen; es sind diese Handlungen, die den Körper als einen individuell, geschlechtlich, ethnisch, kulturell markierten überhaupt erst hervorbringen. Identität – als körperliche und soziale Wirklichkeit – wird also stets durch performative Akte konstituiert. ›Performativ‹ meint in diesem Sinne durchaus

10 Ebd., S. 270.
11 Ebd.
12 Ebd., S. 273.

wie bei Austin ›wirklichkeitskonstituierend‹ und ›selbstreferentiell‹.

Die Verlagerung des Fokus von Sprechakten auf körperliche Handlungen hat allerdings durchaus Konsequenzen, die einen wichtigen Unterschied in der Begriffsbestimmung zwischen Austin und Butler begründen. Während Austin das Kriterium »glücken/mißglücken« stark macht und entsprechend nach den funktionalen Gelingensbedingungen fragt – was uns im Zusammenhang mit Abramovićs Performance vor grundlegende Schwierigkeiten gestellt hat –, fragt Butler nach den phänomenalen Verkörperungsbedingungen.

Unter Berufung auf Merleau-Ponty, der den Körper nicht nur als eine historische Idee begreift, sondern auch als ein Repertoire von Möglichkeiten, die kontinuierlich zu verwirklichen sind, d. h. als »an active process of embodying certain cultural and historical possibilities«,[13] erläutert Butler den Prozeß der performativen Erzeugung von Identität als einen Prozeß von Verkörperung (*embodiment*). Sie bestimmt ihn entsprechend als »a manner of doing, dramatizing and *reproducing* a historical situation«.[14] Durch die stilisierte Wiederholung performativer Akte werden bestimmte historisch-kulturelle Möglichkeiten verkörpert und auf diese Weise sowohl der Körper als historisch-kulturell markierter wie auch Identität allererst erzeugt.

Die Bedingungen, unter denen der Prozeß der Verkörperung jeweils vollzogen wird, sind nun weder ausschließlich in die Macht und Verfügungsgewalt des Individuums gestellt – es kann nicht völlig frei wählen, welche Möglichkeiten es verkörpern, welche Identität es annehmen will –, noch sind sie komplett von der Gesellschaft determiniert – die Gesellschaft kann zwar versuchen, die Verkörperung bestimmter Möglichkeiten durchzusetzen, indem sie Abweichungen mit Sanktionen bestraft, sie vermag sie jedoch nicht generell zu verhindern. Das heißt, auch in Butlers Konzept des Performativen ist offensichtlich die von Austin zur Erscheinung gebrachte Fähigkeit des Performativen virulent, Dichotomien zum Einsturz zu bringen. In/mit den performativen Akten, mit denen *gender* – und generell Identität – konstituiert wird, übt einerseits die Gemeinschaft auf die/den einzelnen kör-

13 Ebd.
14 Ebd.

perliche Gewalt aus. Zugleich aber eröffnen sie durchaus die Möglichkeit, daß sich in/mit ihnen die/der einzelne selbst hervorbringt – und zwar durchaus auch abweichend von den in der Gemeinschaft dominierenden Vorstellungen, wenn auch um den Preis gesellschaftlicher Sanktionen.

Butler vergleicht die Verkörperungsbedingungen mit denen einer Theateraufführung. Denn wie bei einer Theateraufführung stellen die Akte, mit denen Geschlechtszugehörigkeit hervorgebracht und aufgeführt wird, »clearly not one's act alone« dar. Vielmehr handelt es sich bei ihnen um »shared experience« und »collective action«; die Handlung nämlich, die man ausführt, ist eine Handlung, die in gewissem Sinne immer schon begonnen hat, bevor der individuelle Akteur auf dem Schauplatz erschienen ist. Entsprechend ist die Wiederholung der Handlung ein »reenactment« und ein »re-experiencing« eines Repertoires von Bedeutungen, die bereits gesellschaftlich eingeführt sind. Dabei werden weder einem passiven Körper kulturelle Kodes eingeschrieben, noch auch gehen die verkörperten Selbste den kulturellen Konventionen voraus, die dem Körper Bedeutung verleihen. Butler vergleicht die Konstitution von Identität durch Verkörperung mit der Inszenierung eines vorgegebenen Textes. So wie ein und derselbe Text auf verschiedene Weise inszeniert werden kann und die Schauspieler im Rahmen der textuellen Vorgaben frei sind, ihre Rolle jeweils neu und anders zu entwerfen und zu realisieren, agiert der geschlechtsspezifische Körper innerhalb eines körperlichen Raumes, der durch bestimmte Vorgaben eingeschränkt ist, und setzt Interpretationen innerhalb der Grenzen vorgegebener Regieanweisungen in Szene. Die Aufführung geschlechtlicher – oder anderer – Identität als Prozeß einer Verkörperung wird also analog einer theatralen Aufführung vollzogen. Die Verkörperungsbedingungen lassen sich in diesem Sinne als Aufführungsbedingungen genauer beschreiben und bestimmen.[15]

15 Auch wenn Butlers Vorstellungen von Theater kaum mehr mit dem Gegenwartstheater kompatibel sind – was sie mit Hinweis auf Richard Schechner selbst zur Sprache bringt, ohne daraus jedoch für ihre Ausführungen Schlüsse zu ziehen –, so wird davon vor allem ihr späterer Vergleich zwischen dem Transvestiten auf der Bühne und dem im alltäglichen sozialen Raum betroffen, nicht jedoch die Relation zwischen Verkörperungsbedingungen und Aufführungsbedingungen.

Die Theorie des Performativen, wie Judith Butler sie in diesem frühen Aufsatz entwirft,[16] scheint mit ihrer Fokussierung körperlicher performativer Akte sowie dem Gewicht, das sie den Prozessen der Verkörperung verleiht, im Hinblick auf eine Ästhetik des Performativen ein Desiderat einzulösen, das Austins Theorie mit ihren Gelingensbedingungen hinterlassen hatte. Gleichwohl bedarf auch ihr Begriff hinsichtlich dieses Kontextes einer Modifizierung, wie ein kursorischer Rückblick auf Abramovićs Performance erweist.

Zweifellos ist die Vorstellung vom Körper als einer Verkörperung bestimmter historischer Möglichkeiten auf Abramovićs Umgang mit ihrem Körper anwendbar – und sogar produktiv anwendbar. Denn Abramović verkörpert im Verlauf der Performance verschiedene historische Möglichkeiten – allerdings keineswegs nur solche, die für den historischen Zeitpunkt ihrer Performance aktuelle Möglichkeiten darstellten, sondern durchaus, wenn nicht gar überwiegend, solche, die zu ihrer Zeit nun in der Tat als bereits historische Möglichkeiten galten, wobei einzelne – wie die Geißelung – zwischen historischen (den Geißelungen der Nonnen) und noch aktuellen Möglichkeiten (wie Straf- und Folteraktionen oder sado-masochistischen Sexualpraktiken) oszillierend hin- und herglitten. Ihre performativen Akte reinszenierten auch nicht die historischen Muster in dem Sinne, daß sie sie einfach wiederholt hätten; sondern sie änderten sie in entscheidender Weise ab: Alle Gewalt, die der Performerin angetan, alle Schmerzen, die ihr zugefügt, alle Qualen, die ihr bereitet wurden, erlitt sie nicht passiv; sie war vielmehr stets die aktive Verursacherin. Auch haben wir es hier nicht mit einer Wiederholung der performativen Akte zu tun, wie sie im Zentrum von Butlers Interesse steht: Jede Aktion fand vielmehr im Verlauf der Performance nur ein einziges Mal statt. Die Prozesse der Verkörperung, die in *Lips of Thomas* ebenso wie in anderen Performances, Aktionen, Theateraufführungen u. a. vollzogen wurden, bedürfen ganz sicher noch weiterer bzw. anderer Bestimmungen, als sie Butlers Begriff des Performativen umfaßt, vor allem, da es sich hier um ästheti-

16 Bereits in dem nur wenig später fertiggestellten Buch *Gender Trouble* werden einige nicht unwesentliche Modifikationen vorgenommen, die sich nicht widerspruchsfrei mit der im vorliegenden Aufsatz gegebenen Definition vereinbaren lassen. Dies gilt erst recht für ihre späteren Publikationen.

sche und in gewisser Weise verschobene *re-enactments* handelt. Butler bezieht sich kaum je auf im engeren Sinne ästhetische Vorgänge, sondern auf Alltagshandeln.

Indem Butler die Verkörperungsbedingungen als Aufführungsbedingungen erläutert, rückt sie eine weitere interessante Parallele zwischen ihrer und Austins Theorie in den Blick (auch hier ohne auf Austin zu verweisen). Beide begreifen den Vollzug performativer Akte als ritualisierte öffentliche Aufführung. Für beide ist eine enge Beziehung zwischen Performativität und Aufführung (*performance*) offensichtlich und nicht weiter erklärungsbedürftig. Insofern die Wörter »performance« und »performative« gleichermaßen Ableitungen vom Verbum »to perform« darstellen, erscheint dies auch einleuchtend: Performativität führt zu Aufführungen bzw. manifestiert und realisiert sich im Aufführungscharakter performativer Handlungen – so wie die einleitend festgestellten Performativierungsschübe in den Künsten diese dahin tendieren lassen, sich in und als Aufführungen zu realisieren, bzw. in neuen Kunstformen resultieren wie der »Performance Art« und der »Aktionskunst«, deren Bezeichnungen bereits auf ihren Handlungs- und Aufführungscharakter unmißverständlich hinweisen. Insofern ist es durchaus folgerichtig, daß Aufführungen sowohl Austin als auch Butler geradezu als Inbegriff des Performativen erscheinen, auch wenn sie an keiner Stelle näher auf den Aufführungsbegriff eingehen.

Es bietet sich daher an, eine Ästhetik des Performativen im Begriff der Aufführung zu fundieren. Das heißt, den vorhandenen Theorien des Performativen müßte eine neue, eine ästhetische Theorie der Performance/Aufführung hinzugefügt werden.

Nun sind Theorien der Performance seit den sechziger/siebziger Jahren des 20. Jahrhunderts vor allem in den Sozialwissenschaften in einer großen Fülle und Vielfalt entstanden, insbesondere in der Ethnologie und Soziologie. Und dies in einem Ausmaß, daß *performance* heute als »an essentially contested concept«[17] zu verstehen ist. Der Begriff ist inzwischen in den Kulturwissenschaften zu einer Art *umbrella term* geworden, worüber Dell Hymes sich bereits 1975 beklagte: »If some grammarians have confused matters, by lumping what does not interest them

17 Marvin Carlson, *Performance. A critical introduction*, London/New York 1996, S. 5.

under ›performance‹, [...] cultural anthropologists and folklorists have not done much to clarify the situation. We have tended to lump what *does* interest us under ›performance‹«.[18] Seitdem ist die Situation eher noch unübersichtlicher geworden.[19]

Statt mich auf einzelne in Soziologie, Ethnologie oder allgemeiner Kulturtheorie entwickelte Ansätze zu beziehen, scheint es mir im Hinblick auf eine Ästhetik des Performativen sinnvoller, auf die meines Wissens früheste, in den beiden ersten Dekaden des 20. Jahrhunderts vorgenommene Theoretisierung des Aufführungsbegriffs zurückzugehen. Deren Ziel bestand darin, eine neue Kunstwissenschaft zu begründen: die Theaterwissenschaft.

2. Der Begriff der Aufführung

Als zu Beginn des 20. Jahrhunderts in Deutschland Theaterwissenschaft als eine eigenständige Universitätsdisziplin und eine notwendige neue Kunstwissenschaft proklamiert und propagiert wurde, markierte dies einen Bruch mit dem allgemein vorherrschenden Verständnis von Theater. Seit den Literarisierungsbestrebungen im 18. Jahrhundert hatte sich in Deutschland die Vorstellung von Theater nicht nur als einer moralischen Anstalt, sondern auch als einer »textuellen« Kunst durchgesetzt. Im ausgehenden 19. Jahrhundert schien der Kunstcharakter von Theater nahezu ausschließlich durch seinen Bezug auf dramatische Kunstwerke, auf literarische Texte legitimiert. Zwar hatte Goethe bereits 1798 in *Über Wahrheit und Wahrscheinlichkeit der Kunstwerke* den Gedanken formuliert, daß es die *Aufführung* sei, welcher der Kunstcharakter zugesprochen werden müsse; Wagner hatte ihn aufgegriffen und in seiner 1849 entstandenen Schrift *Das Kunstwerk der Zukunft* weiterentwickelt. Gleichwohl war für die überwiegende Mehrzahl der Zeitgenossen im 19. Jahrhundert der Kunstcharakter einer Aufführung durch den aufgeführten Text

18 Dell Hymes, »Breakthrough into Performance«, in: Dan Ben-Amos und Kenneth S. Goldstein (Hrsg.), *Folklore: Performance and Communication*, The Hague 1975, S. 13.

19 Vgl. insbesondere Jon McKenzie, *Perform – or else. From discipline to performance*, London/New York 2001, der mit überraschenden Vorschlägen zur systematischen Fassung des Performancebegriffs in den Kulturwissenschaften aufwartet.

beglaubigt. Noch 1918 schrieb der Theaterkritiker Alfred Klaar in einer Polemik gegen die sich formierende Theaterwissenschaft: »Die Bühne kann nur ihren vollen Wert behaupten, wenn ihr die Dichtung den Gehalt zufügt.«[20]

Dieser Auffassung entsprechend war Theater bisher als Gegenstand der Literaturwissenschaft betrachtet worden. Der Begründer der Berliner Theaterwissenschaft, der auf Mittelalter und frühe Neuzeit spezialisierte Germanist Max Herrmann, richtete dagegen das Augenmerk auf die Aufführung. Er plädierte für die Einrichtung einer neuen Kunstwissenschaft – der Theaterwissenschaft – mit dem Argument, daß es nicht die Literatur sei, welche Theater als eine Kunst konstituiere, sondern die Aufführung: »[...] die Aufführung ist das Wichtigste [...].«[21] Er beließ es nicht bei einer einfachen Dominantenverschiebung zwischen Text und Aufführung, sondern behauptete einen grundsätzlichen Gegensatz zwischen beiden, der ihre Verbindung letztlich ausschließe: »Theater und Drama [...] sind nach meiner Überzeugung [...] ursprünglich Gegensätze, [...] die zu wesenhaft sind, als daß sich ihre Symptome nicht immer wieder zeigen sollten: das Drama ist die wortkünstlerische Schöpfung des Einzelnen, das Theater ist eine Leistung des Publikums und seiner Diener.«[22] Da keine der bestehenden Disziplinen Aufführungen unter ihre Gegenstände subsumiere, sondern nur Texte und Monumente, müsse folglich eine neue Disziplin eingerichtet werden. Theaterwissenschaft wurde in Deutschland als Wissenschaft von der Aufführung begründet.

Die Umkehr der Positionen von Text und Aufführung, die Herrmann vornahm, um für die Einrichtung einer neuen Disziplin zu plädieren, die sich mit Theater als Aufführung und nicht als Text beschäftigten sollte, findet in der Begründung einer anderen Disziplin um die Jahrhundertwende eine interessante Parallele: in der Begründung der Ritualforschung. Während im 19. Jahrhundert eine klare Hierarchie zwischen Mythos und Ri-

20 Alfred Klaar, »Bühne und Drama. Zum Programm der deutschen dramatischen Gesellschaft von Prof. Max Herrmann«, in: *Vossische Zeitung* vom 18. Juli 1918.

21 Max Herrmann, *Forschungen zur deutschen Theatergeschichte des Mittelalters und der Renaissance*, Berlin 1914, Teil II, S. 118.

22 Ders., »Bühne und Drama«, in: *Vossische Zeitung* vom 30. Juli 1918 – Antwort an Prof. Dr. Klaar.

tual bestand, der Mythos als das Primäre galt, das vom Ritual nur bebildert, illustriert, »aufgeführt« wird, erfuhr das Verhältnis im ausgehenden 19. Jahrhundert eine Umkehrung. In seinen *Lectures on the Religion of the Semites* (1889; 2. Aufl. 1894) stellt William Robertson Smith die These auf, daß der Mythos lediglich der Deutung eines Rituals diene und daher sekundär sei. Primär sei vielmehr das Ritual:

> Soweit Mythen als Deutung ritueller Bräuche bestehen, ist ihr Wert überhaupt ein sekundärer, und man kann wohl mit Sicherheit behaupten, dass beinahe in jedem Falle der Mythus aus dem Ritus hergeleitet ist und nicht der Ritus im Mythus wurzelt. Denn der Ritus war fest bestimmt, und der Mythus war veränderlich; der Ritus war Sache der religiösen Pflicht, der Glaube an den Mythus aber stand im Belieben des Menschen.[23]

Das Interesse der Religionswissenschaften müsse sich daher den Ritualen zuwenden. Denn das fundamentale Prinzip der Religion sei die Handlung und nicht die Lehre, nicht das Dogma. Die bis dahin vor allem in protestantischen Kulturen gültige Vorherrschaft der religiösen Texte wurde damit ernsthaft in Frage gestellt. Smith beschäftigte sich in seinen Forschungen insbesondere mit Opferritualen, etwa dem eines Kamelopfers, das nach Berichten eines Autors aus dem 4. Jahrhundert namens Nilus bei arabischen Stämmen üblich war, oder mit jüdischen Opferritualen, wie sie im Alten Testament dargestellt sind. Er interpretierte das Kamelopfer als uralte totemistische Praxis und stellte eine Theorie auf, nach der das Opfer als eine feierliche Mahlgemeinschaft zu begreifen sei. Der gemeinsame Vollzug von Handlungen, nämlich das Sich-Einverleiben von Fleisch und Blut des Opfertieres – einer Gottheit, wie Smith im Sinne des Totemismus annahm –, verbinde alle Beteiligten durch ein unauflösliches soziales Band. Er bringe überhaupt erst die Gemeinschaft als eine Mahlgemeinschaft hervor. Aus der rituellen Gruppe werde so eine politische Gemeinschaft. Unschwer läßt sich erkennen, daß es sich hier um performative Akte handelt, welche das hervorbringen, was sie vollziehen: die soziale Wirklichkeit einer (Mahl-)Gemeinschaft.

Smiths Theorie des Opfers hat sich als äußerst einflußreich

23 William Robertson Smith, *Lectures on the Religion of the Semites*, First Series: *The Fundamental Institutions* (Burnett Lectures 1888/9), London 1889, 2. Aufl. 1894, dt. Übersetzung: *Die Religion der Semiten* (1899), Nachdruck Darmstadt 1967, S. 13.

nicht nur in den Religionswissenschaften, sondern auch in Ethnologie, Soziologie und Altertumswissenschaften erwiesen. Der Ethnologe James George Frazer bekennt im Vorwort zur ersten Auflage seines Buchs *The Golden Bough* (1890), daß er die zentrale Idee zu seinem Buch Smith verdanke, nämlich die Konzeption des erschlagenen und wiedergeborenen Gottes. Auch der Soziologe Emile Durkheim fühlte sich Robertson Smith verpflichtet. Erst durch die Lektüre seiner *Lectures* habe er ein klares Bewußtsein von der zentralen Rolle der Religion im sozialen Leben erlangt.[24]

Die Argumentation für die Begründung von Ritualforschung und von Theaterwissenschaft beruhte auf vergleichbaren Prämissen. In beiden Fällen ging es um eine Verkehrung der Positionen innerhalb einer Hierarchie: vom Mythos zum Ritual und vom literarischen Text zur Theateraufführung. Das heißt, in beiden Fällen wurde eine Privilegierung von Texten zugunsten einer Privilegierung von Aufführungen aufgehoben. Insofern läßt sich durchaus behaupten, daß bereits mit der Begründung von Ritualforschung und Theaterwissenschaft – und nicht erst mit der Performance-Kultur der 60er und 70er Jahre – eine erste performative Wende in der europäischen Kultur des 20. Jahrhunderts vollzogen wurde.[25]

Jane Ellen Harrison, der Kopf der sogenannten Cambridge Ritualists, einer Gruppe von Altphilologen, ging sogar so weit, eine direkte genealogische Beziehung zwischen Ritual und Theater herzustellen, welche die Priorität der Aufführung vor den Texten belegen sollte. In ihrer umfangreichen Studie *Themis. A Study of the Social Origin of Greek Religion* (1912) entwickelte sie eine Theorie vom Ursprung des griechischen Theaters aus dem Ritual. Harrison ging von der Annahme eines vordionysischen Rituals aus, mit dem der Frühlings-Daimon, der *eniautos daimon*, verehrt

24 Vgl. zu dieser Verkehrung der Positionen von Ritus und Mythos auch Hans G. Kippenberg, *Die Entdeckung der Religionsgeschichte, Religionswissenschaft und Moderne*, München 1997.

25 Das ist nicht so zu verstehen, als sei dies die erste performative Wende in der europäischen Kultur; vielmehr ist es die erste im 20. Jahrhundert. Ob mit Blick auf die herausragende kulturelle Funktion von *cultural performances*/Aufführungen in den Jahrhunderten seit Erfindung und Verbreitung des Buchdrucks bis zum Ende des 19. Jahrhunderts von performativer Wende gesprochen werden kann, ist in der Forschung gegenwärtig umstritten.

wurde. Das dionysische Ritual wurde entsprechend als Ableger des alten Frühlings-Daimon-Rituals begriffen. Harrison bemüht sich den Nachweis zu führen, daß der Dithyrambus – aus dem nach Aristoteles die Tragödie hervorgegangen ist – nichts anderes darstelle als den Gesang zur Feier des *eniautos daimon*, als einen konstitutiven Bestandteil des *eniautos-daimon*-Rituals. Gilbert Murray beteiligte sich an Harrisons Studie mit einem »Excursus on the Ritual Forms Preserved in Tragedy«. Unter Bezug auf verschiedene Tragödien und insbesondere auf Euripides' *Bakchen* – ausgerechnet einen der spätesten Tragödientexte! – suchte er zu belegen, daß die Elemente *agon, threnos*, Botenbericht und Epiphanie, die nach Harrison aus dem *eniautos-daimon*-Ritual stammen, in den Tragödien ähnliche Funktionen zu erfüllen haben wie im Ritual.

Harrisons Theorie entzog der Überzeugung ihrer Zeitgenossen, daß die griechische Kultur, nach deren Vorbild und deren Standards sie ihre eigene Kultur modellierten, eine textuelle Kultur gewesen sei, die Grundlage. Im Lichte ihrer Theorie erschienen die so bewunderten Texte der griechischen Tragödien und Komödien als Spätfolgen von Handlungen, mit denen ein Ritual zur Feier eines Jahreszeitengottes aufgeführt wurde. Ursprünglich sei das Ritual gewesen, und erst aus ihm entwickelten sich das Theater und die Texte, die für seine Aufführungen geschrieben wurden.

Auch wenn Harrisons Theorie heute überwiegend nur noch wissenschaftshistorischer Wert zukommt, liefert sie doch einen wichtigen Beleg für die performative Wende. Letztere war es, die den Begriff der Aufführung zu einem Schlüsselbegriff werden ließ, der einer sorgfältigen theoretischen Bestimmung bedurfte. Herrmann nahm eine solche Bestimmung in verschiedenen Arbeiten zwischen 1910 und 1930 vor.

Interessanterweise ist es das Verhältnis zwischen Darstellern und Zuschauern, das er zum Ausgangs- und Angelpunkt seiner Überlegungen macht:

> [Der] Ur-sinn des Theaters [...] besteht darin, daß das Theater ein soziales Spiel war, – ein Spiel Aller für Alle. Ein Spiel, in dem Alle Teilnehmer sind, – Teilnehmer und Zuschauer. [...] Das Publikum ist als mitspielender Faktor beteiligt. Das Publikum ist sozusagen Schöpfer der Theaterkunst. Es bleiben so viel Teilvertreter übrig, die das Theater-Fest bilden, so daß der soziale Grundcharakter nicht verloren geht. Es ist beim Theater immer eine soziale Gemeinde vorhanden.[26]

Es ist die leibliche Ko-Präsenz von Akteuren und Zuschauern, welche eine Aufführung allererst ermöglicht, welche die Aufführung konstituiert. Damit eine Aufführung stattfinden kann, müssen sich Akteure und Zuschauer für eine bestimmte Zeitspanne an einem bestimmten Ort versammeln und gemeinsam etwas tun. Indem Herrmann sie als »ein Spiel Aller für Alle« bestimmt, definiert er das Verhältnis von Akteuren und Zuschauern grundsätzlich neu. Die Zuschauer werden nicht länger als distanzierte oder einfühlsame Beobachter von Handlungen begriffen, welche die Schauspieler auf der Bühne vollziehen und denen sie – die Zuschauer – auf der Grundlage ihrer Beobachtungen bestimmte Bedeutungen beilegen, noch als intellektuelle Entzifferer von Botschaften, die mit/von den Handlungen der Schauspieler formuliert werden. Es handelt sich hier weder in dem Sinne um ein Subjekt/Objekt-Verhältnis, daß die Zuschauer die Akteure zum Objekt ihrer Beobachtung machen würden, noch in dem, daß die Akteure als Subjekte die Zuschauer als Objekte mit nicht verhandelbaren Botschaften konfrontieren. Die leibliche Ko-Präsenz meint vielmehr ein Verhältnis von Ko-Subjekten. Die Zuschauer werden als Mitspieler begriffen, welche die Aufführung durch ihre Teilnahme am Spiel, d. h. ihre physische Präsenz, ihre Wahrnehmung, ihre Reaktionen mit hervorbringen. Die Aufführung entsteht als Resultat der Interaktion zwischen Darstellern und Zuschauern. Die Regeln, nach denen sie hervorgebracht wird, sind als Spielregeln zu begreifen, die zwischen allen Beteiligten – Akteuren und Zuschauern – ausgehandelt und gleichermaßen von allen befolgt wie gebrochen werden können. Das heißt, die Aufführung ereignet sich *zwischen* Akteuren und Zuschauern, wird von ihnen gemeinsam hervorgebracht.

Zu dieser Bestimmung der besonderen *Medialität* von Theater gelangte Herrmann wohl nicht allein auf dem Wege rein theoretischer oder aus der Theatergeschichte abgeleiteter Überlegungen. Vielmehr werden auch Aufführungen des ihm zeitgenössischen Theaters dazu beigetragen haben. Es war vor allem Max Reinhardt, der für seine Inszenierungen immer wieder neue räumliche Arrangements schuf, welche die Zuschauer aus der Beobachter-

26 Max Herrmann, »Über die Aufgaben eines theaterwissenschaftlichen Instituts«, Vortrag vom 27. Juni 1920, in: Helmar Klier (Hrsg.), *Theaterwissenschaft im deutschsprachigen Raum*, Darmstadt 1981, S. 15-24, S. 19.

position des Guckkastentheaters herausdrängten und ihnen neue Formen der Interaktion mit den Schauspielern ermöglichten. In *Sumurun* (1910) zum Beispiel ließ Reinhardt einen *hanamichi*, einen breiten Laufsteg, wie er im japanischen Kabuki-Theater Konvention ist, quer durch den Zuschauerraum der Kammerspiele des Deutschen Theaters Berlin legen. Hier spielten sich die Ereignisse mitten unter den Zuschauern ab. Reinhardt ließ gleichzeitig die Bühne und den *hanamichi* bespielen, ja, die Schauspieler traten über den *hanamichi* gerade »at some vital point in each scene« auf, wie ein Rezensent anläßlich des New Yorker Gastspiels kritisch bemerkte.[27] So war es nicht zu vermeiden, daß die Zuschauer, die sich nach den auftretenden Schauspielern umsahen, die Geschehnisse auf der Bühne verpaßten. Wer es dagegen vorzog, seinen Blick nicht von der Bühne zu lösen, verpaßte die Auftritte auf dem *hanamichi*. Auf diese Weise, d. h. durch die Notwendigkeit, selbständig Sinneseindrücke zu selegieren, wurden die Zuschauer hier im emphatischen Sinne zu »Schöpfern« der Aufführung. Das Spiel der Aufführung wurde nach Regeln gespielt, die einerseits von den Schauspielern (und dem Regisseur), andererseits von den Zuschauern aufgestellt wurden. Sie waren prinzipiell verhandelbar.

Dies gilt erst recht für die Reinhardt-Inszenierungen des *König Ödipus* (1910) und der *Orestie* (1911) im Berliner Zirkus Schumann. Hier bewegten sich die Chöre immer wieder ins Publikum, traten die Schauspieler hinter und aus dem Publikum auf, so daß, wie der Kritiker Siegfried Jacobsohn anmerkte, »die Köpfe der Zuschauer [kaum] von den Köpfen der Statisten [zu] unterscheiden [waren], die hier tatsächlich mitten im Publikum stehen«.[28] Und Alfred Klaar, der später im Widerstreit mit Max Herrmann den literarischen Text gegenüber der Aufführung stark machen sollte, beklagte an der *Orestie*

> die Verteilung des Schauspiels auf den Raum vor, zwischen, unter und hinter uns, diese ewige Nötigung, den Gesichtspunkt zu wechseln, dieses Hereinfluten der Darsteller in den Zuschauerraum, wo die Gestalten mit ihrem Kostümflitter, mit ihrer Perücke und ihrer Schminke uns an den Leib rük-

27 »Why Lot's Wife Could not Have Sat out ›Sumurun‹. The pedestrians on that bridge would have aroused her curiosity so that she would have turned into twenty pillars of salt.« Nicht näher identifizierte New Yorker Kritik aus dem Archiv des Wiener Theatermuseums.

28 Siegfried Jacobsohn, *Das Jahr der Bühne*, Bd. 1, Berlin 1912, S. 51.

ken, diese Dialoge über weite Strecken hin, diese plötzlichen Rufe aus allen Ecken und Enden des Hauses, die uns erschrecken und irreführen – all das ist zerstreuend, unterstützt nicht, sondern zerreißt die Illusion.[29]

Hier war es den Zuschauern offensichtlich ganz unmöglich, die Position des distanzierten oder interessierten oder auch einfühlenden Beobachters einzunehmen. Sie mußten sich im Hinblick sowohl auf die Schauspieler als auch auf die anderen Zuschauer ganz neu positionieren. Die Aufführung ereignete sich hier buchstäblich *zwischen* Akteuren und Zuschauern, ja zwischen den Zuschauern. Die mit der leiblichen Ko-Präsenz von Schauspielern und Zuschauern gesetzten besonderen medialen Bedingungen von Theater wußte Reinhardt auf vielfältige Weise zu nutzen, um immer neue Beziehungen zwischen Akteuren und Zuschauern zu ermöglichen und zu generieren.

Gemäß seiner Erkenntnis, daß eine Aufführung sich zwischen Akteuren und Zuschauern *ereignet*, also weder fixier- noch tradierbar ist, sondern flüchtig und transitorisch, berücksichtigt Herrmann bei seiner Bestimmung des Aufführungsbegriffs weder die Texte, die aufgeführt werden, noch Artefakte wie die Dekorationen. Ja, er polemisiert geradezu gegen die naturalistische oder auch expressionistische Bühnenmalerei – der er in vielen Fällen durchaus einen künstlerischen Wert zuspricht – und bezeichnet sie als »einen grundsätzlichen Fehler entscheidender Art«.[30] Alles dies ist seines Erachtens für den Begriff der Aufführung nicht wesentlich. Die besondere – eben flüchtige – *Materialität* der Aufführung werde vielmehr durch die Körper der Schauspieler konstituiert, die sich im und durch den Raum bewegen. »In der Schauspielkunst [...] liegt das Entscheidende der theatralischen Leistung«, sie allein erzeuge »das eigentliche, das reinste Kunstwerk, das das Theater hervorzubringen imstande ist«.[31] In diesem Zusammenhang scheint Herrmann weniger die fiktive Figur aus einer fiktiven Welt zu interessieren, die durch die Schauspielkunst geschaffen wird. Vielmehr spricht er vom »wirklichen Körper« und vom »wirklichen Raum«,[32] das heißt, er begreift den Körper

29 Alfred Klaar, *Vossische Zeitung* vom 14. Oktober 1911.
30 Max Herrmann, »Das theatralische Raumerlebnis«, in: *Bericht vom 4. Kongreß für Ästhetik und Allgemeine Kunstwissenschaft*, Berlin 1930, S. 152f.
31 Ebd.
32 Ebd.

des Schauspielers im Bühnenraum nicht als reinen Bedeutungsträger, wie es sich seit dem 18. Jahrhundert eingebürgert hatte, sondern nimmt Körper und Raum in ihrer ganz spezifischen Materialität in den Blick. Sie sind es, die in erster Linie die Aufführung mitkonstituieren, und nicht lediglich die von ihnen geschaffenen fiktiven Figuren und fiktiven Räume.

Auch zu diesem Aspekt findet sich eine auffallende Parallele in Max Reinhardts Theater. Die neuen Theaterräume, die dieser zum Beispiel mit dem *hanamichi* oder dem Arenatheater des Zirkus Schumann schuf, dienten nicht dazu, bestimmte fiktive Orte auf neue Weise darzustellen. Sie eröffneten vielmehr – als »wirkliche Räume« – den Schauspielern neue Auftritts-, Bewegungs- und generell Spielmöglichkeiten und den Zuschauern ganz ungewohnte Wahrnehmungs- und Erfahrungsmöglichkeiten.

Vergleichbares gilt in vielen Fällen auch für die Schauspielkunst in Reinhardt-Inszenierungen. So bemängelten Kritiker zum Beispiel sowohl an der Aufführung der Sophokleischen *Elektra* in der Bearbeitung von Hugo von Hofmannsthal im Kleinen Theater in Berlin 1903 als auch am *Ödipus* und an der *Orestie*, daß sich die Körper der Schauspieler in ihrer spezifischen Körperlichkeit in den Vordergrund drängten, die Aufmerksamkeit auf sich und damit von der dargestellten Figur ablenkten. Gertrud Eysoldt, die die Elektra spielte, wurde ausdrücklich für die Maßlosigkeit ihres Körpereinsatzes und seiner ungeheuren Intensität getadelt. Mit diesen Eigenheiten verstieß sie gegen die für die Aufführungen vor allem griechischer Tragödien geltenden Normen von »Kraft«, »Würde« und »sonorem Ton«. An ihre Stelle traten »Nervosität«, »zügellose Leidenschaft« und »heiseres Brüllen«.[33] Damit sei die Grenze vom »Gesunden« zum »Krankhaften«, zum »Pathologischen« überschritten. Das »Geschrei und Gezappel, Überschraubung des Fürchterlichen, Verzerrung und Verwilderung in jeder Linie«,[34] die »Leidenschaft bis zur Sinnlosigkeit« waren für viele Kritiker »nur noch pathologisch zu erklären«.[35] Entsprechend lehnten sie Gertrud Eysoldts Bewegungen ohne »Maß« und »Zurückhaltung«, die nicht einer Bebilderung des Textes dienten, sondern unübersehbar auf den Körper der Schauspielerin zurückwie-

33 Fritz Engel im *Berliner Tageblatt* vom 31. Oktober 1931.

34 Richard Nordhausen, nicht näher identifizierbare Kritik aus dem Archiv des Kölner Theatermuseums.

35 H. E. in *Freisinnige Zeitung* vom 3. November 1903.

sen, ihre Grenzüberschreitung zum »Pathologischen«, in der sie eine Auflösung der Grenzen des Ich der Schauspielerin – nicht der Figur – erblickten, als »unerträglich« ab.[36]

Auch an den Inszenierungen des *Ödipus* und der *Orestie* monierten viele Kritiker, daß die Schauspieler die Aufmerksamkeit der Zuschauer auf die besondere Art ihrer Körperverwendung zogen. Dies galt zum einen für die Statisten, für die »nackte[n] Läufer«, die »mit Windlichtern über die Orchestra die Stufen hinauf in den Palast und wie die Wilden zurück jagen«, denen Siegfried Jacobsohn im *Ödipus* weder Funktion noch Bedeutung beizulegen vermochte.[37] Über sie mokiert sich Alfred Klaar auch in der *Orestie*. Er moniert die »wunderlichen Körperverschlingungen und Massengliederspiele, die die Regie von gestern in den Aischylos hineingedichtet hat«, und spöttelt: »Die Läufer mit den nackten Oberleibern taten wiederum ihre Schuldigkeit und bildeten einmal, da sie sich zu Boden beugten, eine an gymnastische Schaustellungen erinnernde Sehenswürdigkeit.«[38]

Zum anderen bezog sich diese Kritik auf das Spiel der Protagonisten. So beklagt Jacobsohn »die nervenkitzelnde Unterhaltung von Zuschauermassen, die bei Stierkämpfen aufgewach-

36 Vgl. Paul Goldmanns nicht näher identifizierbare Kritik aus dem Archiv des Kölner Theatermuseums.

37 Siegfried Jacobsohn, *Die Schaubühne* 46 vom 17. November 1910.

38 Alfred Klaar, *Vossische Zeitung* vom 14. Oktober 1911. Während Jacobsohn beklagt, daß diese Läufer »weder eine historisch getreue noch eine neue Klassik« seien, und zu dem Schluß kommt, daß es »eine bedauerliche Kraftverschwendung« sei, »im Zirkus einen annähernden Begriff des altgriechischen Theaters geben zu wollen, der ja doch immer nur ein annähernder Begriff bleiben kann« (in: *Die Schaubühne* 46 vom 17. November 1910), bewertet Gilbert Murray, der Mitstreiter Jane E. Harrisons, sie ganz anders. Er hatte für Reinhardts Londoner Version des *Ödipus* die Übersetzung angefertigt. Er bezieht sich auf die Läufer, um den auch von der Londoner Kritik geäußerten Vorwurf, die Inszenierung sei »unGreek«, zu entkräften: »Professor Reinhardt was frankly pre-Hellenic (as is the *Oedipus* story itself), partly Cretan and Mycenaean, partly Oriental, partly – to my great admiration – merely savage. The half-naked torchbearers with loincloths and long black hair made my heart leap with joy. There was real early Greece about them, not the Greece of the schoolroom or the conventional art studio.« (Zit. nach Huntly Carter, *The Theatre of Max Reinhardt*, New York 1914, S. 221 f.) Offensichtlich stimmte die Art der Körperverwendung in Reinhardts Inszenierung mit Murrays – und Harrisons – Vorstellungen von der griechischen Kultur als einer zunächst performativen Kultur völlig überein.

sen sind«.[39] Als abschreckendes Beispiel führt er folgende Szene an:

Wenn Orest seine Mutter erschlagen will, so genügt es über und über, daß er nach ihr aus der Tür des Palastes stürzt, sie dicht an der Tür festhält und nach Abwicklung des Wortzweikampfs in den Palast zurückstößt. Hier jagt er sie die Treppe hinunter in die Manege, rauft sich dort mit ihr herum und zerrt sie dann viel zu langsam wieder die Treppe hinauf. Es ist grauenhaft.[40]

In allen hier angeführten Fällen wurden die Zuschauer durch die besondere Art, in der die Schauspieler ihren Körper verwendeten, auf deren »wirkliche Körper« aufmerksam gemacht. Diese Körper traten weniger als Träger von Bedeutungen, die sie im Hinblick auf eine dramatische Figur vermitteln sollten, in den Blick, als daß sie sich den Zuschauern in ihrer offenbar deutlich spürbaren Sinnlichkeit aufdrängten – was bei den Kritikern überwiegend dem Verdikt verfiel, bei den übrigen Zuschauern dagegen zum überwältigenden Erfolg aller dieser Inszenierungen erheblich beitrug.

Max Herrmann ging bei seiner theoretischen Bestimmung des Aufführungsbegriffs ähnlich radikal – wenn nicht noch radikaler – vor als Max Reinhardt in seiner Aufführungspraxis. Er verschob den Fokus vom Körper als Zeichenträger, als Ausdruck und Übermittler bestimmter Bedeutungen, auf den »wirklichen Körper«, d. h. vom Zeichenstatus des Körpers auf seinen Materialstatus. Während die Kritiker davon ausgingen, daß der Schauspieler in der Aufführung mit seinem Körper die im Text vorgegebenen Bedeutungen ausdrücken und so dem Zuschauer übermitteln soll – in diesem Sinne also dem Primat des Textes vor der Aufführung anhingen –, klammert Herrmann Fragen nach der Repräsentation, d. h. nach der fiktiven Wirklichkeit, die auf der Bühne dargestellt wird, und nach den möglichen Bedeutungen, die sich der äußeren Erscheinung der Schauspieler und ihren Handlungen beilegen lassen, weitgehend aus. Das mag damit zusammenhängen, daß es eben diese Fragen und Probleme waren, welche die zeitgenössische Theaterkritik und Literaturwissenschaft als die einzig relevanten gelten ließen, so daß die Auseinandersetzung

39 Siegfried Jacobsohn, *Das Jahr der Bühne*, Bd. 1, Berlin 1912, S. 49.
40 Ebenda, S. 49f.

mit dem semiotischen Aspekt einer Aufführung als selbstverständlich gelten konnte. Vieles spricht allerdings dafür, daß er – ähnlich wie Judith Butler – Expressivität und Performativität als Gegensätze begriff, die sich gegenseitig ausschließen. Das Konzept von Aufführung, das er entwickelte, scheint eher diese Lesart nahezulegen. Denn wenn er die leibliche Ko-Präsenz von Akteuren und Zuschauern, zwischen denen die Aufführung sich ereignet, sowie die körperlichen Handlungen, die beide Gruppen vollziehen, zum wesentlichen Definiens erhebt, dann schließt ein solcher dynamischer und letztendlich weder in seinem Verlauf noch in seinem Ergebnis vorhersagbarer Prozeß Ausdruck und Übermittlung vorgegebener Bedeutungen aus. Bedeutungen, die in diesem Prozeß auftauchen, können allererst in ihm und durch ihn hervorgebracht sein. Diese Schlußfolgerung zog Herrmann jedoch nicht, jedenfalls nicht explizit. Deswegen bleiben Überlegungen zur spezifischen *Semiotizität* der Aufführung, zu ihrem besonderen Modus der Bedeutungserzeugung für seine Bestimmung des Aufführungsbegriffs irrelevant.

Indem Herrmann die Aufführung als ein »Fest« und ein »Spiel« begreift, als das, was sich zwischen Schauspielern und Zuschauern ereignet, indem er ihre spezifische Materialität als flüchtig beschreibt, als einen dynamischen Prozeß und nicht als ein Artefakt, entzieht er der Anwendung des Terminus »Werk« auf die Aufführung ihr Fundament – auch wenn er selbst von der schauspielerischen Leistung als dem »eigentlichen«, dem »reinsten Kunstwerk« spricht, »das das Theater hervorzubringen imstande ist«, um Theater als einer eigenständigen Kunst Anerkennung zu verschaffen. Denn nach der zu seiner Zeit vorherrschenden Auffassung gehörte zur Kunst notwendigerweise der Werkbegriff. Aus heutiger Perspektive gelesen schließt Herrmanns Bestimmung des Aufführungsbegriffs den Werkbegriff jedoch aus. Der Aufführung kommt ihr Kunstcharakter – ihre *Ästhetizität* – nicht aufgrund eines Werkes zu, das sie schaffen würde, sondern aufgrund des Ereignisses, als das sie sich vollzieht. Denn in der Aufführung, wie Herrmann sie erläutert, kommt es zu einer einmaligen, unwiederholbaren, meist nur bedingt beeinfluß- und kontrollierbaren Konstellation, aus der heraus etwas geschieht, das sich so nur dieses eine Mal ereignen kann – wie es eben unvermeidlich ist, wenn eine Gruppe von Akteuren mit einer Zahl von Besuchern mit unterschiedlichen Gestimmtheiten, Launen, Wünschen, Vorstellungen, Kenntnissen etc. zu einer bestimmten Zeit an einem bestimmten Ort konfrontiert werden. Herrmann interessieren dabei zuvörderst die Aktivitäten und dynamischen Prozesse, in die beide Parteien verwickelt werden.

So sieht Herrmann die »kreative« Aktivität, welche der Zuschauer entfaltet, »in einem heimlichen Nacherleben, in einer schattenhaften Nachbildung der schauspielerischen Leistung, in einer Aufnahme nicht sowohl durch den Gesichtssinn wie vielmehr durch das *Körpergefühl* (Hervorh. v. E. F.-L.), in einem geheimen Drang, die gleichen Bewegungen auszuführen, den gleichen Stimmenklang in der Kehle hervorzubringen«.[41]

Damit wird betont, daß für die ästhetische Erfahrung in der Aufführung »das theatralisch Entscheidendste das Miterleben der wirklichen Körper und des wirklichen Raumes«[42] sei. Die Aktivität des Zuschauers wird nicht nur als eine Tätigkeit der Phantasie, der Einbildungskraft begriffen, wie es bei flüchtiger Lektüre vielleicht den Anschein haben mag, sondern als ein leiblicher Prozeß. Dieser Prozeß wird durch die Teilnahme an der Aufführung in Gang gesetzt, und zwar durch die Wahrnehmung, die nicht nur Auge und Ohr, sondern das »Körpergefühl«, der ganze Körper synästhetisch vollziehen.

Dabei reagieren die Zuschauer jedoch nicht nur auf die körperlichen Handlungen der Akteure, sondern auch auf das Verhalten der anderen Zuschauer. So weist Herrmann darauf hin, daß »sich ja stets im Publikum Elemente befinden werden, die zu jenem innerlichen Nacherleben der schauspielerischen Leistung nicht recht befähigt sind und die nun durch die allgemeine, sonst so ungeheuer günstige, hier aber ungünstige seelische Ansteckung des Gesamtpublikumskörpers auch die Leistung der für das Nacherleben geeigneten Elemente herabsetzen«.[43] Mit der Metapher der

41 Herrmann, »Das theatralische Raumerlebnis«, S. 153.

42 Ebd.

43 Ebd. – Herrmanns Idee von einem nicht nur »seelischen« Nacherleben, seine Behauptung von »einer schattenhaften Nachbildung der schauspielerischen Leistung«, von einem »geheimen Drang, die gleichen Bewegungen auszuführen, den gleichen Stimmenklang in der Kehle hervorzurufen«, findet in der Theorie der sogenannten Spiegelneuronen, wie sie Vittorio Gallese und Alvin Goldman in den neunziger Jahren des 20. Jahrhunderts aufgestellt haben, eine ebenso faszinierende wie gewichtige Unterstützung. Hierbei handelt es sich um Neuronen, die bei einem Beobachter von Handlungen denselben Handlungsimpuls auslösen, der

»Ansteckung« wird noch einmal verdeutlicht, daß ästhetische Erfahrung sich in der Aufführung eben nicht auf ein »Werk« bezieht, sondern aus dem hervorgeht, was sich zwischen den Teilnehmern ereignet. Dabei scheint die Emergenz dessen, was geschieht, wichtiger zu sein als das, was geschieht, und in jedem Fall wichtiger als die Bedeutungen, die man ihm beilegen mag. *Daß* Abramović sich plötzlich mit dem Rasiermesser in das eigene Fleisch schnitt, wog schwerer als die Tatsache, daß sie sich damit einen fünfzackigen Stern in die Haut ritzte, bzw. als die Bedeutungen, die sich dem Stern zusprechen lassen. *Daß* etwas geschieht und *das, was* geschieht, affiziert alle an der Aufführung Beteiligten, wenn auch durchaus auf verschiedene Weise und in unterschiedlichem Maße. Ob und wieweit Herrmann bei seiner Verwendung von Ausdrücken wie »innerliches Nacherleben«, »Miterleben«, »seelische Ansteckung« auch auf eine Transformation der Zuschauer abzielt, die durch die Aufführung bewirkt wird, läßt sich aus seinen Äußerungen weder belegen noch ausschließen.

Im Kern impliziert Herrmanns Aufführungsbegriff einen Wechsel vom Werkbegriff zum Ereignisbegriff. Ihm ist weder eine hermeneutische Ästhetik kompatibel noch die heuristische Unterscheidung von Produktions-, Werk- und Rezeptionsästhetik. Die Aufführung hat vielmehr ihre spezifische Ästhetizität in ihrer Ereignishaftigkeit.

Herrmanns Aufführungsbegriff, wie ich ihn aus verschiedenen Schriften und – von seinen Schülern mitgeschriebenen – Äußerungen Herrmanns rekonstruiert habe,[44] leistet in der Tat eine Erweiterung des Begriffs des Performativen *avant la lettre*, wie er von Austin und später Butler definiert wurde. Er geht mit diesem Begriff konform, insofern er Aufführung nicht als Repräsentation oder Ausdruck von etwas Vorgängigem, Gegebenem bestimmt, sondern sie als eine genuine Konstitutionsleistung begreift: Die

allerdings in der Regel eine Hemmung erfährt, so daß er nicht vollständig ausagiert werden kann. Vgl. hierzu Vittorio Gallese und Alvin Goldman, »Mirror neurons and the simulation theory of mind-reading«, in: *Trends in Cognitive Sciences*, vol. 2, no. 12, Dec. 1998, S. 493-501.

44 Vgl. zu dieser Rekonstruktion auch Rudolf Münz, »›Theater – eine Leistung des Publikums und seiner Diener‹. Zu Max Herrmanns Vorstellungen von Theater«, in: Erika Fischer-Lichte et al. (Hrsg.), *Berliner Theater im 20. Jahrhundert*, Berlin 1998, S. 43-52.

Aufführung selbst sowie ihre spezifische Materialität werden im Prozeß des Aufführens von den Handlungen aller Beteiligten überhaupt erst hervorgebracht. Herrmanns Aufführungsbegriff geht über Austins und Butlers Begriff des Performativen insofern hinaus, als er ganz ausdrücklich auf die Verschiebungen in den Relationen von Subjekt/Objekt und Material-/Zeichenhaftigkeit abhebt, die von der Aufführung vollzogen werden. Er bleibt hinter ihm zurück, insofern er das Problem der Bedeutungserzeugung in und durch die Aufführung ausklammert. Insgesamt ist er für die Zwecke der vorliegenden Untersuchung darüber hinaus besonders interessant und vielversprechend, weil er im Hinblick auf ästhetische Prozesse einen Wechsel vom Werkbegriff zum Ereignisbegriff impliziert, auch wenn damit nicht eine explizite Bezugnahme auf mögliche Transformationen einhergeht. Es erscheint daher – *summa summarum* – als ein aussichtsreiches Unternehmen, die Entwicklung einer Ästhetik des Performativen im Begriff der Aufführung zu fundieren.

Da die Entwicklung einer solchen Ästhetik im Hinblick auf die performative Wende postuliert wird, welche die Künste seit den sechziger Jahren des 20. Jahrhunderts vollzogen haben, erscheint es sinnvoll, in einem ersten Schritt der Frage nachzugehen, auf welche Weise(n) die Künste selbst seitdem den Begriff der Aufführung – und damit zugleich den Begriff des Performativen – modifiziert haben. Insofern die vorliegende Untersuchung einen dezidiert kunstwissenschaftlichen Ansatz verfolgt, liegt ein solches Vorgehen nahe. Es wird also nicht von einer Diskussion unterschiedlicher ästhetischer Theorien ausgegangen, zu deren Erläuterung, Modifizierung oder Widerlegung dann jeweils Beispiele aus der aktuellen Entwicklung in den Künsten hinzugezogen werden. Ihren Ausgangspunkt bildet vielmehr der *state of the arts*, der mit unterschiedlichen theoretischen Ansätzen konfrontiert wird.

Wie sich bei der Rekonstruktion des Herrmannschen Aufführungsbegriffs gezeigt hat, kann es produktiv sein, die im Ereignis der Aufführung einander bedingenden und untrennbar miteinander verknüpften Aspekte ihrer Medialität, Materialität, Semiotizität und Ästhetizität zu heuristischen Zwecken jeweils einzeln zu behandeln, ohne dabei allerdings ihr Zusammenwirken aus den Augen zu verlieren. Die folgenden vier Kapitel gelten entsprechend der Frage, auf welche Weise die Künste seit den sechziger Jahren in ihren Aufführungen diese Aspekte realisiert haben. Besondere Berücksichtigung werden Aufführungen des Theaters, der Aktions- und Performance-Kunst finden – des Theaters, weil Herrmann seinen Aufführungsbegriff im Hinblick auf das Theater entwickelt hat; und der Aktions- und Performance-Kunst, weil mit und in ihr die bildende Kunst den Wandel vom Werk zur Aufführung vollzogen hat.

Drittes Kapitel
Die leibliche Ko-Präsenz von Akteuren und Zuschauern

Wie Herrmann gezeigt hat, besteht die mediale Bedingung von Aufführungen in der leiblichen Ko-Präsenz von Akteuren und Zuschauern. Damit diese zustande kommt, müssen sich zwei Gruppen von Personen, die als »Handelnde« und »Zuschauende« agieren, zu einer bestimmten Zeit an einem bestimmten Ort versammeln und dort eine Spanne Lebenszeit miteinander teilen. Die Aufführung entsteht aus ihrer Begegnung – aus ihrer Konfrontation, aus ihrer Interaktion.

In einer Aufführung gelten entsprechend ganz besondere Bedingungen für »Produktion« und »Rezeption« – um noch einmal die traditionellen Termini zu gebrauchen. Während die Akteure handeln – sich durch den Raum bewegen, Gesten ausführen, das Gesicht verziehen, Objekte manipulieren, sprechen oder singen –, nehmen die Zuschauer ihre Handlungen wahr und reagieren auf sie. Zwar mögen diese Reaktionen teilweise rein »innerlich« ablaufen, einen ebenso wichtigen Teil stellen jedoch wahrnehmbare Reaktionen dar: Die Zuschauer lachen, juchzen, seufzen, stöhnen, schluchzen, weinen, scharren mit den Füßen, rutschen auf dem Stuhl hin und her, lehnen sich mit gespanntem Gesichtsausdruck vor oder mit entspanntem zurück, halten den Atem an und werden beinah starr; sie schauen wiederholt auf die Uhr, gähnen, schlafen ein und fangen an zu schnarchen; sie husten und niesen, knistern mit Einwickelpapier, essen und trinken, flüstern sich Bemerkungen zu oder kommentieren das Bühnengeschehen laut und ungeniert, rufen »bravo« und »da capo«, klatschen Beifall oder zischen und buhen, stehen auf, verlassen den Saal und knallen die Tür hinter sich zu.

Derartige Reaktionen lassen sich sowohl von den anderen Zuschauern als auch von den Schauspielern wahrnehmen – sie spüren, hören oder sehen sie. Und diese Wahrnehmungen resultieren wiederum in wahrnehmbaren Reaktionen der Schauspieler und der anderen Zuschauer. Das Spiel der Schauspieler gewinnt oder verliert an Intensität; ihre Stimmen werden laut und unangenehm oder im Gegenteil immer anziehender; die Schauspieler fühlen sich animiert, Gags und andere Improvisationen hinzuzuerfinden oder verpassen Auftritte und Einsätze; sie treten an die Rampe, um die Zuschauer direkt anzuspielen oder um sie aufzufordern, ihr Verhalten zu ändern oder den Raum zu verlassen. Bei den anderen Zuschauern führt die Wahrnehmung der Zuschauerreaktionen dazu, daß sich der Grad bzw. das Ausmaß ihrer Beteiligung, ihres Interesses, ihrer Spannung erhöht oder verringert, ihr Lachen lauter, im Extremfall konvulsivisch wird, oder aber ihnen im Halse stecken bleibt, oder daß sie anfangen, sich gegenseitig zur Ordnung zu rufen, miteinander zu streiten oder sich zu beschimpfen. Was immer die Akteure tun, es hat Auswirkungen auf die Zuschauer, und was immer die Zuschauer tun, es hat Auswirkungen auf die Akteure und die anderen Zuschauer. In diesem Sinne läßt sich behaupten, daß die Aufführung von einer selbstbezüglichen und sich permanent verändernden *feedback*-Schleife hervorgebracht und gesteuert wird. Daher ist ihr Ablauf auch nicht vollständig planbar und vorhersagbar.

Diese Unbestimmtheit wurde seit dem ausgehenden 18. Jahrhundert als Makel, ja geradezu als Ärgernis empfunden, das es um jeden Preis abzustellen, zumindest zu minimieren galt. Unterschiedliche Strategien wurden zu diesem Zweck entwickelt und erprobt. Das späte 18. und das 19. Jahrhundert setzten – außer auf die Literarisierung – auf eine Disziplinierung des Zuschauers. Theatergesetze wurden erlassen, welche störendes und leider häufig ansteckendes »Fehlverhalten« zu unterbinden suchten. Unter Androhung von Strafen wurden Zuspätkommen, Essen und Trinken oder »Gevattergespräche« während der Aufführung untersagt. Die Erfindung der Gasbeleuchtung wurde genutzt, um eine der stärksten Störquellen zu beseitigen: die Sichtbarkeit der Zuschauer für die Schauspieler und vor allem die der Zuschauer untereinander. Charles Kean experimentierte seit den vierziger Jahren mit einer zunehmenden Verdunkelung des Zuschauerraums, und Richard Wagner versetzte die Zuschauer bei den ersten Bayreuther Festspielen (1876) in völliges Dunkel. Das Ziel all dieser Maßnahmen bestand darin, die *feedback*-Schleife zu unterbrechen: Sicht- bzw. hörbare und damit potentiell störende Zuschauerreaktionen sollten sich in »innere« verwandeln, die allenfalls zu spüren sind. Entsprechend wurde die »Einfühlung« des Zuschauers gefordert und propagiert, die Friedrich Theodor Vischer als einen »Akt der Seelenleihung« konzeptualisierte und bestimmte.[1] Wie wir aus einschlägigen Theaterskandalen wie dem anläßlich der Uraufführung von Hauptmanns *Vor Sonnenaufgang* (20. Oktober 1889) durch die Freie Bühne Berlin wissen, waren diese Strategien nur zum Teil erfolgreich.

Als zu Beginn des 20. Jahrhunderts der Regisseur »ins Rampenlicht« rückte, fand ein grundlegender Strategiewechsel statt. Jetzt ging es nicht mehr darum, wahrnehmbare Zuschauerreaktionen auszuschalten, sondern ganz bestimmte wahrnehmbare Reaktionen durch gezielte Inszenierungsstrategien allererst hervorzurufen. Das heißt, die Regie erstreckte sich ausdrücklich auch auf das Zuschauerverhalten, die *feedback*-Schleife sollte organisiert und gesteuert werden. Besonders prägnant hat diesen Anspruch Sergej M. Eisenstein formuliert. Anläßlich seiner Inszenierung von Ostrovskijs *Eine Dummheit macht auch der Gescheiteste* (1922/23) bezeichnete er in seinem Aufsatz *Montage der Attraktionen* (1923) den Zuschauer geradezu »als Hauptmaterial des Theaters« und bestimmte die Aufgabe der Theateraufführung als »die Formung des Zuschauers in einer gewünschten Richtung (Gestimmheit)«.[2] Entsprechende Inszenierungsstrategien lassen sich nicht nur in den zwanziger Jahren, dort vor allem im sowjetischen und deutschen Theater, oder in den dreißiger Jahren, z. B. in den Thingspielen der Nationalsozialisten, nachweisen. Sie wurden bereits von den italienischen Futuristen erprobt, worauf der oben zitierte Aufsatz zum *Varietétheater* verweist, und noch früher von Max Reinhardt. Seine Verwendung des *hanamichi* und der Arenabühne sowie seine besondere, die Körperlichkeit der Schauspieler sinnlich herausstellende Inszenierungsweise lassen den Versuch erkennen, dem Zuschauer ganz gezielt neue Wahrnehmungsmodi und -perspektiven zu eröffnen und ihn so zu wahrnehmbaren Reaktionen zu veranlassen. Aber nicht in allen Fällen scheint die Rechnung aufgegangen zu sein. So schreibt ein Kritiker anläßlich von Erwin Piscators Inszenierung *Hoppla, wir leben!*

1 Vgl. dazu Friedrich Theodor Vischer, »Das Symbol« (1887), in: ders., *Kritische Gänge*, Bd. 4, hg. von Robert Vischer, München 1922, S. 435; ders., *Ästhetik* (1846-1848), Bd. 2, München 1922; Robert Vischer, »Der ästhetische Akt und die reine Form« (1874), in: ders., *Drei Schriften zum ästhetischen Formproblem*, Halle 1927.

2 Sergej M. Eisenstein, »Montage der Attraktionen«, in: ders., *Schriften*, Bd. 1, hrsg. von Hans-Joachim Schlegel, München 1974, S. 217.

(1927): »Ob Aufführungen dieser Art dem Zuschauer nicht eine zu starke körperliche Anspannung zumuten, muß die Zukunft lehren.«[3]

Mit der performativen Wende in den sechziger Jahren ging eine neue Haltung gegenüber der Kontingenz einher. Sie wurde nun überwiegend als Bedingung der Möglichkeit von Aufführungen nicht nur akzeptiert, sondern ausdrücklich begrüßt. Das Interesse richtete sich nun explizit auf die *feedback*-Schleife als selbstbezügliches, autopoietisches System[4] mit prinzipiell offenem, nicht vorhersagbarem Ausgang, das sich durch Inszenierungsstrategien weder tatsächlich unterbrechen noch gezielt steuern läßt. Dabei verschob sich das Interesse von einer möglichen Kontrolle des Systems zu seinem besonderen Modus der Autopoiesis. Auf welche Weise wirken in einer Aufführung Handlungen und Verhalten von Akteuren und Zuschauern aufeinander ein? Welches sind die spezifischen Bedingungen, die einer solchen Wechselwirkung zugrunde liegen? Welches sind die Faktoren, von denen ihr jeweiliger Verlauf und ihr Ausgang abhängen? Handelt es sich dabei überhaupt um einen ästhetischen und nicht eher um einen sozialen Prozeß?

Derartige Fragen werden von Aufführungen seit den sechziger Jahren nicht nur aufgeworfen – Aufführungen vollziehen sich vielmehr häufig geradezu als Experiment, mit dem eine Antwort auf sie gefunden werden soll. Die Aufführung wird nicht nur als der Ort begriffen, an dem auf letztlich mysteriöse Weise Handlungen und Verhalten von Akteuren und Zuschauern aufeinander einwirken und die Beziehungen zwischen ihnen ausgehandelt werden. Sie erscheint zugleich als der Ort, an dem das spezifische Funktionieren dieser Wechselwirkungen, die Bedingungen und der Ablauf der Aushandlungsprozesse erforscht werden. Aufgabe der Regie ist es, Inszenierungsstrategien zu entwickeln, mit denen sich eine erfolgversprechende Versuchsanordnung entwerfen und herstellen läßt. Sie macht entscheidende Vorgaben für das

3 Monty Jacobs, *Vossische Zeitung* vom 5. 9. 1927, zit. nach Günther Rühle, *Theater für die Republik*, 2 Bde. Frankfurt a. M. 1988, Bd. 2, 1926-1933, S. 792-794, S. 794.

4 Zum Begriff der Autopoiesis, wie er hier und nachfolgend verwendet wird, vgl. Humberto R. Maturana und Francisco J. Varela, *Der Baum der Erkenntnis. Die biologische Wende des menschlichen Erkennens*, Bern/München 1987, 2. Aufl. Bern/München/Wien 1989.

Funktionieren der *feedback*-Schleife, indem sie einzelne Variablen und Faktoren zu isolieren und fokussieren und andere, wenn nicht auszuschalten, so doch in den Hintergrund zu drängen sucht; oder indem sie sich auf das Zusammenspiel ganz bestimmter Parameter konzentriert.

Die Auswertung der Ergebnisse gestaltet sich allerdings schwierig. Denn in der Regel verlaufen die Aushandlungsprozesse in den verschiedenen Aufführungen ein und derselben Inszenierung nicht gleich, zum Teil sogar mit erheblichen Differenzen, so daß sich auch nur halbwegs valide Aussagen kaum machen lassen. Und so nimmt es nicht wunder, daß meist nicht klar zu entscheiden ist, ob es sich hier tatsächlich um ein Experiment handelt, mit dem das Funktionieren des autopoietischen Systems erforscht werden soll, oder nicht doch eher um ein Spiel, in dem mit verschiedenen seiner Variablen, Faktoren und Parametern jongliert wird. Wie auch immer, das Spielerische des Experiments und das Experimentelle des Spiels verstärken sich gegenseitig.

Die Inszenierungsstrategien, die zur Konstruktion einer Versuchsanordnung oder als Set von Spielanweisungen entwickelt wurden, zielen immer wieder auf drei eng aufeinander bezogene Faktoren: (1) auf den *Rollenwechsel* zwischen Akteuren und Zuschauern, (2) auf die *Bildung einer Gemeinschaft* zwischen diesen und (3) auf verschiedene Modi der wechselseitigen *Berührung*, d. h. auf das Verhältnis von Distanz und Nähe, von Öffentlichkeit und Privatheit/Intimität, Blick und Körperkontakt. So mannigfaltig die Strategien – innerhalb einer Inszenierung, in den Inszenierungen eines Regisseurs und in den Inszenierungen verschiedener Regisseure – auch sein mögen, sie haben eines gemeinsam: Sie sollen nicht nur – wenn überhaupt – Rollenwechsel, Bildung und Zerfall von Gemeinschaften, Nähe und Distanz darstellen und bedeuten. Sie bewerkstelligen vielmehr, daß Rollenwechsel tatsächlich vollzogen werden, Gemeinschaften sich bilden und wieder zerfallen, Nähe oder Distanz hergestellt wird. Dem Zuschauer werden Rollenwechsel, Gemeinschaftsbildung und Zerfall, Nähe oder Distanz nicht lediglich vorgeführt, sondern er erfährt sie als Teilnehmer der Aufführung am eigenen Leib.

1. Rollenwechsel

Unter Bezug auf Abramovićs Performance *Lips of Thomas* habe ich den Rollenwechsel als einen Vorgang qualifiziert, in dem das für Theater – und erst recht für die bildende Kunst – traditionell gültige Subjekt/Objekt-Verhältnis in eine schillernde Relation überführt wird, die sich eindeutigem Zugriff entzieht. Handelt es sich hier um eine Beziehung von Ko-Subjekten oder lediglich um eine andere Aktualisierung des alten Verhältnisses?

Diese Frage stellt sich bei den meisten Fällen von Rollenwechsel, von Zuschauerpartizipation, ohne daß sich je eine klare Antwort abzeichnen würde. Gleichwohl wurden unterschiedliche Akzentsetzungen vorgenommen, welche der Frage eine jeweils andere Wertigkeit verleihen. Gerade als Motor der Dynamisierung, der permanenten Verschiebungen innerhalb des Subjekt/Objekt-Verhältnisses erscheint der Rollenwechsel besonders geeignet, um an ihm die autopoietische *feedback*-Schleife der Wechselwirkungen von Handlungen und Verhalten der Akteure und Zuschauer zu erforschen.

Richard Schechner hat mit seiner Gruppe »The Performance Group« in den ausgehenden sechziger und frühen siebziger Jahren mit unterschiedlichen Formen von Zuschauerpartizipation experimentiert und dabei jeweils andere Parameter für die Aushandlung der Beziehungen zwischen Performern und Zuschauern fokussiert. Bei der ersten Produktion der Truppe, *Dionysus in 69* (1968 nach Euripides' *Die Bakchen*) ging es darum, ein Verhältnis zwischen gleichberechtigten Ko-Subjekten zu etablieren. Schechner nennt zwei Bedingungen für den Rollenwechsel der Zuschauer:

> First, participation occurred at those points where the play stopped being a play and became a social event – when spectators felt that they were free to enter the performance as equals. [...] The second point is that most of the participation in *Dionysus* was according to the democratic model: letting people into the play to do as the performers were doing, to »join the story«.[5]

Der Rollenwechsel der Zuschauer begann bereits mit ihrem Einlaß, für den Schechner eine spezielle »opening ceremony« entworfen hatte, die er aus van Genneps Schilderungen von Initiationsri-

5 Schechner, *Environmental Theater*, S. 44.

ten in *Rites de passages* (1909) übernommen hatte. Die Zuschauer konnten zu Beginn der Aufführung am Geburtsritual des Dionysus und später am Todesritual des Pentheus teilnehmen sowie am anschließenden bacchanalischen Tanz: »Together we make a community. We can celebrate together. Be joyous together. [...] So join us in what we do next. It's a circle dance around the sacred spot of my birth« (Dionysus).[6]

Die Inszenierung dieser Rituale folgte im wesentlichen den Beschreibungen tatsächlicher Rituale aus verschiedenen Kulturen. Das Geburts- und das Todesritual, welches die Dominante der Aufführung bildete, war einem Adoptionsritual der Asmat in Neuguinea nachgebildet. Es wurde in der ersten Aufführung noch mit leichter Kleidung, später nur noch nackt ausgeführt. Zu ihm waren auch die Zuschauer nur nackt zugelassen. Auf dem Boden lagen Seite an Seite die Männer der Gruppe, während die Frauen mit gespreizten Beinen und leicht vorwärtsgebeugtem Oberkörper über ihnen standen, so daß ein Tunnel geformt wurde, der den Geburtskanal darstellte. Am Anfang der Aufführung wurde der Darsteller des Dionysus als Gott wiedergeboren – er wurde mit rhythmischen Hüftbewegungen durch den »Geburtskanal« gestoßen. Beim Tod des Pentheus wurde diese Bewegung in umgekehrter Richtung wiederholt. Die Aufführung wurde mit einem Inkorporationsritual beendet: Gemeinsam formierten sich Performer und Zuschauer zu einer Prozession, verließen die weit geöffnete Spielstätte, die sogenannte Performance Garage, und zogen durch die Straßen New Yorks.

An Schechners Einschätzung dieser Art von Zuschauerpartizipation ist vor allem zweierlei bemerkenswert: Erstens betont er das Verhältnis zwischen gleichberechtigten Ko-Subjekten (»to enter the performance as equals«, »according to the democratic model«). Zum zweiten stellt er einen Gegensatz zwischen dem ästhetischen Prozeß des »play« und dem »social event« her, in das die Performance durch Zuschauerpartizipation transformiert wurde.

Auch wenn die geschilderten Inszenierungsstrategien darauf zielten, die Zuschauer als Ko-Subjekte, als »equals«, zu behandeln, nahmen Zuschauer sich häufig Freiheiten heraus, welche die Performer zu Objekten degradierten: Die Performerinnen fühl-

6 Ders., *Dionysus in 69*, o. S.

ten sich wiederholt mißbraucht, ja geradezu prostituiert;[7] eine Gruppe von College-Studenten entführte den Darsteller des Pentheus gegen dessen Willen, um Pentheus' Opfer durch Dionysus zu verhindern, wobei der Performer (William Shepard) sich Verletzungen zuzog. Das heißt, die »Befreiung« der Zuschauer zu Ko-Subjekten endete häufig damit, daß die befreiten Zuschauer nun ihrerseits die Performer unterdrückten und ihnen Gewalt antaten.

In späteren Produktionen probierte Schechner ein anderes Modell der Zuschauerpartizipation aus, bei dem es die Performer waren, welche einen gewissen Druck auf die Zuschauer ausübten, sie durchaus zu manipulieren, ja zu zwingen suchten. In *Commune* (1970-1972), in dem es um den Vietnamkrieg, genauer um die Vorfälle von My Lai ging, wählte ein Performer (James Griffith) eher zufällig fünfzehn Zuschauer aus, die in einen Kreis in der Mitte des Raumes treten sollten, um die Dorfbewohner von My Lai darzustellen. Meist folgten die Zuschauer widerspruchslos den Anweisungen. Es gab jedoch auch solche, die sich widersetzten. In diesen Fällen zog der Performer sein Hemd aus und sagte:

> I am taking off my shirt to signify that the performance is now stopped. You people have the following choices. First, you can come into the circle, and the performance will continue; second, you can go to anyone else in the room and ask them to take your place, and, if they do, the performance will continue; third, you can stay where you are, and the performance will remain stopped; or fourth, you can go home, and the performance will continue in your absence.[8]

Den betreffenden Zuschauern wird zwar eine Reihe von Alternativen eröffnet, die jedoch alle den Zuschauer zum Akteur machen würden – auch wenn er bleibt, wo er ist, wird er zum Verantwortlichen für die Unterbrechung der Performance. Die Alternative, die der Zuschauer gewählt hat, nämlich weiter als Zuschauer die Handlungen der Performer zu beobachten, ohne sich selbst zu exponieren, wird ihm verwehrt. Es entsteht eine Situation, in der die Subjekt- und Objekt-Positionen sich nicht mehr klar voneinander unterscheiden lassen. Wer übte hier Zwang und Gewalt gegen wen aus? Der Performer, der den Zuschauer zum Akteur ma-

7 Vgl. ders., *Environmental Theater*, S. 42.
8 Ebd., S. 49.

chen wollte, oder der Zuschauer, der mit seiner Weigerung, als Akteur aufzutreten, die Aufführung unterbrach und die Performer dazu zu veranlassen suchte, entgegen ihrem Plan und ihren Absprachen weiterzuspielen? Jeder der Beteiligten beanspruchte für sich die Subjektposition und drängte den anderen in eine Objektposition. Dieser Sachverhalt wurde in den anschließenden langwierigen Verhandlungen, die Schechner wiedergibt, keineswegs ausgeräumt, sondern eher noch verstärkt. Denn sie unterstrichen lediglich das Dilemma, in das die von der Inszenierung aufgestellten Spielregeln alle Beteiligten gestürzt hatten.

Dieser besondere Fall, den Schechner nach seinen Tagebuchaufzeichnungen schildert,[9] eröffnet in seinem Ablauf einen faszinierenden Einblick in das Funktionieren der autopoietischen *feedback*-Schleife. Dabei ist allerdings zu berücksichtigen, daß der Rollenwechsel die Unvorhersagbarkeit des weiteren Verlaufs noch erheblich steigert. Wir beobachten die *feedback*-Schleife beim Rollenwechsel sozusagen unter dem Vergrößerungsglas. Die Weigerung von vier der fünfzehn von Griffith ausgewählten Personen, in den Kreis zu treten und so zu Akteuren zu werden, zog die Aufmerksamkeit aller Anwesenden auf sie und machte sie paradoxerweise zu Akteuren – ob sie dies nun wollten oder nicht. Es ergab sich ein performativer Widerspruch. Denn mit ihrer Weigerung hatten sie genau das vollzogen, was sie verweigerten. Sie waren es, welche die Diskussion vom Zaun brachen. Sie beteiligten sich aktiv an der Aushandlung von Beziehungen; als Akteure bestanden sie darauf, als Zuschauer an der Aufführung teilzunehmen. Im weiteren Verlauf der Aushandlungsprozesse forderten nun einzelne Performer im Sinne des Gleichheitsgrundsatzes auch für sich das Recht ein, einen anderen, also einen Zuschauer fragen zu dürfen, ob er bereit sei, an ihrer/seiner Stelle die Aufführung fortzusetzen, um selbst frei zu sein, den Raum zu verlassen. Zwei Performer fanden Zuschauer, die ihr Einverständnis erklärten, allerdings den Vorbehalt machten, daß sie weder die betreffenden »Rollen« noch den weiteren Verlauf der Aufführung kannten. Die Unvorhersehbarkeiten wurden so weiter multipliziert.

Nach drei Stunden Diskussion entschieden sich drei der vier Verweigerer, den Raum zu verlassen; nachdem der vierte eine Er-

9 Vgl. ebd., S. 49-54.

läuterung dafür erhalten hatte, warum er in den Kreis treten sollte, erklärte er sich schließlich bereit mitzuspielen (vielleicht auch, weil seine Freundin den Part einer Performerin übernommen hatte). Die Aufführung wurde, wie Schechner sich ausdrückte, nun fortgesetzt – ich würde allerdings auch die dreistündigen Verhandlungen der Aufführung zurechnen und insofern lieber vom weiteren Verlauf der Aufführung sprechen. Schechner soufflierte den beiden als Performerinnen debütierenden Zuschauerinnen ihren Text. Die Aufführung endete mit dem im Skript fixierten Dialog und der anschließenden Prozession in die Straßen New Yorks.

In keinem Moment der Aufführung war vorhersehbar, wie sich der weitere Ablauf gestalten würde. Aus der Tatsache der Weigerung ergab sich keineswegs mit zwingender Notwendigkeit eine bestimmte Weiterentwicklung. Sie multiplizierte lediglich die Anzahl der Möglichkeiten für den weiteren Verlauf. In diesem Sinne läßt sich die Weigerung mit dem sprichwörtlichen Schmetterlingsflügelschlag vergleichen, der einen Prozeß in Gang setzt, welcher in seinem weiteren Verlauf einen Tornado verursachen bzw. verhindern wird. An jedem Punkt des Aushandlungsprozesses wäre ein anderer Fortgang, eine andere Wendung denkbar und möglich gewesen. Was hier durch den Rollenwechsel klar hervortrat, gilt generell für die *feedback*-Schleife: Weder sind die Reaktionen der Zuschauer vorhersehbar oder komplett kontrollierbar noch auch die Auswirkungen, die sie auf die Akteure und die anderen Zuschauer haben werden. Auch wenn es sich dabei häufig eher um kaum wahrnehmbare Mikroprozesse handeln mag, die dem Beobachter nur durch das Vergrößerungsglas des Rollenwechsels zugänglich werden, sind sie in jeder Aufführung am Werke. Es ist die für Aufführungen konstitutive leibliche Ko-Präsenz von Akteuren und Zuschauern, die sie unwiderruflich in Gang setzt. Wo Menschen leiblich aufeinandertreffen, reagieren sie aufeinander, auch wenn dies nicht immer mit Augen und Ohren wahrnehmbar ist. Man kann nicht nicht aufeinander reagieren, wie sich mit einer Abwandlung von Watzlawicks bekanntem Diktum sagen ließe.

Deswegen ist mit einer Ansammlung von Menschen auch immer eine soziale Situation gegeben. Es nimmt daher wunder, daß Schechner die Aufführung in einen Gegensatz zu einem sozialen Ereignis bringt, wenn er als Bedingung für Zuschauerpartizipation anläßlich der *Dionysus*-Aufführung formuliert: »the play stopped being a play and became a social event«. Mit einer solchen dichotomischen Gegenüberstellung von Aufführung als einem ästhetischen Prozeß und sozialen Ereignis verstellt Schechner den Blick auf die besondere Leistung der Zuschauerpartizipation, wie die Performance Group sie praktizierte. Diese dynamisierte nicht nur das dichotomische Subjekt/Objekt-Verhältnis, sondern zugleich auch dasjenige von Kunst-/Theaterereignis und sozialem Ereignis. Sie machte für alle Beteiligten erfahrbar, daß eine Aufführung immer ein soziales Ereignis darstellt: In ihr geht es, wie verborgen auch immer, um die Aushandlung oder Festlegung von Positionen und Beziehungen und damit um Machtverhältnisse. In der Aufführung sind Ästhetisches und Soziales bzw. Politisches untrennbar miteinander verknüpft. Diese Verknüpfung entsteht nicht erst, wenn in einer Aufführung politische Sujets behandelt oder politische Programme verkündet werden. Sie ist mit der leiblichen Ko-Präsenz gegeben und garantiert. Ein zumindest implizites Wissen um diese unlösbare Verbindung von Ästhetischem und Politischem in Aufführungen war wohl immer gegeben. Dies mag einer der Gründe sein, warum man sich etwa im Deutschland des 19. Jahrhunderts so schwer tat, Theater als eine Kunst anzuerkennen, und es der Polizeibehörde unterstellte. Und es ist ganz sicher auch einer der Gründe, warum die Künste seit den sechziger Jahren dazu tendieren, statt Werke Aufführungen hervorzubringen. (Vielleicht läßt sich damit auch erklären, warum die philosophische Ästhetik sich kaum je auf das Theater bezieht, auch wenn der Begriff des Ereignisses für sie eine Schlüsselstellung einnimmt.) Der Rollenwechsel, der nur aufgrund der leiblichen Ko-Präsenz möglich ist, bringt die scheinbare Dichotomie von Ästhetischem und Politischem zum Kollabieren. Er läßt die spezifische Verbindung von Ästhetischem und Politischem in Aufführungen in Erscheinung treten – und zwar unabhängig davon, ob er zwischen Akteuren und Zuschauern eine Beziehung von Ko-Subjekten postuliert, projektiert und zum Teil auch realisiert oder Akteuren und Zuschauern Möglichkeiten zur gegenseitigen Manipulation eröffnet; er legt so offen *und* macht erfahrbar, daß in Aufführungen das Ästhetische immer zugleich politisch ist, daß eine Trennung der Bereiche nicht funktioniert.

Diese Einsicht, welche die Experimente der ausgehenden sechziger und frühen siebziger Jahre generiert haben, bildete den Ausgangspunkt für spätere Experimente und Spiele mit Rollenwechseln.

Im Jahre der Fünfhundertjahrfeier der sogenannten Entdekkung Amerikas durch Columbus (1992) brachten die beiden amerikanischen Performance-Künstler Coco Fusco und Guillermo Gómez Peña ihre Performance *Two Amerindians Visit...* heraus, die sie an verschiedenen Orten zeigten: auf öffentlichen Plätzen, wie in Covent Garden in London und auf der Plaza Cristobal Colón in Madrid, in Kunstmuseen und Galerien wie in Irvine, New York und Chicago und in Naturkundemuseen wie in Washington, Minneapolis und Sidney. Die Performance war als ein Experiment angelegt, mit dem die Künstler die These zu belegen suchten, daß bereits der Akt, mit dem der andere wahrgenommen wird, ein politischer Akt ist; daß in den westlichen Kulturen der Blick auf den anderen – wie auf einen selbst – auch heute noch vom kolonialistischen Diskurs gesteuert wird.

An jedem Aufführungsort »lebten« Fusco und Gómez-Peña als unentdeckte Amerindianer, die von einer kleinen Insel im Golf von Mexiko stammen, welche die Europäer aus unerklärlichen Gründen fünfhundert Jahre lang zu entdecken vergessen hatten, in einem goldenen Käfig. Sie nannten ihre Heimat Guatinau und sich selbst Guatinaui. Beide waren als phantastische Amerindianer gekleidet: Fusco trug ein Baströckchen und einen BH aus »Tigerfell«, um den Hals eine Kette aus riesigen Klauen, im Gesicht eine Sonnenbrille und an den Füßen Turnschuhe. Gómez-Peñas Gesicht war zu einer Art Tigermaske geschminkt – in ironischer Anspielung auf das Stereotyp des »fierce Mexican wrestler« –, und die Augen waren hinter einer Sonnenbrille verborgen. Er trug einen riesigen Kopfputz, der mit Ornamenten geschmückt war und an der Spitze ebenso wie über der Stirn das Bild eines Indianerhäuptlings zeigte. Um den Hals hatte er sich ausladenden Schmuck gehängt, der auch die Brust bedeckte. Um die Hüften hatte er einen Lendenschurz geschlungen, an dem Perlschnüre befestigt waren. Seine Füße steckten in Slippern, seine Unterschenkel waren mit Perlschnüren geschmückt. Fusco und Gómez-Peña trugen beide ein Halsband. Die Wächter neben dem Käfig führten sie an Leinen zur Toilette.

Beide vollzogen, was sie ihre »traditionellen Aufgaben« nannten: Diese reichten vom Gewichtheben über das Nähen von Voodoo-Puppen bis zum Fernsehen und zur Arbeit am Laptop. Am

Käfig war eine Sammelbüchse angebracht mit der Aufschrift, daß für eine kleine Gebühr Fusco tanzen würde (und zwar, wie sich herausstellte, zu Rap-Musik), Gómez-Peña authentische amerindianische Geschichten erzählen (wobei er sich einer Phantasiesprache bediente) und daß beide mit Besuchern für Photos posieren würden.

Vor dem Käfig waren große Informationstafeln aufgestellt. Die erste zeigte Höhepunkte aus der Geschichte von Ausstellungen, auf denen Mitglieder nicht-westlicher Kulturen zu besichtigen waren, die zweite einen gefälschten Eintrag »Amerindians« aus der *Encyclopedia Britannica* sowie eine entsprechend manipulierte Karte vom Golf von Mexiko.

Um ihre These vom kolonialisierenden Blick zu plausibilisieren, wandten die beiden Performance-Künstler vor allem drei Inszenierungsstrategien an. Erstens inszenierten sie den kolonialistischen Diskurs: Ihre äußere Erscheinung, ihre Handlungen und Verhaltensweisen verkörperten Stereotypen des »stummen unzivilisierten Anderen«, den Angehörige der westlichen Kultur zivilisieren und interpretieren, für den sie sprechen müssen. Zugleich war diese Inszenierung des kolonialistischen Diskurses so strukturiert, daß sie auch Elemente einschloß, welche sowohl die Stereotypen als auch jeglichen Anspruch auf Authentizität radikal in Frage stellten und so eine Wahrnehmung der Performance im Sinne des kolonialistischen Diskurses eigentlich verweigerten, zumindest jedoch erschwerten. Zweitens wählten sie mit den verschiedenen Aufführungsorten spezifische Rahmen, welche für gewöhnlich die Wahrnehmung lenken und entsprechend dafür verantwortlich sind, wie eine Performance wahrgenommen wird – ob als künstlerische Performance (in Galerien und Kunstmuseen), als eine Art Völkerausstellung (im Naturkundemuseum) oder als eine Veranstaltung zur Erinnerung an die »Entdeckung« Amerikas (auf der Plaza Cristobal Colón). Diese beiden ersten Strategien eröffneten für einen aufmerksamen Beobachter die Möglichkeit, die Performance nicht durch die Brille des kolonialistischen Diskurses, sondern als Auseinandersetzung mit ihm wahrzunehmen. Die dritte und wichtigste Inszenierungsstrategie bestand im Rollenwechsel. Die Akteure nahmen immer wieder – von den Zuschauern weitgehend unbemerkt – die Position von Zuschauern ein. Sie beobachteten das Verhalten der Zuschauer, ihre Reaktionen, Bemerkungen, Handlungen, notierten sie anschließend und veröffentlichten sie. Um ihnen dies zu erleichtern, war die Performance so inszeniert, daß sie die Zuschauer geradezu dazu provozierte, ihrerseits die Position von Akteuren zu übernehmen. So waren sie aufgefordert, selbst zu agieren, wenn sie mehr sehen wollten als die sogenannten Alltagsaktivitäten. Sie mußten buchstäblich einen bestimmten Preis dafür bezahlen – und dieser Preis belief sich nicht nur auf die Gebühr, die sie zu entrichten hatten. Indem sie nämlich die Wächter fragten, ob sie Fusco füttern durften, oder nach Gummihandschuhen verlangten, um Gómez-Peñas Beine zu streicheln, oder sich erkundigten, ob die ausgestellten Menschen sich öffentlich im Käfig paaren würden, oder die vorgeschriebene Gebühr bezahlten, um Fusco mit einer Banane zu füttern oder sie tanzen zu sehen und Gómez-Peña seine unverständlichen Geschichten erzählen zu hören, vollzogen die Zuschauer Handlungen, die sie dem Blick sowohl der beiden Künstler als auch der anderen Zuschauer aussetzten, Handlungen, die sie zu Akteuren machten.

Die Künstler vermochten in ihren Beobachtungen der als Akteure auftretenden Zuschauer drei Arten von Wahrnehmung und Verhalten zu unterscheiden:

1. das von Künstlerkollegen und Kulturadministratoren, welche die Performance als eine künstlerische (an)erkannten, sie jedoch aus artistischen, moralischen u. a. Gründen laut und offen am Platz kritisierten, ihnen zum Beispiel den Vorwurf machten, daß sie das Publikum hinters Licht führen würden, wenn sie so täten, als handle es sich tatsächlich um eine Völkerausstellung;
2. das von Zuschauern, die sich ebenfalls über den Charakter des »Rollenspiels« im klaren waren, aber das Spiel mitspielen wollten, wie zufällig vorbeikommende Geschäftsleute in Madrid und London oder Galeriebesucher in New York, die Coco Fusco mit einer Banane füttern und sich dabei photographieren lassen wollten; und
3. das von Zuschauern, welche die Performance unabhängig von ihrem Aufführungsort als eine Art Völkerausstellung wahrnahmen und auf sie zum Teil mitleidig und protestierend, zum Teil neugierig beipflichtend reagierten.

Die beiden Performer selbst schrieben sich dabei die Position von distanzierten Beobachtern zu, die eine bestimmte Versuchsanordnung geschaffen haben, ihre Einhaltung kontrollieren und beobachten, wie sich die »Probanden« unter den Bedingungen des Experiments verhalten. Indem die Künstler Bedingungen schufen und zu überwachen trachteten, welche eine Gruppe von Zuschauern zum Objekt der Beobachtung anderer Zuschauer machten, kehrten sie aus ihrer Sicht die Position um, welche der kolonialistische Diskurs festgeschrieben hatte: Die Zuschauer übernahmen, wenn auch zum Teil ohne ihr Wissen und gegen ihren Willen, die Position von »Wilden«, die von anderen beobachtet, fixiert, kontrolliert und gedeutet werden.

Dagegen ist jedoch zu betonen, daß die Performer ein Spiel der Blicke und gerade die Möglichkeit für einen permanenten Wechsel der Positionen inszenierten: die Verweigerung des kolonialistischen Blicks auf die Performer, die durchaus mit einem sie kontrollierenden Blick einherging (Künstlerkollegen und Kulturbeamte); den Wechsel der Blicke zwischen Performern und Zuschauern auf der Ebene des Spiels, des »Als ob« (die mitspielenden Geschäftsleute); den verdinglichenden, zum Teil durchaus mitleidigen Blick auf die Performer als die »unzivilisierten Wilden«, welche die Zuschauer in ihrer Identität als Mitglieder einer überlegenen, zivilisierten Kultur zu bestätigen schienen (die »believers«); den kontrollierenden und zugleich begehrenden Blick (die sexuellen Belästigungen); den überwachenden Blick einer Gruppe von Zuschauern auf eine andere (der »non believers« auf die »believers«) und den beobachtenden, distanzierten und nicht minder kontrollierenden Blick der Performer auf die Zuschauer, welcher die Künstler in ihrer Überzeugung von einer fortdauernden Virulenz des kolonialistischen Diskurses in der westlichen Kultur und damit zugleich sie selbst in ihrer Identität als »andere« bestätigte.[10]

Aus Sicht der beiden Künstler mag der Verlauf der Performance an den verschiedenen Aufführungsorten und vor verschiedenen Zuschauern ihre Ausgangsthese bestätigt haben. Im Lichte unserer bisherigen Überlegungen allerdings scheinen Zweifel angebracht. Denn es stellt sich die Frage, ob es sich bei der Behauptung eines distanziert beobachtenden Blicks durch die Performer nicht um eine *a posteriori*-Zuschreibung handelt. Sie suggeriert

10 Vgl. zur Performance Erika Fischer-Lichte, »*Rite de passage* im Spiel der Blicke«, in: Kerstin Gernig (Hrsg.), *Fremde Körper. Zur Konstruktion des Anderen im europäischen Diskurs*, Berlin 2001, S. 297-315; Coco Fusco, »The other History of Cultural Performance«, in: *The Drama Review* 38, 1 (spring 1994), S. 145-167.

den Gedanken, daß es für die Künstler möglich war, sich aus der *feedback*-Schleife auszuklinken, was allen bisherigen Ausführungen widersprechen würde. Wohl hat die Performance demonstriert und für jeden Beteiligten erfahrbar werden lassen, daß der Akt, mit dem der andere wahrgenommen wird, immer schon ein politischer Akt ist, weil mit ihm Fremd- und Selbstzuschreibungen sowie Kontrollmechanismen einhergehen. Dies galt in der Aufführung nicht nur für die Wahrnehmung der Künstler durch die Zuschauer – wie Fusco nahelegen möchte – oder auch die der Zuschauer durch andere Zuschauer, sondern ebenso für die Wahrnehmung der Zuschauer durch die Performer. Ihre Wahrnehmungen und die mit ihnen verbundenen Handlungen und Verhaltensweisen setzten und hielten die *feedback*-Schleife der Wechselwirkungen in Gang, die eine genaue Planung der Aufführung unmöglich machte. Es erscheint daher auch problematisch, die Reaktionen der Zuschauer als Ausdruck einer vorgegebenen kolonialistischen Mentalität interpretieren zu wollen. Die Aufführung zitierte und reinszenierte den kolonialistischen Diskurs in einer Weise, die signifikante Abweichungen zuließ, ja geradezu provozierte – nicht nur hinsichtlich der ironischen Details der Inszenierung, welche die Performer einführten, sondern auch im Hinblick auf die Handlungen jener Zuschauer, die sich entweder auf das »Als ob« der Darstellung spielerisch einließen oder es im Gegenteil außer Kraft zu setzen suchten, indem sie die Künstler öffentlich mit ihrem Namen anredeten.

Sowohl die Akteure als auch die Zuschauer suchten hier den Rollenwechsel dazu zu nutzen, für sich das Recht und die Macht durchzusetzen, die Wahrnehmung der anderen sowie den Diskurs zu bestimmen, in dessen Kontext sie zu situieren und zu deuten sei. Das Ästhetische erwies sich hier in der Tat als das wahrhaft Politische. Die in der Aufführung unablässig aktive Dynamisierung des Subjekt/Objekt-Verhältnisses vollzog sich als eine Art Machtkampf, als ein ständiger Wechsel der Positionen zwischen Performern und Zuschauern. Die Aufführung und damit die *feedback*-Schleife verlief als ein Kampf um eine bestimmte Definitions- und Deutungsmacht, den die Künstlerin nach dem Ende der Aufführungsserie mit ihrer Veröffentlichung in *The Drama Review* nicht nur in ihrem Sinne interpretierte, sondern damit auch mit anderen Mitteln fortsetzte.

In *Two Amerindians Visit* erwiesen sich die unterschiedlichen

Rahmungen, die durch die verschiedenen Veranstaltungsorte und -anlässe vorgegeben waren, als eine wichtige Inszenierungsstrategie. Denn die Rahmen legten nicht nur unterschiedliche Wahrnehmungen der Performance nahe, sondern eröffneten den Zuschauern auch jeweils andere Möglichkeiten, als Akteure aufzutreten. Mit der Wahl der verschiedenen Veranstaltungsorte entschieden sich Fusco und Gómez-Peñas für ein Verfahren, das es erlaubte, die Auswirkungen der verschiedenen Rahmen jeweils gesondert zu untersuchen.

Christoph Schlingensief arbeitete in seinen Produktionen der neunziger Jahre dagegen mit der Methode, in ein und derselben Aufführung unterschiedliche Rahmen zu setzen und miteinander kollidieren zu lassen. In seiner Produktion *Chance 2000 – Wahlkampfzirkus '98* im Wahljahr 1998 an der Volksbühne am Rosa-Luxemburg-Platz in Berlin[11] war es für den Zuschauer kaum möglich, zu irgendeinem Zeitpunkt mit Gewißheit zu erkennen, in welcher Art von Veranstaltung er sich befand: in einer Theateraufführung (worauf die Tatsache verwies, daß es sich um eine Produktion der Volksbühne handelte, ebenso wie der Kauf einer Theaterkarte an der Kasse), einer Zirkusvorstellung (das schien der Aufführungsort, eine Zirkusarena, nahezulegen, ebenso wie der Umstand, daß im Laufe der Aufführung die Mitglieder der Artistenfamilie Sperlich eine Reihe von Zirkusnummern vorführten), einer Freak-Show (konnte man eventuell den Auftritt von Behinderten, mit denen zum Teil ausgesprochen rüde umgesprungen wurde, so deuten?), eine Talk-Show (worauf die verschiedenen Gespräche und Interviews hindeuteten, die im Laufe der Aufführung geführt wurden), oder in einer politischen Versammlung, gar einer Parteigründung (dafür sprach das Auslegen von Listen in der Manege und die Aufforderung Schlingensiefs an die Zuschauer, sich in die Manege zu begeben und in die Listen als Mitglieder der Partei »Chance 2000« einzutragen)? Häufig schienen zwei oder drei verschiedene Veranstaltungstypen gleichzeitig abzulaufen. Dabei kommentierten und reflektierten die verschiedenen Gattungen sich gegenseitig und stellten sich so in Frage.

Als zum Beispiel viele Zuschauer in die Manege strömten, um

11 Vgl. zu dieser Produktion die ausgezeichnete Magisterarbeit von Sandra Umathum, *Der Zuschauer als Akteur.* Untersuchungen am Beispiel von Christoph Schlingensiefs *Chance 2000 – Wahlkampfzirkus '98*, FU Berlin 1999.

sich auf Schlingensiefs Aufforderung hin als Parteimitglieder eintragen zu lassen – um so endlich selbst über ihr politisches Schicksal entscheiden zu können –, attackierte der Schauspieler Martin Wuttke sie von der Empore über dem Manegeneingang als willfährige Masse, die ihrem Meister bedingungslos Folge leiste, und beschallte sie eine Viertelstunde lang mit dem durch ein Megaphon gerufenen, ständig wiederholten Satz: »Ich bin der Volkserreger und ihr seid eine autogene Streßplastik!« Die dauernde Kollision der Rahmen und die daraus resultierenden permanenten Brechungen eines eben gesetzten Rahmens verunsicherten und irritierten wahrnehmbar viele Zuschauer und lösten bei ihnen die unterschiedlichsten Reaktionen aus, mit denen sie sich immer wieder zu Akteuren machten. Die Rahmenkollisionen und -brechungen erwiesen sich als die wirkungsvollste Inszenierungsstrategie, um den Rollenwechsel der Zuschauer zu Akteuren, aber auch der Akteure zu Zuschauern zu initiieren und die Unvorhersagbarbeit der autopoietischen *feedback*-Schleife ernorm zu erhöhen.

Die Aufführung bestand aus einer Reihe von Nummern, die nicht nur in beliebiger Abfolge präsentiert, sondern auch problemlos um einige gekürzt und neue erweitert werden konnten. Es galt die Spielregel, daß die Darsteller das Recht hatten, sich jederzeit zu weigern, eine bestimmte Nummer durchzuführen, oder auch, nach Belieben neue hinzuzuerfinden – was einen Bruch des Rahmens »Theateraufführung« oder »Zirkusvorstellung« darstellte. Dieses Recht war ebenfalls den Zuschauern eingeräumt, die davon mit wachsender Begeisterung Gebrauch machten. Wann immer durch die Weigerung eines Akteurs oder anderer »Partner« eine Lücke entstand – und manchmal sogar mitten in einer Nummer – präsentierten sich Zuschauer in der Manege mit »ihrer« Nummer. In der Regel zogen sich Schlingensief und die anderen Akteure dabei auf Plätze in der Manege zurück und schauten der/dem betreffenden Zuschauer/in zu. In solchen Fällen versuchten Zuschauer, sich als aktive und gleichberechtigte Partner an den Aushandlungen der Beziehungen zu beteiligen, während Schlingensief ihnen zuschaute, sie teils dazu zu ermuntern schien, um es ihnen dann wieder brüsk zu verweigern. Auch wenn Schlingensief in der Regel – bis auf wenige Ausnahmen – im gesamten Verlauf der Aufführung anwesend war und den Anschein zu erwecken suchte, als wolle er ihren Ablauf steuern und kontrollieren, war dies bei den geltenden Spielregeln gar nicht möglich. Da jeder Akteur und jeder Zuschauer grundsätzlich das Recht hatte, in jedem Moment der Aufführung in ihren Verlauf einzugreifen, wurde für jeden offenbar, daß die *feedback*-Schleife dem Zufallsprinzip folgte. Wann und wie immer ein Zuschauer intervenierte oder ein Akteur sich weigerte, nahm die Aufführung eine neue, nicht vorhergesehene Wendung. Auf sie mußte Schlingensief, genauso wie alle anderen Beteiligten, dann reagieren, was eine neue Wendung herbeiführte und so fort *ad libitum* bzw. bis zum willkürlich erklärten Ende der Aufführung. Zugespitzt läßt sich behaupten, daß jede Aufführung von *Chance 2000 – Wahlkampfzirkus '98* in nichts anderem bestand, als das Funktionieren der *feedback*-Schleife nach dem Zufallsprinzip vorzuführen und erfahrbar zu machen.

Die ständigen Rahmenkollisionen und -brüche schufen für die Zuschauer immer wieder Situationen, in denen sie sich nicht »automatisch«, d. h. nach den mit einem Rahmen gesetzten Regeln, angemessen verhalten konnten, sondern entscheiden mußten, welcher Rahmen für sie gelten sollte. Als zum Beispiel Schlingensief die Behinderten, die außer ihm, der Artistenfamilie Sperlich, den Schauspielern Martin Wuttke und Bernhard Schütz und der sogenannten Schlingensief-Familie in der Manege mitspielten, rüde anging, mußten sie entscheiden, ob sie in diesem Fall auf den Theaterrahmen Bezug nehmen wollten, der eine solche Brutalität als eine lediglich gespielte, als ein »Als ob« auswies, oder auf den Rahmen der sozialen Interaktion, in dem die Person bzw. der Bürger Christoph Schlingensief sich Behinderten gegenüber unangemessen verhielt. Wer sich für den Theaterrahmen entschied, blieb ruhig auf seinem Platz sitzen, wer dagegen den Rahmen »soziale Interaktion« setzte, griff protestierend ein.

Die Rahmenkollisionen und -brüche stürzten die Zuschauer nicht nur deshalb in eine »Krise«,[12] weil sie sie permanent darüber

12 Vgl. hierzu Irene Albers, »Scheitern als Chance: Die Kunst des Krisenexperiments«, in: Johannes Finke und Matthias Wulff, *Chance 2000. Die Dokumentation – Phänomen, Materialien, Chronologie*, Neuweiler 1998, welche *Chance 2000* im Sinne von Garfinkels Ethnomethodologie als ein Krisenexperiment deutet, das sie allerdings auf die perfekten Inszenierungen von Medien und Politik bezieht, deren Mechanismen dadurch entlarvt und die so produktiv gestört werden sollten. Diesen Bezug sehe ich allerdings nicht im Vordergrund.

im unklaren ließen, welcher Rahmen gelten sollte, und ihnen so ständig Entscheidungen abverlangten, sondern auch, weil sie Grenzen zwischen den Bereichen, welche die Rahmen als je distinkte markieren, verwischten, wenn nicht gar aufhoben. Was unterscheidet eine politische Versammlung von einer Theateraufführung? Was die Gründung einer Partei von einer Zirkusvorstellung? Handelt es sich nicht in allen diesen Fällen um Aufführungen, in denen die Beziehungen zwischen den Beteiligten ausgehandelt bzw. festgelegt und unterschiedliche Arten von »Kunststücken« vorgeführt werden? Geht es nicht immer um das Verhältnis von Handeln und Zuschauen?[13] Um die Frage, unter welchen Bedingungen und mit welchen Konsequenzen jemand zum Akteur oder zum Zuschauer wird? Wer ermächtigt ist, jemanden zum Akteur oder zum Zuschauer zu machen? Wer oder was *agency* verleiht?

Der Rollenwechsel steigerte also nicht nur die Unbestimmtheit der Aufführung, die Unvorhersagbarkeit der *feedback*-Schleife so gewaltig, daß sie offen in Erscheinung trat; er machte auch ihr implizites politisches Potential explizit. Bei Schlingensief war der Rollenwechsel nicht so angelegt, daß er dem Zuschauer schlicht die Erfahrung ermöglichen würde, er könne durch sein Handeln auf den Verlauf der Aufführung Einfluß nehmen. Diese Erfahrung war vielmehr durch zwei andere, sie konterkarierende Erfahrungen teuer erkauft. Zum einen mußte der Zuschauer mit ansehen, wie die Wendung, die er durch seine Intervention der Aufführung gegeben hatte, durch das spätere Eingreifen anderer Zuschauer oder der Darsteller wieder zunichte gemacht wurde. Zum anderen ließen die permanenten Rahmenkollisionen ihn erfahren, daß er – ganz gleich ob er eingriff und für jedermann sichtbar zum Akteur wurde oder ob er von Selbstzweifeln gequält oder auch belustigte Distanz suchend auf seinem Platz verharrte – mit seinem Verhalten den Verlauf der Aufführung beeinflußte, daß es von ihm abhing, in welche Richtung sich die *feedback*-Schleife bewegte. Der Zuschauer erfuhr so zugleich seine Macht und seine Ohnmacht und mußte sich zu dieser Erfahrung in irgendeiner Weise verhalten. Das Zufallsprinzip, dem der Verlauf der Aufführ-

13 Vgl. hierzu Uri Rapp, *Handeln und Zuschauen. Untersuchungen über den theatersoziologischen Aspekt in der menschlichen Interaktion*, Darmstadt/Neuwied 1973.

rung folgte, vermochte er jedenfalls nicht außer Kraft zu setzen. Er konnte es lediglich begrenzt für sich zu nutzen suchen.

Die drei angeführten Beispiele für Rollenwechsel entstammen höchst unterschiedlichen ästhetischen und politischen Kontexten. Schechner gründete die Performance Group zu einer Zeit, da in der ganzen westlichen Welt die Guckkastenbühne mit klarer Trennung von Akteuren und Zuschauern bei konsequenter Verdunkelung des Zuschauerraums das vorherrschende Theatermodell darstellte, auch wenn John Cage bereits seit mehr als fünfzehn Jahren seine »events« und »Konzerte« veranstaltete.[14] Die USA befanden sich im Vietnamkrieg; die Bürgerrechtsbewegung formierte sich. Schechners *Dionysus in 69* läßt sich als Gegenentwurf und zugleich als Auseinandersetzung mit diesen ästhetischen, sozialen und politischen Verhältnissen begreifen. Der Rollenwechsel suchte die Utopie völlig symmetrischer zwischenmenschlicher Beziehungen, von Beziehungen zwischen Ko-Subjekten zu verwirklichen – bzw. wie in *Commune* die Mechanismen gegenseitiger Manipulationen zu erforschen – und zugleich neue Möglichkeiten ästhetischer Erfahrung zu eröffnen.

In den neunziger Jahren hatte sich die Performativierung der Künste längst vollzogen. Performance-Kunst gehörte zu den etablierten und allgemein anerkannten Künsten. Zwischen Theater und Performance-Kunst bestand ein reger Austausch, der beide Kunstformen einander weitgehend annäherte. Das Theater hatte längst in der Performance-Kunst entwickelte und erprobte Verfahren übernommen – wie Aufführungen an ungewohnten Orten und in neuen Räumen oder die Ausstellung kranker, ausgemergelter oder fetter Körper auf der Bühne, oder Selbstverletzung und andere Arten der Gewalt gegen den eigenen Körper durch die Performer –, während Performance-Kunst ihrerseits ganz ungeniert mit den früher verpönten Verfahren von Geschichtenerzählen oder Herstellung von Illusion, Einführung des »Als ob« arbei-

14 Zu den beiden folgenreichen Veranstaltungen, dem Black Mountain Untitled Event und dem Konzert *4'33«* (beide 1952!) vgl. u. a. Erika Fischer-Lichte, »Grenzgänge und Tauschhandel. Auf dem Wege zu einer performativen Kultur«, in: Uwe Wirth (Hrsg.), *Performanz. Zwischen Sprachphilosophie und Kulturwissenschaften*, Frankfurt a. M. 2002, S. 277-300 (veränderte Fassung des Aufsatzes gleichen Titels aus: dies. et al. (Hrsg.), *Theater seit den sechziger Jahren*, S. 1-20); Petra Maria Meyer, »Als das Theater aus dem Rahmen fiel«, in: Erika Fischer-Lichte et al. (Hrsg.), *Theater seit den sechziger Jahren*, S. 135-195.

tete. Die offizielle Politik in den USA zielte auf die Gleichstellung der Mitglieder von ethnischen Minderheiten. In dieser Situation setzten Fusco und Gómez-Peña den Rollenwechsel in *Two Amerindians Visit...* dazu ein, um alle Beteiligten sozusagen am eigenen Leibe erfahren zu lassen, daß bereits der Blick, mit dem der andere wahrgenommen wird, ihn zu einem Objekt degradieren oder ihn als Subjekt anerkennen kann. Die Aufführung redefinierte permanent die Beziehungen zwischen Performern und Zuschauern ebenso wie zwischen den Zuschauern und animierte so zu einem ständigen Wechsel nicht nur von Blicken, sondern auch von Positionen und Identitäten.

Christoph Schlingensief brachte seine Produktion acht Jahre nach der Wiedervereinigung und im sechzehnten Jahr der Kanzlerschaft Helmut Kohls im Wahljahr 1998 heraus – und zwar an der Volksbühne am Rosa-Luxemburg-Platz. Das Theater, auf dessen Dach mit leuchtenden Lettern die Aufschrift OST prangt, gilt als eine der experimentierfreudigsten und innovativsten deutschsprachigen Bühnen. Rollenwechsel gehörten zum gängigen Repertoire der im Hause praktizierten Verfahren. Schlingensief hatte hier seit 1993 bereits vier Produktionen durchgeführt, in denen er mit Rollenwechseln experimentierte. Auch gehörte die Provokation der Zuschauer zu Rollenwechseln eine Zeitlang zu den Markenzeichen von Volksbühnenintendant Frank Castorf. Ein Jahr vor *Chance 2000* hatte dieser *Trainspotting* (nach Irving Welshs gleichnamigem Erfolgsroman und seiner Verfilmung durch Danny Boyle (1996)) inszeniert. Die Aufführung fand auf der Bühne statt – also dem »klassischen« Handlungsort der Schauspieler. Für die Zuschauer war auf der Hinterbühne ein Gerüst errichtet. Um ihre Plätze zu erreichen, mußten sie die Hauptbühne überqueren, auf der Baulampen montiert waren. Der erste Zuschauer, der bereits Platz genommen hatte – ebenso wie die später hinzukommenden Zuschauer – konnte die nächsten Zuschauer beobachten, wie sie über die Hauptbühne stolperten und dabei manche Baulampen aus der Verankerung rissen. Bereits beim Einlaß wurde so mit den Rollen gespielt. Die später eingelassenen Zuschauer übernahmen vor den Augen der bereits plazierten die Rolle von Akteuren, ob sie es wollten oder nicht. Um Zuschauer sein zu können, mußten sie zunächst zu Akteuren werden, blieben aber auch als Zuschauer auf der (Hinter)Bühne anwesend. Damit erweiterte Castorf sein umfangreiches Repertoire an Verfahren, die den Rollenwechsel stimulieren oder vollziehen, um eine weitere interessante Variante. Der Rollenwechsel als solcher stellte also in Schlingensiefs Produktion keine ästhetische Innovation dar, auch wenn er hier erhebliche Modifikationen und Variationen erfuhr. Er war u. a. als Versuch konzipiert, den durch sechzehn Jahre Kohl-Kanzlerschaft entmächtigten Bürger wieder zu ermächtigen, um ihn als handelndes Subjekt in Erscheinung treten zu lassen.

Zwar handelt es sich in allen drei Fällen um unterschiedliche politische und ästhetische Kontexte. Gleichwohl weisen sie eine bemerkenswerte Gemeinsamkeit auf. Denn in allen wird etwas verhandelt, das man als Prozesse der Demokratisierung, der Neubestimmung der Beziehungen zwischen den Mitgliedern eines Gemeinwesens bezeichnen könnte. Es geht um die Verwirklichung von Bürgerrechten, um die Beseitigung auch latenter Diskriminierung, um die Teilhabe möglichst aller an der Macht. Ein solches Ziel ist allerdings nur zu erreichen, wenn einige Macht und Privilegien abgeben, damit andere ermächtigt werden können. Der Rollenwechsel läßt sich in diesem Zusammenhang als ein Prozeß von Ent- und Ermächtigung verstehen, der sowohl die Theaterkünstler als auch die Zuschauer betrifft. Die Künstler entmächtigen sich in ihm selbst als alleinige Schöpfer der Aufführung; sie erklären sich bereit, Autorschaft und Definitionsmacht – wenn auch in unterschiedlichem Ausmaß – mit den Zuschauern zu teilen. Dies gelingt jedoch nur durch einen Akt der Selbstermächtigung und der Entmächtigung der Zuschauer: Die Künstler ermächtigen sich, dem Zuschauer neue Verhaltensweisen aufzuzwingen oder sie gar in Krisen zu stürzen, und entziehen diesen so die Position des distanzierten, über dem Geschehen stehenden Beobachters.

Damit enthüllte und fokussierte der Rollenwechsel in allen hier angeführten Beispielen Eigenarten der Aufführung, die sie in der Tat als ein Modell für eine Ästhetik des Performativen ausweisen. Durch den Rollenwechsel wurde offenbar, daß der ästhetische Prozeß der Aufführung sich stets als Selbsterzeugung vollzieht, als eine autopoietische, sich ständig verändernde *feedback*-Schleife. Selbsterzeugung meint, daß zwar alle Beteiligten sie gemeinsam hervorbringen, daß sie jedoch von keinem einzelnen vollkommen durchgeplant, kontrolliert und in diesem Sinne produziert werden kann, daß sie sich der Verfügungsgewalt jedes einzelnen nachhaltig entzieht. Es erscheint daher wenig hilfreich, von Produzenten oder Rezipienten zu sprechen. Vielmehr handelt es sich eher um Mit-Erzeuger, die in unterschiedlichem Ausmaß und in unterschiedlicher Weise an der Gestaltung der Aufführung mitwirken, ohne sie bestimmen zu können. In dem Prozeß, in dem sie mit ihren Wechselwirkungen die Aufführung hervorbringen, bringt umgekehrt die Aufführung sie allererst als Akteure und Zuschauer hervor. Akteure und Zuschauer figurieren mit ihren Handlungen und Verhaltensweisen als Elemente der *feedback*-Schleife, als die sich die Aufführung selbst erzeugt. Daher läßt diese sich auch letztlich nicht »verstehen«. Damit will ich nicht sagen, daß man nicht einzelnen Elementen, Sequenzen und Verfahren Bedeutungen zusprechen kann – so zum Beispiel den Rollenwechsel als Vollzug einer symmetrischen Beziehung zwischen Ko-Subjekten interpretieren. Aber keineswegs läßt sich die Aufführung als Ausdruck eines vorgegebenen Sinns oder einer Intention begreifen.

Unverfügbarkeit der Aufführung meint allerdings auch nicht eine von den Akteuren und vor allem Zuschauern unabhängige, ihnen prinzipiell unzugängliche Existenzweise, wie sie etwa für das »Göttliche« oder das »Heilige« angenommen wird. Vielmehr hebt sie ausdrücklich auf die Involviertheit aller Beteiligten ab, und zwar sowohl im Hinblick auf den mehr oder weniger starken Einfluß, den diese auf den Verlauf der Aufführung ausüben, als auch hinsichtlich des Einflusses, dem sie selbst dabei ausgesetzt sind, da es sich ja gerade um Wechselwirkungen handelt.[15] Die *feedback*-Schleife weist so Verwandlung als eine grundlegende Kategorie einer Ästhetik des Performativen aus.

Der Begriff der Unverfügbarkeit polemisiert in diesem Sinne gegen die Vorstellung, eine Aufführung sei planbar. Es sollte da-

15 Dieser Aspekt sollte auch auf dem Gebiet der politischen Inszenierung stärker berücksichtigt werden, namentlich in der Debatte um NS-Massenveranstaltungen wie die Reichsparteitage. Denn wohl wurden hier Inszenierungsstrategien eingesetzt, welche sowohl auf die Akteure als auch auf die Zuschauer in einer bestimmten Weise einwirken und sie manipulieren sollten. Aber daraus folgt noch nicht, daß dieser Effekt auch wirklich eintrat. Was sich tatsächlich ereignete, ergab sich erst im Verlauf der Aufführung. Auf Zeugnisse über diesen Verlauf – nicht über seine Planung – müßte daher sehr viel stärkeres Gewicht gelegt werden. Auch die Zuschauer waren mitverantwortlich für das, was sich bei diesen Aufführungen zutrug.

her in diesem Zusammenhang strikt zwischen den Begriffen Inszenierung und Aufführung unterschieden werden. Der Begriff »Inszenierung« umfaßt einen Plan, eine Konzeption, die ein Künstler oder mehrere gemeinsam erarbeiten und im Probenprozeß in der Regel ständig verändern (auch hier finden wir eine – andere – *feedback*-Schleife am Werk). Der Plan kann vorsehen, welche Elemente an welchem Ort, zu welchem Zeitpunkt, in welcher Gestalt und auf welche Weise zum Einsatz kommen. Auch wenn dieser Plan in jeder einzelnen Aufführung genau befolgt wird, so ist doch keine mit einer anderen identisch. Denn bei jeder sogenannten Wiederholung ergeben sich – das hat der Rollenwechsel wie unter einem Vergrößerungsglas gezeigt – mehr oder weniger starke Abweichungen, die nicht nur durch die jeweilige Kondition und Gestimmtheit der Akteure bedingt sind, sondern in der autopoietischen *feedback*-Schleife ihren Grund finden. Sie ist dafür verantwortlich, daß jedesmal eine andere Aufführung hervorgebracht wird, daß in diesem Sinne jede Aufführung einmalig und unwiederholbar ist.

Zusammenfassend läßt sich annehmen, daß sich in einer Ästhetik des Performativen die Bereiche Kunst, soziale Lebenswelt und Politik kaum säuberlich voneinander trennen lassen. Eine in der Aufführung fundierte Ästhetik des Performativen wird daher auch Konzepte, Kategorien und Parameter entwickeln und in die entsprechende Theoriedebatte einführen müssen, welche eben diese unsauberen Übergänge, diese dubiosen Grenzüberschreitungen und explosiven Mixturen zu erfassen vermögen.

2. Gemeinschaft

Eine mögliche, häufig auch intentional angestrebte Hervorbringung der *feedback*-Schleife betrifft ein Phänomen, in dem sich das Ästhetische unmittelbar mit dem Sozialen und Politischen verbindet: die Herstellung einer Gemeinschaft von Akteuren und Zuschauern, basierend auf der leiblichen Ko-Präsenz. Seit Beginn des 20. Jahrhunderts wurde eine solche Möglichkeit diskutiert und postuliert. Die von Theatertheoretikern und -praktikern geführte Diskussion stand in einem engen Zusammenhang mit der in Ritualforschung und Soziologie entfachten Debatte, wie aus einer Ansammlung von Individuen eine Gemeinschaft entstehen könne oder ob man nicht umgekehrt von der Annahme auszugehen habe, daß zuerst die Gemeinschaft war, aus der sich dann Individuen ausdifferenzierten. Unter Bezug auf die (Opfer-)Ritualtheorie von Robertson Smith schrieb Emile Durkheim: »Das kollektive Leben wird nicht aus dem individuellen Leben geboren, sondern es verhält sich [...] umgekehrt. Nur unter dieser Bedingung kann man sich erklären, wie sich die persönliche Individualität [...] bilden und erweitern konnte, ohne die Gesellschaft zu zersetzen.«[16] So richtete sich um die Wende vom 19. zum 20. Jahrhundert das Interesse auf Prozesse von Gemeinschaftsbildung – zu einer Zeit also, als der Individualismus so weit vorangetrieben war, daß, wie Durkheim sich ausdrückte, »das Individuum [...] Gegenstand einer Art von Religion«[17] war, während als Folge von Industrialisierung und Urbanisierung sich immer stärker anonyme Massen herausbildeten. Das Theater erschien in diesem Kontext vielen als ein Ort, an dem sich diese Prozesse nicht nur beobachten, sondern auch modellhaft vollziehen ließen. So ging Georg Fuchs von der Überzeugung aus, daß »Spieler und Zuschauer, Bühne und Zuschauerraum [...] ihrem Ursprung und Wesen nach nicht entgegengesetzt, sondern eine Einheit« sind.[18] Wie viele Theaterreformer und Avantgardisten war er der Meinung, daß diese Einheit durch Abschaffung der Rampe, welche, wie Meyerhold beklagte, »heute [...] das Theater in zwei einander fremde Welten teilt: die nur handelnde und die nur aufnehmende«,[19] »wieder« hergestellt werden könne. Reinhardts Experimente mit dem *hanamichi* und mit dem Arenatheater im Zirkus Schumann zielten u. a. darauf, eine solche Einheit zu schaffen, aus Akteuren und Zuschauern eine Gemeinschaft entstehen zu lassen. Carl Vollmoeller, der die *Orestie* für Reinhardt bearbeitet hatte, pries das Arenatheater aus Anlaß der Eröffnung des zum Großen Schauspielhaus umgebauten Zirkus Schumann 1919 gar als »die Volksversammlung von heute [...]. Was die Entpolitisie-

16 Emile Durkheim, *Über soziale Arbeitsteilung. Studie über die Organisation höherer Gesellschaften* (1893, 2. Aufl. 1903), Frankfurt a. M. 1988, S. 339f.

17 Eda., S. 227.

18 Georg Fuchs, *Die Revolution des Theaters. Ergebnisse aus dem Münchener Künstlertheater*, München/Leipzig 1909, S. 63f.

19 Vsevolod E. Meyerhold, »Zur Geschichte und Technik des Theaters«, in: ders., *Schriften*, 2 Bde., Berlin 1979, Bd. 1, S. 131.

rung unseres Volkes in fünfzig Jahren des kaiserlichen Regimes verhinderte, ist heute möglich: die Zusammenfassung eines Theaterraumes von Tausenden zu einer Gemeinschaft von mithandelnden, mitgerissenen und mitreißenden Bürgern und Volksgenossen.«[20] Eine Aufführung, die in einem solchen Theater stattfand, sollte imstande sein, Akteure und Zuschauer aus einzelnen Individuen in Mitglieder einer Gemeinschaft zu verwandeln.

Die Konzepte von Gemeinschaft, die dabei zugrunde gelegt wurden, waren allerdings außerordentlich different. So erhoffte sich Fuchs in Anlehnung an Nietzsche von dem neuen Theaterbau und einer entsprechenden neuen Schauspielkunst,[21] daß sie Schauspieler und Zuschauer in jenen »seltsamen Rausch« zu versetzen vermöchten, »der uns überkommt, wenn wir uns als Menge, als einheitlich bewegte Menge fühlen. [...] das ist sicher, daß uns ein Schauer durchschüttelt, sobald wir uns mit anderen, ungezählten anderen in einer Leidenschaft als ungeheure Einheit, als Masse empfinden«.[22] Erwin Piscator dagegen, der 1925 im Großen Schauspielhaus seine politische Revue *Trotz alledem!* herausbrachte und mit Walter Gropius Pläne für einen eigenen Theaterbau, das Totaltheater, entwickelte,[23] verstand unter Gemeinschaft ein politisches, klassenkämpferisches Kollektiv.[24] Die nationalsozialistische Thingspielbewegung, die an diese inzwischen dreißigjährige Diskussion anschloß, ließ griechischen Theatern nachempfundene Thingstätten errichten, auf denen sie u. a. unter Verwendung von Inszenierungsstrategien, die einer-

20 Carl Vollmoeller, »Zur Entwicklungsgeschichte des Großen Hauses«, in: *Das Große Schauspielhaus. Zur Eröffnung des Hauses*, herausgegeben vom Deutschen Theater Berlin, Berlin 1920, S. 15-21, S. 21.

21 In seiner frühen Schrift *Der Tanz* (Stuttgart 1906) definiert Fuchs diese neue Schauspielkunst als »rhythmische Bewegung des menschlichen Körpers im Raum, ausgeübt aus dem schöpferischen Drange, eine Empfindung durch die Ausdrucksmittel des eigenen Leibes zur Darstellung zu bringen, und in der Absicht, sich dadurch eben jenes inneren Dranges lustvoll zu entladen, daß man andere Menschen in gleiche oder ähnliche rhythmische Schwingungen und damit in einen gleichen oder ähnlichen Rauschzustand versetzt« (S. 13).

22 Fuchs, *Die Revolution des Theaters*, S. 4f.

23 Zum Totaltheater vgl. Stefan Woll, *Das Totaltheater. Ein Projekt von Walter Gropius und Erwin Piscator* (= Schriften der Gesellschaft für Theatergeschichte e. V., Bd. 68), Berlin 1984.

24 Vgl. dazu Erwin Piscator, *Zeittheater. »Das Politische Theater« und weitere Schriften von 1915 bis 1966*, Reinbek bei Hamburg 1986.

seits Reinhardt, andererseits Piscator entwickelt hatten, mit ihren Aufführungen Akteure und Zuschauer in »Volksgenossen« verwandeln und so modellhaft die »Volksgemeinschaft« hervorbringen wollten.[25]

Der Nationalsozialismus diskreditierte nicht nur die Konzepte einer das Individuum vollständig inkorporierenden Gemeinschaft, die dessen Individualität mißachtet und letztlich auszulöschen versucht, sondern führte dazu, daß nach dem Zweiten Weltkrieg sogar der Terminus »Gemeinschaft« aus dem offiziellen Sprachgebrauch verschwand. Das Theater wurde wieder zum Kunstraum – wenn nicht gar zum Kunsttempel –, der jegliche Befleckung mit dem Politischen, ja selbst mit dem Sozialen ausschloß.

Als mit der performativen Wende der Künste in den sechziger Jahren die Grenzen zwischen Kunst und Nicht-Kunst, zwischen dem Ästhetischen und dem Politischen überschritten bzw. verwischt wurden, entbrannte erneut eine Diskussion um eine Gemeinschaft von Akteuren und Zuschauern. Eine vorwärtstreibende Funktion kam in dieser Diskussion unterschiedlichen Formen eines sogenannten rituellen Theaters zu. Sie gingen von einer radikalen Kritik an der Industriegesellschaft aus, da diese dem einzelnen die Erfahrungen von »wholeness, process/organic growth, concreteness, religious, transcendental experience«[26] verweigere:

> Links must be discovered or forged between industrial societies and non-industrial ones, between individualistic and communal cultures. And a vast reform in the direction of communality – or at least a revision of individualism – is necessary. This reform and revision will leave no aspect of modern society untouched; not economics, government, social life, personal life, aesthetics, or anything else. Theater takes a pivotal position in these movements because the movements are histrionic; a way of focusing attention and demanding change.[27]

25 Zur Programmatik vgl. die Rede von Reichsdramaturg Rainer Schlösser vor dem Reichsbund »Vom kommenden Volksschauspiel« (1934), in: ders., *Das Volk und seine Bühne*, Berlin 1935; zum Thingspiel allgemein: Gaetano Biccari, *»Zuflucht des Geistes«?: konservativ-revolutionäre, faschistische und nationalistische Theaterdiskurse in Deutschland und Italien, 1900-1944*, Tübingen 2001.

26 Schechner, *Environmental Theater*, S. 197.

27 Ebd.

Durch die Schaffung von Gemeinschaften aus Akteuren und Zuschauern sollten den Beteiligten die bislang verweigerten Erfahrungen ermöglicht und so entsprechende Veränderungsprozesse initiiert werden. Theater wie das Orgien-Mysterien-Theater des Wiener Aktionisten Nitsch oder auch Schechners Performance Group bezogen sich in ihrer Arbeit auf Rituale, weil sie wie Jahrzehnte zuvor schon Robertson Smith und später dann Emile Durkheim davon überzeugt waren, daß Gemeinschaften durch den gemeinsamen Vollzug von Ritualen hervorgebracht werden. Während Nitsch sich an christlich-katholischen und mythisch-archaischen Ritualen – wie dem von Frazer als universell behaupteten Ritual der Zerreißung und Wiedergeburt eines Gottes – orientierte, hielt Schechner sich an die von van Gennep geschilderten Übergangsrituale. Eine wichtige Voraussetzung, ja geradezu die Bedingung der Möglichkeit für die Entstehung von Gemeinschaft sahen sie darin, daß Akteure und Zuschauer die jeweils spezifisch abgewandelten Rituale gemeinsam vollziehen. Um dies zu ermöglichen, bedienten sie sich vor allem zweier Strategien: Zum einen stimulierten sie den Rollenwechsel, ohne den ein solcher gemeinsamer Vollzug gar nicht denkbar ist. Zum anderen mieden sie die traditionellen Theatergebäude, die Tempel der Kunst, und wählten für ihre Aufführungen Orte, die nicht von der sozialen Wirklichkeit abgeschottet waren. Nitschs Lammzerreißungsaktionen fanden in seiner Wohnung oder in derjenigen von Künstlerkollegen statt, in Galerien und später auf dem Anwesen von Schloß Prinzendorf. Schechner führte *Dionysus in 69* in der Performance Garage auf, einer ehemaligen Werkstatt, welche die Gestaltung unterschiedlicher Environments erlaubte.

Mit ihren Aufführungen definierten sie den Gemeinschaftsbegriff radikal neu. Im Unterschied zu Reinhardts »Theater der Fünftausend«, zu Fuchs' »Masse im Rausch«, zu Piscators Theater für die proletarischen Massen oder dem »Theater der Fünfzig- bis Hunderttausend« des Thingspiels handelte es sich bei ihnen jeweils um eine eher geringe Anzahl von Personen, aus denen vorübergehend eine Gemeinschaft gebildet werden sollte. Und diese Gemeinschaft zwang keinen der Anwesenden, sich zu inkorporieren. Es war der Entscheidung des einzelnen anheimgestellt, ob und wann er sich zu ihr gesellen wollte oder nicht. Gemeinschaft sollte »a viable dialectic between solitude and being-with-others«

ermöglichen, wie Richard Schechner erläutert.[28] Diese die Individualität aller Beteiligten respektierende Gemeinschaft – also eine Gemeinschaft von Ko-Subjekten – war auch unter diesen Bedingungen immer nur für eine sehr begrenzte Zeitspanne möglich. Sie entstand in der Aufführung niemals für deren gesamte Dauer, sondern lediglich während spezifischer Zeit-Inseln.

Sowohl bei Nitsch als auch bei Schechner sollte Gemeinschaft durch gemeinsames Handeln und Erleben hervorgebracht werden. In *Dionysus in 69* war es zum Beispiel die Teilnahme am Geburts- und Todesritual sowie am bacchanalischen Tanz nach Dionysus Geburt (»Together we make a community. We can celebrate together. Be joyous together. So join us in what we do next. It's a circle dance around the sacred spot of my birth«), welche die Möglichkeit zur Bildung einer Gemeinschaft von Akteuren und Zuschauern eröffnete. Das heißt, diese Gemeinschaft war in einem merkwürdigen Zwischenraum angesiedelt. Es war eine Gemeinschaft, die den nicht in sie inkorporierten Zuschauern als Teil eines fiktiven Geschehens, als Teil des »play« und in diesem Sinne als eine fiktive Gemeinschaft vorgeführt und zugleich durch die gemeinsam vollzogenen Handlungen für die sie Vollziehenden als eine reale soziale Gemeinschaft von Akteuren und Zuschauern hervorgebracht wurde. Eine »reale« Gemeinschaft entstand hier also nur aus der Perspektive derer, die in die gemeinsamen Handlungen involviert waren, die im Rahmen des fiktiven »play« die Geburt des Dionysus oder den Tod des Pentheus bewirkten, und damit in die Herstellung einer sowohl fiktiven als auch realen Gemeinschaft. Ob aus der Perspektive der anderen dieser Gemeinschaft lediglich der Status einer fiktiven, einer inszenierten und vorgeführten oder der einer realen Gemeinschaft zukam, von der sie sich selbst ausgeschlossen fühlten, läßt sich kaum entscheiden. Der Rollenwechsel nicht nur zu einer beliebigen Art von Akteur, sondern zum Mitspieler im »play« stellte die Vorbedingung für den Perspektivenwechsel und damit für das Erleben von Gemeinschaft dar. Es handelte sich entsprechend um eine Erfahrung, die nur im Vollzug der Handlungen, im Prozeß der Herstellung von Gemeinschaft gemacht werden konnte. Dabei muß letztlich ungeklärt bleiben, welche Rolle das »Als ob« spielte, ob und gegebenenfalls wie es die von den beteiligten Performern und Zuschau-

28 David Cooper, zitiert nach ebd., S. 255.

ern erlebte Erfahrung von Gemeinschaft modifizierte oder gar beeinträchtigte.

Bei Nitschs Lammzerreißungsaktionen, die er seit Anfang der sechziger Jahre durchführte, waren für die gemeinsamen Handlungen von Akteuren und Zuschauern andere Bedingungen gegeben. Sie wurden nicht im Kontext eines fiktiven »play« vollzogen, auch wenn die Elemente, mit denen sie manipulierten, zum Teil im höchsten Maße symbolisch aufgeladen waren. Dies gilt insbesondere für das zentrale Element der Aktion, das Lamm. Im christlich-katholischen Wien der sechziger Jahre konnte es fraglos ohne weiteres als Symbol für das »Lamm Gottes«, für Jesus Christus und seine Opferung am Kreuz begriffen werden – zumal die Aufhängung des Lammes an einem Kreuz diesen Bezug noch ausdrücklich hervorhob. So nimmt es kaum wunder, daß hier die Grenze zwischen künstlerischer Aktion und sozialem Ereignis nicht immer klar gezogen werden konnte – was u. a. dazu führte, daß Nitsch der Prozeß wegen Blasphemie gemacht wurde.

Bei vielen Handlungen konnten Akteure und Zuschauer mitmachen, wenn sie wollten: Sie begossen sich gegenseitig mit Blut, plantschten mit Blut, Spülwasser und anderen Flüssigkeiten, kneteten und traten barfuß auf Eingeweide und Kot und weideten zusammen das Lamm aus; zum Abschluß hielten sie eine gemeinsame Mahlzeit mit Wein und Fleisch. Die Elemente, mit denen Akteure und Zuschauer hier hantierten, waren innerhalb der westlichen Kultur der sechziger Jahre einem Tabubereich zuzurechnen. Nitschs Aktionen eröffneten allen Beteiligten die Möglichkeit, die Grenzen zu dieser sorgsam bewachten und gehüteten Tabuzone öffentlich zu überschreiten, sich gemeinsam mit anderen sinnlichen Eindrücken hinzugeben und körperliche Erfahrungen zu machen, die in der Regel verschlossen und verboten waren und einen »urexzess«[29] zu bewirken vermochten.

Die Bedeutungen, welche die symbolische Ordnung unserer Kultur konstituieren, haben sich längst von den konkreten Objekten und den an bzw. mit ihnen gemachten körperlichen Erfahrungen abgelöst, von denen die entsprechenden Symbolisierungsprozesse einst ihren Ausgang nahmen. Nitschs Aktionen

29 Hermann Nitsch, *Das Orgien – Mysterien – Theater. Die Partituren aller aufgeführten Aktionen 1960-1979*, Neapel/München/Wien 1979, Bd. 1, S. 87.

eröffneten ihren Teilnehmern die Möglichkeit, sie im Rahmen von gemeinsam vollzogenen Handlungen wieder an die körperlichen Erfahrungen des einzelnen zurückzubinden. Diese Handlungen leisteten also gleichzeitig zweierlei: Sie brachten zum einen für die Zeit ihres gemeinsamen Vollzuges eine Gemeinschaft solcher zufällig versammelten Individuen hervor, die öffentlich – vor den Augen der anderen Zuschauer – gegen geltende Tabus zu verstoßen wagten, und verwandelten damit zugleich das einzelne sie vollziehende Individuum: Sie ermöglichten ihm bisher unzugängliche Grenz-Erfahrungen, die zum »Exzeß« führten, und bewirkten so seine »Katharsis« d. h. hier: den befreienden Zusammenschluß von körperlicher Erfahrung und Symbolbildung. Das gemeinsame Mahl von Fleisch und Wein erneuerte und bekräftigte die Gemeinschaft der solcherart »gereinigten« Individuen. Es erinnert an die Kommunion – worauf Nitsch auch ausdrücklich hinweist –, bei der die Gläubigen sich symbolisch Leib und Blut Jesu Christi einverleiben, wodurch die Gemeinde als Gemeinschaft Christi erneut hervorgebracht und bestätigt wird – ebenso wie an die Mahlgemeinschaft Robertson Smiths, mit der die Gruppe der Jäger zunächst zu einer rituellen und dann zu einer politischen Gemeinschaft wurde.[30] Die Gemeinschaften, die von und in Nitschs Lammzerreißungsaktionen hervorgebracht wurden, lassen sich in gewissem Sinne durchaus als rituelle, in jedem Fall jedoch als symbolische und soziale Gemeinschaften qualifizieren.

Sowohl diese Aktionen als auch *Dionysus in 69* spielten auf Opferrituale an, in denen Gemeinschaft nur durch das Opfer eines Sündenbocks, durch die Gewalt aller gegen einen einzelnen hervorgebracht und erhalten wird.[31] Gleichwohl scheinen sie Gemeinschaften geschaffen zu haben, die nicht in Konflikt zu den Individuen traten, aus denen sie sich bildeten – was Konflikte zwischen einzelnen nicht ausschloß – noch auch zu denen, die sich ihr nicht inkorporierten. Das heißt, sie übten weder Zwang auf ihre Mitglieder aus – stellten vielmehr für jeden einzelnen ein Angebot zu einer Grenzerfahrung, zu einer Transformation dar – noch Gewalt gegen andere, die sich selbst aus der Gemeinschaft

30 Zu Nitschs Orgien-Mysterien-Theater vgl. Erika Fischer-Lichte, »Verwandlung als ästhetische Kategorie«, dies. et al (Hg.), *Theater seit den sechziger Jahren*, Tübingen/Basel 1998, vor allem S. 25-33 und 45-49.

31 Vgl. dazu René Girard, *Das Heilige und die Gewalt* (1972), Frankfurt a. M. 1992.

ausschlossen. Die bekannten Mechanismen der Abgrenzung gegen andere oder der Ausstoßung einzelner scheinen hier nicht gegriffen zu haben. In dieser Perspektive mag den solcherart performativ hervorgebrachten Gemeinschaften geradezu ein utopisches Moment inhärent gewesen sein. Dabei darf man allerdings nicht übersehen, daß den hier jeweils gemeinsam vollzogenen Handlungen durchaus die von René Girard für das Opfer herausgestellte »kathartische« Gewalt aller gegen einen – das Opfer – eignete: In den Lammzerreißungsaktionen richtete sie sich stellvertretend auf das Lamm, das klassische Opfer und das Symbol für den Opfertod Jesu, und in *Dionysus in 69* wurde sie im »Als ob«-Modus als symbolische Gewalt ausgeübt – als Ausstoßung des Pentheus aus einer Gemeinschaft, die dieser hatte unterjochen und beherrschen wollen.

Jene Gemeinschaft, die durch diese gemeinsam vollzogenen Handlungen geschaffen wurde, ist nun selbst nicht als eine »Fiktion« zu begreifen, sondern entstand als eine soziale Wirklichkeit – eine soziale Wirklichkeit allerdings, die, anders als andere soziale Gemeinschaften, nur für kurze Zeit Existenz hatte. Sie verschwand im Augenblick, da die gemeinsamen Handlungen beendet waren. Ihre Gelingensbedingungen bestanden nicht in irgendwelchen länger anhaltenden Dispositionen und Überzeugungen, die von allen Mitgliedern der Gemeinschaft hätten geteilt werden müssen. Sie sahen lediglich vor, daß Mitglieder der beiden ihrer Funktion nach sonst klar differenzierten Gruppen – der Akteure und Zuschauer – in einer durch die Aufführung jeweils vorgegebenen Zeitspanne bestimmte die Aufführung in ihrer Eigenart mit-konstituierende Handlungen gemeinsam vollziehen. Dieses Kriterium ermöglichte die Entstehung einer Gemeinschaft von Akteuren und Zuschauern; und es begründete zugleich, warum diese nach kurzer Zeit wieder zerfallen mußte.[32]

Diese kurzlebigen, vorübergehenden theatralen Gemeinschaften aus Akteuren und Zuschauern sind im Lichte einer Ästhetik des Performativen vor allem aus zwei Gründen von besonderem Interesse. Zum einen lassen sie die für eine Aufführung konstitutive Vermischung des Ästhetischen mit dem Sozialen unüberseh-

32 Dies ist nach Vattimo generell ein Kennzeichen »ästhetischer Gemeinschaften« (Gianni Vattimo, *Die transparente Gesellschaft*, Wien 1992, vgl. vor allem S. 90ff.).

bar hervortreten: Die nach bestimmten ästhetischen Prinzipien hervorgebrachte Gemeinschaft von Akteuren und Zuschauern wird von ihren Mitgliedern stets auch als eine soziale Realität erfahren – auch wenn nicht involvierte Zuschauer sie als eine fiktive, als eine rein ästhetische Gemeinschaft betrachten und begreifen mögen. Zum anderen zeigt sich an diesen Gemeinschaften, daß sie nicht, wie in den ersten Dekaden des 20. Jahrhunderts angenommen, allein als Resultat geschickter Inszenierungs- und Überwältigungsstrategien entstehen, die einzelne clever entworfen haben, sondern auch aus einer besonderen Wendung, welche die autopoietische *feedback*-Schleife nimmt. Bestimmte Handlungen der Akteure können von einzelnen Zuschauern durch einen Rollenwechsel beantwortet werden, – zu dem allerdings bestimmte Inszenierungsstrategien einladen – der ihnen die Möglichkeit eröffnet, gemeinsam mit den Akteuren bestimmte Handlungen zu vollziehen. Dies vermittelt ihnen – ebenso wie den Akteuren – am und mit dem eigenen Leib die Erfahrung einer Gemeinschaft mit den jeweils anderen, die »eigentlich«, »ursprünglich« nicht dazu gehören. Diese Erfahrung kann nun durch Handlungen von Mitgliedern der Gemeinschaft – Akteuren und »Zuschauern« – oder von einzelnen nicht in die Gemeinschaft involvierten Zuschauern jederzeit annulliert werden. Die Gemeinschaft zerfällt. Die *feedback*-Schleife nimmt eine andere Wendung.

In den hier angeführten Beispielen war für die Entstehung einer Gemeinschaft von Akteuren und Zuschauern der aktive Rollenwechsel einzelner Zuschauer notwendige Voraussetzung. Es erhebt sich die Frage, ob die *feedback*-Schleife nicht auch ohne diese Voraussetzung eine solche Gemeinschaft hervorzubringen vermag – sozusagen auf der Ebene der Mikroprozesse, die auch ohne offenkundigen Rollenwechsel ein Wechselverhältnis zwischen Akteuren und Zuschauern konstituieren und bisher vor allem durch das Vergrößerungsglas des Rollenwechsels betrachtet wurden, das sie erst eigentlich wahrnehmbar und erkennbar werden ließ. Ihr soll unter Bezug auf das Theater Einar Schleefs nachgegangen werden.

Seit Mitte der achtziger Jahre bis zu seinem viel zu frühen Tod im Sommer 2001 entwickelte und erprobte Schleef ein neues chorisches Theater, in dem prominent Gemeinschaften figurierten – die Gemeinschaft des Chores ebenso wie die Gemeinschaft von Akteuren und Zuschauern. Gleichwohl steht Schleefs chorisches

Theater in einem geradezu schroffen Gegensatz zu Nitschs Orgien-Mysterien-Theater oder auch zu Schechners Peformance Group. Schleef brachte es nicht nur in traditionellen Theatergebäuden zur Aufführung – die er allerdings zum Teil erheblich umbaute, in seinen letzten Inszenierungen der ausgehenden neunziger Jahre und zu Beginn des 21. Jahrhunderts (wie in *Puntila* im Berliner Ensemble 1996, im *Sportstück* im Wiener Burgtheater 1998 oder in *Verratenes Volk* im Deutschen Theater Berlin 2002) jedoch als Guckkastenbühne beließ –, sondern arbeitete auch kaum mit Rollenwechseln von Akteuren und Zuschauern.[33] Gemeinsame Handlungen von Akteuren und Zuschauern ließ Schleef bestenfalls als ein ironisches Zitat vollziehen. Als Schauspieler an die Zuschauer Schokoladengeld (*Vor Sonnenaufgang*, Schauspielhaus Frankfurt 1987), Tee in Plastikbechern (*Die*

33 Eine bemerkenswerte Ausnahme stellte seine Düsseldorfer *Salome* (1997) dar. Hier wurde ein Rollenwechsel dadurch stimuliert, daß der Theaterrahmen mit dem Rahmen zur Kollision gebracht wurde, der für Galerie- und Museumsbesuche gilt. Nach Hochgehen des Eisernen Vorhangs präsentierte sich dem Publikum auf der Bühne ein *tableau vivant*. Graublaues Dämmerlicht breitete sich im Bühnenraum aus, in dem sich achtzehn grau oder schwarz gekleidete Figuren vollkommen bewegungslos in malerischen Attitüden und Konfigurationen verteilten. Das sehr schöne, in feinen Schattierungen gehaltene und wohlproportionierte Bild wurde den Zuschauern zehn Minuten lang gezeigt. Dann senkte sich der Eiserne Vorhang wieder, und das Publikum wurde in die Pause entlassen. Bei der Aufführung, die ich beim Berliner Theatertreffen 1998 besuchte, wurde das Bild nach Hochgehen des Vorhangs mit einzelnen bewundernden Ausrufen begrüßt. Als es jedoch länger als eine Minute andauerte, fingen die Zuschauer an, sehr unterschiedliche Verhaltensweisen an den Tag zu legen. Die einen applaudierten, pfiffen, riefen »bravo« und »da capo« und spielten so Verhaltensweisen aus, die konventionell auf den Theaterrahmen bezogen sind. Andere dagegen übernahmen ausdrücklich anstelle der Schauspieler den Part von Akteuren; sie machten mehr oder weniger geistreiche Bemerkungen und zogen so die Aufmerksamkeit der übrigen Zuschauer auf sich. Wieder andere rügten sie dafür und bestanden lautstark auf ihrem Recht, sich ohne ablenkenden Lärm in die Betrachtung des *tableau vivant* versenken zu können. Wie auch immer die Zuschauer sich verhielten, sie wurden dabei – der Zuschauerraum war ausreichend beleuchtet – von den Schauspielern beobachtet, die sich kein Lächeln, kein Räuspern, keine Bewegung entlocken ließen. Da sie jedoch auf der Bühne anwesend waren und sich – wie bereits verschiedentlich bemerkt – nicht nicht verhalten konnten, war es gerade ihr scheinbar passives Verhalten, was einzelne Zuschauer zu Aktivität anspornte, ja provozierte. Auch hier ließ sich entsprechend das Funktionieren der *feedback*-Schleife unter nun in der Tat sehr spezifischen Bedingungen studieren.

Schauspieler, Schauspielhaus Frankfurt 1988) oder gekochte Kartoffeln (*Götz von Berlichingen*, Schauspielhaus Frankfurt 1989) verteilten und sie so zum gemeinsamen »Mahl« einluden, bildete dies allenfalls eine ironische Reminiszenz an Robertson Smiths Mahlgemeinschaft.

Eine Parallele zu Nitsch und Schechner mag man vielleicht darin sehen, daß alle drei ihre neue Form von Theater unter Bezug auf das tragische Theater der Griechen, zumindest auf griechische Mythen entwickelten: Nitsch berief sich auf »die zerreissung des dionysos/die blendung des oedipus/[...]/die tötung des orpheus/die tötung des adonis/die entmannung des attis [...]«,[34] Schechner legte *Dionysus in 69* Euripides' *Die Bakchen* zugrunde – auf die sich Gilbert Murray bezogen hatte, um den Ursprung des tragischen Theaters aus dem Ritual zu belegen –, und Schleef ging bei seiner ersten chorischen Aufführung *Die Mütter* (Schauspielhaus Frankfurt 1986) von Euripides' *Hiketiden* und Aischylos' *Sieben gegen Theben* aus.[35] In Athen fanden Aufführungen des tragischen Theaters im Rahmen des größten Dionysos geweihten Festes statt, an den Großen oder Städtischen Dionysien. Zwar wurde das Fest mit gemeinsamen rituellen Handlungen wie Prozessionen und Opfern begonnen. Während der Aufführungen selbst bestand jedoch wohl eine klare Trennung von Schauspielern und Zuschauern, die allerdings durch den in der Orchestra tanzenden und singenden Chor überbrückt wurde. Sofern das griechische Theater eine Gemeinschaft von Akteuren und Zuschauern hervorbrachte, handelte es sich dabei eher um eine Bekräftigung, eine Erneuerung der bereits durch Prozessionen, Opfer und Akte nationaler Selbstdarstellung bekräftigten und erneuerten Gemeinschaft der Polis. Das Theater ging aus der politischen Gemeinschaft hervor. Es diente nicht – wie bei Nitsch oder Schechner – als ihr Ersatz, ihre Antithese oder ihr ästhetisch-utopischer Vor-Schein.

Schleef griff auf das griechische Theater eher im Sinne Nietzsches zurück. In seiner Schrift *Die Entstehung der Tragödie aus dem Geiste der Musik* (1872) hatte dieser die These aufgestellt,

34 Nitsch, *Das Orgien – Mysterien – Theater*, Bd. 1, S. 87.

35 Zur Bedeutung des griechischen Theaters für das Theater nach der performativen Wende vgl. Edith Hall (Hrsg.) *Dionysus since 69: Greek Tragedy and the Public Imagination at the End of the Second Millenium*, Oxford 2003.

daß das tragische Theater im Chor der singenden und tanzenden Satyrn seinen Ursprung genommen habe. Während das apollinische Prinzip auf Individuation ziele, zerbreche das dionysische die Individuation, versetze die Individuen in Ekstase und verwandle sie in Mitglieder einer tanzenden und singenden Gemeinschaft. Im Unterschied zu Nitsch und Schechner, in deren Aufführungen zwar nur vorübergehende, dafür jedoch weitgehend konfliktfreie Gemeinschaften hervorgebracht wurden, definierte sich für Schleef Gemeinschaft durch den permanenten Konflikt zwischen Individuum und Gemeinschaft. In seinem Buch *Droge Faust Parsifal* führt er aus:

> Der antike Chor ist ein erschreckendes Bild: Figuren rotten sich zusammen, stehen dicht bei dicht, suchen Schutz beieinander, obwohl sie einander energisch ablehnen, so, als verpeste die Nähe des anderen Menschen einem die Luft. Damit ist die Gruppe in sich gefährdet, sie wird jedem Angriff auf sich nachgeben, akzeptiert voreilig angstvoll ein notwendiges Opfer, stößt es aus, um sich freizukaufen. Obwohl sich der Chor des Verrats bewußt ist, korrigiert er seine Position nicht, bringt vielmehr das Opfer in die Position des eindeutig Schuldigen. Das ist nicht nur ein Aspekt des antiken Chores, sondern ein Vorgang, der sich jeden Tag wiederholt. Der Feind-Chor, das sind zunächst nicht die Millionen Nichtweißer, Verreckender, Kriegsplünderer und Asylanten, sondern die Andersdenkenden, vor allem der, der die eigene Sprache spricht, ihn gilt es zuerst auszulöschen, egal wie.
> Aber bis zu dieser Abrechnung ist die antike Konstellation lebendig, kämpfen Chor und Individuum noch, rumort dessen Verhältnis zu den anderen, den zuvor Isolierten, deren Verhältnis, untereinander und insgesamt, gegen den Chor, der sie erfolgreich abzuwehren hofft.[36]

Das Verhältnis, das Schleef hier für die Gemeinschaft des Chores als charakteristisch zeichnet, gilt auch für die Beziehungen zwischen Akteuren und Zuschauern.

Für *Die Mütter* schuf Schleef im Schauspielhaus Frankfurt einen einzigartigen Raum. Er ließ die Sitze aus dem Auditorium entfernen (mit Ausnahme der letzten drei Reihen, die für Ältere und Behinderte reserviert waren). Der Boden des Zuschauerraums stieg in relativ flachen Stufen, auf denen die Zuschauer Platz nahmen, allmählich nach hinten an. Mitten durch den Zuschauerraum war von der Bühne bis zur Rückwand ein breiter

36 Einar Schleef, *Droge Faust Parsifal*, Frankfurt a. M. 1997, S. 14.

Steg gelegt, der ebenfalls in Stufen anstieg. Er stieß hinter den drei verbleibenden Sitzreihen auf eine zweite, schmale Bühne, die sich in der vollen Länge der letzten Sitzreihe vor der Rückwand erstreckte. Der Spiel-Raum für die Schauspieler befand sich also vor, hinter und mitten zwischen den Zuschauern, so daß diese oft von den Schauspielern beinahe eingekreist, ja umzingelt wurden. Der »Fluchtweg« zu den Ausgangstüren an den Seiten stand ihnen allerdings immer offen.

Auf diesen Flächen agierten drei Frauenchöre: der Chor der Witwen, die ganz in Schwarz gingen und mit Äxten in der Hand auf Theseus (Martin Wuttke) stießen; der Chor der Jungfrauen, die im ersten Teil weiße und im zweiten rote Tüllkleider trugen; und der Chor der Frauen, die wie Arbeiterinnen in einer Munitionsfabrik mit schwarzen Overalls bekleidet waren. Sie besetzten und beherrschten den Raum: die Bühne vor den Zuschauern, den Steg, den sie – vor allem im zweiten Teil – hinauf- und heruntertrampelten, rannten, donnerten, schwarze, eisenbeschlagene Stiefel an den Füßen, und die Bühne im Rücken der Zuschauer. Alle Chormitglieder bewegten sich im selben Rhythmus und sprachen, schrien, brüllten, kreischten, winselten, heulten, flüsterten und wisperten dieselben Worte unisono. Gleichwohl handelte der Chor nicht als ein kollektiver Körper, in dem die Individualität der einzelnen Chormitglieder verschwinden und mit anderen zusammenfließen würde. Der Chor schien eher eine Art Dauerkampf auszufechten zwischen dem Individuum, das sich in die Gemeinschaft inkorporieren will, ohne seine Einzigartigkeit aufzugeben, und der Gemeinschaft, die nach totaler Einverleibung aller ihrer Mitglieder strebt und diejenigen mit Ausstoßung bedroht, die auf ihrer Individualität bestehen. Innerhalb des Chores wurde entsprechend eine permanente Spannung zwischen den einzelnen Mitgliedern und der Gemeinschaft, die sie mit ihren gemeinsamen Sprech- und Körperhandlungen hervorbrachten, aufrechterhalten. Diese Spannung versetzte den Chor in einen unablässigen Fluß und bewirkte eine transformatorische Dynamik der einzelnen hinsichtlich ihrer Position in der Gemeinschaft und ihres Verhältnisses zu ihr. Diese Spannung hörte niemals auf; der Chor verwandelte sich fast nie in eine harmonische Gemeinschaft – die Spannung stieg eher noch an. Immer wieder wurde sie spürbar als ein Akt der Gewalt, den die Gemeinschaft am Individuum verübt und vice versa.

Diese Gewalt trat noch stärker in Erscheinung, wann immer der Chor mit einem externen Individuum konfrontiert wurde – mit Theseus oder mit Eteokles (Heinrich Giskes). Der Konflikt zwischen den Frauen von Theben und Eteokles wurde zum Beispiel durch einen ständigen Positionswechsel auf dem Steg ausgetragen: die Frauen auf der Stufe liegend, während Eteokles aufrecht sich über sie erhebt; oder Eteokles sich zusammenkauernd, während die Frauen sich zu ihm herabbeugen. Der Machtkampf zwischen dem männlichen Individuum und dem – weiblichen – Chor wurde durch einen unablässigen Positionswechsel im Raum und den Wechsel der Stimmenstärke ausgetragen. Als die Frauen sich plötzlich aufrichteten und Eteokles allein durch die Kraft ihrer Stimmen buchstäblich niederbrüllten, fiel dieser auf die Knie und zog sich in sich zusammen.

Eine vergleichbare Dauerspannung bestimmte auch das Verhältnis zwischen Akteuren und Zuschauern. Die räumliche Anordnung, die den Schauspielern ermöglichte, die Zuschauer zu umgeben oder mitten unter ihnen zu spielen, legte die Vorstellung einer grundsätzlichen Einheit von Akteuren und Zuschauern nahe. Aber diese Vorstellung erwies sich als trügerisch. Wann immer eine solche Einheit entstand, löste sie sich schnell wieder auf. Anstelle von Einheit bekamen die Beteiligten einander bekämpfende Kräfte zu spüren. Dies war zum Teil der eher zweideutigen räumlichen Anordnung geschuldet. Der Steg schnitt mitten durch den Zuschauerraum. Dies ermöglichte den Akteuren zwar, mitten unter den Zuschauern zu spielen. Die Zuschauer waren dadurch jedoch mit der permanenten Drohung einer Zerreißung ihres kollektiven Körpers konfrontiert, den der Steg demonstrativ durchschnitt. Darüber hinaus setzte das räumliche Dispositiv die Zuschauer ungeschützt der Gewalt aus, die ihnen vom Chor angetan wurde, wenn dieser direkt über ihren Köpfen die Stufen hinauf- und heruntertrampelte, zu ihnen herunter brüllte oder sie auch niederbrüllte, so daß Zuschauer sich physisch attackiert fühlten und ihrerseits mit Rückzug oder Vorwärtsverteidigung – d.h. zum Beispiel mit Trampeln, rhythmischem Klatschen oder Brüllen von Kommentaren – reagierten. Auch hier ging es um einen Machtkampf, ausgefochten zwischen Akteuren und Zuschauern. Der ekstatische Chor suchte das Publikum zu überwältigen, es ebenfalls in Ekstase zu versetzen und in seine Gemeinschaft hineinzuzwingen, wogegen einzelne Zuschauer sich mit Worten und

Stimmstärke zur Wehr setzten oder auch, indem sie die Flucht ergriffen und den Zuschauerraum verließen. Andere dagegen schienen sich angst- oder lustvoll dieser Vereinigung mit dem Chor hinzugeben. Allerdings waren es nur ganz seltene Augenblicke, in denen Chor und Publikum eine harmonische Gemeinschaft bildeten – Augenblicke des Übergangs, ehe der Kampf konfligierender Kräfte erneut zwischen beiden Gruppen ausbrach und das Haus zeitweise in einen Hexenkessel verwandelte.

Während dieser Kämpfe und Vereinigungen kam es weder zu gemeinsamen von Akteuren und Zuschauern vollzogenen Handlungen noch zu tätlichen Übergriffen von Mitgliedern der einen Gruppe gegen solche der anderen. Gleichwohl wurden Kämpfe zwischen Akteuren und Zuschauern ausgefochten, gleichwohl entstand von Zeit zu Zeit für wenige Augenblicke eine Gemeinschaft zwischen ihnen. Dabei blieben die Schauspieler Schauspieler und die Zuschauer Zuschauer. Wie war dies möglich? Es hat den Anschein, als hätte die *feedback*-Schleife der Wechselwirkungen von Handlungen der Akteure und Wahrnehmungen und Verhaltensweisen der Zuschauer in diesem Fall in allen Beteiligten Energien von besonderer, gemeinschaftsbildender Qualität freigesetzt. Vieles spricht dafür, daß dabei dem (bei Schleef stark akzentuierten) *Rhythmus* eine Schlüsselfunktion zukam.

Bereits Georg Fuchs war davon ausgegangen, daß »die rhythmischen Bewegungen des menschlichen Körpers im Raum« imstande sind, »andere Menschen in gleiche oder ähnliche rhythmische Schwingungen und damit in einen gleichen oder ähnlichen Rauschzustand«[37] zu versetzen. Deswegen erschien ihm – neben der Abschaffung der Rampe – eine neue, auf dem Prinzip des Rhythmus aufbauende Schauspielkunst als der Königsweg zu einer Gemeinschaft von Akteuren und Zuschauern. Auch er hatte offensichtlich die Energien im Blick, welche rhythmische Bewegungen freizusetzen und zu übertragen vermögen. Sie interessierten ihn allerdings lediglich im Hinblick auf ihr Potential, eine rauschhafte Gemeinschaft hervorzubringen.

In den *Müttern* dagegen ging es nicht um die Erzeugung eines Rausches; hier stand vielmehr der Zirkulationsprozeß selbst, der Prozeß der Freisetzung und Übertragung, des Austauschs von

37 Fuchs, *Der Tanz*, S. 13.

Energien im Mittelpunkt des Interesses, der nicht nur durch rhythmische Bewegungen der Akteure im Raum, sondern zugleich durch ihr rhythmisches Sprechen in Gang gesetzt wurde. Nun läßt sich im Theaterraum zirkulierende Energie weder sehen noch hören. Gleichwohl wird sie wahrgenommen. Beim Rhythmus handelt es sich um ein leibliches, ein biologisches Prinzip, das unseren Atem und unseren Herzschlag reguliert. Der menschliche Körper ist in diesem Sinne rhythmisch gestimmt. Er vermag daher auch Rhythmus sowohl als ein äußeres als auch als inneres Prinzip wahrzunehmen. Wir sehen bestimmte Bewegungen, wir hören bestimmte Wort-, Laut- und Tonfolgen und nehmen sie als rhythmisch wahr. Als energetisches Prinzip vermag der Rhythmus allerdings erst dann seine Wirkung zu entfalten, wenn wir ihn – wie unsere eigenen leiblichen Rhythmen – leiblich spüren.

Was geschieht, wenn wir nicht nur mit unserem Gesichts- und Gehörsinn, sondern zugleich auch mit unserem leiblichen Spüren, also synästhetisch, den Rhythmus wahrnehmen, läßt sich an den *Müttern* nachvollziehen. Die Energien, die von den rhythmischen Bewegungen und dem rhythmischen Sprechen der Akteure freigesetzt wurden, zirkulierten zwischen Akteuren und Zuschauern, d. h. sie bewirkten eine wechselseitige Freisetzung und Intensivierung von Energie. Diese Energien konnten nun sozusagen gegnerisch aufeinandertreffen, so daß es zum »Kampf« zwischen Chor und Publikum kam; sie konnten sich jedoch auch vereinigen und so für einige kurze Glücksmomente eine Gemeinschaft hervorbringen, der sich einzelne Zuschauer nichtsdestoweniger entziehen konnten. Welchen Weg sie nahmen, war nicht vorhersagbar. Es hing zum einen von der Stärke der Energie ab, welche die Akteure in jeder Aufführung und in jedem Moment der Aufführung zu mobilisieren vermochten, ebenso wie von der Responsivität jedes einzelnen Zuschauers im Hinblick auf die im Raum flottierende Energie, von seiner Fähigkeit, sie leiblich zu spüren, und seiner Bereitschaft, sich von ihr affizieren zu lassen – vom Kräfteverhältnis zwischen eher responsiven und eher ablehnenden, sich der Zirkulation der Energie verschließenden Zuschauern – sowie von vielen anderen Faktoren. In diesem Sinne läßt sich behaupten, daß es eine besondere Art der Wahrnehmung ist, welche die *feedback*-Schleife auf der Mikroebene in Gang hält, indem sie den Zuschauer befähigt, auf den Fortgang der Aufführrung Einfluß zu nehmen. Er spürt leiblich die Energie,[38] die von den Akteuren ausgeht und sich auf ihn überträgt.

Diese Energie bedarf nicht einmal besonderer räumlicher Arrangements. Sie vermag auch zu zirkulieren, wenn Akteure und Zuschauer in einem Guckkastentheater mit Rampe aufeinandertreffen. Dies demonstrierte auf überwältigende Weise die Aufführung von Elfriede Jelineks *Sportstück* in der Inszenierung von Einar Schleef. Hier führten die Akteure fünfundvierzig Minuten lang immer wieder die gleichen anstrengenden Übungen mit höchster Intensität bis zur körperlichen Erschöpfung durch, wobei sie mit ebensolcher Intensität im Chor stets dieselben Sätze in wechselnder Tonlage und Lautstärke wiederholten. Es war zu spüren, wie Energie freigesetzt wurde und zirkulierte. Einige Zuschauer empfanden dies offensichtlich bereits nach wenigen Minuten als Zumutung und verließen den Raum. Wer sich dagegen diesem Geschehen bis zuletzt aussetzte, spürte, wie sich ein energetisches Feld zwischen Akteuren und Zuschauern bildete, das sich mit zunehmender Dauer immer weiter intensivierte.

Die theatralen Gemeinschaften in Schleefs chorischem Theater fügen einer Ästhetik des Performativen wichtige Aspekte hinzu. An ihnen hat sich gezeigt, daß die autopoietische *feedback*-Schleife nicht nur durch beobachtbare, d.h. sicht- und hörbare Handlungen und Verhaltensweisen von Akteuren und Zuschauern in Gang gesetzt und gehalten wird, sondern auch von der Energie, die zwischen ihnen zirkuliert. Diese Energie stellt kein Hirngespinst dar, wie als erster Hermann Schmitz gezeigt hat;[39] sie ist ebenfalls wahrnehmbar, allerdings auf eine besondere Art, nämlich durch das leibliche Spüren.

Während es bei Nitsch und Schechner die gemeinsam von Akteuren und Zuschauern vollzogenen Handlungen waren, welche eine Gemeinschaft entstehen ließen, sind es bei Schleef die wechselseitigen Wahrnehmungen von Akteuren und Zuschauern, die Energien freisetzen und zirkulieren lassen, welche eine Gemeinschaft erfahrbar machen. Beim Rollenwechsel sind es die beob-

38 Der Begriff der Energie wird hier nicht als ein klar definierter Begriff verwendet – wie etwa in der Physik; vielmehr ist durchaus eine gewisse Vagheit zu konzedieren. Sie wird um der Erfahrungsnähe willen bewußt in Kauf gekommen.

39 Vgl. Hermann Schmitz, *System der Philosophie*, insbes. II, 1 *Der Leib*, Bonn 1965.

achtbaren Handlungen und Verhaltensweisen, welche die *feedback*-Schleife in Bewegung halten. Darüber wird leicht übersehen, daß diese zunächst einmal wahrgenommen werden müssen; das heißt, daß die Wahrnehmung im Prozeß der Autopoiesis der *feedback*-Schleife eine wichtige Funktion erfüllt. Diese Funktion ist es, auf die in Schleefs chorischem Theater die Aufmerksamkeit gelenkt wird. Mit seiner Wahrnehmung nimmt der Zuschauer bereits auf den Verlauf der Aufführung Einfluß, die ihrerseits auf Akteure und Zuschauer einwirkt, indem sie Energie mobilisiert und zirkulieren läßt.

Am Beispiel von *Two Amerindians Visit...* hat sich die transformierende Kraft des Blicks auf einen anderen gezeigt. Er vermag ihn als Ko-Subjekt anzuerkennen oder zum Objekt zu degradieren, ihm Identitäten zuzuschreiben, ihn zu überwachen, zu kontrollieren, zu begehren. Während der Blick sein transformatorisches Potential in der direkten Konfrontation mit dem anderen entfaltet, ist das energetische Potential eher ungerichtet. Es zirkuliert nicht nur zwischen Akteur X und Zuschauer Y, sondern zwischen Akteuren und Zuschauern. Wahrnehmung in der Aufführung – ob nun als Blick oder als leibliches Spüren – ist insofern gar nicht ohne das Wirkpotential zu denken, das sie zu entfalten vermag.

So bedarf es nicht erst des Rollenwechsels, um den Zuschauer zum Mit-Handelnden, zum Akteur zu machen. Der Gegensatz zwischen Handeln und Zuschauen kollabiert. Wie die theatralen Gemeinschaften in Schleefs chorischem Theater gezeigt haben, ist der Zuschauer als Zuschauer, d. h. als Wahrnehmender, immer auch zugleich ein Handelnder, der durch sein Tun *und* das, was ihm geschieht, auf den Verlauf der Aufführung Einfluß nimmt. Es sind entsprechend die Wahrnehmungsbedingungen, die für eine Aufführung geschaffen werden – sei es durch räumliches Arrangement, sei es durch eine spezifische Art der Darstellung –, die je besondere Möglichkeiten für die Dynamik der *feedback*-Schleife bereitstellen und eröffnen, ohne sie doch determinieren zu können.

3. Berührung

So wie die leibliche Ko-Präsenz von Akteuren und Zuschauern die Bedingung der Möglichkeit für die Entstehung einer Gemeinschaft aus beiden Gruppen darstellt, impliziert sie auch die Möglichkeit der Berührung eines Zuschauers durch einen Akteur und umgekehrt. Während allerdings die Vorstellung einer Gemeinschaft allein durch die gleichzeitige Anwesenheit beider Gruppen im selben Raum hervorgerufen und legitimiert zu sein scheint – wobei häufig die je spezifische Gestaltung des Theaterraums wie das griechische Orchestra-Theater, die mittelalterliche Marktplatzbühne, das elisabethanische Theater oder das japanische Kabuki-Theater mit dem *hanamichi* als räumlicher Ausdruck der Einheit beider Gruppen interpretiert wird –, erscheint die Vorstellung einer gegenseitigen Berührung von Akteuren und Zuschauern zunächst abwegig. Denn, wie der Terminus Theater (griech. theatron = Raum zum Schauen, von theasthai = schauen bzw. thea = Schau) suggeriert, handelt es sich hier um ein Medium, das auf den Fernsinn des Auges, auf das Sehen ausgerichtet ist. Davon zeugen nicht zuletzt die riesigen, über 10000 Zuschauer fassenden griechischen Theater. Das schließt nicht aus, daß es in der europäischen Theatergeschichte eine Reihe von Beispielen geben mag, bei denen über die Berührung von Zuschauern durch Akteure zu spekulieren ist. So ist es durchaus denkbar, daß bei den mittelalterlichen Osterspielen Zuschauer von Akteuren berührt wurden: zum Beispiel im sogenannten Teufelsspiel, bei dem nach der Befreiung der in der Hölle gefangenen Seelen durch Christus die Teufel ausschwärmten, um die Hölle wieder aufzufüllen. Vielleicht haben sie dabei nach dem ein oder anderen Zuschauer gegriffen, vielleicht sogar ihn tatsächlich berührt. Zeugnisse, die dies belegen würden, fehlen allerdings. Es ist auch nicht auszuschließen, daß Puck nach den an die Zuschauer gerichteten Worten, mit denen er den *Midsummer Night's Dream* beendet: »So, good night unto you all./Give me your hands, if we be friends,/And Robin shall restore amends.« (V. 1, 425-27), sich tatsächlich von einzelnen Zuschauern mit Handschlag verabschiedet hat. Aber auch das ist ungewiß. Andererseits würde die Tatsache, daß in einzelnen Fällen Berührungen stattgefunden haben, nichts an dem Gegensatz ändern, der offensichtlich im Theater zwischen Sehen und Berühren besteht.

Einer der Gründe für diesen Gegensatz mag darin liegen, daß Theater ein öffentliches Medium darstellt, Berührung dagegen der Intimsphäre zuzurechnen ist. Von Gegnern des Theaters ist bis weit ins 18. Jahrhundert hinein immer wieder der Vorwurf erhoben worden, daß das Theater trotz seines öffentlichen Charakters Zuschauern die Möglichkeit zu gegenseitiger – unzüchtiger – Berührung böte, ja solche geradezu begünstige. Dies betraf allerdings nicht das Verhältnis von Akteuren und Zuschauern während der Aufführung, sondern lediglich das von Zuschauern untereinander.[40]

Die Entwicklung des Illusionstheaters im 18. Jahrhundert lieferte einen weiteren Grund für den Ausschluß von Berührung zwischen Akteuren und Zuschauern, der allerdings auch auf die Opposition von Sehen und Berühren zurückzuführen ist. Wie Johann Jakob Engel in seiner *Mimik* (1784/85) erläutert, wird der Zuschauer immer dann aus der Illusion gerissen, wenn er den Körper des Schauspielers/der Schauspielerin nicht als ein Zeichen für die Rollenfigur wahrnimmt, sondern als den realen Körper der betreffenden Schauspielerin und daher für sie zu empfinden beginnt. Bei einer möglichen Berührung scheint diese Gefahr besonders groß gewesen zu sein. Denn sie wäre der Einbruch des Realen in die Fiktion. Dagegen läßt der Blick die Illusion entstehen und löst im Zuschauer Emotionen aus, die der Figur und nicht der Schauspielerin gelten. In seinen 1762 erschienenen *Elements of Criticism*, die bereits 1763 in einer deutschen Übersetzung vorlagen, stellte Henry Homes fest, daß es die »Mienen und Geberden«, d. h. sichtbar am Körper der Schauspielerin hervorgebrachte und die Figur konstituierende Zeichen sind, die »einen geraden Weg in das Herz«[41] eröffnen, also im Zuschauer über seinen Blick Emotionen auslösen, die sich auf die repräsentierte Figur richten.

Denis Diderot berichtet bereits 1751 in seinem *Brief über die Taubstummen*, den Lessing noch im Jahr seines Erscheinens ins Deutsche übersetzte, von einem Selbstexperiment, mit dem er Funktion und Bedeutung des Gesichtssinns für Entstehung und Andauern einer Illusion nachweisen wollte, welche die Vorbedin-

40 Vgl. hierzu die einschlägigen Zeugnisse, auf die Barish sich bezieht: Jonas Barish, *The Antitheatrical Prejudice*, Berkeley/Los Angeles/London 1981.
41 Henry Home, *Grundsätze der Kritik*, Bd. 1, Leipzig 1772, S. 582.

gung von Emotionen ist, die den dargestellten Figuren gelten. Er schreibt, daß er sich im Theater die Ohren zuzuhalten pflegte,

> solange die Handlung und das Spiel des Darstellers mit den Worten, an die ich mich erinnerte, übereinzustimmen schienen. [...] ich will Ihnen [...] von der [...] Verblüffung erzählen, in die meine Umgebung unvermeidlich geriet, wenn sie mich bei den rührenden Stellen Tränen vergießen sah, obwohl ich mir noch immer die Ohren zuhielt.[42]

Nach Diderots wie nach der Auffassung anderer maßgeblicher Theoretiker des 18. Jahrhunderts ist es bei einer entsprechenden, nicht die Illusion zerstörenden Darstellung des Schauspielers der Blick des Zuschauers, in dem die Illusion entsteht und der auf die Figur bezogene Emotionen in ihm hervorruft. Berührung hat in diesem Konzept nur auf der metaphorischen Ebene einen Platz: Es sind die »rührenden«, die »berührenden« Stellen, die Emotionen auslösen; es sind die »Mienen und Gebärden« des Schauspielers, die über den Weg der visuellen Wahrnehmung, des Blicks, den Zuschauer zu »berühren« vermögen, in ihm ein Gefühl der Nähe zur dargestellten Figur entstehen lassen. Eine körperliche Nähe zum Schauspieler, eine tatsächliche Berührung würden den Zuschauer für diesen empfinden lassen. Die Illusion und damit alle auf die Figur gerichteten Emotionen – auch die durch den Blick ausgelöste Sehnsucht, sie zu berühren – wären zerstört. Das Illusionstheater schließt daher eine tatsächliche Berührung, einen direkten körperlichen Kontakt zwischen Akteuren und Zuschauern aus.

Wie uneingeschränkt diese Maxime auch zu Beginn des 20. Jahrhunderts noch galt, belegen Kritiken zu Reinhardts Pantomime *Sumurun* oder auch zu seiner *Orestie*-Inszenierung. Anläßlich des New Yorker Gastspiels von *Sumurun* wunderte sich ein Kritiker, wieso hier trotz der körperlichen Nähe der Schauspieler zu den Zuschauern, wie sie vor allem beim Spiel auf dem *hanamichi* entstand, die Zuschauer nicht aus der Illusion gerissen wurden:

> [...] it is all the more tribute to the acting of the German company, who present »Sumurun« and to the staging that, although some of the audience could put out their hands and touch the garments of the actors as they pas-

42 Denis Diderot, »Brief über die Taubstummen«, in: ders., *Ästhetische Schriften*, hg. von F. Bassenge, 2 Bde., Frankfurt a. M. 1968, Bd. 1, S. 27-97, S. 38.

sed them, none of the spell that enveloped the actors on the stage left them as they crossed the runway [...] and made their way back.[43]

In der bereits zitierten Kritik von Alfred Klaar zu Reinhardts *Orestie*, die man wohl kaum mehr dem Illusionstheater zurechnen mag, beklagt dieser sich ausdrücklich, daß »dieses Hereinfluten der Darsteller in den Zuschauerraum, wo die Gestalten mit ihrem Kostümflitter, mit ihrer Perücke und ihrer Schminke uns an den Leib rücken«, die »Illusion zerreiße«.[44]

Beide Kritiker – der eine in seinem Staunen, der andere in seinem Ärger – setzen offenbar voraus, daß körperliche Nähe der Illusion abträglich sei, ja sie zerstöre, daß sie unbedingt der größeren räumlichen Entfernung bedürfe, die den Schauspieler dem Zuschauer vom Leibe hält und »Kostümflitter«, »Perücke« und »Schminke«, die unübersehbar auf das Theater verweisen, nicht mehr erkennen läßt.

Die verschiedenen Beispiele haben gezeigt, daß mit der Dichotomie von Sehen und Berühren in der Aufführung eine Reihe weiterer Gegensatzpaare verbunden zu sein scheint: Öffentlichkeit vs. Privatheit/Intimität; Distanz vs. Nähe; Fiktion/Illusion vs. Realität. Das Fundament, auf dem sie ruhen, ist die vermeintlich unüberwindbare, stabile Opposition zwischen Sehen und Berühren. Dies Fundament wird nun aber von Maurice Merleau-Ponty in seiner unvollendet gebliebenen, posthum erschienenen Schrift *Der Chiasmus* unterhöhlt, wenn es dort heißt:

Der Blick [...] hüllt die sichtbaren Dinge ein, er tastet sie ab und vermählt sich mit ihnen. [...] Wir müssen uns an den Gedanken gewöhnen, daß jedes Sichtbare aus dem Berührbaren geschnitzt ist, daß jedes taktile Sein gewissermaßen der Sichtbarkeit zugedacht ist und daß es Übergreifen und Überschreiten nicht nur zwischen dem Berührten und dem Berührenden gibt, sondern auch zwischen dem Berührbaren und dem Sichtbaren, das in das Berührbare eingebettet ist, ebenso wie umgekehrt dieses selbst kein Nichts an Sichtbarkeit, nicht ohne visuelle Existenz ist. Derselbe Leib sieht und berührt, und deshalb gehören Sichtbares und Berührbares derselben Welt an.[45]

Nicht nur die Berührung stellt Nähe und Intimität her, sondern ebenso der Blick, der zwischen zwei Menschen gewechselt wird. Es ist der Blick, der den Wunsch nach Berührung auslöst und den

43 Joseph Gollomb, *New York City Call* vom 4. Februar 1912.
44 Alfred Klaar, *Vossische Zeitung* vom 14. Oktober 1911.
45 Maurice Merleau-Ponty, *Das Sichtbare und das Unsichtbare*, München, 2. Aufl. 1994, 4. Die Verflechtung – Der Chiasmus, S. 172-203, S. 175/177.

anderen – ihn abtastend – berührt. Wenn der Gegensatz zwischen Sehen und Berühren nicht aufrechterhalten werden kann, wie Merleau-Pontys Ausführungen nahelegen, erhebt sich die Frage, ob die in einer Aufführung mit ihnen scheinbar verknüpften anderen Gegensätze Bestand haben bzw. was mit ihnen geschieht.

Diesen Fragen gehen seit den ausgehenden sechziger Jahren Aufführungen nach, in denen Akteure Zuschauer berühren und umgekehrt. In *Dionysus in 69* gab es eine Szene, die Schechner als »caress-scene« bezeichnet. Performer begaben sich zu Zuschauern, hockten und legten sich neben sie und begannen sie zu streicheln. Die Performer waren nur leicht bekleidet – die Frauen trugen lediglich einen Bikini. Die Zuschauer reagierten sehr unterschiedlich. Einige – vor allem weibliche – ließen sich die zärtliche Berührung einfach gefallen. Andere Zuschauer dagegen – überwiegend, wenn nicht ausschließlich männliche – erwiderten die Berührung aktiv und dehnten sie auf Körperpartien aus, welche die Performer/innen mit Bedacht vermieden hatten. Sie ignorierten die von den Performer/innen implizit vorgegebenen Regeln und Angebote zur Beziehungsdefinition und bestimmten die Situation als eine reale, nicht zum »play« gehörige intime Situation. Die Performer/innen ihrerseits faßten dies als einen ungehörigen Übergriff, als eine unangemessene Situationsdefinition auf und fühlten sich zu Lustobjekten degradiert. Als es auch in weiteren Aufführungen nicht gelang, sich zwischen Akteuren und Zuschauern auf eine Situations- und Beziehungsdefinition zu einigen, wurde die Szene abgesetzt.

Die Berührung führte hier zu eklatanten Mißverständnissen zwischen Akteuren und Zuschauern, die offensichtlich nicht produktiv in die *feedback*-Schleife integriert werden konnten. Die Performer/innen berührten die Zuschauer in einer »Szene«, die in keinem erkennbaren Zusammenhang mit dem »play« stand. Die Berührung erfolgte aus der Sicht der Akteure im Einklang mit ihren neuen ästhetischen Prinzipien: Sie sollte zum einen die Grenzen zwischen Fiktion – dem »play« – und Wirklichkeit durchlässig machen und zum anderen das Verhältnis zwischen Akteur und Zuschauer »humanisieren«,[46] das heißt die Zuschauer ausdrücklich als Ko-Subjekte anerkennen. Für die Zuschauer dagegen ergab sich eine zweideutige Situation. Die leichte Bekleidung der

46 Schechner, *Environmental Theater*, S. 60.

Performer/innen – in den puritanischen USA der ausgehenden sechziger Jahre ein eher eindeutiger Appell – und die offenkundige Zusammenhangslosigkeit der »caress-scene« mit dem »play« ließen für sie die Berührung durch die Performer/innen als Einbruch des Realen erscheinen, der ihre Aufmerksamkeit ausschließlich auf die wirklichen Körper der Performer/innen fokussierte; sie faßten sie als ein Angebot auf, eine Situation körperlicher Nähe, eine Situation von Intimität einzugehen.

Von den Akteuren war die Berührung offensichtlich als ein Versuch intendiert, das dichotomische Verhältnis von Wirklichkeit und Fiktion, von Öffentlichkeit und Intimität zu destabilisieren, die Zuschauer so zwischen die bekannten Markierungen und Felder zu versetzen und ihnen damit neue Erfahrungen zu ermöglichen. Die Zuschauer dagegen begriffen die Berührung gemäß eben dieser Dichotomie. Sie verwies sie auf das klar markierte Feld einer wirklichen intimen Situation, in der sie stereotyp erwartbare, bekannte Erfahrungen zu machen hofften. Damit stießen sie zugleich auch die Performer/innen in diese Situation, in der diese sich allerdings mißbraucht und prostituiert fühlten und konfrontiert mit einer sozialen Realität, die genau jene Dichotomie vorsieht und nach ihr strukturiert ist, welche sie destabilisieren wollten. Die »caress-scene« mußte scheitern. Damit mißlang der Versuch, Berührung in der Aufführung als Mittel zur Aufweichung bestimmter Dichotomien einzusetzen.

In der Aktion *Celtic + ~~~*, die Joseph Beuys zusammen mit Henning Christiansen am 5. April 1971 in Basel durchführte, scheint es dagegen gelungen zu sein, im und durch den Akt der Berührung die Opposition von Öffentlichkeit und Intimität aufzuheben. Die Aktion fand in einem ehemaligen Bunker statt. An ihr nahmen 500 bis 800 Personen teil – die Angaben der Quellen schwanken in dieser Hinsicht –, in jedem Fall jedoch so viele, daß es immer wieder zu beängstigendem Gedränge, zu körperlicher Nähe und unwillkürlichen Berührungen zwischen den Teilnehmern kam, vor allem wenn sie miteinander um die Standorte rangelten, von denen aus Beuys am besten zu sehen war.[47] Bereits in

47 Vgl. hierzu u. a. Schneede, *Joseph Beuys – Die Aktionen*, S. 274-285; Mario Kramer, *Joseph Beuys ›Das Kapital Raum 1970-1977‹*, Heidelberg 1992, sowie die ganz ausgezeichnete Magisterarbeit von Barbara Gronau, *Zur ästhetischen Erfahrung bei Joseph Beuys*, MA-Arbeit FU Berlin 2002, S. 29-75.

den Ausgangsbedingungen der Aktion – die Beuys insofern nicht vollkommen geplant haben konnte, als er nicht vorauszusehen vermochte, wie hoch die Teilnehmerzahl sein würde – zeigt sich ein spannungsvolles Verhältnis zwischen Öffentlichkeit und Intimität, Distanz und Nähe, Sehen und Berühren. In diesem Gedränge mußte auch Beuys einzelne Teilnehmer immer wieder nicht nur ansprechen, sondern auch berühren, um sich einen Weg durch die Menge zu bahnen.

Der Öffentlichkeitscharakter der Aktion war nicht nur durch die öffentliche Ankündigung als eine künstlerische Aktion von Joseph Beuys und Henning Christiansen garantiert, sondern auch durch die große Anzahl von Teilnehmern. Eine derartige Ansammlung von Menschen scheint jegliche Intimität auszuschließen. Gleichwohl war es die so entstehende Enge und Nähe, die – wie die Theatergegner seit den Zeiten der Kirchenväter immer wieder moniert und beklagt haben – Berührungen zwischen Teilnehmern nicht nur zuließ oder ermöglichte, sondern nahezu unausweichlich machte. Öffentlichkeit schließt in derartigen Situationen in diesem Sinne Intimität ein. Und Berührung bis hin zum gewaltsamen Drängeln und Schubsen wird in ihr eingesetzt, um sich eine möglichst gute Sicht auf die angekündigte Aktion zu erkämpfen und zu sichern. Zwar gab es einzelne Holzbänke im Raum. Aber ein Platz auf ihnen garantierte keineswegs uneingeschränkte Sicht auf die Handlungen des Künstlers. Da Beuys sich immer wieder durch den Raum bewegte, setzte sich auch die Menge immer wieder in Bewegung, ergaben sich immer neue Zentren der Enge und des Gedrängels. Sehen war nicht aus der Distanz, sondern nur aus größter körperlicher Nähe möglich – es sei denn, man suchte die größtmögliche Distanz, d. h. stieg auf die Bänke, entzog sich dem Getümmel und sicherte sich einen Über-Blick über das Geschehen. Berührung mußte eingesetzt werden, um Sicht zu erhalten. Da die Bewegungen aller Teilnehmer durch den Raum – und nicht nur der beiden Künstler – die Aktion mitkonstituierten, bestand diese zu einem großen Teil in der Erfahrung des widersprüchlichen, spannungsvollen und doch in irgendeiner Weise komplementären Verhältnisses von Öffentlichkeit und Intimität, Distanz und Nähe, Sehen und Berühren, das sich kaum als dichotomisch begreifen ließ.

Diese Erfahrung intensivierte Beuys und übereignete sie zugleich der Reflexion der Teilnehmer, indem er gezielt für alle Umstehenden deutlich sichtbar einzelne Zuschauer berührte: Er wusch ihnen die Füße. Die Fußwaschung ist in unserer Kultur eine hochsymbolische Handlung. Sie stellt zwar zunächst eine Dienstleistung dar, die der Niedriggestellte dem Höhergestellten zu erweisen verpflichtet sein kann. Da Jesus jedoch seinen Jüngern die Füße wusch und der Papst diese Handlung jährlich wiederholt, wird die Fußwaschung als symbolische Demutsgeste begriffen. Beuys vollzog die Fußwaschung allerdings nicht wie einen symbolischen Akt, sondern als tatsächliche sorgfältige und gründliche Reinigung. Er kniete sich vor einer der Holzbänke nieder und sprach eine junge Frau an, die lange modische Lackstiefel trug. Sie lächelte und nickte – Beuys zog ihr daraufhin die Lackstiefel aus – sehr sachlich und fachmännisch, fast wie ein Schuhverkäufer – und tauchte ihre Füße in eine mit Wasser gefüllte Emailleschüssel. Er rieb den einen Fuß mit einem Stück Kernseife ab, seifte ihn vollkommen ein und ließ ihn dann wieder in die Schüssel zurückgleiten. Er ergriff nun ein über seine Schulter geschlagenes Leinenhandtuch und rubbelte den Fuß trocken, jeden Zeh einzeln abreibend. Er wiederholte den Vorgang mit dem zweiten Fuß. Während der Waschung vermied Beuys jeden Blickkontakt mit der Frau. Er hatte seine Augen auf die Füße gerichtet, die er reinigte, oder auch von Zeit zu Zeit auf die Umstehenden, mit denen er lachte und scherzte. Nachdem er beide Füße gesäubert hatte, schlug er das Handtuch wieder über die Schulter, ergriff die Schüssel, stand auf, ging zum Fenster und goß das Wasser hinaus. Mit einem langen Gummischlauch ließ er erneut Wasser in die Schüssel. Er wiederholte die Fußwaschung auf die beschriebene Weise noch bei sechs weiteren Teilnehmern.[48]

Der Fußwaschung eignete zweifellos Öffentlichkeitscharakter. Diesen unterstrich Beuys, indem er die ihn und die Frau umringenden Teilnehmer immer wieder anblickte, sie ansprach, mit ihnen lachte. Dazu im Widerspruch – nach gängigen Vorstellungen – stand jedoch, daß Beuys die Fußwaschung nicht symbolisch vollzog, sondern intim: als gründliche Reinigung, bei der es nur darauf anzukommen schien, die Füße von jeglichem Schmutz, Schweiß, Geruch nachhaltig zu säubern. Der Fußwaschung eig-

48 Diese Handlung ist in den Filmen festgehalten, die Bernd Klüser – Super 8, s/w, ca. 25 Minuten – und Hans Emmerling – s/w, ca. 40 Minuten – während der Aktion gedreht haben. Die Filme sind im Beuys Medien-Archiv im Hamburger Bahnhof – Museum für Moderne Kunst, Berlin zugänglich.

nete daher auch kein erotischer Charakter, was die Vermeidung des Blickkontakts unterstrich. Sie wurde so von den Teilnehmern als merkwürdig oszillierend wahrgenommen. Die spezifische Art und Weise, in der Beuys sie vollzog, brachte die Dichotomie von Öffentlichkeit und Privatheit/Intimität erfolgreich zum Kollabieren und versetzte die Teilnehmer in einen Zustand zwischen allen klar markierten Feldern und Positionen, wie sie ihn eigentlich auch in ihrem drängelden Schubsen beim Kampf um die bessere Sicht erfuhren, ohne jedoch ihre Aufmerksamkeit auf ihn zu richten. Während und durch die Fußwaschung geriet dieser Zustand eines »betwixt and between«,[49] wie Victor Turner ihn genannt hat, in den Fokus ihrer Aufmerksamkeit: Sie erfuhren etwas, das sie zumindest für die Zeit der Erfahrung verwandelte, sie den stabilisierenden Dichotomien unserer Kultur entriß.

Während es in Beuys' Aktion der Künstler war, der einzelne Zuschauer/Teilnehmer berührte, legte Marina Abramović, wie bereits im ersten Kapitel deutlich wurde, es in ihren Performances häufig darauf an, die Zuschauer/Teilnehmer dazu zu provozieren, sie zu berühren. Dabei erfolgte die Berührung wie in *Lips of Thomas* als Folge einer liminalen Situation: Die Zuschauer wußten nicht, ob sie sich ästhetisch oder ethisch zu den Handlungen der Künstlerin oder zu den aggressiven Handlungen, die andere an ihr vollzogen, verhalten sollten – wie in *Rhythm 0*, wo Abramović sich von einem Trupp zufällig auf der Straße aufgelesener Personen in der Galleria Studio Mora in Neapel (1974) stundenlang mißhandeln und quälen ließ. Solange sie zuschauten, verhielten sie sich »ästhetisch«, was sich hier als voyeuristisch oder gar als sadistisch enthüllte, mit der Berührung dagegen fällten sie eine »ethische« bzw. »unethische« Entscheidung: Sie fügten der Künstlerin selbst Schmerzen und Verletzungen zu oder sie setzten den Qualen der Künstlerin ein Ende, wie in *Lips of Thomas* oder in *Rhythm 0* die anderen Zuschauer. Der Gegensatz zwischen ästhetisch und ethisch ließ sich in allen diesen Fällen nicht aufrechterhalten.

In *Imponderabilia* (Galleria Communale d'Arte Moderna in Bologna im Rahmen der Veranstaltung *La performance oggi: settimana internazionale della performance*, 1977) dagegen provo-

49 Vgl. Victor Turner, *The Ritual Process – Structure and Anti-Structure*, London 1969, S. 95.

zierte Abramović zusammen mit ihrem Partner Ulay Berührungen von seiten der Zuschauer, welche die Zuschauer gerade wegen des vorausgesetzten Gegensatzes von öffentlich vs. privat und sehen vs. berühren in einen Zustand der Liminalität versetzten: Abramović und Ulay standen sich hier nackt an beiden Seiten einer Türöffnung gegenüber. Der zwischen ihnen verbliebene Raum war so schmal, daß jeder, der die Tür passieren wollte, entweder Abramović' oder Ulays nackten Körper berühren mußte. In der Regel entschieden sich Frauen dafür, Abramović zu berühren, während Männer eher dazu tendierten, sich in direktem Körperkontakt mit Ulay durch die Tür zu zwängen. Die Augen der Passanten blieben gesenkt, jeglicher Blickkontakt mit den Performern wurde vermieden. Dabei wurden die Passanten von anderen Museumsbesuchern, die entweder bereits vor ihnen die Schwelle überschritten hatten oder noch zögerten, sie zu überschreiten, beobachtet. Die Berührung wurde als ein öffentlicher Akt vollzogen, der gleichwohl seine Intimität – immerhin handelte es sich um die Berührung eines nackten Körpers – nicht verleugnen konnte. Sie war sowohl öffentlich als auch – zugleich – intim. Der Moment auf der Schwelle stellte in der Tat einen Schwellenzustand dar, buchstäblich einen Zustand »betwixt and between«, in dem die bisherigen Oppositionsbildungen außer Kraft gesetzt waren.

Während Berührungen zwischen Akteuren und Zuschauern in Aufführungen des Theaters oder der Performance- und Aktionskunst in den ausgehenden sechziger und siebziger Jahren dazu beitrugen, die im 18. Jahrhundert mit der Herausbildung der bürgerlichen Gesellschaft entstandene Dichotomie von Öffentlichkeit und Privatheit zu destabilisieren und letztendlich kollabieren zu lassen, ist seit den ausgehenden neunziger Jahren eine Situation zu konstatieren, in der diese Dichotomie weitgehend ihre Gültigkeit eingebüßt hat. In der U-Bahn, im ICE, auf dem Flughafen und anderen öffentlichen Plätzen müssen wir ständig Gespräche über die intimsten Angelegenheiten mitanhören, die Mitbürger ungeniert mit lauter Stimme am Handy verhandeln. Das Intimste, wie die Affäre Bill Clintons mit Monica Lewinsky, wurde zu einer öffentlichen Angelegenheit. Sie wurde in Anhörungen, die im Fernsehen zu verfolgen waren und ins Internet gestellt wurden, in jedem Detail jedermann zugänglich gemacht. Wohlgemerkt: Nicht nur die Frage der Moral eines Ehebruchs oder des Betrugs der Öffentlichkeit durch den Präsidenten der Vereinigten Staaten wurde öffentlich diskutiert, sondern jede Einzelheit der Affäre bis hin zum Vollzug von Oralsex. Die in den sechziger Jahren noch streng gezogenen Grenzen zwischen öffentlicher und privater Sphäre – kein Senator, kein Journalist wäre damals auf den Gedanken verfallen, die Affären John F. Kennedys stellten eine öffentliche Angelegenheit dar – sind seit den neunziger Jahren zunehmend verwischt.

Diese Situation schafft auch für Aufführungen neue Bedingungen. Den inzwischen überholten Gegensatz von öffentlich und privat destabilisieren zu wollen, eröffnet kaum neue Erfahrungsmöglichkeiten. Wenn heute in Aufführungen Berührungen zwischen Akteuren und Zuschauern ausgetauscht werden, geschieht dies auf der Basis der gemeinsamen Übereinkunft, daß dieser Gegensatz längst aufgehoben ist und der Vergangenheit angehört. Was also bewirken solche Berührungen heute?

In seinem jüngsten Stück *Secret Service*[50] (2002) testete der Berliner Choreograph Felix Ruckert, der in den achtziger Jahren als Tänzer mit Choreographen wie Jean-François Duroure, Mathilde Mounier, Wanda Golanka gearbeitet hat und von 1992-1994 Mitglied von Pina Bauschs Wuppertaler Tanztheater war, die Möglichkeiten und das Wirkpotential von gegenseitigen Berührungen zwischen Akteuren und Zuschauern in einem bis dahin unglaublichen und unerhörten Maße aus. Es stellt meines Wissens den in der westlichen Theatergeschichte ersten Fall dar, wo der Gesichtssinn der Zuschauer ausgeschaltet ist, die Zuschauer also nicht zuschauen können: Während des gesamten Verlaufs der Aufführung sind ihre Augen verbunden. Allein die Akteure vermögen zu schauen.

Das Stück bestand aus zwei Teilen. Vor beiden Teilen wurden die Zuschauer/Teilnehmer von einer Tänzerin mit den Regeln vertraut gemacht. Sie konnten zu jedem Zeitpunkt der Aufführung den Tänzern ein Zeichen geben, wenn sie abbrechen wollten. Der Besucher zog Schuhe und Strümpfe aus, die Tänzerin legte ihm die Augenbinde an und führt ihn an ihrer Hand in den Aufführungsraum.

50 Der Titel verweist in seiner Doppeldeutigkeit einerseits auf die geheimen Dienste, wie sie in der Prostitution geleistet werden, andererseits auf den Geheimdienst, der noch die intimsten Handlungen überwacht oder auch zu Folterpraktiken greift.

Nach einer Weile berührt da auf einmal eine Hand meinen Oberkörper, schubst mich hinein in den Raum, hebt meine Hand hoch und läßt sie wieder los. [...] An meiner Hand geführt renne ich mit im Kreis. Plötzlich wird mein Körper geschultert und wirbelt durch den Raum. Und schon liege ich am Boden, wo Füße meinen Körper anstupsen, sich gegen mich drücken. Im nächsten Moment liegt jemand auf mir und rollt sich langsam über meinem Körper ab, packt mich an den Zehen und kitzelt mich an der Sohle. Der Zuschauer wird Teil einer präzisen Choreographie, der aber niemand außer den Akteuren selbst zusehen kann. [...] Wer ist hier Subjekt, wer Objekt? Die Trennung macht keinen Sinn, denn auch ich taste ja nach einem anderen Körper, schubse im Takt der Technomusik, stoße, agiere. Und ist dieser andere überhaupt einer der involvierten Tänzer? Oder ist es ein anderer Zuschauer? Ist er überhaupt einer? Recht viel mehr als die letzte Frage kann man kaum erahnen.[51]

Von einer Dichotomie von öffentlich vs. intim konnte hier keine Rede mehr sein. Das Intime war öffentlich geworden. Nach dem ersten Teil war eine Pause. Dem Zuschauer, der auch am zweiten Teil teilnehmen wollte, wurden wieder im Vorraum die Augen verbunden. Außerdem wurde er gebeten, so viel Kleidung abzulegen, wie er mochte. Dann wurde er erneut in den Aufführungsraum geführt. Diesmal war allerdings sein Bewegungsspielraum erheblich eingeschränkt:

[...] mit Fesseln werde ich, der ich da mit verbundenen Augen und nur in meiner Unterhose stehe, an ein Gerüst gebunden. Stand die Erfahrung von Bewegung im Zentrum des vorherigen Teils, geht es um eine lust- und leidvolle körperlich-somatische Erfahrung, von Schmerz bis Kitzeln und Erregung. Hände streichen über meinen Körper, meine Arme, mein Gesicht. Jemand pustet mir in den Nacken und ins Ohr. Eine Feder streicht unter meine Achseln. Eine Hand klatscht auf meine Arme, auf meine Brust, meine Beine, meinen Po. Später eine Peitsche. Am Ende, nachdem mir auch längst die Unterhose abgestreift worden war, schließen sich zwei Körper eng um mich.[52]

Zwar vollzogen die Zuschauer auch hier wie in anderen bereits angeführten Beispielen einen Rollenwechsel – allerdings unter fundamental anderen Bedingungen: Sie verzichteten auf ihren Gesichtssinn. Das bedeutete nicht nur, daß sie sich nun auf ihre anderen Sinne verlassen mußten, auf das Gehör, den Geruchssinn

51 Peter Boenisch, »ElectrONic Bodies. Corpo-Realities in Contemporary Dance«, in: unveröffentl. Manuskript von 2002, hier zit. nach dem Manuskript der deutschen Fassung, S. 10f.

52 Ebd., S. 11. – Es ist nicht zu übersehen, daß hier Praktiken zur Anwendung kommen, die für die S/M-Szene typisch sind. Vgl. Anm. 50.

und vor allem den Tastsinn, sondern auch auf die Akteure, die sehen und so die Aktion kontrollieren konnten. Damit war für die »Zuschauer« eine Situation einer geradezu extremen Liminalität geschaffen, die eine unerhörte Herausforderung für sie darstellte. Zum einen mußten sie sich völlig unbekannten Akteuren anvertrauen, sich ihnen buchstäblich mit Haut und Haar ausliefern, ohne zu wissen, was mit ihnen geschehen würde. Sie wurden auf diese Weise in eine Art von Passivität gestoßen, welche die von den Vertretern der historischen Avantgarde so wortreich beklagte Passivität des Publikums im Guckkastentheater mit Rampe bei weitem überstieg. Zum anderen aber wurden sie ermutigt, ja herausgefordert, aktiv auf den Verlauf der Aufführung durch ihren Tastsinn, durch Berührung Einfluß zu nehmen. Durch Tasten, Schubsen, Treten, Streicheln, Sich-Anschmiegen etc. gaben sie der Aufführung neue Wendungen. Ihre Reaktionen konnten von den Akteuren nicht geplant noch vorausgesehen noch kontrolliert werden, auch wenn die Akteure sehen und so den Verlauf der Aufführung überschauen und in diesem Sinne überwachen konnten. Die »Zuschauer« erfuhren in dieser Aufführung wie sonst kaum je in anderen Aufführungen, daß sie den Verlauf der Aufführung körperlich zu beeinflussen vermögen, ohne doch über sie verfügen zu können. Das heißt, es war hier gerade die Erfahrung der autopoietischen *feedback*-Schleife, welche die Aufführung erzeugt, die die »Zuschauer« in einen Zustand der Liminalität, eines kaum radikaler denkbaren »betwixt and between« versetzte – einen Zustand, den viele Zuschauer nach eigener Aussage als ausgesprochen lustvoll empfanden.[53]

53 Vgl. die ins Netz gestellten Briefe von Zuschauern unter http: www.dock11-berlin.de/pressecret02.html. – Anhand der hier ausgeführten Beispiele läßt sich eine interessante kulturhistorische Linie, den Wandel des Körperverständnisses von den ausgehenden sechziger Jahren bis heute betreffend, ziehen. Während in den sechziger Jahren nicht nur »going naked« (Schechner), sondern jede Art der Exponierung des Körpers in der Öffentlichkeit als ein kulturrevolutionärer Akt im Sinne Herbert Marcuses und als »liberation of the body« (Herbert Blau) aufgefaßt wurde, nähren die heute verbreitete narzistische Konzentration auf den eigenen Körper und die Anstrengungen, ihn gemäß den Idealen von Fitness, Wellness, Beauty etc. zu gestalten, das Bedürfnis, das gelungene Ergebnis dieser Bemühungen öffentlich zur Schau zu stellen. Diesem Bedürfnis trägt auch *Secret Service* Rechnung, wenn auch in der spezifischen Variante, daß der Zuschauer gerade *nicht* die Reaktion der anderen auf seinen zur Schau gestellten Körper sehen kann.

Die Berührung zwischen Akteuren und Zuschauern in *Secret Service* enthüllt so den geheimen Zusammenhang, der zwischen dem Funktionieren der autopoietischen *feedback*-Schleife und der Erfahrung von Liminalität besteht, die zur Transformation führen kann. Es ist der scheinbare Widerspruch zwischen der Möglichkeit zur aktiven Teilnahme an der Aufführung – die vom leiblichen Erspüren der zirkulierenden Energie und der Freisetzung eigener Energien bis zum »Mitmachen«, »Mitspielen« etc. reichen kann – und der Erfahrung der Unverfügbarkeit der Aufführung, welche die Zuschauer in einen liminalen Zustand versetzt, der sie für die Dauer der Aufführung sozusagen auf der Schwelle festhält: Ihr Ort ist weder jenseits noch diesseits der Schwelle, weder bestimmen sie den Verlauf der Aufführung noch vollzieht diese sich jenseits ihrer Einflußnahme. Sie gleiten zwischen allen Möglichkeiten und Positionen hin und her; sie befinden sich »in between«. Es ist die leibliche Ko-Präsenz von Akteuren und Zuschauern, die diesen Zustand ermöglicht, bedingt und herbeiführt.

4. »Liveness«

Im Zuge der zunehmenden Medialisierung unserer Kultur hat in den neunziger Jahren, vor allem in den Vereinigten Staaten, wieder verstärkt eine Debatte um die besonderen medialen Bedingungen von Theateraufführungen, um die leibliche Ko-Präsenz von Akteuren und Zuschauern, ihre sogenannte »liveness«[54] eingesetzt. In sehr viel radikalerer Weise als in früheren derartigen Diskussionen wird in ihr das Wirkpotential von Aufführungen, das auf die leibliche Ko-Präsenz zurückzuführen ist, in Frage gestellt oder umgekehrt fast als »erlösend« gefeiert. Es ist mehr als bloße Koinzidenz, daß eine solche Diskussion zum ersten Mal zu Beginn des 20. Jahrhunderts einsetzte, zu einer Zeit also, da das neue Medium Film bereits anfing, seinen Siegeszug in der westlichen Kultur anzutreten. Erst die Möglichkeit filmischer Reproduktion von Schauspielkunst ließ – wie u. a. bei Max Herrmann

54 Der »Live«-Begriff ist in der deutschen Diskussion mißverständlich, da er bei uns eindeutig aus dem Fernsehkontext stammt und Fernsehen in »Echtzeit« meint. Hier dagegen meint er, was wir Aufführung nennen im Gegensatz zur abgefilmten, aufgezeichneten Aufführung.

zu verfolgen – den »wirklichen Körper« und den »wirklichen Raum« zu wichtigen Unterscheidungs-, Abgrenzungs- und Definitionskriterien avancieren. Und erst die Möglichkeit einer technischen bzw. elektronischen Aufzeichnung von Aufführungen gibt – da ist Philip Auslander zuzustimmen[55] – der Rede von »Live«-Aufführungen einen Sinn. Vor der Erfindung und Entwicklung entsprechender Technologien hat man nicht von »Live«-Aufführungen gesprochen, sondern lediglich von Aufführungen. Der Begriff ist nur sinnvoll, wenn außer »live« auch medialisierte Aufführungen vorkommen. In unserer durch und durch medialisierten Kultur ist eine entsprechende Unterscheidung unabdingbar geworden. Denn es gibt heute keine Art von Aufführung mehr – seien es solche des Theaters oder der Performance-Kunst, Rock- und Popkonzerte, politische Aufführungen wie Parteitage oder die Inauguration des US-Präsidenten, Aufführungen von Ritualen wie Begräbnisfeierlichkeiten (zum Beispiel für Princess Diana) oder der Segen des Papstes *urbi et orbi*, Sportaufführungen wie die Olympischen Spiele –, die nicht durch das Fernsehen übertragen und durch ihre Medialisierung einem Millionenpublikum zugänglich gemacht würden. Ein neuer Gegensatz scheint entstanden zu sein: der zwischen »Live«-Aufführungen, die durch die leibliche Ko-Präsenz von Akteuren und Zuschauern konstituiert und von der autopoietischen *feedback*-Schleife erzeugt werden, und medialisierten Aufführungen, bei denen Produktion und Rezeption getrennt voneinander ablaufen. Die *feedback*-Schleife ist hier außer Kraft gesetzt.

Es hat den Anschein, als wenn die von mir bisher angeführten Beispiele aus Theater, Aktions- und Performance-Kunst diese Differenz gerade nicht als eine *quantité negligeable* begreifen, sondern sie als – geradezu fundamentale – Differenz eher noch hervorheben. Rollenwechsel zwischen Akteuren und Zuschauern, die Bildung einer Gemeinschaft aus Akteuren und Zuschauern, Berührungen zwischen Akteuren und Zuschauern sind nur unter »Live«-Bedingungen möglich. Sie bedürfen der leiblichen Ko-Präsenz von Akteuren und Zuschauern. Es stellt wohl auch kaum eine Übertreibung dar, wenn ich behaupte, daß gerade Aufführungen der sechziger und siebziger Jahre wie die von Schech-

55 Vgl. Philip Auslander, *Liveness – Performance in a mediatized culture*, London/New York 1999, S. 51f.

ners Performance Group oder in Europa Aktionen von Nitsch oder Beuys und Performances von Abramović als eine direkte und prononcierte Reaktion auf die voranschreitende Medialisierung der westlichen Kultur entstanden sind, daß sie das Postulat von »Unmittelbarkeit« und »Authentizität« geradezu als Waffe im Kampf gegen die Medialisierung eingesetzt haben. Diese Aufführungen brachten überlieferte Dichotomien zum Einsturz, scheinen jedoch an der Konstruktion eines neuen Gegensatzes im Namen des kritischen Kampfes gegen die Kulturindustrie nachdrücklich beteiligt gewesen zu sein.

Die von ihnen aufgebaute Position wurde von Performance-Theoretikern auch noch in den neunziger Jahren vertreten und verteidigt. Für Peggy Phelan ist es der Ereignischarakter der Aufführung, der ihre mediale Reproduktion nicht zuläßt.

Performance cannot be saved, recorded, documented, or otherwise participate in the circulation of representations *of* representations: once it does so, it becomes something other than performance. To the degree that performance attempts to enter the economy of reproduction, it betrays and lessens the promise of its own ontology.[56]

In diesem Sinne spricht Phelan »Live«-Performances Authentizität und Subversivität zu. In einer durch und durch kommerzialisierten und medialisierten Kultur bildeten »Live«-Performances das letzte Residuum, das gegen den Markt und die Medien – und damit gegen die herrschende Kultur – noch Widerstand zu leisten vermag. Nur in der »Live«-Performance scheinen noch Reste einer »authentischen« Kultur auf. Der Gegensatz zur medialisierten Performance, die ein Produkt der Kommerzialisierung darstellt und die Interessen des Marktes vertritt, ist daher unüberbrückbar.

Gegen diese Auffassung macht Auslander geltend, daß die von Phelan hochgehaltene Differenz inzwischen aufgehoben, daß die »Live«-Performance heute längst in der medialisierten Performance aufgegangen und verschwunden sei:

whatever distinction we may have supposed [...] to be between live and mediatized events is collapsing because live events are becoming more and

56 Peggy Phelan, *Unmarked: The Politics of Performance*, London/New York 1993, S. 146. Vgl. zu Phelans Argument der Flüchtigkeit der Performance sowie zum Problem der Dokumentation von Performances die Einleitung zu Kapitel 4.

more identical with mediatized ones. [...] Ironically, intimacy and immediacy are precisely the qualities attributed to television that enabled it to displace live performance. In the case of such large-scale events [...] (like sporting events, Broadway shows, and rock concerts) live performance survives as television.[57]

Den Grund für diese Entwicklung sieht Auslander zu einem großen Teil in kulturhistorischen Umbrüchen, die durch die Medialisierung entstanden sind und zu einer Umwertung der Werte geführt haben:

The ubiquity of reproductions of performances of all kinds in our culture has led to the depreciation of live presence, which can only be compensated for by making the perceptual experience of the live as much as possible like that of the mediatized, even in cases where the live event provides its own brand of proximity.[58]

Wie aus den Zitaten von Phelan und Auslander hervorgeht, steht bei beiden Theoretikern ein ideologisches Interesse im Vordergrund. Sie behaupten bzw. leugnen einen grundsätzlichen Gegensatz zwischen »live« und medialisierter Aufführung, um jeweils die kulturelle Überlegenheit einer der beiden zu beweisen. Es ist Auslander zwar durchaus zuzustimmen, daß es eben die Reproduzierbarkeit medialisierter Performances ist, aus der sich ihre massenhafte Verbreitung und beliebige Zugänglichkeit ableiten. Daraus folgt jedoch nicht notwendigerweise ihre kulturelle Überlegenheit, wie Auslander sie für die Vereinigten Staaten konstatiert. Denn man kann natürlich argumentieren, daß gerade weil die Erfahrungen, die »Live«-Performances ermöglichen, nicht beliebig reproduzierbar sind und jedermann jederzeit zugänglich, ihnen ein höheres kulturelles Prestige zugesprochen wird als medialisierten Performances. Die sogenannte kulturelle Überlegenheit folgt also unmittelbar weder aus der von Auslander geleugneten noch Phelan gepriesenen Differenz.

Damit ist allerdings nicht die gesamte Debatte um die In/Differenz zwischen »live« und medialisierten Aufführungen ad acta zu legen. Auslander führt vielmehr zwei Argumente an, mit denen sich auseinanderzusetzen für den weiteren Argumentationsgang nicht unwichtig sein dürfte. Sein erstes Argument besagt,

57 Auslander, *Liveness*, S. 32.
58 Ebd., S. 36.

daß der Unterschied zwischen »Live«-Performance und medialisierter Performance zugunsten einer allgemeinen Medialisierung aufgehoben sei. »[...] the live event itself is shaped to the demands of mediatization. [...] To the extent that live performances now emulate mediatized representations, they have become second-hand recreations of themselves as refracted through mediatization.«[59] Das zweite Argument betrifft den Einsatz von Reproduktionstechnologien: »Almost all live performances now incorporate the technology of reproduction, at the very least in the use of electric amplification, and sometimes to the point where they are hardly live at all.«[60] Das heißt, es sei der exzessive Einsatz von Reproduktionstechnologien in »Live«-Aufführungen, der den Unterschied zu medialisierten Aufführungen weitgehend nivelliere, wenn nicht gar aufhebe.

Die bisher von mir behandelten Beispiele scheinen Auslanders erster These diametral zu widersprechen. Sie setzen gezielt Verfahren ein, die nur aufgrund der leiblichen Ko-Präsenz von Akteuren und Zuschauern möglich sind. Gerade das, was ihre Eigenart jeweils ausmacht, läßt sich durch Reproduktionstechnologien nicht bewirken. Daß sie nach dem Modell medialisierter Aufführungen gebildet sind, ist auch bei großzügigster Auslegung dieses Modells nicht nachzuweisen. Das heißt allerdings nicht, daß diese Aufführungen nicht auf die Medialisierung unserer Kultur reagieren würden. Wie bereits angedeutet, sind die Aufführungen der sechziger und siebziger Jahre auch als Reaktion auf die zunehmende Medialisierung der Kultur entstanden, wenngleich sie sich keineswegs in dieser Funktion erschöpfen. In den vierziger und fünfziger Jahren hatte sich der Unterschied zwischen »live« und medialisierten Aufführungen noch kaum profiliert, schon gar nicht als scharfer Gegensatz, zumal das Fernsehen sich zunächst an den Wahrnehmungsgewohnheiten von Theaterbesuchern vor einer Guckkastenbühne orientierte und sich für Werbungszwecke ausdrücklich auf seine Verwandtschaft mit dem Theater berief. Nur allzu bekannt sind die Anzeigen, auf denen ein mit Abendgarderobe herausgeputztes Paar in seinen Wohnzimmersesseln vor dem Fernsehapparat wie Zuschauer im Theatersessel Platz genommen hat. Im Zuge seiner Weiterentwicklung traten

59 Ebd., S. 158.
60 Ebd.

jedoch die medialen und die damit verknüpften ideologischen Differenzen immer stärker in Erscheinung. Die performative Wende in den Künsten, mit der diese sich vom kommerzialisierten Artefakt, vom Werk als Ware abwandten und zunehmend flüchtige, nicht fixier- und tradierbare Aufführungen schufen, steht mit dieser Entwicklung zweifellos in einem Zusammenhang. (Dabei will ich hier nicht diskutieren, inwiefern natürlich auch »Live«-Aufführungen zur »Ware« werden können.) Die hier angeführten Beispiele aus den sechziger und siebziger Jahren betonten ausdrücklich den für sie fundamentalen, in der Kultur sich gerade herausbildenden Gegensatz zwischen »live« und medialisierten Performances. Gleichwohl hatten die beteiligten Künstler keine Berührungsängste den neuen Medien gegenüber, sondern wußten die Möglichkeiten, die sich ihnen durch die Medialisierung für eine Dokumentation ihrer flüchtigen und vergänglichen Aufführungen eröffneten, durchaus zu nutzen. So entstanden zum Beispiel filmische Dokumentationen von *Dionysus in 69* und von *Celtic +~~~*, die uns heute nicht nur als wichtige theatergeschichtliche Quellen dienen, sondern auch als Filme durchaus künstlerischen Eigenwert besitzen. Da die Künstler ein ausgeprägtes Bewußtsein von den medialen Unterschieden zwischen »Live«-Aufführungen und ihren Medialisierungen besaßen, ebenso wie von den spezifischen künstlerischen Möglichkeiten, die sich daraus ergaben, wußten sie sie auch für ihre künstlerische Arbeit produktiv zu machen.

Die Aufführungen der neunziger Jahre gingen eher spielerisch mit diesem Gegensatz um, ja, ließen ihn teilweise sogar kollabieren – allerdings nicht im Sinne von Auslanders Argument. So bezogen sich Schlingensiefs und Ruckerts Aufführungen – zum Teil höchst ironisch – auf die postulierte oder tatsächliche Interaktivität der neuen Medien. In Fernsehsendungen wie *Big Brother* erhielten die Zuschauer die Möglichkeit, durch ihre Stimmabgabe auf den weiteren Verlauf der Sendung Einfluß zu nehmen und per Mehrheitsentscheid zu bestimmen, welcher Akteur aus der Sendung ausscheiden sollte. Zwar vermochte der einzelne Zuschauer nicht unmittelbar in das Geschehen einzugreifen, zwar betraf seine Intervention nur einen, von den für die Sendung Verantwortlichen festgelegten Aspekt, zwar war den Zuschauern, die überstimmt wurden, jegliche Einflußnahme versagt, zwar konnten die Zuschauer nie sicher sein, ob die Entscheidung tatsächlich durch ein Mehrheitsvotum der Zuschauer zustande gekommen war oder von den für die Sendung Verantwortlichen getroffen wurde, die die Zuschauer im Glauben ließen, sie hätten tatsächlich in die Sendung eingegriffen. Aber immerhin war ein mediales Arrangement gegeben, das eine – wenn auch begrenzte – Interaktivität postulierte und vielleicht sogar tatsächlich ermöglichte.

In der Produktion *Bitte liebt Österreich! Erste europäische Koalitionswoche*, die Schlingensief aus Anlaß der Wiener Festwochen 2000 zur Aufführung brachte, übernahm er ironisch dies Arrangement. Auf dem Platz vor der Wiener Oper war ein Container aufgebaut, in dem Asylbewerber untergebracht waren, die von Zeit zu Zeit von Prominenten wie dem Schauspieler Sepp Bierbichler besucht und interviewt wurden. Die Geschehnisse im Container wurden auf eine große Leinwand übertragen. Neben dem Container war ein Schild mit der Aufschrift »Ausländer raus!« angebracht. Die Zuschauer/Passanten konnten täglich zwei Bewohner des Containers abwählen, die dann, wie es hieß, aus Österreich abgeschoben würden. Schlingensief ließ das Publikum gezielt im Ungewissen, ob tatsächlich eine Abschiebung erfolgen würde, ob es also wirklich die Möglichkeit hatte, das über die Aufführung hinausgehende Geschehen – und das bedeutete hier: das Schicksal anderer Menschen – mitzubestimmen. Auf den Verlauf der Aufführung nahmen sie jedoch in jedem Fall Einfluß. Ebenso wie in *Chance 2000* war Interaktivität auch hier vorherrschendes Prinzip. Zwar mögen Theater und Fernsehen beide interaktive Medien sein, doch bietet Theater offensichtlich weit mehr und wirkungsvollere Möglichkeiten zur Interaktion als das Fernsehen.[61]

Wenn der Computer heute als das interaktive Medium schlechthin gilt, so führte Ruckerts *Secret Service* – geradezu demonstrativ – vor, daß die von »Live«-Aufführungen eröffneten Möglichkeiten, außer mit Hilfe des Gesichtssinnes auch mit der aller anderen Sinne zu interagieren, noch bei weitem nicht ausgeschöpft sind, daß im Vergleich mit ihnen die vom Datenhandschuh eröffneten Möglichkeiten bislang eher armselig anmuten. Weder bei Schlingensief noch bei Ruckert ging es allerdings

61 Zu einem entsprechenden Vergleich von *Big Brother* mit Theater, speziell Schlingensief, s. Jens Roselt, »*Big Brother* – Zur Theatralität eines Medienereignisses«, in: *Schlingensiefs AUSLÄNDER RAUS*, hrsg. von Matthias Lilienthal und Claus Philipp, Frankfurt a. M. 2000, S. 70-78.

darum, »Live«-Aufführungen aufgrund irgendwelcher angenommener ontologischer Unterschiede von medialisierten Aufführungen abzusetzen, Theater gegen die elektronischen Medien auszuspielen. Im Gegenteil, mögliche Unterschiede wurden eher heruntergespielt. Sowohl Theater als auch die elektronischen Medien wurden hier als interaktive Medien vorausgesetzt, kein prinzipieller Gegensatz zwischen ihnen postuliert. Allerdings war nicht zu übersehen, daß die »Live«-Aufführungen den medialisierten in puncto Interaktivität bei weitem überlegen waren – die Weiterentwicklung der elektronischen Medien im Hinblick auf Interaktivität daher von der autopoietischen *feedback*-Schleife, welche »Live«-Aufführungen hervorbringt, noch manches lernen und übernehmen kann. Das erste Argument Auslanders, daß der Unterschied zwischen »Live«-Performance zugunsten einer allgemeinen Medialisierung aufgehoben sei, erscheint im Lichte dieser Aufführungen kaum überzeugend.

Sein zweites Argument betrifft die exzessive Verwendung von Reproduktionstechnologie in »Live«-Aufführungen, die diesen den »Live«-Status raube, sie zu medialisierten mache. Frank Castorf gehört zu den Regisseuren, die in ihren Inszenierungen häufigen und umfangreichen Gebrauch von Reproduktionstechnologien machen.[62] In *Der Idiot* (2002) beispielsweise setzte er Reproduktionstechnologien in einem Ausmaß ein, das alles bisher von ihm auf diesem Gebiet Erprobte in den Schatten stellte und alles auf seiner Grundlage von den Zuschauern Antizipierte bei weitem übertraf. Die Aufführung erscheint daher besonders geeignet, um an ihr Auslanders zweites Argument zu überprüfen.

62 In *Trainspotting* zum Beispiel waren auf einer Leinwand, welche die Bühne zum Zuschauerraum abschloß, Videoeinspielungen zu sehen, die Bilder von einer Frühlingslandschaft zeigten, die aus einem fahrenden Zug aufgenommen waren, oder eine Dokumenation über den Star der Gruppe The Velvet Underground, Nico Icon; außerdem gab es eine Fülle von Musikeinspielungen von The Velvet Underground, Iggy Popp, Lou Reed, Karel Gott und Arnold Schönberg. In *Endstation Amerika* (nach Tennessee Williams *Endstation Sehnsucht*, 2000) wurden die Szenen, die im verschlossenen Badezimmer spielten, von einer Videokamera aufgenommen und über einen Monitor gezeigt. In *Dämonen* (1999) und *Erniedrigte und Beleidigte* (2001) ließ Castorf viele Szenen in Innenräumen eines Container-Bungalows spielen, der zum Teil nur spärlich oder auch gar nicht einsehbar war. Sie wurden wie in *Endstation Amerika* von einer Videokamera aufgenommen und im Wechsel mit vorgefertigtem Filmmaterial auf eine Leinwand projiziert, die auf das Dach des Container-Bungalows montiert war.

Castorfs Bühnenbildner Bert Neumann schuf für die Aufführung in der Volksbühne eine »Neustadt«, ein Environment, das den ganzen Theaterraum einschließlich Zuschauerraum einnahm. Auf der Drehbühne war ein dreistöckiges Gerüst aus Containern errichtet, wie sie auf Baustellen zur Unterbringung der nicht ortsansässigen Bauarbeiter verwendet werden. In ihnen befanden sich Plätze für ca. 200 Zuschauer. Das stark ansteigende Parkett war mit einer ausladenden Treppe überbaut. Sie führte von der Bühne zu einem Plateau vor der Rückwand des Zuschauerraums, auf dem eine Trinkhalle, ein Reisebüro und ein Laden mit einem eher spärlichen Warenangebot aufgebaut waren. An der von der Bühne aus gesehen rechten Wand des Zuschauerraums war ein Friseurladen untergebracht, daneben ein Eingang, über dem die Aufschrift »Kino« prangte. Über den rückwärtigen Gebäuden war eine moderne Skyline zu sehen, die auf keine bestimmte Stadt, aber in jedem Fall auf eine moderne Großstadt verwies. An den Seitenbühnen waren unterschiedliche mehrstöckige Appartmenthäuser errichtet; eines beherbergte im Erdgeschoß eine heruntergekommen wirkende Bar mit dem Namen »Las Vegas«. In der Tiefe der Hinterbühne lag ein dunkles mehrstöckiges Haus – das einzige Gebäude, das Assoziationen an Dostojewski und das alte St. Petersburg erweckte. Vor Beginn der Aufführung und in der Pause konnte der Zuschauer sich frei in der »Neustadt« bewegen, die vom Erdgeschoß her begehbaren Räume betreten und die sorgfältig ausgearbeiteten Details ihrer Einrichtung bis hin zum Tapetenmuster, zu den Bettbezügen oder auch einer Kopie eines Holbeinschen Christusgemäldes studieren. Während der Aufführung saß er unter bzw. in den an einer Seite aufgeschnittenen Containern und wurde von der Drehbühne in der Neustadt herumbewegt.

Die Sicht war von allen Plätzen aus mehr oder weniger beschränkt. Das lag nicht nur daran, daß von keinem Platz aus jede in diesem enormen Environment bespielte Stelle einsehbar war oder auch, daß bei der nicht gestuften Aufstellung der Stühle sich nicht immer am Vordermann vorbeischauen ließ. Die zum Teil elementare Sichtbeschränkung hatte vielmehr häufig ihren Grund darin, daß viele Szenen nicht auf den relativ gut einsehbaren Plätzen vor den Gebäuden spielten, sondern in Zimmern innerhalb der Gebäude. Da die ohnehin sehr eingeschränkten Sichtmöglichkeiten in diese Zimmer durch Jalousien und Vorhänge noch weiter reduziert wurden, entzogen sich die Schauspielerkörper immer wieder teilweise oder auch ganz den Blicken der Zuschauer. Dieser Verlust an wahrnehmbarer körperlicher Anwesenheit der Schauspieler wurde durch den Einsatz von Reproduktionstechnologien kompensiert: Im jeweiligen Raum war – häufig für den Zuschauer gut sichtbar – als ein weiterer Akteur der Kameramann Jan Speckenbach anwesend, der jede Szene mit einer Videokamera aufnahm. Das Aufgezeichnete wurde – im Sinne einer »Live«-Sendung – simultan auf eine Reihe kleiner, ja winziger Monitore, die über den Köpfen der Zuschauer aufgehängt waren, und Leinwände verschiedener Größe übertragen (die gesamte Aufführung ließ sich für fünf Euro in dem obersten Container als Film auf einer großen Leinwand verfolgen). Der Zuschauer blickte also durch ein halbverhängtes Fenster auf den Rücken von Fürst Myschkin (Martin Wuttke) oder die Hände der Jepantschina (Sophie Rois), während er auf dem Monitor jeweils ihr Gesicht sah. Je weiter die Aufführung voranschritt, desto länger wurden die Zeiträume, in denen den Zuschauern der Blick auf die »wirklichen« Körper der Schauspieler – vor allem ihre ganzen Körper – verweigert wurde und sie mit dem fragmentarischen Bild auf dem Monitor vorliebnehmen mußten. In der letzten Stunde stellten die Monitore ihre einzige Möglichkeit dar, die Schauspieler wahrzunehmen: Die Vorhänge vor den Fenstern der Räume, in denen die letzten Szenen spielen, waren vollständig zugezogen, die Jalousien heruntergelassen und geschlossen. Der Blick des Zuschauers konnte zwar durch den Raum schweifen und andere Zuschauer fokussieren. Um das Spielgeschehen verfolgen zu können, war er jedoch auf die Monitore angewiesen. Konnte er nun aber, da ihm auch noch der kleinste Einblick in die Innenräume verwehrt war, überhaupt sicher sein, daß das Video insofern »live« war, als dort die Schauspieler weiterspielten und ihr Spiel unmittelbar über den Monitor übertragen wurde? Bestand nicht ebensogut – vielleicht sogar wahrscheinlicher – die Möglichkeit, daß die Schauspieler pausierten und den Zuschauern ein vorgefertigter Film vorgespielt wurde? Handelte es sich hier überhaupt noch um eine »Live«-Aufführung, oder hatte sie sich nicht längst wie im Falle des Films, der in den oberen Containern gezeigt wurde, in eine medialisierte Aufführung verwandelt?

Nun fiel das Ende der Aufführung nicht mit dem Ende der auf dem Monitor gezeigten Spielhandlung zusammen. Es wurde vielmehr von den Schauspielern herbeigeführt, die nach dem Erlöschen der Monitore wieder leibhaftig auf dem Platz vor den Gebäuden erschienen, um sich – dem Theaterrahmen entsprechend – zu verbeugen. Aber die eigentlich konventionelle Geste, sich dem Applaus des Publikums zu stellen und für ihn mit einer Verbeugung zu danken, erhielt hier eine völlig neue Qualität. Nach einem mehr als einstündigen Entzug traten die Schauspieler in ihrer Leiblichkeit ins Licht –, in diesem konventionellen Auftritt, der sich buchständlich in der Präsentation ihrer Körper erschöpfte, erschienen diese Körper, auf die nun das Licht fiel, fast als verklärte Körper, obwohl es sich bei dem Licht eher um eine sachlich neutrale, im Brechtschen Sinne nüchterne Beleuchtung handelte als um ein mystisches Schimmern. Ihr langer Entzug verlieh dem bloßen Erscheinen der Körper eine neue Qualität.

Wie vor allem während der letzten Stunde zu beobachten war, zogen die Zuschauer keineswegs die Videoaufzeichnung der »Live«-Aufführung vor. Sie reagierten zunehmend ablehnender, ja, aggressiver; man könnte fast sagten, daß sie deutliche Entzugserscheinungen zeigten. Mit jeder Minute Videovorführung wuchs die Sehnsucht nach den »wirklichen« Körpern der Schauspieler – eine Sehnsucht, die immer wieder enttäuscht und frustriert wurde. Einige gaben die Hoffnung auf die leibliche Rückkehr der Schauspieler endgültig auf und verließen die »Neustadt«. Obwohl die Aufnahmen keineswegs dillettantisch, sondern höchst professionell gemacht waren und die Zuschauer, die in den oberen Etagen den »Film« anschauten, bis zum Ende zu fesseln wußten, erschienen sie den »Live«-Zuschauern fade, langatmig, frustrierend.

Im ersten Teil der Aufführung bis zur Pause überwogen Szenen, bei denen die Zuschauer die »ganzen« Körper der Schauspieler oder doch wenigstens Teile von ihnen tatsächlich sehen konnten. Deren Ergänzung durch das Gesicht auf dem Monitor erzeugte dabei faszinierende theatrale Effekte: Der Zuschauer, der von seinem Platz aus nur aus einer Perspektive auf die Schauspieler blicken konnte, sah sie plötzlich aus verschiedenen Blickwinkeln, als wenn er sich selbst – und nicht nur seine Augen – im Raum hin- und herbewegen würde. Die Mediatisierung stellte zu keinem Zeitpunkt die »liveness« der Aufführung in Frage. Nach der Pause wandelte sich der Wechsel zwischen Leiblichkeit und Bildlichkeit, zwischen »Live«-Situation und Medialisierung von einem unterhaltsamen Spiel mit Wahrnehmungsmodi zu einem eher grausamen Spiel aus Gewähren und Verweigern. Die Schauspieler wurden in ihrer Leiblichkeit immer stärker und immer öfter den Blicken der Zuschauer entzogen. Nach einer längeren Entzugsphase wurde den Zuschauern dann für einen kurzen Moment der Blick auf die leiblich anwesenden Schauspieler wieder gewährt: Nach einer anderen längeren Entzugsphase traten die Schauspieler wieder auf dem Platz vor den Gebäuden auf, gingen den Zuschauern entgegen und zwischen ihnen hindurch ab. Es entstand ganz flüchtig eine Situation der Nähe, der Intimität, wie sie die Videobilder zu keiner Zeit herzustellen vermochten. Diese erschienen steril und steigerten nur das Begehren, die Schauspieler wieder leibhaftig vor sich erscheinen zu sehen.

Wer sonst in eine Theateraufführung geht, setzt die leibliche Ko-Präsenz von Akteuren und Zuschauern als selbstverständlich voraus, während er sie im Kino oder vor dem Fernseher nicht vermißt. Hier dagegen wurde in der Aufführung durch ihre eigene Medialisierung die leibliche Anwesenheit der Schauspieler ständig vom Verschwinden bedroht. In diesen Phasen war die *feedback*-Schleife unterbrochen oder schien zumindest unterbrochen: Die Zuschauer hatten die Videobilder vor Augen, auf die sie nur auf dem Umweg über die Schauspieler Einfluß nehmen konnten. Ob diese ihre Reaktionen jedoch wahrzunehmen vermochten, sogar wenn sie sich tatsächlich in den Innenräumen befanden und nicht in der Kantine oder ihrer Garderobe, ließ sich von den Zuschauern nicht erkennen. Für sie war die *feedback*-Schleife unterbrochen. Ihre Sehnsucht nach der leiblichen Rückkehr der Schauspieler galt zugleich dem gegenseitigen Wahrnehmen und Wahrgenommen-Werden, das die *feedback*-Schleife in Gang setzt und so die Aufführung erzeugt.

Im *Idioten* ist es gelungen, der Aufführung ihre eigene Medialisierung zu inkorporieren, ohne daß dadurch, wie Auslander behauptet, die »Live«-Aufführung in ihrer Medialisierung verschwunden wäre. Der Effekt war vielmehr, dass die zunehmende Medialisierung die Sehnsucht der Zuschauer nach der leiblichen Anwesenheit der Schauspieler entfachte und deren »wirklichen Körpern« eine Aura verlieh. Als die Schauspieler am Ende der Aufführung tatsächlich im Licht erschienen, war es vielleicht dieser Augenblick, der dem Zuschauer endlich jene Erfahrung von »Transzendenz« ermöglichte, welche die Aufführung – wie von vielen Kritikern gerade bei dieser Textvorlage von Dostojewski bitter beklagt – sonst durchgehend und demonstrativ verweigerte.

Zwar mag man die einstündige Unterbrechung der *feedback*-Schleife eher als eine Verlagerung von den Wechselwirkungen zwischen Schauspielern und Zuschauern zu denen zwischen den Zuschauern begreifen, die sich mit Stühlerücken, Aufstehen, Den-Raum-Verlassen, Gähnen, Kommunikation u. a. selbst zu Akteuren machten. Da hier jedoch – anders als in Schechners *Commune* – den Zuschauern mit den Monitoren ein anderer Fokus für ihre Aufmerksamkeit gegeben war, ist doch eher von einer Unterbrechung auszugehen.

Nun führte diese Unterbrechung jedoch nicht, wie nach Auslanders Argument zu vermuten, zum Verschwinden der Aufführung in ihrer Medialisierung, zu einer Überführung der »Live«-Aufführung in eine medialisierte. Auch wenn innerhalb der letzten Stunde vielleicht dieser Eindruck entstehen mochte, so erwies er sich doch als falsch. Denn die Unterbrechung löste vielmehr im Zuschauer ein immer stärker werdendes Begehren nach dem leiblichen Erscheinen der Schauspieler aus, so daß er sie bei ihrem letzten konventionellen Auftreten buchstäblich in einem neuen Lichte sah.

So war es gerade diese Inszenierung des *Idioten*, welche in einem Ausmaß mit Reproduktionstechnologien arbeitete, daß sie sich nach Auslanders These als »Live«-Aufführung selbst hätte annullieren müssen, die letztendlich in eine Apotheose der leiblichen Ko-Präsenz von Schauspielern und Zuschauern mündete. Der konventionelle Schlußauftritt der Schauspieler wurde als ihre Transfiguration erlebt, als Feier der leiblichen Anwesenheit. Nach sechs Stunden erfuhren die Zuschauer in einem Augenblick der »Erleuchtung« am eigenen Leibe, daß ganz gleich ob, wie und welche Geschichte in einer Aufführung erzählt wird, es die leibliche Präsenz der Schauspieler ist, die auf sie einwirkt und den autopoietischen Prozeß der *feedback*-Schleife in Gang setzt, welcher die Aufführung erzeugt.

Viertes Kapitel
Zur performativen Hervorbringung von Materialität

Im vorhergehenden Kapitel habe ich gezeigt, daß die Autopoiesis der *feedback*-Schleife eine auch nur heuristische Trennung von Produktions- und Rezeptionsästhetik im Hinblick auf Aufführungen wenig hilfreich erscheinen läßt. Implizit wurde damit zugleich die Kategorie einer Werkästhetik problematisiert, die hier im Mittelpunkt der Untersuchung stehen soll. Ausgehend vom Phänomen der Flüchtigkeit von Aufführungen werde ich der Frage nachgehen, wie in Aufführungen Materialität performativ hervorgebracht wird, welcher Status ihr eignet und ob dieser Status mit dem Werkbegriff überhaupt kompatibel sein kann.

Aufführungen verfügen nicht über ein fixier- und tradierbares materielles Artefakt, sie sind flüchtig und transitorisch, sie erschöpfen sich in ihrer Gegenwärtigkeit, d. h. ihrem dauernden Werden und Vergehen, in der Autopoiesis der *feedback*-Schleife. Das schließt keineswegs aus, daß in ihnen materielle Objekte – wie Dekorationen, Requisiten, Kostüme – Verwendung finden, die nach dem Ende der Aufführung als solche zurückbleiben und als Spuren der Aufführung aufbewahrt und ausgestellt werden können – in einem Theater- oder in einem Kunstmuseum (wie bevorzugt im Falle der Aktions- und Performance-Kunst). Gleichwohl ist die Aufführung nach ihrem Ende unwiederbringlich verloren; sie läßt sich niemals wieder als dieselbe wiederholen. Wie Peggy Phelan zu Recht angemerkt hat, ist eine Aufführung nicht nachträglich zu »retten«. Jeder Versuch, sie durch Tonband- und Videoaufzeichnungen in ein Artefakt zu bannen, muß fehlschlagen, läßt die unüberbrückbare Kluft zwischen einer Aufführung und einem fixier- oder sogar reproduzierbaren Artefakt nur um so deutlicher hervortreten. Jeglicher Versuch, eine Aufführung zu reproduzieren, schlägt um in den Versuch, sie zu dokumentieren. In diesem Sinne ist Phelan zu widersprechen, wenn sie behauptet, Aufführungen ließen sich nicht dokumentieren. Eine solche Dokumentation schafft vielmehr erst die Bedingung der Möglichkeit, um über Aufführungen sprechen zu können. Dabei ist es gerade die reflektierte Spannung zwischen ihrer Flüchtigkeit und den unablässigen Versuchen, sie mit Video, Film, Photographie, Beschreibungen zu dokumentieren, die auf ihre Ephemeralität und Einmaligkeit unmißverständlich hinweist.

> Die Rede von der Performance markiert eine Leerstelle, einen Verlust. Zum verfügbaren Gegenstand, der referiert, diskutiert und beurteilt werden könnte, wird sie uns nur um den Preis ihres Verschwindens, und diese Erfahrung setzt die Anerkennung nicht verfügbarer Bedingungen voraus. [...] Die Kunst der Performance wäre gerade nicht nach dem künstlerischen Programm oder der subjektiven Erfahrung des Künstler-Körpers zu befragen, sondern nach dem Abstand zwischen Präsentation und Wahrnehmung, der sich in den Dokumenten und Erinnerungstexten der Beobachter artikuliert.[1]

Zugänglich sind nach dem Ende der Aufführung Dokumente, die über sie/von ihr angefertigt wurden, nicht jedoch die spezifische Materialität der Aufführung selbst. Sie bedarf vielmehr der Transformation in andere Medien – in Video, Photographie, Beschreibung u. a. –, um überhaupt verfügbar zu werden. Auch die nachfolgende Untersuchung muß auf derartige Dokumentationen zurückgreifen – und seien es meine eigenen Notizen und Erinnerungsprotokolle. Die spezifische Materialität der Aufführung selbst entzieht sich jedem Zugriff; es ist die Aufführung, die sie im Prozeß des Aufführens als jeweils gegenwärtig hervorbringt und daher im Augenblick der Hervorbringung wieder vernichtet.

Seit der performativen Wende in den sechziger Jahren haben Theater, Aktions- und Performance-Kunst eine Fülle von Verfahren entwickelt, welche die Aufmerksamkeit gezielt auf die performative Hervorbringung von Materialität in der Aufführung lenken und – in der Tat wie in einem Forschungslabor – unterschiedliche Bedingungsfaktoren und Vollzugsmodi hervorheben und fokussieren. Dies gilt für die Körperlichkeit der Aufführung ebenso wie für ihre Räumlichkeit und Lautlichkeit. Diese Verfahren erlauben uns einen fast mikroskopischen Einblick in den spezifischen Erzeugungsprozeß, den die Aufführung im Hinblick auf die ihr eigene Materialität vollzieht. Sie liefern entsprechend die

1 Hans-Friedrich Bormann/Gabriele Brandstetter, »An der Schwelle. Performance als Forschungslabor«, in: Hanne Seitz (Hrsg.), *Schreiben auf Wasser. Performative Verfahren in Kunst, Wissenschaft und Bildung*, Bonn 1999, S. 45-55, S. 46/50.

Orientierungsmarken bzw. Leitlinien für die nachfolgende Untersuchung.

1. Körperlichkeit

Für Aufführungen gilt, daß der »produzierende« Künstler nicht von seinem Material abgelöst werden kann. Er bringt sein »Werk« – um zunächst noch einmal diesen Ausdruck zu gebrauchen – in und mit einem höchst eigenartigen, ja eigenwilligen Material hervor: mit seinem Körper oder, wie Helmuth Plessner es ausgedrückt hat, »im Material der eigenen Existenz«.[2] Auf diese Eigenart wird immer wieder in Theater- und Schauspieltheorien hingewiesen. Besonders betont und expliziert wird vor allem die Spannung, die sich zwischen dem phänomenalen Leib des Darstellers, seinem leiblichen In-der-Welt-Sein, und seiner Darstellung einer Figur ergibt. Für Plessner stellt sich in dieser Eigenart die grundsätzliche Abständigkeit des Menschen von sich selbst dar, weswegen er im Schauspieler die *conditio humana* auf besondere Weise symbolisiert sieht. Der Mensch *hat* einen Körper, den er wie andere Objekte manipulieren und instrumentalisieren kann. Zugleich aber *ist* er dieser Leib, ist Leib-Subjekt. Indem der Schauspieler aus sich heraustritt, um »im Material der eigenen Existenz« eine Figur darzustellen, weist er nachdrücklich auf die Doppelung und die in ihr gegründete Abständigkeit hin. Die Spannung zwischen phänomenalem Leib des Darstellers und seiner Darstellung einer Figur verleiht aus Plessners Sicht der Aufführung ihre tiefere anthropologische Bedeutung und besondere Dignität.

Edward Gordon Craig dagegen sieht in ihr den wesentlichen Grund, weswegen der Schauspieler vom Theater verbannt und durch eine Übermarionette ersetzt werden sollte. Denn das schauspielerische Material ist nicht frei verfügbar, es läßt sich nicht beliebig bearbeiten und kontrollieren. Es unterliegt vielmehr ganz spezifischen Bedingungen, wie sie mit der Doppelung von Leib-Sein und Körper-Haben gesetzt sind. Um den Kunst-

2 Helmuth Plessner, »Zur Anthropologie des Schauspielers«, in: ders., *Gesammelte Schriften*, hrsg. von Günter Dux, Odo Marquard, Elisabeth Ströker, Frankfurt a. M. 1982, S. 399-418, S. 407.

werkcharakter der Aufführung zu garantieren, müsse man daher, so Craigs Argumentation, den Schauspieler von der Bühne entfernen:

> Die menschliche natur ist ganz auf freiheit gerichtet; so erbringt der mensch mit seiner eigenen person den beweis, dass er als *material* für das theater untauglich ist. Da im heutigen theater der menschliche körper *als material* verwendet wird, trägt alles, was dort geboten wird, den charakter des zufälligen. [...] Kunst darf, wie wir gesagt haben, keine zufälle dulden. Was der schauspieler darbietet, ist also kein kunstwerk.[3]

Ohne der Spannung zwischen dem leiblichen In-der-Welt-Sein des Schauspielers und seiner Darstellung einer Figur wie Plessner eine symbolische Bedeutung attribuieren zu wollen – geschweige denn sie wie Craig wegen ihrer prinzipiellen Unverfügbarkeit aus der Sphäre der Kunst zu verbannen –, setze ich sie als Fokus und Ausgangspunkt für die Untersuchung der Hervorbringung von Körperlichkeit in der Aufführung. Denn in dieser Spannung sehe ich die Bedingung der Möglichkeit zum einen für die performative Hervorbringung von Körperlichkeit in der Aufführung und zum anderen für ihre je spezifische Wahrnehmung durch die Zuschauer. Es sind vor allem zwei Phänomene, in denen sie bei Hervorbringung und Wahrnehmung von Körperlichkeit als Potential und Wirkungsfaktor in besonderer Weise in Erscheinung tritt, weswegen sich die Untersuchung vor allem auf sie konzentrieren wird: in Prozessen der Verkörperung und im Phänomen der Präsenz.

Verkörperung/*embodiment*

In der zweiten Hälfte des 18. Jahrhunderts bildete sich ein neues Konzept von schauspielerischer Darstellung heraus, das nachfolgend mit dem gegen Ende des 18. Jahrhunderts entstandenen Begriff der »Verkörperung« belegt wurde. Während man bis dahin zu sagen pflegte, daß der Schauspieler eine Rolle spiele, oder gelegentlich auch, daß er sie vorstelle, gebe oder gar sei (»Cenie ist Madame Hensel«, Lessing im 20. Stück der *Hamburgischen Dra-*

3 Edward Gordon Craig, »Der schauspieler und die übermarionette«, in: ders., *Über die kunst des theaters*, Berlin 1969, S. 51-73, S. 52f.

maturgie), fing man nun an davon zu sprechen, daß der Schauspieler eine Figur »verkörpere«. Was war mit diesem Begriff gemeint?

Das deutsche Theater hat in der zweiten Hälfte des 18. Jahrhunderts zwei wichtige Entwicklungen durchgemacht: die Herausbildung eines Literaturtheaters und die Entwicklung einer neuen – realistisch-psychologischen – Schauspielkunst. Beide sind eng aufeinander bezogen.

Der Versuch einiger bürgerlicher Intellektueller, die Vorherrschaft des Schauspielers auf dem Theater zu brechen, zielte darauf, den Text des Dramatikers zur kontrollierenden Instanz des Theaters zu erheben. Der Schauspieler sollte nicht länger mehr spielen, wie es ihm seine Spielfreude, sein Improvisationstalent, sein Witz, sein Genie oder auch seine Eitelkeit und Gefallsucht eingaben. Seine Aufgabe sollte vielmehr darauf beschränkt werden, die Bedeutungen, die der Dichter in seinem Text mit sprachlichen Mitteln zum Ausdruck gebracht hatte, dem Publikum zu vermitteln. Die Schauspielkunst sollte in ihrer Performativität nicht neue, eigene Bedeutungen erzeugen, sondern die vom Dichter ge-/erfundenen und in seinem Text niedergelegten lediglich zum Ausdruck bringen.

Um diese Funktion erfüllen zu können, mußte die Schauspielkunst jedoch entscheidend verändert werden. Sie sollte so beschaffen sein, daß sie den Schauspieler befähigte, die Bedeutungen, die der Dichter im Text sprachlich ausgedrückt hatte – vor allem die Gefühle, seelischen Zustände, Gedankengänge und Charakterzüge der *dramatis personae* – an und mit seinem Körper zum Ausdruck zu bringen. Sie sollte dem Schauspieler helfen, sein leibliches In-der-Welt-Sein, seinen phänomenalen Leib auf der Bühne zum Verschwinden zu bringen, indem er ihn möglichst vollständig in einen »Text« aus Zeichen für die Gefühle, seelischen Zustände etc. einer Figur umformte. Die Spannung zwischen dem phänomenalen Leib des Schauspielers und seiner Darstellung einer Rollenfigur sollte also zugunsten der Darstellung aufgehoben werden.

Entsprechend tadelt Johann Jakob Engel in seiner *Mimik* (1785/86) Schauspieler für eine Verwendung ihres Körpers, welche die Aufmerksamkeit des Zuschauers auf seinen phänomenalen Leib lenkt und ihn so daran hindert, diesen als Zeichen für eine Figur wahrzunehmen:

Ich weiß nicht, welcher feindselige Dämon itzt unsre Schauspieler, besonders weiblichen Geschlechts, beherrscht, daß sie eine so große Kunst im Fallen, oder soll ich sagen, im Stürzen? suchen. Man sieht eine *Ariadne*, wenn sie von der Göttinn des Felsens ihr trauriges Schicksal erfährt, mit der ganzen Länge ihres Körpers hinschlagen: schneller, als ob sie vom Blitze getroffen würde, und mit einer Gewalt, als ob sie sich die Hirnschale zerschmettern wollte. Wenn bei einem so unnatürlichen, so widrigen Spiel ein lauter Beifall erfolgt; so ist es sicher nur von den Händen der Unwissenden, die sich in das wahre Interesse eines Stücks nicht zu versetzen wissen, die ihr Billett einzig fürs Gaffen bezahlen, und lieber in eine Gauklerbude gingen, oder ein Stiergefecht sähen. Der Kenner, wenn er ja einmal mitklatscht, thut es wahrlich nur aus mitleidiger Freude, daß das arme Geschöpf, welches immer ein ganz gutes Mädchen sein kann, wenn es gleich eine schlechte Schauspielerinn ist, so ohne Schaden davon gekommen. Halsbrechende Künste [...] gehören bloß in eine Luftspringerbude, wo das ganze Interesse auf den wirklichen Menschen, auf seine körperliche Behendigkeit fällt, und um so mehr wächst, je mehr man den Waghals in Gefahr sieht.[4]

Im Theater dagegen soll der Zuschauer nur die Figur wahrnehmen, nur für sie empfinden. Wird jedoch seine Aufmerksamkeit auf die Körper der Schauspieler als deren phänomenale Leiber, ihr leibliches In-der-Welt-Sein gerichtet, so daß er sie nicht nur als Zeichen für den Seelen- oder Gemütszustand einer Figur wahrnimmt, fängt er an, »für ihn« bzw. für sie »zu empfinden«. Und dies »reißt« ihn »unausbleiblich aus der Illusion«.[5] Er wird genötigt, die fiktive Welt des Stücks zu verlassen und sich in die Welt realer Leiblichkeit zu begeben.

Aus der hier von Engel geführten Diskussion wird ersichtlich, was mit dem neuen Begriff »Verkörperung« gemeint war. Der Schauspieler sollte seinen phänomenalen sinnlichen Leib so weit in einen semiotischen Körper transformieren, daß dieser instand gesetzt würde, für die sprachlich ausgedrückten Bedeutungen des Textes als ein neuer Zeichenträger, als materielles Zeichen zu dienen. Die Bedeutungen, die der Dichter im Text zum Ausdruck gebracht hatte, sollten im Leib des Schauspielers einen neuen sinnlich wahrnehmbaren Zeichen-Körper finden, in dem alles ausgelöscht bzw. zum Verschwinden gebracht war, was nicht der

4 Johann Jakob Engel, *Ideen zu einer Mimik* (1785/6) in: ders., *Schriften*, Bd. 7/8, Berlin 1804, Bd. 7, S. 59f.

5 Ebd., S. 58.

Übermittlung dieser Bedeutungen diente, was sie affizieren, verfälschen, beschmutzen, kontaminieren oder in sonst einer Weise beeinträchtigen könnte.

Dieser Vorstellung liegt ein Konzept von Bedeutung zugrunde, das in einer Zwei-Welten-Theorie gründet. Bedeutungen werden als mentale, als »geistige« Entitäten verstanden, die nur durch die Erfindung entsprechender Zeichen zum Erscheinen gebracht werden können. Während die Sprache ein nahezu ideales Zeichensystem darstellt, in dem Geistiges, nämlich die Bedeutungen, unverfälscht und »rein« zum Ausdruck gebracht werden kann, ist mit dem menschlichen Körper ein sehr viel weniger verläßliches Medium und Material zur Zeichenbildung gegeben. Deswegen warnte Schiller ausdrücklich vor »dem so zweifelhaften Gewinne bei theatralischer Verkörperung«.[6] Damit der Leib überhaupt entsprechend verwendet werden kann, muß er daher zunächst einer gewissen Entleiblichung unterzogen werden: Alles, was auf den organischen Körper verweist, auf das leibliche In-der-Welt-Sein des Schauspielers, muß seinem Leib ausgetrieben werden, bis ein »rein« semiotischer Körper zurückbleibt. Denn nur ein »rein« semiotischer Körper wird imstande sein, die im Text niedergelegten Bedeutungen unverfälscht sinnlich wahrnehmbar zur Erscheinung zu bringen und dem Zuschauer zu vermitteln. Verkörperung setzt also Entkörperlichung bzw. Entleiblichung voraus. Sie leistet zugleich Widerstand gegen die Flüchtigkeit der Aufführung. Denn wohl mögen die Gesten und Bewegungen des Schauspielers, die Laute, die er hervorbringt, transitorisch sein; die Bedeutungen jedoch, die mit ihnen zum Ausdruck gebracht werden, existieren auch jenseits dieser flüchtigen Zeichen.

Obwohl der dieser Vorstellung zugrundeliegende Bedeutungsbegriff längst obsolet geworden ist, obwohl niemand mehr ernsthaft die Meinung vertritt, daß sich die »richtigen« Bedeutungen eines dramatischen Textes bei gründlicher Lektüre werden finden lassen,[7] wird der Begriff der Verkörperung, wenn er auf die Tätigkeit des Schauspielers bezogen wird, auch heute noch vielfach im Sinne einer derartigen Entkörperlichung verwendet und verstanden. So schrieb der Literaturwissenschaftler Wolfgang Iser noch

6 Zit. nach *Deutsches Wörterbuch*, hrsg. von Jakob und Wilhelm Grimm, Bd. 1-31, München 1984, Bd. 25, Sp. 683.

7 Vgl. hierzu Erika Fischer-Lichte (Hrsg.), *Das Drama und seine Inszenierung*, Tübingen 1983.

1983: »Um die Bestimmtheit einer irrealen Figur zu erzeugen, muß sich der Schauspieler irrealisieren, wodurch die Wirklichkeit seines Körpers zum Analogon depotenziert wird, damit durch dieses hindurch einer irrealen Gestalt die Möglichkeit für ihr reales Erscheinen gewonnen werden kann.«[8] In dieser Formulierung scheint sowohl die Zwei-Welten-Theorie als auch die Vorstellung von Verkörperung als Entkörperlichung durch: Der Schauspieler verkörpert die im Text sprachlich konstituierte Figur des Hamlet, indem er seinen eigenen realen Körper »zum Analogon depotenziert«.

Einer solchen Auffassung hatte Georg Simmel bereits zu Beginn des 20. Jahrhunderts widersprochen. In seinem Nachlaßfragment *Zur Philosophie des Schauspielers* (1923) legt er dar, wieso die Verkörperung einer *dramatis persona* durch einen Schauspieler nicht als Vermittlung von sprachlich konstituierten Bedeutungen durch ein anderes, zu diesem Zweck besonders hergerichtetes Medium, nämlich den entkörperlichten Körper des Schauspielers, seinen semiotischen Körper, begriffen und erklärt werden kann. Zunächst erläutert Simmel fundamentale Unterschiede zwischen sprachlich und körperlich konstituierten Bedeutungen:

> Die Bühnenfigur, wie sie im Buche steht, ist sozusagen kein ganzer Mensch, sie ist nicht ein Mensch im sinnlichen Sinne – sondern der Komplex des literarisch Erfaßbaren an einem Menschen. Weder die Stimme noch den Tonfall, weder das ritardando noch das accelerando des Sprechens, weder die Gesten noch die besondere Atmosphäre der lebenswarmen Gestalt kann der Dichter vorzeichnen oder auch nur wirklich eindeutige Prämissen dafür geben. Er hat vielmehr Schicksal, Erscheinung, Seele dieser Gestalt in den nur eindimensionalen Verlauf des bloß Geistigen verlegt. Als Dichtung angesehen ist das Drama ein selbstgenügsames Ganzes; hinsichtlich der Totalität des Geschehens bleibt es Symbol, aus dem diese sich nicht logisch entwickelt läßt.[9]

Während Diderot sich in seinem *Taubstummenbrief* (1751) darzulegen bemüht hatte, daß alle Aussagen über konkrete Gegen-

8 Wolfgang Iser, »Akte des Fingierens oder Was ist das Fiktive im fiktionalen Text?«, in: D. Henrich und W. Iser (Hrsg.), *Funktionen des Fiktiven*, München 1983, S. 121-151, S. 145f.

9 Georg Simmel, »Zur Philosophie des Schauspielers«, in: ders., *Das individuelle Gesetz. Philosophische Exkurse*, Frankfurt a.M. 1968, S. 75-95, S. 75f.

stände sowie solche Ideen, die durch eine übertragene Benennung dargestellt werden können, sich ebensogut mit sprachlichen wie mit gestischen Zeichen formulieren lassen und deshalb auch aus sprachlichen umstandslos in gestische Zeichen übersetzt werden können – womit er das theoretische Fundament für das Verkörperungskonzept legte –, weist Simmel mit allem Nachdruck auf die Verschiedenheit von Sprache und Körper hin: Sie lasse es grundsätzlich unmöglich erscheinen, sprachliche Zeichen umstandslos in gestische zu übersetzen. Aus diesem Grunde wendet er sich ganz entschieden gegen die Vorstellung,

> [...] als ob die ideale Art, eine Rolle zu spielen, mit dieser Rolle selbst eindeutig und notwendig gegeben wäre; als stiege für den, der nur hinlänglich scharf zu sehen und logisch zu folgern wüßte, aus den Buchseiten des Hamlet selbst seine ganze theatralische Versinnlichung heraus; so daß es, genau genommen, von jeder Rolle nur eine einzige »richtige« schauspielerische Darstellung gibt, der sich der empirische Schauspieler mehr oder weniger nähert. Allein dies wird durch die Tatsache widerlegt, daß drei große Schauspieler die Rolle in drei völlig verschiedenen Auffassungen spielen werden, jede der anderen gleichwertig und keine »richtiger« als die andere; [...] man [kann] also den Hamlet [nicht] [...] einfach aus der Dichtung heraus spielen; denn diese legitimiert die Auffassung von Moissi ebenso, wie sie die von Kainz oder Salviati [sic] legitimiert hatte.[10]

Zwar spricht Simmel hier von unterschiedlichen »Auffassungen« der Rolle durch Moissi, Kainz und Salvini. Berücksichtigt man jedoch, was er gerade über den Unterschied zwischen Sprache und Körper ausgeführt hat, so wird man die verschiedenen Hamlets der drei Schauspieler nicht nur auf verschiedene »Auffassungen« zurückführen, sondern auf ihre je verschiedene Physis: ihre »Stimmen«, ihren »Tonfall«, ihre »Gesten« und »die besondere Atmosphäre« ihrer »lebenswarmen Gestalt«. Mit anderen Worten: der Hamlet Moissis, Kainz' und Salvinis stellt nicht eine Verkörperung der Rolle dar, wie sie im Text mit sprachlichen Zeichen entworfen ist; es handelt sich vielmehr um einen je anderen Hamlet. Den Hamlet, den Moissi verkörpert, gibt es nirgends anders als in Moissis Spiel – so wie der Hamlet Salvinis nur in und durch sein Spiel Existenz hat. Es sind jeweils ihre je spezifischen Körper

10 Ebd., S. 78. Da es zur Zeit Simmels keinen herausragenden Schauspieler mit dem Namen Salviati gab, gehe ich davon aus, daß er Tommaso Salvini (1829-1915) meinte und es sich lediglich um einen Druckfehler handelt.

und die von/mit diesen vollzogenen performativen Akte, welche die Figur erschaffen. Moissis Hamlet kann daher weder mit dem Hamlet Salvinis oder Kainz' identisch sein, noch auch mit dem Hamlet des literarischen Textes. Das Konzept der Verkörperung, wie es das ausgehende 18. Jahrhundert entwickelt hatte, greift nicht mehr.

Es war bereits zu Beginn des 20. Jahrhunderts von Theaterpraktikern und -theoretikern heftig attackiert worden. Die Abwendung vom Literaturtheater, die Proklamation von Theater als einer eigenständigen Kunst, die sich nicht länger damit begnügt, in der Literatur vorgegebene Bedeutungen zum Ausdruck zu bringen, sondern selbst neue Bedeutungen erzeugt, resultierte auch in einer neuen Auffassung von Schauspielkunst als einer zugleich körperlichen und schöpferischen Tätigkeit. Es klingt wie eine direkte Entgegnung auf Engel, wenn Meyerhold sich dabei ausdrücklich auf die Gauklerbude beruft, die Jahrmarktsbude, den *balagan* – und wie ein dumpfes Echo, wenn Kritiker sich gegen die neue, die Sinnlichkeit betonende Körperverwendung in Reinhardts Inszenierungen des *König Ödipus* und der *Orestie* mit dem Argument zur Wehr zu setzen suchen, daß dies »zirkushaft im vulgärsten Sinn« sei und gerade gut genug für ein Publikum, das »bei Stierkämpfen aufgewachsen«[11] ist.

Bei der Entwicklung einer neuen Schauspielkunst steht die Reflexion auf den Materialcharakter des menschlichen Körpers im Vordergrund. Während Craig ihn in dieser Hinsicht aufgrund seiner Unberechenbarkeit als unzulänglich betrachtete und daher am liebsten von der Bühne verbannen wollte, begriffen Meyerhold, Eisenstein, Tairov und viele andere den Körper als ein unendlich formbares und kontrollierbares Material, das der Schauspieler schöpferisch zu bearbeiten vermöchte. Meyerhold führt aus:

> In der Kunst geht es immer um die Organisation von Material. [...] Die Kunst des Schauspielers besteht in der Organisation seines Materials, d. h. in der Fähigkeit, die Ausdrucksmittel seines Körpers richtig auszunützen. In der Person des Schauspielers kongruieren der Organisator und das, was organisiert werden soll (d. h. der Künstler und sein Material). In einer Formel ausgedrückt sieht das so aus: $N = A_1 + A_2$, wobei N der Schauspieler ist, A_1 der Konstrukteur, der eine bestimmte Absicht hat und Anweisungen

11 Siegfried Jacobsohn, *Das Jahr der Bühne*, S. 49.

zur Realisierung dieser Absicht gibt, A_2 ist der Körper des Schauspielers, der die Aufgaben des Konstrukteurs (des ersten A) ausführt und realisiert. Der Schauspieler muß sein Material – den Körper – so trainieren, daß er die von außen (vom Schauspieler bzw. vom Regisseur) aufgetragenen Aufgaben augenblicklich ausführen kann.[12]

Zwar ist der Schauspieler hier aus der Abhängigkeit von der Literatur befreit. Gleichwohl weist das zugrundeliegende Körperkonzept in einer Hinsicht auffallende Ähnlichkeiten mit demjenigen auf, das dem Verkörperungskonzept inhärent war. In beiden Fällen ist die Spannung zwischen Leib-Sein und Körper-Haben aufgehoben: Dem Subjekt, das kaum als Leib-Subjekt gedacht wird, wird vollkommene Verfügungsgewalt über das Körper-Objekt zugesprochen. Während die Theoretiker des 18. Jahrhunderts hofften, daß alles, was am Körper sinnliche, hinfällige und unzulängliche menschliche Natur ist, im Prozeß seiner Semiotisierung zum Verschwinden gebracht werden könnte – auch wenn einige, wie zum Beispiel Schiller, erhebliche Zweifel daran hatten –, erscheint der menschliche Körper bei Meyerhold und anderen Avantgardisten wie eine unendlich perfektionierbare Maschine, die durch klug kalkulierte Eingriffe ihres Konstrukteurs so weit optimiert werden kann, daß ihre Störanfälligkeit signifikant abnimmt und ein reibungsloser Ablauf garantiert ist. In beiden Fällen haben wir es mit dem Phantasma einer vollkommenen Beherrschbarkeit des Körpers zu tun. Es gibt kein Leib-Sein, sondern nur ein fast allmächtiges Subjekt, das nicht durch seinen Körper bedingt und bestimmt ist, vielmehr frei über ihn wie über ein beliebig formbares Material verfügen kann. Dabei ergibt sich allerdings eine entscheidende Differenz. Während bei Geltung des Verkörperungsprinzips Körperlichkeit nicht als Materialität, sondern als Zeichenhaftigkeit, d. h. als Ausdruck von im literarischen Text des Dramas niedergelegten Bedeutungen konzipiert ist, tritt sie bei Meyerhold und anderen Avantgardisten zuallererst als Materialität in Erscheinung. Die verschiedenen Übungen der Biomechanik sind nicht als Zeichen gedacht, mit denen Bedeutungen übermittelt werden sollen; sie fokussieren und exponieren vielmehr bestimmte Bewegungsmöglichkeiten des Körpers, len-

12 »Der Schauspieler der Zukunft und die Biomechanik«, in: *Vsevolod Meyerhold. Theaterarbeit 1917-1930.* Hrsg. von Rosemarie Tietze, München 1974, S. 72-76, S. 73 f.

ken die Aufmerksamkeit auf seine Beweglichkeit, seine *»reflektorische Erregbarkeit«*, welche »die Zuschauer ansteckt«.[13] Es ist die spezifische Materialität seines beweglichen und sich bewegenden Körpers, mit der der Schauspieler unmittelbar auf den Körper des Zuschauers einwirkt, ihn »ansteckt«,[14] das heißt, ihn ebenfalls in einen Zustand der Erregbarkeit versetzt. Das schließt keineswegs Prozesse der Bedeutungsgenerierung aus. Die emphatische Hervorhebung der Materialität des Schauspielerkörpers eröffnet vielmehr dem Zuschauer die Möglichkeit, an bzw. mit dem Wahrgenommenen ganz neue Bedeutungen zu erzeugen, zum *»Schöpfer eines neuen Sinns«*[15] zu werden. Die Körperlichkeit des Schauspielers wird in diesem Sinne als ein Wirkpotential hervorgebracht, aus dem durchaus auch neue Bedeutungen entstehen können.

Meyerhold entwarf sein Konzept einer neuen Schauspielkunst als ausdrückliche Antithese zum Verkörperungskonzept. Während dort eine Wirkung des Schauspielers auf den Zuschauer nur unter der Bedingung möglich schien, daß der Zuschauer die vom Schauspieler hervorgebrachten Bewegungen als Zeichen für bestimmte Bedeutungen zu entziffern vermochte, wird hier von der Annahme ausgegangen, daß der reflektorisch erregte, sich bewegende Körper des Schauspielers unmittelbar auf den Körper des Zuschauers einwirkt. Während dort der Schauspieler seine Bewegungen als Zeichen für im literarischen Text vorgegebene Bedeutungen gestalten sollte, sind hier die Bewegungen des Schauspielers als eine Art Stimulus gedacht, der im Zuschauer den Respons der Erregung hervorruft und/oder den Impuls, seinerseits neue Bedeutungen zu generieren. Während dort Performativität im Dienste der Expressivität stand, wird sie hier als ein energetisches

13 Vsevolod Meyerhold, »Der Schauspieler der Zukunft und die Biomechanik«, S. 74f.

14 Auch die Theoretiker des 18. Jahrhunderts gingen davon aus, daß der Schauspieler den Zuschauer »ansteckt«, daß er Gefühle in ihm auslöst. Aber diese »Ansteckung« war daran gebunden, daß der Zuschauer die »Mienen und Gebärden« des Schauspielers als Ausdruck eines bestimmten Gefühls wahrzunehmen vermochte. Vgl. hierzu Erika Fischer-Lichte, »Der Körper als Zeichen und als Erfahrung«, in: dies., *Theater im Prozeß der Zivilisation,* Tübingen/Basel 2000, S. 67-80.

15 Vsevolod Meyerhold, »Rezension des Buches ›Aufzeichnungen eines Regisseurs‹ von A. Ja. Tairov (1921/1922)«, in: *Vsevolod Meyerhold. Theaterarbeit 1917-1930*, S. 63-72, S. 72.

Wirkpotential begriffen. Meyerholds Konzept einer neuen Schauspielkunst entstand in gewisser Weise als Umkehrung des Verkörperungskonzepts – er stellte es sozusagen vom Kopf auf die Füße.

In Aufführungen des Theaters und der Performance-Kunst seit den sechziger Jahren werden Verwendungsweisen des Körpers erprobt und entwickelt, die im Hinblick auf Fokussierung und Ausstellung seiner Materialität durchaus an Konzepte der historischen Avantgarde anknüpfen und sie weiterführen. Sie unterscheiden sich allerdings von diesen insofern, als sie den Körper nicht als vollständig form- und beherrschbares Material voraussetzen, sondern konsequent von der Doppelung von Leib-Sein und Körper-Haben, von phänomenalem Leib und semiotischem Körper ausgehen. Verwendungen des Körpers finden im leiblichen In-der-Welt-Sein der Schauspieler/Performer ihr Fundament und ihre Begründung. Damit eröffnen sie die Möglichkeit für eine Wiedereinführung des Begriffs der Verkörperung, allerdings in einer vollständigen und radikalen Neudefinition.

Als besonders produktiv und folgenreich haben sich in diesem Zusammenhang vor allem vier Verfahren erwiesen, die in den unterschiedlichsten Arten von Aufführungen eingesetzt wurden und werden: 1) Umkehrung des Verhältnisses von Darsteller und Rolle; 2) Hervorhebung und Ausstellung des individuellen Darsteller(körper)s; 3) Betonung von Verletzlichkeit, Gebrechlichkeit, Unzulänglichkeit des (Darsteller)Körpers; 4) Cross-Casting. Häufig werden auch zwei oder mehrere dieser Verfahren miteinander kombiniert.

1) Jerzy Grotowski bestimmte das Verhältnis von Darsteller und Rolle grundlegend neu. Nach seinem Verständnis kann der Schauspieler nicht dazu da sein, eine Rollenfigur darzustellen und in diesem Sinne zu verkörpern. Er begreift die im Text des Dramatikers niedergelegte Rolle eher als ein Werkzeug: »[...] der Schauspieler muß lernen, seine Rolle wie das Skalpell eines Chirurgen zu benutzen, um sich selbst zu zerlegen.«[16] Die Rolle ist nicht länger Ziel und Zweck der Tätigkeit des Schauspielers, sondern lediglich ein Mittel zur Erreichung eines anderen Zwecks: den Körper selbst als etwas Geistiges in Erscheinung treten zu lassen, ihn als verkörperten Geist zur Erscheinung zu bringen. Die

16 Jerzy Grotowski, *Für ein armes Theater*, Zürich 1986, S. 28.

Zwei-Welten-Theorie, auf der das alte Verkörperungskonzept beruhte, ist hier ad acta gelegt. Der Schauspieler leiht nicht seinen Körper einem Geistigen und verkörpert in diesem Sinne etwas Geistiges – nämlich vorgegebene Bedeutungen –, sondern er bringt den »Geist« in seinem Leib zur Erscheinung, indem er dem Leib »agency« verleiht.

Entsprechend verzichtete Grotowski bei der Ausbildung des Schauspielers darauf,

> [...] ihn irgendetwas [sic] zu lehren; wir arbeiten darauf hin, die Widerstände seines Organismus gegen diesen psychischen Vorgang zu eliminieren. Das Ergebnis ist ein Befreitsein vom Zeitsprung zwischen innerem Impuls und äußerer Reaktion, so, daß der Impuls schon eine äußere Reaktion ist. Impuls und Aktion fallen zusammen: der Körper verschwindet, verbrennt, und der Zuschauer sieht nur eine Reihe sichtbarer Impulse. Unser Weg ist mithin eine *via negativa* – keine Ansammlung von Fertigkeit, sondern die Zerstörung von Blockierungen.[17]

Für Grotowski ist das Körper-Haben nicht vom Leib-Sein zu trennen. Der Körper ist für ihn kein Instrument, er ist weder ein Ausdrucksmittel noch Material für Zeichenbildung o. ä. Seine »Materie« wird vielmehr in und durch die Tätigkeit des Schauspielers »verbrannt«, in Energie verwandelt. Der Schauspieler beherrscht nicht seinen Körper – weder im Sinne Engels noch im Sinne Meyerholds –, er läßt ihn vielmehr selbst zum Akteur werden: Der Leib agiert als verkörperter Geist (*embodied mind*).

Grotowski bezeichnete den Schauspieler, der dies zu leisten vermag, als »heiligen« Schauspieler: »Es ist ein ernsthafter und feierlicher Akt der Offenbarung. [...] Es ist wie ein Schritt auf den Höhepunkt des Organismus des Schauspielers zu, in dem Bewußtsein und Instinkt vereinigt sind.«[18] Das religiöse Vokabular bringt den Schauspieler implizit mit dem leidenden und auferstandenen Christus in Verbindung, dem es durch sein Leiden gelang, einen zugleich fleischlichen und geistigen Körper zu erwerben. Der wiederauferstandene Christus figuriert hier als Symbol für ein neues Verständnis vom Menschen, vor allem ein neues Verständnis vom Leib, in dem die alte Trennung von Körper und Geist aufgehoben ist, der Geist nur als ein verkörperter und der Körper nur als ein »vergeistigter« gedacht werden kann.

17 Ebd., S. 13.
18 Ebd., S. 177.

Grotowskis Vorstellung vom »heiligen« Schauspieler ist wohl Ryszard Cieślak im *Standhaften Prinzen* (1965) am nächsten gekommen. Über ihn schreibt der Kritiker Józef Kelera in *ODRA XI* (1965):

Das Wesentliche [...] liegt in Wahrheit weder in der Tatsache, daß der Schauspieler seine Stimme auf erstaunliche Weise gebraucht, noch darin, daß er seinen fast nackten Körper einsetzt, um bewegliche Formen zu skulpturieren, die in ihrer Expressivität tief beeindruckend sind; noch liegt es in der Art und Weise, wie die Technik von Körper und Stimme während der langen, erschöpfenden Monologe, die stimmlich und physisch ans Akrobatische grenzen, eine Einheit bilden. Es handelt sich dabei um etwas ganz anderes. [...] Bis heute akzeptierte ich mit Vorbehalten Begriffe wie »säkularisierte Heiligkeit«, »Akt der Demut«, »Reinigung«, die Grotowski benutzt. Heute gebe ich zu, daß sie sich perfekt auf die Figur des Standhaften Prinzen anwenden lassen. Eine Art psychischer Erleuchtung geht von dem Schauspieler aus. Ich kann keine andere Definition finden. In den Höhepunkten der Rolle ist alles Technische wie von innen heraus erleuchtet [...]. Jeden Moment wird der Schauspieler zu schweben beginnen... Er ist in einem Zustand der Gnade. Und dieses »grausame Theater« um ihn herum, mit seinen Blasphemien und Exzessen, verwandelt sich in ein Theater im Zustand der Gnade.[19]

Auch die Wortwahl des Kritikers scheint darauf zu verweisen, daß in der Aufführung des *Standhaften Prinzen* tatsächlich die Zwei-Welten-Theorie überwunden wurde, indem der Leib des Schauspielers als verkörperter Geist (*embodied mind*) in Erscheinung trat. Die Parallelen zwischen Grotowskis theatraler Praxis und Merleau-Pontys Spätphilosophie sind geradezu frappierend. Dessen Philosophie des Fleisches (*chair*) stellt den großangelegten Versuch dar, auf eine nicht-dualistische und nicht transzendentalistische Weise zwischen Leib und Seele, Sinnlichem und Unsinnlichem zu vermitteln. Dabei ist das Verhältnis zwischen beiden Größen durchaus asymmetrisch gedacht – nämlich asymmetrisch zugunsten des Leiblich-Sinnlichen. Es ist das ›Fleisch‹, durch das der Körper immer schon mit der Welt verbunden ist. Jeglicher menschliche Zugriff auf die Welt erfolgt mit dem Leib, kann nur als verkörperter erfolgen. Deshalb eben übersteigt der Leib in seiner Fleischlichkeit jede seiner instrumentellen und semiotischen Funktionen.[20]

19 Zit. ebd., S. 87.
20 Vgl. hierzu Merleau-Ponty, *Das Sichtbare und das Unsichtbare*, S. 172-203.

Merleau-Pontys Philosophie hat so einer neuen Verwendung des Begriffs »Verkörperung« den Weg bereitet, wie sie heute in der Kulturanthropologie, der Kognitionswissenschaft und in der Theaterwissenschaft gebräuchlich ist. Was Merleau-Ponty für die Philosophie, hat durchaus vergleichbar Grotowski für das Theater geleistet. Mit Ryszard Cieślak erschien ein Schauspieler auf der Bühne, in dem der Dualismus von Körper und Geist aufgehoben war, der Körper »erleuchtet« erschien und der Geist als verkörperter in Erscheinung trat. Indem Grotowski das Verhältnis von Schauspieler und Rolle in gewisser Weise umkehrte, schuf er die Voraussetzung für eine Neudefinition des Verkörperungsbegriffs. Verkörpern meint hier, am bzw. durch den Körper etwas zur Erscheinung bringen, das nur durch den Körper Existenz hat. Das heißt, wenn eine Figur – der standhafte Prinz Fernando – am und durch den Körper Ryszard Cieślaks in Erscheinung tritt, so kann sie dies nur als einmalige, an diesen besonderen Körper gebundene. Im leiblichen In-der-Welt-Sein des Schauspielers hat sie ihren existentiellen Grund und die Bedingung ihrer Möglichkeit. Sie existiert nur in seinen körperlichen Vollzügen, wird von seinen performativen Akten zusammen mit der spezifischen Körperlichkeit des Schauspielers hervorgebracht.

2) Das zweite Verfahren, die Hervorbringung und Ausstellung des individuellen Darstellers/Performer(körper)s, expliziert diese Neudefinition, indem es unter Voraussetzung des ersten Verfahrens die basalen Vollzüge von Verkörperung aufsucht und markiert. Besonders konsequent und prononciert wird es von Robert Wilson praktiziert. Dieser geht von der jeweiligen individuellen Körperlichkeit der Schauspieler aus: »Ich beobachte den Schauspieler, beobachte seinen Körper, höre auf seine Stimme und dann versuche ich mit [ihm] zusammen das Stück zu machen.«[21] Vom Beginn seiner Arbeit in den ausgehenden sechziger Jahren an hob Wilson auf die jeweilige, ganz individuelle Eigenart des betreffenden Laien, Behinderten, Schauspielschülers, Performers oder Schauspielers ab, mit dem er gerade arbeitete. So sagte er zum Beispiel über Christine Oesterlein anläßlich seiner Arbeit an *Death, Destruction & Detroit II* (1987):

21 Zit. nach Otto Riewoldt, »Herrscher über Raum und Zeit. Das Theater Robert Wilsons«, Feature vom Südfunk vom 3. Juni 1987.

> Sehen Sie, bei einer Schauspielerin wie Christine Oesterlein sind die Augen derart ausdrucksstark, auch wenn sie sich fast nicht bewegt. Es ist so erschütternd und durchdringend. [...] Manchmal, wenn sie bloß so da sitzt, ist es so voller Kraft. Nur wenige Menschen können sowas auf der Bühne [...]. Die meisten Schauspieler würden wie eine Statue wirken, aber sie ist immer lebendig und gefährlich, geheimnisvoll. [...] Da ist etwas ganz Besonderes in ihr, daß nur die wenigsten könnten. Ich weiß, das war für sie bestimmt.[22]

Die, wie Ivan Nagel sich ausdrückte, von Wilson zu ihrem »spezifischen Genie« befreiten Schauspieler machen nun auf der Bühne nach herkömmlichen Kriterien äußerst wenig: Sie treten auf und gehen über die Bühne, sie bleiben stehen oder setzen sich, sie sitzen unbeweglich auf einem Stuhl oder hängen an einem Tau vom Schnürboden herab; sie heben eine Hand, einen Arm, ein Bein und/oder verziehen ihr Gesicht zu einem Lächeln. Das heißt, sie führen einerseits Bewegungen durch, die in gewissem Sinne das Grundvokabular der Bühne bilden: Auftreten, Über-die-Bühne-Gehen, Stehen, Sich-Setzen, Sitzen, Sich-Legen, Liegen, Aufstehen, Abgehen. Andererseits nehmen sie ausgesprochen unübliche Positionen ein: Sie hängen am Tau (*Golden Windows*, München 1982), sie balancieren an und auf einer Leiter (*the Civil warS*, Köln 1984). Alle Bewegungen werden nach rhythmischen und geometrischen Patterns und überwiegend im Zeitlupentempo vollzogen und meist vielfach wiederholt.

Es ist vor allem diese Art der Bewegung, welche die Aufmerksamkeit der Zuschauer auf die individuelle Physis des Darstellers lenkt. Man mag einwenden, daß die nach strengen rhythmischen und geometrischen Patterns eher mechanisch vollzogenen Bewegungen die individuelle Eigenart des Körpers auslöschen und alle Körper einander annähern. Dagegen ist jedoch geltend zu machen, daß gerade der scheinbar mechanische, von jedem beliebigen Körper beliebig oft reproduzierbare Vollzug der Bewegung das wahrhaft Einzigartige des jeweiligen Körpers stärker hervortreten läßt als der sogenannte individuelle Ausdruck. In Wilsons Theater avancieren so die individuellen sich im und durch den Raum bewegenden Körper der Schauspieler nahezu zum wichtigsten Thema und Gegenstand der Aufführung. Die Ausstellung ih-

22 Ebd., S. 13.

res spezifischen Seins auf der Bühne vollzieht, was Arthur Danto »die Verklärung des Gewöhnlichen«[23] genannt hat. Durch ihr Ausgestelltwerden auf der Bühne erfahren die Körper der Schauspieler eine Transfiguration.

Der Akt der Verklärung findet durch den Einsatz des Lichtes eine zusätzliche Markierung. In der Inszenierung der *Hamletmaschine* (Thalia Theater Hamburg 1986) zum Beispiel saß eine Frau am Tisch, die sich am Kopf kratzte und lächelte, während eine andere Frau die Sätze Ophelias sprach: »Mit meinen blutenden Händen zerreiße ich die Fotografien der Männer, die ich geliebt habe«. Das Licht fiel dabei von oben auf die erste Frau. Im *Parzival* (Thalia Theater Hamburg 1987) trat Christopher Knowles singend auf (er sang ein Lied aus einem einzigen Ton), balancierte ein Brett auf dem Kopf und kreiste auf der Stelle; und überall wo er sang und kreiste, leuchtete ein Licht aus der Erde. In *Lear* (Schauspielhaus Frankfurt im Bockenheimer Depot 1990) brach im Augenblick, da Marianne Hoppe aufhörte zu sprechen und sich zu bewegen, ein helles gleißendes Licht hervor. Die von Wilson bevorzugt eingesetzte Contre-Jour, die Gegenlicht-Beleuchtung, läßt die Körper der Performer/Schauspieler, ihre Gesten und Bewegungen wie vom Licht durchstrahlt erscheinen, bringt ihre Körper in ihrer je besonderen Eigenart zum Leuchten.

Dazu trägt auch ein anderes Verfahren bei. Wilson arbeitet meist mit einem flächigen Bühnenhintergrund, häufig mit einer Leinwand, die als Projektionsfläche für Film und Lichtreflexe dient oder abstrakte Malereien aufweist. Er läßt nun seine Performer/Schauspieler ihre Bewegungen durch den Raum bevorzugt und in der Regel parallel zum Hintergrund vollziehen. Es entsteht so der Eindruck, als löste sich die Körperlichkeit des Akteurs in die Flächigkeit des Bildes auf, wenn sie nicht durch die gleichzeitige Beleuchtung mit Contre-Jour und Over-Head-Licht in ihrer Dreidimensionalität ausdrücklich hervorgehoben würde. In Wilsons Aufführungen wird so immer wieder der Augenblick herbeigeführt und wiederholt, in dem der Körper des Performers aus dem Bühnenraum in die Bildfläche überzutreten sich anschickt, in der die Dreidimensionalität dieses ganz besonderen, individu-

23 Arthur Danto, *Die Verklärung des Gewöhnlichen. Eine Philosophie der Kunst*, Frankfurt a. M. 1989.

ellen Körpers in der Bildfläche zu verschwinden droht, ohne daß dies doch je tatsächlich geschehen würde.

Man hat die Verfahren, die Wilson anwendet, um die Individualität des Performerkörpers hervortreten zu lassen – insbesondere die Langsamkeit der Bewegungen und ihren wiederholten Vollzug nach rhythmischen und geometrischen Patterns – häufig als Verfahren zur Desemantisierung sowie als Dekonstruktion der Kategorie der Figur gedeutet. Gerade *slow motion* und Wiederholungen, aber auch die Realisierung derselben Patterns durch verschiedene Performer würden dazu führen, daß die Zuschauer Gesten und Bewegungen des Performers nicht mehr als Zeichen für Gesten und Bewegungen einer Figur oder gar für deren innere Zustände wahrzunehmen vermöchten, auch wenn der Performer durch sein Kostüm – oder auch durch die Auflistung im Programmheft – einer Figur zugeordnet sei. Vielmehr würde ihre Aufmerksamkeit auf Tempo, Intensität, Kraft, Energie, Richtung etc. der Bewegungen gelenkt und damit auf die je spezifische Materialität des Performer-Körpers, auf seine/ihre je besondere individuelle Körperlichkeit.

Dem Argument ist insofern zuzustimmen, als hier in der Tat der Körper des Performers und die Figur nicht in dem Sinne eine Einheit bilden, daß der Körper als individueller in der Figur verschwinden würde. Beide treten vielmehr deutlich auseinander. Es ist auch hier – wie bei Grotowski – offensichtlich nicht die Aufgabe des Performers, eine Figur darzustellen. Es geht vielmehr darum, seine eigene Körperlichkeit als eine je individuelle hervorzubringen und den von ihm – auch mit Hilfe von Kostümen und Schminke – geschaffenen Kunst-Körper buchstäblich ins rechte Licht zu rücken. Der Bezug auf eine Figur erscheint dabei eher akzidentiell. Sie wird letztlich nicht einmal als Vorwand für den Auftritt eines Performers gebraucht. Er kann auch lediglich mit seinem eigenen Namen auftreten.

Daraus läßt sich allerdings nicht der Schluß ziehen, daß die Bewegungen des Performers vollkommen desemantisiert seien. Sie bedeuten vielmehr das, was sie vollziehen – zum Beispiel den Arm in 45 Sekunden von der Taillen- bis zur Augenhöhe heben. Sie sind in diesem Sinne selbstreferentiell und wirklichkeitskonstituierend. Zugleich geht dieser Prozeß einer Intensivierung der Performativität der Bewegungen häufig mit einer Pluralisierung des Bedeutungsangebots einher: Diese Bewegungen vermögen die unterschiedlichsten Assoziationen, Erinnerungen, Imaginationen im Zuschauer hervorzurufen.[24]

Andererseits läßt sich daraus auch nicht folgern, daß die Kategorie der Figur obsolet geworden wäre: Sie erfährt lediglich eine, wenn auch radikale, Neudefinition. Figur wird nicht länger durch innere Zustände bestimmt, die der Schauspieler/Performer mit seinem Körper zum Ausdruck bringen muß. Figur ist vielmehr das, was durch die performativen Akte hervor- und zur Erscheinung gebracht wird, mit denen der Performer seine individuelle Körperlichkeit hervor- und zur Erscheinung bringt. Wenn die Aufmerksamkeit des Zuschauers auf die individuelle Physis des Performers in ihrer je spezifischen Materialität gelenkt wird, so heißt das nichts anderes, als daß sie auf die einzige Bedingung der Möglichkeit dafür gelenkt wird, daß in einer Aufführung überhaupt so etwas wie eine Figur in Erscheinung treten kann. Jenseits der individuellen Physis des Schauspielers/Performers kann es überhaupt nicht so etwas wie eine Figur geben. Es ist gerade das offenkundige Auseinandertreten von Performer und Figur in Wilsons Arbeiten, das diese Bedingung in den Blick bringt und fokussiert.

3) Während Wilson diese Wirkung häufig durch die Transfiguration der Performer-Körper erzielt, wird sie bei der Gruppe Societas Raffaello Sanzio dadurch hervorgerufen, daß auf der Bühne monströse, entstellte, ja »verdammte« Körper erscheinen, die einem Breughelschen Höllenspektakel entronnen zu sein scheinen. Hier treten Schauspieler auf, deren Körper in auffallender Weise von »normalen« Körpern abweichen, die Hinfälligkeit, das Vergängliche und zugleich das Exzessive leiblicher Existenz in einer Weise vor Augen führen, daß Zuschauern der kalte Schweiß ausbricht, ihre Hände zu zittern beginnen, ihr Atem stockt oder sich beschleunigt, daß sie erschrecken, Ekel, Angst, Scham empfinden. In *Giulio Cesare* (Hebbel-Theater Berlin 1998) zum Beispiel trat ein hinfälliger, gebrechlicher Greis auf, der sich kaum auf den Beinen zu halten vermochte und in seiner Fragilität ebenso anrührte wie erschreckte (Cäsar). Einer der Schauspieler/Performer hatte sich gerade einer Kehlkopfoperation unterzogen. An der Stelle des Kehlkopfes trug er ein Mikrophon, um seine gequälten, stimmlosen Artikulationsversuche hörbar zu machen, womit er

24 Vgl. zu diesem Problem das fünfte Kapitel.

die Zuschauer unablässig an seine Wunde, an seinen Mangel, seine Behinderung erinnerte (Antonius). Als Cicero trat ein halbnackter fettleibiger Riese mit den Ausmaßen eines Sumo Ringers auf. Er schien in seinem fetten Körper zu ertrinken; über sein Gesicht hatte er eine Strumpfmaske gestreift, was den Eindruck eines gesichts- und identitätslosen Monsters noch verstärkte. Dem Ensemble gehörten weiterhin zwei magersüchtige Schauspielerinnen an, die bereits an der Schwelle zum Tode zu stehen schienen (eine von ihnen war unmittelbar vor dem Berliner Gastspiel gestorben; sie wurde hier durch eine sehr schmale, zarte Tänzerin ersetzt). Die ganz individuelle Physis der Schauspieler wirkte so unmittelbar und verstörend auf die Zuschauer ein, daß sie es kaum fertigbrachten, zwischen ihr und der Figur, die den Schauspielern/-innen zugeordnet war, überhaupt eine Beziehung herzustellen – was keineswegs ausschließt, daß sie nachträglich in dem einen oder anderen Fall auch diese ihre Physis im Hinblick auf die jeweilige Figur gedeutet haben mögen. Während der Aufführung wurde sie jedoch kaum als Zeichen für eine Figur wahrgenommen, sondern in ihrer je spezifischen Materialität.

Aber auch wenn es schwerfiel, wenn nicht gar unmöglich schien, die Körper der Schauspieler als Zeichen für eine Figur wahrzunehmen und zu deuten, heißt das nicht, daß der Akt der Wahrnehmung frei von Bedeutungsbeilegungen vollzogen wurde. Denn die Körperlichkeit, die hier hervorgebracht wurde, erschien als von Alter, Krankheit, Siechtum und Tod bzw. vom Exzeß gezeichnet. Gerade deswegen war ihre Wirkung auf die Zuschauer so ungeheuer, gerade deswegen wurden unmittelbare physiologische und affektive Wirkungen ausgelöst. Der deutende Bezug, der nach Beendigung der Aufführung zwischen der je individuellen Physis der Schauspieler und der ihnen zugeordneten Figur hergestellt worden sein mag, kann als ein distanzierendes Verfahren verstanden werden, mit dem der unmittelbaren Bedrohung, die von diesen Leibern auszugehen schien, nachträglich Herr zu werden oder sie zu verdrängen versucht wurde. Der phänomenale Leib der Schauspieler wurde während der Aufführung lediglich insofern zu einem semiotischen, als er die Zeichen von Alter, Krankheit, Tod, Auslöschung von Individualität an sich, d. h. in seiner je besonderen Phänomenalität, aufwies und daher mit Angst besetzt war.[25]

25 Vgl. auch hierzu das fünfte Kapitel.

Körper des Schauspielers und Figur traten im Blick des Zuschauers hier nicht aufgrund spezifischer performativer Verfahren – wie *slow motion*, Iteration, Befolgung geometrischer und rhythmischer Patterns – auseinander, sondern allein aufgrund des leiblichen In-der-Welt-Seins der Schauspieler, das sich im Akt des bloßen Erscheinens verkörpert und in allen Verkörperungsprozessen weiter verstärkte. So entstand in gewisser Weise ein *circulus vitiosus*. Das leibliche In-der-Welt-Sein der Schauspieler, ihr phänomenaler Leib wirkte auf den Zuschauer so verstörend, daß er sich schwer tat, wenn nicht gar außerstande sah, ihn zugleich als semiotischen Körper im Hinblick auf eine Figur wahrzunehmen. Damit verlor er jedoch eine grundlegende Möglichkeit, zwischen seinem Körper und dem der Schauspieler eine gewisse reflektierende Distanz aufzubauen und aufrechtzuerhalten. Das lieferte ihn wiederum fast ungeschützt der Wirkung ihrer phänomenalen Leiber auf ihn aus. Die Wirkung, die von den Schauspielern ausging, hatte daher weder etwas mit der Figur zu tun, die sie darstellten, noch wurde sie von spezifischen schauspieltechnischen Verfahren ausgelöst, die sie einsetzten, sondern vor allem von der Eigenart ihres individuellen phänomenalen Leibes, der in besonderer Weise als gegenwärtig erschien.

4) Ehe ich diese Verfahren unter Bezug auf die Aktions- und Performance-Kunst genauer in den Blick nehme, möchte ich zunächst das Cross-Casting als eine weitere Methode besprechen, die Aufmerksamkeit auf den phänomenalen Leib des Schauspielers zu lenken und Darsteller/Darstellerkörper und Figur auseinandertreten zu lassen.

Frank Castorf besetzte in seiner Inszenierung von Zuckmayers *Des Teufels General* (Volksbühne am Rosa-Luxemburg-Platz Berlin 1996) die Rolle des General Harras in der ersten Hälfte der Aufführung (bis zur Pause) mit der Schauspielerin Corinna Harfouch, in der zweiten Hälfte mit Bernhard Schütz. Corinna Harfouch war bei ihrem ersten Auftreten in die Uniform eines deutschen Luftwaffengenerals aus dem Zweiten Weltkrieg gekleidet. Unter der Uniformmütze trug sie eine Glatze. Sie sprach General Harras' als markig-männlich geltende Reden mit unverstellter, also weiblicher Stimme, wenn auch mit rauhem, harschem Ton. Ihre Bewegungen und Gesten waren in geradezu prononcierter Weise »männlich«. Dem Publikum war durchgehend bewußt, daß die Rolle des Generals Harras von einer Frau »gespielt«

wurde, auch wenn diese ein »typisch« männliches Verhalten an den Tag legte. Es hatte insofern von Anfang an gewisse Schwierigkeiten, die Schauspielerin Harfouch als Figur des Generals Harras wahrzunehmen.

Die Schwierigkeiten und Irritationen verstärkten sich im weiteren Verlauf der Aufführung, z. B. als Corinna Harfouch anfing, ihre Uniform aufzuknöpfen und auszuziehen. Unter der Uniform trug sie einen vielfach durchbrochenen Body, der ihren Körper als einen unübersehbar weiblichen durchscheinen ließ. Sie setzte sich auf den Schoß ihres Gesprächspartners Hartmann (Kurt Naumann), der gerade dem General gestanden hatte, daß er in Pützchen verliebt sei, die ihn jedoch wegen seines »rassisch« zweifelhaften Stammbaums ablehnte. Harfouchs Hände berührten Naumanns Taille und seine Hüften, wanderten langsam zu seinen Oberschenkeln. Die ganze Zeit über hielt sie General Harras' Rede über eine Herkunft aus dem Rheinland als denkbar besten »Ahnennachweis«, und ihr Partner antwortete immer wieder »Ja, Herr General«. Die Szene war höchst irritierend. Die äußere Erscheinung der Schauspielerin wies wenige Anzeichen für eine männliche Figur auf. Es handelte sich unmißverständlich um eine Frau, die auf dem Schoß eines Mannes sitzt. Allerdings schien diese Frau sich nicht wie eine Frau zu verhalten, die einen Mann zu verführen sucht – eher wie jemand, der eine Vergewaltigung begehen will. Die Worte, welche Harfouch dabei sprach, widersprachen beiden Vorstellungen. Agierte sie hier als die Figur von General Harras oder als die Schauspielerin Corinna Harfouch oder als die Schauspielerin, die wieder eine andere Rolle spielt? Versuchte eine fiktionale männliche Figur hier eine andere fiktionale männliche Figur zu vergewaltigen? Oder suchte Corinna Harfouch einen fiktionalen männlichen Charakter zu verführen oder ihren Kollegen Kurt Naumann? Oder spielte die Schauspielerin eine ganz andere Rolle, um irgend jemand anderen zu verführen oder zu vergewaltigen?[26] Die Zuschauer waren kaum in der Lage, eine klare Entscheidung zu fällen. Der unleugbar weibliche Körper und das unleugbar männliche Verhalten, das auf die

26 Mit dem Cross-Casting wurde in diesem Fall auch auf die latente Homosexualität der Nazis angespielt. Dieser Aspekt steht für meine Untersuchung jedoch nicht im Vordergrund.

männliche Figur des General Harras verwies, fielen unrettbar auseinander.[27]

Auch hier ging es um die Bedingungen, unter denen überhaupt eine Figur hervorgebracht werden kann. Die Weiblichkeit des Körpers der Harfouch wies unmißverständlich auf ihr leibliches In-der-Welt-Sein hin. Dieser phänomenale Leib konnte weder vom kunstvoll hergestellten semiotischen Körper, der die Figur General Harras bedeuten sollte, getrennt werden, noch ging er in ihm auf. Das heißt aber andererseits, daß sich die Figur auch nicht von diesem phänomenalen Leib ablösen ließ: Es war eben dieser besondere Leib, in dem sie erschien. Es gab sie auf der Bühne nur in dieser spezifischen Körperlichkeit, außerhalb ihrer hatte sie keine Existenz.

Dies wurde besonders augenfällig nach der Pause, als Bernhard Schütz die Rolle übernahm. Die Figur, die er entstehen ließ, war eine völlig andere. Dies lag jedoch nicht daran, daß er und die Harfouch unterschiedliche »Auffassungen« von der Rolle vertreten hätten. Es hatte allein darin seinen Grund, daß der individuelle phänomenale Leib jeweils ein anderer war, was die Weiblichkeit bzw. Männlichkeit des Körpers lediglich zusätzlich und besonders drastisch markierte.

Die bisher beschriebenen Verfahren stimmen trotz erheblicher Differenzen darin überein, daß sie geradezu emphatisch die Aufmerksamkeit auf die je besondere Eigenart und Individualität des phänomenalen Leibes des Performers/Schauspielers lenken. Dadurch kann zwar vorübergehend die Figur verschwinden – wie zum Beispiel in *Giulio Cesare* –, es stellt jedoch keineswegs ein Verfahren dar, um die Figur generell zum Verschwinden zu bringen, wohl aber ein Verfahren, um unsere Wahrnehmung zutiefst zu irritieren. Sie gleitet hier oszillierend zwischen der Wahrnehmung des phänomenalen Leibes des Darstellers und ihrer Fokussierung auf eine Figur hin und her. Während darstellerische und inszenatorische Techniken – oder wie im Falle der Gruppe Socie-

27 Dies hat nichts mit dem Brechtschen Verfremdungseffekt zu tun. Denn um ihn zu erzielen, stellt der Schauspieler sozusagen zwei Figuren dar: eine Figur, der ein bestimmter Name zugeordnet ist (zum Beispiel Mutter Courage), und die der Darstellerin, die aus der Rolle heraustritt und das Verhalten der Figur kommentiert (zum Beispiel Helene Weigel). Davon konnte hier keine Rede sein.

tas Raffaello Sanzio die unübersehbare »Abnormität« der Darstellerkörper – immer wieder die Aufmerksamkeit auf den phänomenalen Leib des Darstellers/der Darstellerin nicht nur zu lenken, sondern auf ihn zu fixieren suchen, eröffnet die Dramaturgie der Wahrnehmung die Möglichkeit, von Zeit zu Zeit auf die Figur umzuspringen – je nach Situation und Aufführung seltener oder häufiger. Das heißt, das Ausstellen der je besonderen, individuellen Körperlichkeit der Schauspieler/Performer führt eine perzeptive Multistabilität herbei, wie sie uns aus perspektivischer Multistabilität, Figur-Grund-Reversion (zum Beispiel Gesicht oder Vase bzw. Ornament) und Bedeutungsambiguität (zum Beispiel Hasenkopf oder Entenschnabel, Gesicht oder Figur im Pelzmantel) seit langem bekannt ist.[28] Dabei ist nicht klar, was tatsächlich das jeweilige Umspringen der Wahrnehmung verursacht. Was geschieht, wenn ein Zuschauer eine bestimmte Bewegung eines Schauspielers erst in ihrer spezifischen Energie, Intensität, Formung, Richtung und Tempo wahrnimmt und erlebt, sie dann plötzlich als Appell, als Drohung oder anderes einer Figur begreift und gleichzeitig intensiv erfährt, weil die spezifische Körperlichkeit des Schauspielers ihn in besonderer Weise affiziert? Ist ein solcher Vorgang ausschließlich oder zumindest in erster Linie von den jeweiligen inszenatorischen und dramaturgischen Verfahren bedingt, die darauf hinzuwirken suchen, daß die Wahrnehmung des Zuschauers an einem bestimmten Punkt umspringt? Oder spielt dabei auch – und wenn ja, in welchem Maße – die besondere Disposition des wahrnehmenden Subjektes eine Rolle, das seine Wahrnehmung – bewußt oder unbewußt – jeweils anders »einstellt«? Oder ereignet sich das Umspringen unabhängig vom dramaturgischen und inszenatorischen Verfahren und ohne Intention des wahrnehmenden Subjekts? Wie auch immer, ästhetische Wahrnehmung vollzieht sich hier als ein Oszillieren zwischen Fokussierung auf den phänomenalen Leib und auf den semiotischen Körper des Schauspielers/Performers. Sie versetzt in diesem Sinne den Wahrnehmenden in einen Zustand des »Zwischen«, des »betwixt and between«.

28 Vgl. zu diesem Phänomen Michael Stadler/Peter Kruse, »Visuelles Gedächtnis für Formen und das Problem der Bedeutungszuweisung in kognitiven Systemen«, in: Siegfried J. Schmidt (Hrsg.), *Gedächtnis. Probleme und Perspektiven der interdisziplinären Gedächtnisforschung*, Frankfurt a. M. 1991, S. 250-266.

Während im psychologisch-realistischen Theater seit dem 18. Jahrhundert immer wieder postuliert wird, daß der Zuschauer den Körper des Schauspielers lediglich als Körper der Figur wahrnehmen soll – was, wie bereits Simmels Überlegungen gezeigt haben, notwendigerweise ein Postulat bleiben muß, das gar nicht zu erfüllen ist –, wird im Gegenwartstheater mit perzeptiver Multistabilität gespielt; im Zentrum des Interesses steht der Augenblick, in dem die Wahrnehmung des phänomenalen Leibes umspringt in die Wahrnehmung der Figur und umgekehrt, indem jeweils der reale Körper des Schauspielers oder die fiktive Figur in den Vordergrund tritt und fokussiert wird, in dem der Wahrnehmende sich auf der Schwelle zwischen diesen beiden Wahrnehmungen befindet. Dies Oszillieren der Wahrnehmung als ein ästhetisches Phänomen wird – vor allem im Hinblick auf eine Ästhetik des Performativen – zu einem späteren Zeitpunkt ausführlich zu diskutieren sein.[29]

Unsere Redeweise, die verschieden konstituierte Figur – sprachlich im Text, vom Leser bei der Lektüre, von verschiedenen Schauspielern in der Darstellung, vom Zuschauer bei der Wahrnehmung – alle mit demselben Namen zu benennen – als Hamlet, Fernando, Cicero, General Harras – suggeriert die fortdauernde Gültigkeit der Zwei-Welten-Theorie: Es gibt die Figur zunächst im Text, wo der Leser sie als fiktive auffinden kann, und diese fiktive Figur wird von den verschiedenen realen Körpern der Schauspieler verkörpert; sie nimmt in verschiedenen Aufführungen lediglich verschiedene Gestalt an. Nun ist durchaus einzuräumen, daß diese Figuren, die wir mit demselben Namen bezeichnen, eine gewisse Familienähnlichkeit aufweisen mögen, um mit Wittgenstein zu sprechen – ebenso wie die verschiedensten Arten von Spielen, die wir alle »Spiel« nennen. Dennoch ist gegen die Suggestivkraft unserer Rede daran festzuhalten, daß der phänomenale Leib des Schauspielers nicht als Medium und Zeichen für die sprachlich konstituierte Figur dient, sondern daß die Figur, die auf der Bühne erscheint, als eine je spezifische ohne das je besondere In-der-Welt-Sein des Schauspielers/Performers nicht zu denken und zu haben ist, daß sie jenseits seines individuellen phänomenalen Leibes, den sie *nicht* auszulöschen vermag, keine Existenz hat.

29 Vgl. dazu das fünfte Kapitel.

Dies eben meint der radikal neudefinierte Begriff der Verkörperung. Er betont, daß das leibliche In-der-Welt-Sein des Menschen überhaupt erst die Bedingung der Möglichkeit dafür darstellt, daß der Körper als Objekt, Thema, Quelle von Symbolbildungen, Material für Zeichenbildungen, Produkt kultureller Einschreibungen u. a. fungieren und begriffen werden kann. Nicht nur Theater- und Literaturwissenschaft haben diese schlichte Selbstverständlichkeit lange übersehen bzw. weitgehend aus ihrer Theoriebildung ausgeblendet. Dies gilt auch für die Kulturanthropologie. Sie hat sich bis vor kurzem dem Körper bevorzugt als Objekt und Thema ihrer Analyse zugewandt oder ihn als Quelle der Symbolbildung in Diskursen untersucht, die sich auf unterschiedliche kulturelle Bereiche beziehen wie zum Beispiel Religion oder Gesellschaftsstrukturen. Entsprechend herrschte in der Kulturanthropologie die Erklärungsmetapher von »Kultur als Text« vor. Ihr stellt Thomas Csórdas den Begriff des *embodiment*/Verkörperung gegenüber. Er definiert ihn entsprechend als »existential ground of culture and self«[30] und setzt dem Konzept der Repräsentation das der »gelebten Erfahrung«, des »Erlebens« entgegen. Unter Berufung auf Merleau-Ponty wirft Csordas den Bestimmungen des Kulturbegriffs, welche die verschiedenen Kulturwissenschaften vorgenommen haben, vor, daß »none have taken seriously the idea that culture is grounded in the human body.«[31] Diese Einsicht stellt für ihn die fundamentale Voraussetzung dar, unter der allein sinnvoll über Kultur und über den Körper gehandelt werden kann.

Es geht ihm also darum, dem Körper eine vergleichbar paradigmatische Position zu verschaffen wie dem Text, anstatt ihn unter dem Textparadigma zu subsumieren. Das eben soll der Begriff *embodiment*/Verkörperung leisten. Er eröffnet ein neues methodisches Feld, in dem der phänomenale Körper, das leibliche In-der-Welt-Sein des Menschen als Bedingung der Möglichkeit jeglicher kultureller Produktion figuriert. Das Konzept der Verkörperung soll entsprechend als eine methodische Korrekturinstanz gegenüber dem Erklärungsanspruch von Begriffen wie

30 Thomas J. Csórdas (Hrsg.), *Embodiment and Experience. The existential ground of culture and self*, Cambridge 1994, S. 6. Zur Situation in der Kulturanthropologie vgl. seine Einleitung »The body as representation and being in the world«, S. 1-24.

31 Ebd.

›Text‹ oder ›Repräsentation‹ fungieren. Dies gilt auch für die Kognitionswissenschaft, die zunehmend nicht nur neurophysiologische Daten, sondern den ganzen Körper berücksichtigt. Den heute wichtigsten Forschungsrichtungen wie dem *enactivism*[32] und dem *experientialism*[33] liegt die Einsicht zugrunde, daß Kognition als *embodied activity* zu verstehen und zu untersuchen, daß der Geist immer verkörpert ist.

Dieses Konzept von *embodiment*/Verkörperung ist, wie sich an den bisherigen Ausführungen dieses Abschnitts gezeigt hat, auch für eine Ästhetik des Performativen zentral: Denn bei den performativen Akten, mit denen in Aufführungen Körperlichkeit hervorgebracht wird, handelt es sich stets um Prozesse der Verkörperung im Sinne dieses Konzeptes, und zwar ganz gleich, ob mit ihnen zugleich auch eine fiktive Figur hervorgebracht wird – wie überwiegend in den oben angeführten Beispielen – oder nicht – wie häufig in der Aktions- und Performance-Kunst.

Inwiefern gerade mit Blick auf die Aktions- und Performance-Kunst dem Konzept der Verkörperung ein hoher explikativer Wert zukommt, zeigt sich besonders deutlich an Performances, in und auf denen sich die Künstler Vergiftungen und Verletzungen zufügen, ihrem Körper auf die unterschiedlichsten Weisen Gewalt antun oder sich sogar der Todesgefahr aussetzen wie Marina Abramović in *Lips of Thomas* oder *Rhythm 0*. Was immer die Performer hier an und mit ihrem Leib hervorbringen, hinterläßt an ihrem Körper wahrnehmbare Spuren, die auf einen Transformationsprozeß verweisen. Indem die Künstler ihre je spezifische und individuelle Körperlichkeit hervorbringen, vollziehen sie Prozesse, mit denen sie die Verletzlichkeit ihres Körpers, sein Preisgegebensein an die Gewalt, seine Lebendigkeit und die Gefährdung, die aus ihr erwächst, verkörpern. Die ständige Veränderung, der jeder lebende Organismus unterworfen ist, wird von ihnen in der Verletzung, die sie sich selbst zufügen oder von an-

32 Vgl. hierzu Francisco J. Varela/Evan Thompson/Eleanor Rosch, *Der mittlere Weg der Erkenntnis – Der Brückenschlag zwischen wissenschaftlicher Theorie und menschlicher Erfahrung* (engl.: *The Embodied Mind*), München 1996.

33 Vgl. hierzu Mark Johnson/George Lakoff, *Metaphors We Live By*, Chicago/London 1980; Mark Johnson, *The Body in the Mind. The Bodily Basis of Meaning, Imagination, and Reason*, Chicago/London 1992; George Lakoff, *Woman, Fire and Dangerous Things – What Categories Reveal about the Mind*, Chicago/London 1987.

deren zufügen lassen, markiert, vergrößert und so der Wahrnehmung zugänglich gemacht.

Der amerikanische Performance-Künstler Chris Burden veranstaltete ähnlich wie Marina Abramović eine ganze Serie von Selbstgefährdungs- und Selbstverletzungs-Performances. In seiner Arbeit *Five-Day-Locker-Piece* (1971) ließ er sich, nachdem er einige Tage gefastet hatte, an der University of Irvine für fünf Tage in ein Schließfach einschließen, das 60 cm hoch, 60 cm breit und 90 cm tief war. Im Schließfach darüber befand sich eine mit Wasser gefüllte 15-Liter-Flasche, von der ein Schlauch in das untere Schließfach führte, im Schließfach darunter eine leere 15-Liter-Flasche. Nachdem Burden eingeschlossen war, mußten alle Zuschauer den Raum verlassen. Der Raum wurde abgeschlossen und erst nach fünf Tagen wieder geöffnet. In seinem Stück *Shoot* aus demselben Jahr ließ Burden sich aus einer Entfernung von fünf Schritt in den linken Arm schießen. In *Through the Night Softly*, das er in der Main Street von Los Angeles im September 1973 durchführte, kroch er nackt, die Hände auf dem Rücken, über fünfzehn Meter zerbrochenes Glas, schwer atmend und aus vielen kleinen Schnittwunden blutend. Es gab kaum Zuschauer. Die meisten waren zufällige Passanten. (Die Aktion wurde gefilmt.) *Trans-Fixed* (Venice, Kalifornien 1974) wurde in bzw. vor einer kleinen Werkstatt an der Speedway Avenue in Venice durchgeführt. Burden stellte sich auf die rückwärtige Stoßstange seines VW, bog den Rücken über das Auto und streckte seine Arme über das Autodach. Durch seine Hände wurden Nägel bis zum Autodach getrieben. Die Tür der Werkstatt wurde geöffnet und das Auto auf die Straße geschoben. Während der solcherart Gekreuzigte den Zuschauern erschien, lief der Motor auf Höchsttouren. Nach zwei Minuten wurde er abgestellt, das Auto zurück in die Werkstatt geschoben, die Tür geschlossen.[34]

34 Vgl. zu Burdens Performances: Chris Burden/Jan Butterfield, »Through the Night Softly«, in: *The Art of Performance. A Critical Anthology*, hrsg. von Gregory Battock und Robert Nickas, New York 1982, S. 222-239; Chris Burden, *Chris Burden. A Twenty Years Survey*. Ausstellungskatalog des Newport Harbor Museums, New Port Beach 1988; ders., *Documentation of Selected Works 1971-1974*, Videoband (USA 1975), VHS 34 Min. Hrsg. von A. Wirths in Zusammenarbeit mit F. Malsch und dem Kölner Kunstverein, Köln 1990; ders., *Chris Burden. Beyond the Limits/Jenseits der Grenzen*, hrsg. von P. Noever, Ausstellungskatalog des Museums für Angewandte Kunst, Wien 1996.

Unübersehbar sind bei Burden wie bei Abramović die rituellen Züge ihrer Performances. Sie finden sich auch bei anderen Künstlern, die das »Genre« Selbstverletzungs-Performance kreiert und weiterentwickelt haben. Michel Journiac zum Beispiel zapfte sich in *Messe pour un corps* (1969) vor den Augen des Publikums Blut ab, aus dem er dann einen Pudding zubereitete, den er dem Publikum zum Essen anbot (»Nehmet, das ist mein Blut...«). In *Rituel pour un mort* (1976) fügte er sich mit brennender Zigarette Verletzungen zu. Noch radikaler ging Gina Pane mit ihrem Körper um. Seit ihren ersten *Projets de silence* (1970) und vor allem nach *Escalade Sanglante* (1971), einer Studioarbeit, bei der die Künstlerin mit bloßen Händen und Füßen ein Leiter-Objekt mit spitzen, schneidenden Kanten erklomm, setzte sie sich in *Sang, lait chaud* (1972), *Transfert* (1973), *Psyché* (1974) und *Le cas n. 2 sur le ring* (1976) immer wieder akuter Gefahr für Leib und Leben aus. So vertilgte sie ein halbes Pfund verfaulten Hackfleisches, während sie in einer extrem unbequemen Position Fernsehnachrichten anschaute; oder sie fügte sich verschiedene Verletzungen mit einer Rasierklinge zu. Sie gurgelte stundenlang mit Milch, bis sich Blut in die ausgespuckte Flüssigkeit mischte; sie zerbrach Glas in ihrem Mund oder eine Glasscheibe mit ihrem Körper; sie ging über einen Rost, unter dem ein Feuer brannte, so daß immer wieder Flammen durch den Rost schlugen und nach ihren bloßen Füßen züngelten – wie bei einem mittelalterlichen Gottesurteil.[35]

Die Selbstverletzungen und -gefährdungen, denen sich die Künstler aussetzten, erinnern in mancher Hinsicht an jene kulturellen Praktiken von Nonnen, Mönchen, Märtyrern, Heiligen – und Irren –, mit denen diese das Selbstopfer Christi nachvollzogen: Gleichwohl wäre es irrig, ihre Performances mit solchen kulturellen Praktiken gleichzusetzen oder auch nur verrechnen zu wollen. Denn während für die Zuschauer von Selbstopferungsritualen das Entsetzen oder auch die sadistisch-voyeuristische Schaulust dadurch abgemildert bzw. umgewandelt wurde, daß im Kontext einer christlichen Kultur solche Selbstopfer als Nachfolge Christi wahrgenommen und gedeutet wurden, die dem Zu-

35 Vgl. zu den Arbeiten François Pluchart, »Risk as Practice of Thought«, in: *The Art of Performance. A Critical Anthology*, hrsg. von G. Battock und R. Nickas, New York 1982, S. 125-134. – Leider erfahren wir aus allen diesen Dokumentionen der Performances kaum etwas über die jeweiligen Zuschauerreaktionen.

schauer auf geradezu magische Weise die eigene körperliche Integrität, das eigene leibliche Wohlergehen zu garantieren schienen, entbehrten die angesprochenen Performances eines solchen Kontextes. Als künstlerische Performances mochten sie wohl auf derartige kulturelle Praktiken anspielen, vielleicht sogar deren Kontexte aufrufen; gleichwohl wurden sie selbst weder in einem solchen Kontext aufgeführt noch wahrgenommen.

Die Performances vermochten ihre spezifische Wirkung überhaupt nur zu entfalten, weil ihnen ein solcher Kontext fehlte. Sie setzten die Zuschauer Handlungen aus, mit denen die Akteure die Grenzen ihres Körpes aufrissen, ihrem Körper Gewalt zufügten und so sich selbst antaten, was die Zuschauer für sich fürchteten und zu vermeiden suchten, ohne die Brutalität ihrer Handlungen durch Verweis auf eine andere Wirklichkeit zu mildern, die diesen Handlungen einen übergeordneten, gar transzendenten Sinn verliehen oder sie mit der magischen Kraft begabt hätte, von den Zuschauern derartige Gewalt abzuwenden. Die Zuschauer waren vielmehr ungeschützt der Brutalität dieser Handlungen ausgesetzt und damit ihrem eigenen Entsetzen, ihrer eigenen sadistisch-voyeuristischen Schaulust ausgeliefert. Es ist daher anzunehmen, daß mit der Wahrnehmung starke physiologische, affektive, energetische und motorische Reaktionen einhergingen, die die Zuschauer zum Teil zu überwältigen drohten.[36]

Eine derart starke Wirkung ist darauf zurückzuführen, daß die Künstler mit ihren Selbstverletzungen nicht irgendwelche Bedeutungen im Sinne der Zwei-Welten-Theorie zum Ausdruck brachten, sondern Gewalt gegen sich im wahrsten Sinne des Wortes verkörperten. Wenn der neu definierte Begriff der Verkörperung alles das meint, was zugleich mit jenen performativen Akten hervorgebracht wird, mit denen der/die Performer/in in der Aufführung zuallererst ihre eigene Körperlichkeit hervorbringt, dann ist er besonders geeignet zu erfassen, was die Künstler in den Selbstverletzungsperformances vollzogen.

Grotowski bezeichnete den Schauspieler, der imstande ist, seinem Leib *agency* zu verleihen, ihn sowohl im Sinne von Leib-Sein als auch im Sinne von Körper-Haben zu verkörpern, als »heiligen Schauspieler« und den Akt dieser Verkörperung als einen »Akt

36 Vgl. Anm. 35.

der Offenbarung«. Der Kritiker Kelera verwendete unter Bezug auf Ryszard Cieślak die Ausdrücke »Erleuchtung« und »Zustand der Gnade«. Ich habe im Zusammenhang mit Wilsons Theater von »verklärten« Körpern, von Prozessen der »Transfiguration« gesprochen, unter Bezug auf den *Giulio Cesare* der Societas Raffaello Sanzio von »verdammten« Körpern, die einem Breughelschen Höllenszenario entsprungen zu sein scheinen, und im Hinblick auf die Selbstverletzungs-Performances von »ritueller Gewalt«. Der Gebrauch eines solchen religiösen oder zumindest religiös konnotierten Vokabulars hat gute Gründe. Zwar intendiert er *nicht* eine Sakralisierung des Schauspieler-/Performer-Körpers, noch will er sie suggerieren. Wohl aber soll er nachdrücklich darauf verweisen, daß der menschliche Körper – wie schon Craig erkannt hatte – nicht ein Material wie andere Materialien darstellt, beliebig bearbeitbar und formbar, sondern einen lebendigen Organismus, der sich beständig im Werden befindet, im Prozeß einer permanenten Transformation. Für ihn kann es keinen Ist-Zustand geben; er kennt Sein nur als Werden, als Prozeß, als Veränderung. Mit jedem Lidschlag, mit jedem Atemzug, mit jeder Bewegung bringt er sich neu hervor, wird ein anderer, verkörpert sich aufs neue. Daher bleibt der Körper letztlich unverfügbar. Das leibliche In-der-Welt-Sein, das nicht *ist*, sondern *wird*, widerspricht vehement jeglicher Vorstellung von einem Werk. Zum Werk vermag der menschliche Leib erst in seiner Mortifikation zu werden, als Leichnam. Denn damit erreicht er zumindest vorübergehend einen Ist-Zustand, der allerdings nur durch eine schnelle Einbalsamierung erhalten werden kann. In diesem Zustand läßt er sich als Material verwenden, das nicht nur in rituellen, sondern auch in künstlerischen Prozessen bearbeitet, präpariert und gestaltet werden kann – wie Gunther von Hagens' Ausstellung »Körper-Welten« nachdrücklich demonstriert hat. Als lebendiger Leib widersetzt er sich jedoch hartnäckig jedem Versuch, ihn zu einem Werk zu erklären, geschweige denn zu machen. Der Schauspieler/Performer transformiert seinen Leib nicht in ein Werk, sondern vollzieht vielmehr Prozesse der Verkörperung. In diesen Prozessen wird der Leib ein anderer. Er transformiert sich, schafft sich neu und ereignet sich.

Es erscheint kaum als ein Zufall, daß in Aufführungen von Theater, Aktions- und Performance-Kunst seit den ausgehenden sechziger Jahren geradezu mit Emphase immer wieder betont wird, daß der Körperlichkeit – welche die Akteure in der Aufführung hervorbringen – kein Werkcharakter eignet, daß sie jeglicher Vorstellung eines Werkes inkommensurabel ist. Dies mag unter anderem auch als eine Reaktion auf die zunehmende Medialisierung zu begreifen sein. Norbert Elias hat den Prozeß der Zivilisation u. a. als einen fortschreitenden Abstraktionsprozeß beschrieben, in dem der Abstand des Menschen zu seinem eigenen Körper und zum Körper anderer Menschen immer größer wird.[37] Mit der Erfindung und Ausbreitung der neuen Medien im 20. Jahrhundert hat dieser Prozeß in gewisser Weise einen Höhepunkt erreicht: Die Körper verflüchtigen sich zu medialen Abbildungen, die sie trotz scheinbarer Nähe in ferne Distanz entrücken und sich jeglicher Berührung entziehen. Den damit einhergehenden Phantasien vom virtuellen Körper, vom technologisch herstellbaren Astralleib, setzen Theater und Performance-Kunst dezidiert das leibliche In-der-Welt-Sein und die mit ihm verknüpfte Vorstellung vom *embodied mind* entgegen: Nicht durch immer größere Abstraktion in elektronisch hergestellten Abbildungen wird der Mensch seinen Körper dem verklärten Gotteskörper annähern, der auch in dieser Verklärung »Fleisch« und lebendiger Organismus bleibt, sondern indem er seinen Körper immer wieder aufs neue als das hervorbringt, was seine Eigenart ausmacht: als Dialektik von Leib-Sein und Körper-Haben, als mit Bewußtsein begabten lebendigen Organismus. Indem Theater und Performance-Kunst die Aufmerksamkeit des Zuschauers auf das je besondere individuelle leibliche In-der-Welt-Sein des Darstellers lenken, auf die spezifischen performativen Akte, mit denen er seine Körperlichkeit hervorbringt, scheinen sie zu sagen: »Seht sie euch an, diese Körper, die ihr im Namen eines anderen verschwinden lassen wollt, seht ihr Leiden und ihr Leuchten, und ihr begreift – sie erscheinen doch bereits als das, was ihr werden wollt: als verklärte Körper.« Die *promesse de bonheur* des Zivilisationsprozesses ist in ihnen längst eingelöst.

Dem Körper des Darstellers wird hier – ebenso wie durch seinen Entzug in Castorfs *Der Idiot* – seine Aura zurückerstattet, die ihm der Prozeß der Zivilisation Schritt für Schritt geraubt hat. Den millionenfach reproduzierten Abbildungen der technischen

37 Vgl. Norbert Elias, *Über den Prozeß der Zivilisation. Soziogenetische und psychogenetische Untersuchungen*, 2 Bde., Frankfurt a. M. 1976.

und elektronischen Medien tritt in Theater und Performance-Kunst der menschliche Leib, auch und gerade als leidender, kranker, verletzter, vom Tode gezeichneter, in seiner Einmaligkeit und Ereignishaftigkeit gegenüber, von Licht durchstrahlt und trotz seiner Gebrechen »herrlich wie am ersten Tag«.

Präsenz

Hieraus ergibt sich eine Reihe von Fragen. Sind Reauratisierung – im Benjaminschen Sinn – und Präsenz gleichzusetzen? Meint Präsenz die Anwesenheit des Körpers ohne Rücksicht auf bestimmte Verkörperungsprozesse, die er als werdender unablässig vollzieht? Oder ist Präsenz auf ganz spezifische Verkörperungsprozesse bezogen – auf Prozesse der Verkörperung des Leib-Seins etwa? Und wieso soll diese Präsenz imstande sein, ein Glücksversprechen einzulösen?

In der heutigen Ästhetik-Diskussion wird Präsenz als eine spezifische ästhetische Qualität nicht nur – nicht einmal zuvörderst – dem menschlichen Leib zugesprochen, sondern auch, wenn nicht sogar zuallererst, Objekten unserer Lebenswelt, zum Teil auch, im Sinne von Präsenz-Effekten, den Produkten der technischen und elektronischen Medien. Ich werde den Präsenzbegriff zunächst ausschließlich unter Bezug auf den Leib des Darstellers diskutieren und anschließend überprüfen, ob sich der so entwickelte Begriff im Rahmen einer Ästhetik des Performativen sinnvoll und fruchtbar auch auf Objekte unserer Lebenswelt und Produkte der technischen und elektronischen Medien anwenden läßt.

Während die Begriffe »Präsenz« und »Gegenwärtigkeit« in der allgemeinen Ästhetik-Diskussion erst in den letzten Dekaden Prominenz erlangt haben, bestimmen sie bzw. ihre jeweiligen historischen Äquivalente die theatertheoretische Debatte seit ihren Anfängen, vor allem die von den Kirchenvätern und die in der sogenannten *Querelle de la moralité du théâtre* im siebzehnten Jahrhundert geführte. In seinem 1747 erschienenen Traktat *Le Comédien* faßt Rémond de Sainte Albine den Stand der damaligen Diskussion zusammen, wenn er einleitend in einem Vergleich von Malerei und Theater schreibt: »Der Maler stellt die Begebenheit nur vor. Der Schauspieler läßt sie auf gewisse Weise noch einmal geschehen.«[38] 250 Jahre später kommt der Regisseur Peter Stein zu einem ähnlichen Ergebnis, wenn er – ebenfalls mit vergleichendem Bezug zur Malerei – das »Wunder« des Theaters preist, daß es »noch heute einem Schauspieler die Möglichkeit gibt zu sagen: Ich bin Prometheus. [...] Wenn heute jemand wie Piero della Francesca malt und sagt, ich benutze Farben aus Eierschalen, dann ist das bestenfalls eine Nachahmung. Der Schauspieler aber ahmt nichts nach. Er selbst verkörpert die Rolle wie vor 2500 Jahren.«[39]

Sainte Albine und Stein insistieren beide darauf, daß die Geschehnisse im Theater sich immer hier und heute zutragen, unmittelbar vor den Augen und Ohren der Zuschauer, die sie wahrnehmen und so zu Zeugen werden. Sie insistieren auf der Berechtigung des Topos von der Gegenwärtigkeit des Theaters.

Der Topos meint zunächst, daß Theater, anders als Epos, Roman, eine Bilderfolge, nicht eine Geschichte erzählt, die sich an einem anderen Ort und zu einer anderen Zeit abgespielt hat, sondern Geschehnisse unmittelbar vor Augen führt, die sich *hic et nunc* ereignen und vom Zuschauer *hic et nunc* wahrgenommen werden. Was die Zuschauer in einer Aufführung sehen und hören, ist in diesem Sinne immer gegenwärtig. Eine Aufführung wird erlebt als Vollzug, Darbietung und zugleich Vergehen von Gegenwart.

Diese Gegenwärtigkeit, die wir als einen deskriptiven Begriff verstehen können, wird allerdings in den Theaterdebatten überwiegend als ein wertender Begriff verwendet, mit dem Nutzen und Nachteil des Theaters, seine Überlegenheit über andere Künste oder seine inferiore Stellung weit unter ihnen begründet werden sollen. So schreiben sowohl die Kirchenväter als auch die Teilnehmer an der *Querelle*[40] Theater aufgrund dieser Gegenwärtigkeit die Fähigkeit zu, eine unmittelbare sinnliche Wirkung auf die Zuschauer auszuüben und starke, ja überwältigende Affekte

38 »Auszug aus dem *Schauspieler* des Herrn Remond von Sainte Albine«, in: *Lessings Werke*, hrsg. von Robert Boxberger, Berlin/Stuttgart 1883-1890, V. Teil: *Theatralische Bibliothek*, 1. Teil, 1. Stück 1754, S. 128-159, S. 129.

39 Zit. nach Peter von Becker, »Die Sehnsucht nach dem Vollkommenen. Über Peter Stein, den Regisseur und sein Stück Theatergeschichte – zum sechzigsten Geburtstag«, in: *Der Tagesspiegel* vom 1. Oktober 1997.

40 Vgl. hierzu die von Laurent Thirouin herausgegebene Sammlung der Texte der *Querelle*: Pierre Nicole, *Traité de la comédie et autres pièces d'un procès du théâtre*, Paris 1998.

in ihnen auszulösen. Die Atmosphäre in einem Theater wird als gefährlich contagiös[41] begriffen und beschrieben. Die Schauspieler führen auf der Bühne leidenschaftliche Handlungen aus, die Zuschauer nehmen diese von Leidenschaft getriebenen Handlungen wahr und werden von ihnen angesteckt: Auch in ihnen werden Leidenschaften erregt. Die Ansteckung erfolgt auf dem Wege über die Wahrnehmung vom gegenwärtigen Körper des Schauspielers auf den gegenwärtigen Körper des Zuschauers. Sie wird allein durch die Gegenwärtigkeit der Akteure und der Geschehnisse, d. h. durch die leibliche Ko-Präsenz von Schauspielern und Zuschauern ermöglicht. Darin sind sich Theaterbefürworter und Theatergegner einig, ganz gleich ob sie die Erregung von Leidenschaften als eine heilsame Katharsis oder – wie Rousseau noch in der zweiten Hälfte des 18. Jahrhunderts[42] – als eine dem Menschen zutiefst schädliche, ihn sich selbst und Gott entfremdende Verstörung begreifen. Beide heben hervor, daß die Gegenwärtigkeit des Theaters eine Transformation des Zuschauers zur Folge hat: Sie »heilt« ihn von der »Krankheit« der Leidenschaften, oder aber sie führt zu einem Selbstverlust, zumindest zu einer Veränderung der Identität. Die Gegenwärtigkeit des Theaters birgt insofern für den Zuschauer ein hochwirksames transformatorisches Potential.

Neben der Gegenwärtigkeit der dargestellten Ereignisse haben die Theatergegner in der *Querelle* noch eine andere Quelle für die Wirkung der Aufführung ausgemacht, die sie direkt im Körper der Darsteller lokalisieren unabhängig von der Figur, die er darstellt, und den Handlungen, die er vollzieht. Sie unterstellten, daß

41 Die Metapher der Ansteckung, die ästhetische Erfahrung im Theater als einen somatischen Vorgang intendiert, wird auffallend häufig in diesen Debatten angewendet. Sie erlebt übrigens auch in der gegenwärtigen Ästhetik-Debatte eine Renaissance. Vgl. hierzu Erika Fischer-Lichte, »Zuschauen als Ansteckung«, in: Nicola Suthor, Mirjam Schaub (Hrsg.), *Ansteckung. Zur Körperlichkeit eines ästhetischen Prinzips*, München 2004.

42 Rousseau verdammt das Theater, weil »die dauernden Gefühlsaufwallungen, denen man im Theater unterworfen ist«, den Zuschauer »entnerven und schwächen« und ihn »unfähiger« machen, seinen »Leidenschaften zu widerstehen«, ihn also mit Selbstverlust bedrohen. Jean-Jacques Rousseau, »Brief an Herrn d'Alembert über seinen Artikel ›Genf‹ im VII. Band der Encyclopädie und insbesondere über seinen Plan, ein Schauspielhaus in dieser Stadt zu errichten«, in: ders., *Schriften*, Bd. 1, hrsg. v. Henning Ritter, München/Wien 1978, S. 333-474, S. 391.

es bereits die körperlichen Vorzüge einer Schauspielerin und eines Schauspielers seien, die auf Zuschauer des jeweils anderen Geschlechts eine erotische Anziehungskraft ausübten, Gefühle einer unzüchtigen, zum Teil sogar ehebrecherischen Begierde in ihnen erweckten und sie auf diese Weise verführten.

Die Theatergegner differenzierten in diesem Sinne die Gegenwart des Theaters aus in die Gegenwärtigkeit, wie sie der semiotische Körper des Schauspielers ermöglicht und schafft, indem er die leidenschaftlichen Handlungen einer Figur darstellt, und in die Gegenwärtigkeit, wie sie bereits allein mit dem phänomenalen Leib des Darstellers gegeben ist, mit seiner bloßen Gegenwart. Während der semiotische Körper kraft Ansteckung[43] auf den Zuschauer einwirkt, leistet der phänomenale Leib dies aufgrund seiner erotischen Anziehungskraft, die ihm spezifische körperliche Vorzüge verleihen. Ich will den Bezug auf die Gegenwärtigkeit, wie sie mit der bloßen Anwesenheit des phänomenalen Leibes des Akteurs gegeben ist, das *schwache Konzept von Präsenz* nennen.

Die Theatergegner erwiesen sich mit ihrer Differenzierung als weit hellsichtiger als die Theaterbefürworter. Nicht zuletzt aufgrund ihrer Einsichten versuchten die Theoretiker des 18. Jahrhunderts den phänomenalen Leib des Schauspielers in seinem semiotischen Körper zum Verschwinden zu bringen. Die »Ansteckung« durch den semiotischen Körper, die von ihm dargestellte Figur, sollte erhalten, wenn auch modifiziert werden, die spezifische Ausstrahlung des Darstellers jedoch nicht länger als erotische Anziehungskraft unmittelbar auf den Körper des Zuschauers einwirken; sie sollte vielmehr als Ausstrahlung der Figur, als ihre besondere – durchaus auch erotische – Anziehungskraft wahrgenommen werden, so daß sich das Begehren des Zuschauers auf die Figur, nicht aber auf den Darsteller richtete.

Wie bereits hinlänglich ausgeführt, gelang es diesen Anstrengungen aus guten Gründen nicht, den phänomenalen Leib des Darstellers jemals vollkommen in seinem semiotischen Körper verschwinden zu lassen. Diese Inkongruenz hatte in der weiteren Entwicklung des Verkörperungskonzeptes im 19. und zum Teil

43 Vgl. hierzu Erika Fischer-Lichte, »Der Körper als Zeichen und als Erfahrung«, in: dies., *Theater im Prozeß der Zivilisation*, Tübingen/Basel 2000, S. 67-80.

durchaus noch im 20. Jahrhundert (es hat bis heute seine Anhänger) die Konsequenz, daß die Differenzierung zwischen Gegenwärtigkeit der dargestellten Figur und Gegenwärtigkeit des Darstellers allmählich und eher unter der Hand in eine Differenzierung zwischen verschiedenen künstlerischen Verfahren überführt wurde, die der Darsteller anwendet: in solche, die der Darstellung der Figur als einer gegenwärtigen dienen, und solche, die eine spezifische Präsentation des Schauspielers realisieren, die seine besondere »Ausstrahlung« vor oder auch jenseits jeder dargestellten Figur bewirken.

Sieht man zum Beispiel Kritiken durch, die zwischen 1922 und 1962 zu Darstellungen von Gustaf Gründgens verfaßt wurden – einem Schauspieler also, der dezidiert dem Konzept des Literaturtheaters und der Verkörperung im Sinne des 18. Jahrhunderts anhing –, so finden sich eine Reihe von Anhaltspunkten, die darauf hinweisen, daß die Aufmerksamkeit der Kritiker und Zuschauer nicht nur auf die dargestellte Figur gelenkt wurde, sondern zunächst auf die Gegenwärtigkeit des Darstellers. Dies geschah vor allem durch zwei Arten von Verfahren: zum einen durch die Besetzung, ja Beherrschung des Raumes. So heißt es in einer sehr frühen Kritik zu Gründgens' Marinelli in *Emilia Galotti* (Stadttheater Kiel 1922): »Wie er gleich den Raum beherrschte – mit einer geradezu tänzerischen Bewegungsfreiheit! Ja, das war es, was sich zuallererst einprägte. Das verblüffte so, daß man zunächst ganz darüber nachzudenken vergaß, was er eigentlich spielte.«[44] Über Gründgens' Ödipus in dessen eigener Inszenierung des Sophokleischen *König Ödipus* (Düsseldorfer Schauspielhaus 1947) schrieb Gert Vielhaber: »Wie erklärt sich der Strom von Magie, der sich dem Zuschauerraum mitteilt, wenn Gründgens nur in Erscheinung tritt? Wenn er den Raum durchmißt, raumgestaltend [...].«[45] Beide Kritiken, zwischen denen immerhin 25 Jahre liegen, heben darauf ab, daß Gründgens den Raum beherrscht im Augenblick, da er die Bühne betritt; daß es bereits diese Raumbeherr-

44 Florian Kienzl, »Gustaf mit ›f‹. Wie Gustaf Gründgens entdeckt wurde«, zit. nach Dagmar Walach, *»Aber ich habe nicht mein Gesicht«. Gustaf Gründgens – eine deutsche Karriere*, Begleitbuch zur gleichnamigen Ausstellung der Staatsbibliothek zu Berlin – Preußischer Kulturbesitz, 9. Dezember 1999-12. Februar 2000, Berlin 1999, S. 29.

45 Gert Vielhaber, »Oedipus Komplex auf der Bühne«, in: *DIE ZEIT*, 2. 10. 1947.

schung ist, die eine ungeheure Wirkung auf die Zuschauer ausübt, noch ehe sie sich ein Bild von der Darstellung der jeweiligen Figur zu machen vermögen. Der Schauspieler macht sich den Zuschauern gegenwärtig, erscheint ihnen als unabweisbar präsent aufgrund seiner besonderen Fähigkeit, den Raum zu besetzen und zu beherrschen, noch ehe er Gelegenheit hat, seine expressiven Qualitäten zur Darstellung einer bestimmten Figur auszuspielen. Er entfaltet diese Fähigkeit in jeder Rolle, d. h. unabhängig von der jeweils dargestellten Figur.

Dem Darsteller gelingt es also, nicht nur den Bühnenraum zu beherrschen, sondern den gesamten Theaterraum. Er beherrscht ihn, indem er – auf geheimnisvolle, »magische« Weise – auf den Zuschauer einwirkt und ihn dazu bringt, seine ganze Aufmerksamkeit ungeteilt auf ihn zu fokussieren. Dies scheint das zweite auffallende Merkmal zu sein, mit dem Gründgens sich dem Zuschauer gegenwärtig machte. So heißt es in der Kritik Herbert Iherings zu Gründgens' Mephisto-Darstellung in Lothar Müthels *Faust*-Inszenierung (Staatstheater, Schauspielhaus am Gendarmenmarkt, Berlin 1932): »Es ist nicht leicht, die reservierte Haltung eines Staatstheaterparketts zu durchschlagen. Dieses Publikum hat schon manchen müde gemacht. Gründgens wirbelt durcheinander. Er setzt sich durch. Er reizt auf. Aber er zwingt die Leute zuzuhören. [...] Die Durchbrechung der Langeweile ist im Staatstheater ein Ereignis.«[46]

Diese Fähigkeit zur Präsenz stand bei Gründgens nicht im Gegensatz zur Repräsentation, zur Darstellung einer Figur. Sie war jedoch auch nicht der Figur zuzurechnen. Sie wurde vielmehr durch Prozesse der Verkörperung erzeugt, mit denen der Schauspieler nicht seinen semiotischen Körper, sondern seinen phänomenalen Leib auf spezifische Weise hervorbrachte.

Auf dieser Grundlage sei eine weitere Bestimmung des Begriffs der Präsenz versucht. Er bezieht sich auf den phänomenalen Leib des Darstellers, nicht auf seinen semiotischen Körper. Präsenz ist keine expressive, sondern eine rein performative Qualität. Sie wird durch spezifische Prozesse der Verkörperung erzeugt, mit denen der Darsteller seinen phänomenalen Leib als einen raumbeherrschenden und die Aufmerksamkeit des Zuschauers erzwingenden hervorbringt. Nun ist davon auszugehen, daß der

46 Herbert Ihering, in: *Berliner Börsen-Courier*, 3. 12. 1932.

Darsteller die Fähigkeit zur Präsenz der Beherrschung bestimmter Techniken und Praktiken verdankt, die er so einzusetzen versteht, daß er präsent wirken kann, wann immer er will und die Zuschauer sich als entsprechend responsiv erweisen – sei es gleich beim ersten Erscheinen auf der Bühne und dann durchgehend während der Aufführung, sei es nur in ganz besonderen Augenblicken. Für den Zuschauer, der diese Präsenz spürt, oder besser, dem sie blitzartig widerfährt – »als ein Strom von Magie« –, erscheint sie unvorhergesehen, nicht in seiner Gewalt, unbegreiflich und ihn ganz ergreifend. Er spürt die Kraft, die vom Darsteller ausgeht und ihn zwingt, seine Aufmerksamkeit ganz und gar auf ihn zu fokussieren, ohne sich von dieser Kraft überwältigt zu fühlen; er empfindet sie eher als eine Kraftquelle. Die Zuschauer spüren, daß der Darsteller auf eine ungewöhnlich intensive Weise gegenwärtig ist, die ihnen das Vermögen verleiht, sich selbst auf eine besonders intensive Weise gegenwärtig zu fühlen. Präsenz ereignet sich für sie als eine intensive Erfahrung von Gegenwart. Den Bezug auf die Beherrschung des Raumes durch den Akteur und die Fokussierung der Aufmerksamkeit auf ihn bezeichne ich als das *starke Konzept von Präsenz*.

Diese immer noch sehr vorläufige Bestimmung von Präsenz, die sich weitgehend an Aussagen zu Gustaf Gründgens' Erscheinen auf der Bühne orientiert – also den *performative turn* der sechziger Jahre und die weitere Entwicklung noch nicht berücksichtigt – ist allerdings nur begrenzt imstande, zur Klärung der eingangs gestellten Fragen beizutragen. Zwar weist sie Präsenz als Ergebnis spezifischer Verkörperungsprozesse aus; wie sie sich zu den im vorigen Abschnitt angesprochenen Reauratisierungsvorgängen verhält, ist jedoch auf solcher Grundlage nur schwer zu klären. Benjamin definiert die Aura bekanntermaßen als »einmalige Erscheinung einer Ferne, so nah sie sein mag«.[47] Das heißt, die Auratisierung bewirkt eine gewisse Entrückung – auch wenn ein auratisches Phänomen zum Greifen nahe ist, entzieht es sich jeglicher Annäherung, indem es als Ferne erscheint. Dagegen ist Präsenz als besonders intensiver Modus von Gegenwärtigkeit bestimmt. Andererseits fährt Benjamin fort: »An einem Sommernachmittag ruhend einem Gebirgszug am Horizont oder einem

47 Walter Benjamin, *Das Kunstwerk im Zeitalter seiner technischen Reproduzierbarkeit*, Frankfurt a. M. 1963, S. 18.

Zweig folgen, der seinen Schatten auf den Ruhenden wirft – das heißt die Aura dieser Berge, dieses Zweiges atmen.« Die Aura wird »geatmet«, das heißt, leiblich aufgenommen, wie es auch bei der Präsenz der Fall ist, wenn der Zuschauer die Kraft leiblich auf sich einwirken spürt, die vom Darsteller ausgeht. Das Verhältnis von Aura und Präsenz betreffend besteht also auch weiterhin noch Klärungsbedarf.

Wieso die so bestimmte Präsenz die Einlösung eines Glücksversprechens darstellt, bleibt unerfindlich. Zwar ist Martin Seel vollkommen zuzustimmen, wenn er behauptet, daß »es uns nach einem Sinn für die *Gegenwart* unseres Lebens verlangt«, daß »wir die Gegenwarten, in denen wir sind, auch als spürbare Gegenwarten erleben wollen«.[48] Daraus folgt allerdings lediglich ein Bedürfnis nach Momenten, in denen Präsenz erlebt wird, nicht jedoch, daß die Befriedigung dieses Bedürfnisses ein Glücksversprechen einlöst.

Nicht genug damit, daß die bis jetzt gegebene Bestimmung von Präsenz die eingangs gestellten Fragen nur rudimentär zu beantworten vermag; sie wirft darüber hinaus neue Fragen auf. Was ist unter dem »Strom von Magie« zu verstehen, den ich jetzt zunächst einmal als »Kraft« umschrieben habe? Vor allem aber: Was tritt in Erscheinung, wenn der Darsteller präsent erscheint – »die« Gegenwart seines phänomenalen Leibes oder eine ganz spezifische Qualität dieses phänomenalen Leibes?

Seit den sechziger Jahren haben Theater-, Aktions- und Performance-Künstler immer wieder versucht, eine Antwort auf diese Fragen zu finden. Sie gingen dabei zunächst von einer radikalen Entgegensetzung von Präsenz und Repräsentation/Darstellung aus, die ihnen erlaubte, das Phänomen der Präsenz zu isolieren und sozusagen zu ›vergrößern‹. Die neu entstehende Aktions- und Performance-Kunst richtete sich nicht nur, wie immer wieder betont, gegen die Kommerzialisierung der Kunst, den Warencharakter der Werke, sondern ebenso vehement gegen die Konvention des Theaters, fiktive Welten mit fiktiv handelnden Personen, die in einem literarischen Text vorgegeben sind, als gegenwärtig darzustellen. Ein solches Theater galt als Inbegriff der

48 Martin Seel, »Inszenieren als Erscheinenlassen. Thesen über die Reichweite eines Begriffs«, in: Josef Früchtl und Jörg Zimmermann (Hrsg.), *Ästhetik der Inszenierung*, Frankfurt a. M. 2001, S. 48-62, S. 53.

Repräsentation, seine Gegenwärtigkeit als lediglich dargestellte, als »als ob«. Ihr setzten Aktions- und Performance-Künstler die Forderung nach »tatsächlicher« Gegenwärtigkeit gegenüber: Was in einer Aktion oder Performance geschah, ereignete sich stets real, in realen Räumen und in Realzeit, es ereignete sich stets *hic et nunc*, in absoluter Gegenwärtigkeit.

Das Theater vollzog die Entgegensetzung von Repräsentation und Präsenz, indem es die bis dahin weitgehend übereinstimmend – mit Ausnahme der historischen Avantgarde – postulierte Einheit von Schauspieler und Figur aufhob, Schauspieler und Figur auf immer neue Weise auseinanderdividierte und die Figur so teilweise sogar ganz zum Verschwinden brachte. Damit bestimmte es nicht nur, wie im vorhergehenden Abschnitt gezeigt, den Begriff der Verkörperung neu, sondern unterzog zugleich das Phänomen der Präsenz einer eingehenden Untersuchung. Theater sowie Aktions- und Performance-Kunst leisteten so wichtige Beiträge zur Klärung der beiden zuletzt aufgeworfenen Fragen.

Mit der ersten Frage hat sich immer wieder geradezu obsessiv Eugenio Barba auseinandergesetzt, und zwar nicht nur in Inszenierungen wie *Ornitofilene* (1965/66), *Kaspariana* (1967/68), *Der Milljon* (1978; vierte Version 1982-84), *Brechts Asche* (1982-84), *Evangelist Oxyrhincus* (1985), die er mit seinem Odin Teatret in Holstebro (dem »Nordisk Teaterlaboratorium for Skuespillerkunst«) erarbeitete und in verschiedenen Teilen der Welt vor unterschiedlichem Publikum aufführte, sondern auch auf den von ihm initiierten und organisierten International Schools of Theatre Anthropology, die er seit 1980 in regelmäßigen Abständen in verschiedenen europäischen Städten durchführte. Barba unterscheidet zwischen der prä-expressiven und der expressiven Ebene der Schauspielkunst. Während auf der expressiven etwas dargestellt wird, dient die prä-expressive allein der Präsentation der Gegenwärtigkeit des Darstellers. Auf ihr lokalisiert er die Präsenz. Ausgehend von der Beobachtung, daß sich der »Strom von Magie«, von dem Gert Vielhaber mit Blick auf Gründgens spricht, ihm besonders intensiv bei Aufführungen indischer und fernöstlicher Theaterformen mitteilte, untersuchte Barba die Techniken und Praktiken, die von den Meistern jeweils angewandt werden, um gegenwärtig zu erscheinen. In der Diskussion mit ihnen kam er zu dem Ergebnis, daß diese Techniken und Praktiken dazu dienen, im Darsteller Energie zu erzeugen, die sich auf den Zuschauer überträgt.[49]

Folgt man Barba in dieser Hinsicht, so genügt es nicht, die Verkörperungsprozesse, die der Darsteller vollzieht, um Präsenz zu erzeugen, als Hervorbringung einer raumbeherrschenden und Aufmerksamkeit erzwingenden Körperlichkeit zu qualifizieren. Es geht in diesen Verkörperungsprozessen vielmehr zuallererst darum, Energie zu erzeugen, das heißt, den eigenen Leib als einen energetischen hervorzubringen. Der Darsteller wendet gewisse Verkörperungstechniken und -praktiken an, mit denen es ihm gelingt, Energie zu erzeugen, die zwischen ihm und den Zuschauern zirkuliert und auf diese unmittelbar einwirkt.

Die »Magie« der Präsenz besteht also in der besonderen Fähigkeit des Darstellers, Energie in einer Weise zu erzeugen, daß sie für den Zuschauer spürbar im Raum zirkuliert und ihn affiziert, ja tingiert. Diese Energie ist die Kraft, die vom Darsteller ausgeht.[50] Insofern sie den Zuschauer dazu animiert, selbst Energie hervorzubringen, empfindet dieser den Darsteller auch für sich selbst als Kraftquelle – eine Kraftquelle, die plötzlich und unerwartet entspringt, sich zwischen Darsteller und Zuschauer ergießt und diese zu transformieren vermag.

Barba beschreibt und bestimmt die Techniken und Praktiken, mit denen die Meister der indischen und fernöstlichen Theaterformen die besondere Art von Energie erzeugen, die sie für die Zuschauer lebendig, gegenwärtig erscheinen läßt, als ein Spiel der Gegensätze. So entstehen beispielsweise alle Grundpositionen der orientalischen Schauspieler/Tänzer durch eine Veränderung des Gleichgewichts, das die alltägliche Technik des Körpers cha-

49 Vgl. hierzu Eugenio Barba, *Jenseits der schwimmenden Inseln. Reflexionen mit dem Odin Teatret. Theorie und Praxis des Freien Theaters.* Mit einem Postskript von Ferdinando Taviani, Reinbek bei Hamburg 1985, vor allem S. 51-174; vgl. den Eintrag »Pre-expressivity«, in: *A Dictionary of Theatre Anthropology. The Secret Art of the Performer.* Hrsg. von Eugenio Barba und Nicola Savarese, London/New York 1991, S. 186-204; vgl. weiter den Eintrag »Energy«, ebd., S. 74-94.

50 Häufig sind es spezifische Trainingsmethoden, welche dem Schauspieler ermöglichen, mit und in seinem Handeln Energie hervorzubringen. Vgl. hierzu Christel Weiler, »Haschen nach dem Vogelschwanz. Überlegungen zu den Grundlagen schauspielerischer Praxis«, in: Christel Weiler und Hans-Thies Lehmann (Hrsg.), *Szenarien von Theater (und) Wissenschaft*, (= *Theater der Zeit*, Recherchen 15), Berlin 2003, S. 204-214.

rakterisiert. Es wird nach einem neuen Gleichgewicht gesucht, das größere Anstrengung verlangt und neue Spannungen nutzt, um den Körper aufrechtzuhalten. Zum anderen beginnen orientalische Schauspieler ihre Handlung häufig in der Richtung, die ihrem eigentlichen Ziel entgegengesetzt ist: Will man nach links gehen, macht man erst einen Schritt nach rechts, um dann nach einer plötzlichen Wendung den Weg nach links einzuschlagen.[51] Es handelt sich also um Techniken der Körperverwendung, die nicht nur – wie Barba betont – in einem Gegensatz zu alltäglichen Körperpraktiken stehen, sondern immer zugleich in der Wahrnehmung des Zuschauers einen Bruch bewirken, neue Spannungen herstellen.

Die Techniken, welche die Mitglieder der Schleefschen Chöre anwandten, um ihren phänomenalen Leib als einen energetischen Leib hervorzubringen, bestanden in rhythmischen Körperbewegungen und rhythmischem Sprechen. Sie erzeugten so eine enorme Energie, die von den Zuschauern erspürt wurde und diese dazu bewegte, sich selbst als energetischen Leib hervorzubringen. Der Rhythmus bewirkte auch hier einen Bruch in der Wahrnehmung des Zuschauers, versetzte ihn in einen Schwellenzustand, in dem permanent neue Spannungen entstanden.

Bei Grotowski war es das Zusammenfallen von Impuls und Reaktion, bei Wilson waren es die Techniken der *slow motion*, der Rhythmisierung und der Repetition, welche beim Zuschauer den Eindruck einer besonderen Gegenwärtigkeit hervorrufen und ihn seinerseits zu energetisieren vermögen. Das heißt, die im vorhergehenden Abschnitt angesprochenen Techniken und Praktiken zur Separierung von Darsteller und Figur, zur Ostentation auf die je besondere individuelle Leiblichkeit der Darsteller lassen sich zugleich als Techniken und Praktiken zur Erzeugung von Präsenz beschreiben. Denn sie sind es, die es dem Darsteller ermöglichen, seinen phänomenalen Leib als einen energetischen Leib hervorzubringen und damit die Zuschauer zu animieren, sich selbst als energetischen Leib zu empfinden.

Der Diskurs, der seit der performativen Wende von Theater, Aktions- und Performance-Kunst sowie in der ästhetischen Theorie um den Begriff der Präsenz geführt wird, ist in pronon-

51 Während Barba davon ausgeht, daß diesen Praktiken universelle Gesetze zugrunde liegen, halte ich sie für kulturspezifische Praktiken.

cierter Weise auf die die abendländische Tradition dominierende Körper-Geist-Dichotomie bezogen. Denn am Phänomen der Präsenz fasziniert, daß hier offensichtlich körperliche und geistige Komponenten in einem ganz spezifischen Modus aufeinandertreffen und zusammenwirken. Entsprechend wird immer wieder betont, daß es sich bei Präsenz, auch wenn sie durch den Körper des Darstellers wirkt und vom Zuschauer leiblich erspürt wird, »nicht primär [um ein] real-körperliches, sondern [um ein] mentales Phänomen« handelt. »Anwesenheit, Präsenz ist ein ›unzeitiger‹, nämlich zugleich innerhalb und außerhalb des Zeitverlaufs angesiedelter Bewußtseins-Prozeß.«[52] Wohl ist Lehmann durchaus zuzustimmen, daß Präsenz als ein Bewußtseinsprozeß zu begreifen sei – allerdings als einer, der sich leiblich artikuliert und vom Zuschauer leiblich erspürt wird. Ich vertrete daher die These, daß Präsenz ein Phänomen darstellt, welches sich in Kategorien der Körper/Geist- bzw. Bewußtseins-Dichotomie überhaupt nicht fassen läßt, vielmehr diese Dichotomie zum Kollabieren bringt, ja aufhebt. Wenn der Schauspieler seinen phänomenalen Leib als einen energetischen hervorbringt und so Präsenz erzeugt, dann tritt er dadurch als *embodied mind* in Erscheinung, das heißt als ein Wesen, bei dem Körper und Geist/Bewußtsein sich überhaupt nicht voneinander separieren lassen, vielmehr eins mit dem anderen immer schon gegeben ist.

Dies gilt nicht nur für die orientalischen Schauspieler/Tänzer, an denen Eugenio Barba Präsenz auf besonders intensive Weise erlebte, oder für den »heiligen« Schauspieler Ryszard Cieślak. An ihrer besonders starken, intensiven Präsenz mag zwar auffälliger werden, daß in ihr der Gegensatz von Körper und Geist/Bewußtsein aufgehoben ist, der phänomenale Leib des Schauspielers als *embodied mind* erscheint. Gleichwohl gilt dies für alle Darsteller, denen wir Präsenz zusprechen. In der Präsenz des Darstellers erfährt und erlebt der Zuschauer den Darsteller und zugleich sich selbst als *embodied mind*, als dauernd Werdenden, die zirkulierende Energie wird von ihm als transformatorische Kraft – und in diesem Sinne als Lebens-Kraft – wahrgenommen. Dies möchte ich das *radikale Konzept von Präsenz* nennen.

52 Hans-Thies Lehmann, »Die Gegenwart des Theaters«, in: Erika Fischer-Lichte, Doris Kolesch, Christel Weiler (Hrsg.), *TRANSFORMATIONEN. Theater der neunziger Jahre*, Berlin 1999, S. 13-26, S. 13.

Dies Konzept erhellt unmittelbar, wieso in der Präsenz des Darstellers die *promesse de bonheur* des Zivilisationsprozesses eingelöst sein soll. Der abendländische Zivilisationsprozeß baut auf der Dichotomie von Körper und Geist auf. Er schreitet angeblich um so erfolgreicher voran, je besser es dem Menschen gelingt, seinen Körper der Kontrolle seines Geistes zu unterwerfen, von seinem Körper zu abstrahieren und sich von den Bedingungen zu befreien, die mit seiner körperlichen Existenz gesetzt sind. Am Ende dieses Prozesses wird dann die Dichotomie aufgehoben sein, der Körper vollkommen im »Geist« aufgelöst. Präsenz erfüllt dies Versprechen nun in der Tat – sie hebt die Dichotomie von Körper und Geist auf, allerdings auf eine andere Weise als von Elias projektiert. Sie annulliert sie, indem sie den betreffenden Darsteller als *embodied mind* in Erscheinung treten läßt und damit dem Zuschauer die Möglichkeit eröffnet, sowohl den Darsteller als auch sich selbst als *embodied mind* zu erfahren.

Anstatt die Einlösung des Glücksversprechens auf das Ende des Zivilisationsprozesses zu verschieben, wird es in der Präsenz des Darstellers hier und heute eingelöst. Mehr noch: Indem die Präsenz des Darstellers den Zuschauer blitzartig sich selbst als *embodied mind* empfinden läßt, erklärt sie das Versprechen als immer schon eingelöst. Der Mensch *ist embodied mind*. Er läßt sich weder auf seinen Körper noch auf seinen Geist reduzieren noch gar als Schlachtfeld definieren, auf dem Körper und Geist um die Vorherrschaft kämpfen. Geist ist nicht ohne Körper zu haben und artikuliert sich im bzw. als Leib.

Der westliche Zuschauer ist aufgrund seiner kulturellen Tradition daran gewöhnt, sich aus der postulierten Dichotomie von Körper und Geist heraus zu begreifen und die Aufhebung dieser Dichotomie in eine ferne Zukunft zu projizieren bzw. sie als ein seltenes Glück zu verstehen, das wenigen auserwählten Menschen aufgrund eines besonderen, meist religiös bestimmten Lebenswandels schon hier und heute zuteil wird. Wenn ihm die Präsenz des Darstellers zustößt, er ihn als *embodied mind* erfährt und dabei zugleich sich selbst als *embodied mind* hervorbringt und empfindet, erlebt er dies als einen Glücksmoment, den in den Alltag hinüberzuretten nicht gelingen kann. Um ihn wieder hervorzurufen, bedarf es erneut der Erfahrung der Präsenz. Und so kann der Zuschauer süchtig werden nach diesen raren Augenblicken des Glücks, die ihm allein die Präsenz des Darstellers zu schenken vermag.

In der Präsenz tritt also nicht etwas Außergewöhnliches in Erscheinung, sondern etwas ganz Gewöhnliches wird in ihr auffällig und zum Ereignis: die Eigenart des Menschen, *embodied mind* zu sein. Den anderen und sich selbst als gegenwärtig, als präsent zu erfahren, heißt, ihn und sich als *embodied mind* zu erfahren und damit das eigene gewöhnliche Dasein als außergewöhnlich zu erleben, als verwandelt, ja transfiguriert.

Während der Begriff der Aura an dieser Transformation eher das Moment der Entrückung betont, des *noli me tangere*, das gleichwohl leiblich aufgenommen, »geatmet« wird, zielt der Begriff der Präsenz auf das Auffälligwerden des Gewöhnlichen, auf sein In-Erscheinung-Treten, das leiblich gespürt und dadurch zum Ereignis wird. Reauratisierung und Präsenz sind daher zwar nicht gleichzusetzen, schließen sich jedoch keineswegs gegenseitig aus. Sie intendieren vielmehr unterschiedliche Aspekte und Momente desselben Prozesses, in dem auch der Zuschauer transformiert wird.

Während jedoch der Begriff der Aura durchaus auch auf Objekte Anwendung finden kann, ist dies für den Begriff der Präsenz nur bei den ersten beiden Konzepten möglich. Denn wohl vermögen auch Objekte raumbeherrschend und aufmerksamkeitserzwingend zu sein und so durchaus sogar dem starken Konzept von Präsenz zu genügen, wenn man diese Merkmale unabhängig von Verkörperungsprozessen in den Blick nimmt. Das radikale Konzept dagegen läßt sich nicht auf Objekte übertragen. Nun werden Objekte, wie dies gerade besonders häufig in Theateraufführungen und Performances der Fall ist, durchaus auch in besonderer Weise als gegenwärtig wahrgenommen. Es leuchtet unmittelbar ein, warum diese Gegenwärtigkeit jedoch nicht als Als-*embodied-mind*-in-Erscheinung-Treten beschrieben werden kann. Wenn diese Eigenart die wichtigsten Parameter für das radikale Konzept des Präsenz-Begriffes liefert, so muß dieser der Gegenwärtigkeit von Menschen vorbehalten bleiben. Die Gegenwärtigkeit von Objekten wäre vielleicht angemessener mit Gernot Böhme als »Ekstase der Dinge« zu beschreiben. So wie in der Präsenz der Mensch als das in Erscheinung tritt, was er immer schon ist, nämlich als *embodied mind*, treten die Dinge in ihrer Ekstase als das in Erscheinung, was sie immer schon sind, was jedoch vom Menschen, der sie funktionalisiert und instrumentalisiert, im Alltag nicht wahrgenommen wird.[53] Über Entsprechungen zwischen den Begriffen Präsenz (des Darstellers) und Ekstase (der Dinge) wird daher noch zu reflektieren sein.

Keiner dieser Begriffe läßt sich jedoch auf Produkte der technischen und elektronischen Medien anwenden. Wohl vermögen diese Präsenz-Effekte zu erzeugen, nicht jedoch Präsenz. Während der Präsenzbegriff mit seiner Fokussierung des In-Erscheinung-Tretens die für ästhetische Debatten vergangener Jahrhunderte grundlegende und unentbehrliche Dichotomie von Sein und Schein außer Kraft setzt, setzen die sogenannten Präsenz-Effekte der technischen und elektronischen Medien eben diese Dichotomie voraus. Sie erzeugen den *Schein* von Gegenwärtigkeit, ohne doch tatsächlich Körper – und Objekte – als gegenwärtige in *Erscheinung* treten zu lassen. Mit Hilfe bestimmter Verfahren gelingt es ihnen, das Versprechen von Gegenwärtigkeit abzugeben. Menschliche Körper, Teile von menschlichen Körpern, Dinge, Landschaften scheinen auf besonders intensive Weise gegenwärtig zu sein, obwohl es sich real um auf die Leinwand projizierte Lichtspiele handelt oder um die spezifische Zusammenballung von Pixeln: Weder auf der Leinwand noch auf dem Bildschirm des Fernsehers noch auf dem Monitor des Computers treten menschliche Körper, Dinge und Landschaften tatsächlich als gegenwärtig in Erscheinung. Es ist der besonders geglückte Schein ihrer Gegenwart, der die sogenannten Präsenz-Effekte hervorruft. Die realen Körper, Gegenstände und Landschaften haben sich in Lichtspiele und Pixel aufgelöst. Diese sind gegenwärtig, nicht jedoch das, was in/mit ihnen gegenwärtig zu sein scheint.

Auf diesem Wege suchen auch die technischen und elektronischen Medien die *promesse de bonheur* des Zivilisationsprozesses einzulösen. Auch sie streben nach der Aufhebung der Dichotomie von Körper und Bewußtsein, Materie und Geist. Der Weg, den sie einschlagen, ist allerdings dem der Präsenz diametral entgegengesetzt. Während in der Präsenz der menschliche Leib auch und gerade in seiner Materialität in Erscheinung tritt, als energetischer Leib, als lebendiger Organismus, rufen die technischen und elek-

53 Vgl. hierzu Gernot Böhme, *Atmosphäre. Essays zur neuen Ästhetik*, Frankfurt a. M. 1995, spez. S. 31-34 sowie den Abschnitt »Atmosphäre« im nachfolgenden Teil 2 des Abschnitts Räumlichkeit.

tronischen Medien den Schein der Gegenwart des menschlichen Leibes hervor, indem sie diesen entmaterialisieren, ihn entleiblichen. Je besser es ihnen gelingt, die Materialität menschlicher Körper, Dinge, Landschaften aufzulösen, zu irrealisieren, desto intensiver und überwältigender stellt sich der Schein ihrer Gegenwärtigkeit ein. Mit diesem Schein vermögen ihre Produkte durchaus – wie das Theater des 18. Jahrhunderts – den Zuschauer zu Tränen zu rühren, ihn in Angst und Schrecken zu versetzen, so daß ihm der Atem stockt, der Schweiß ausbricht und sein Puls zu rasen beginnt.[54] Die Illusion, die sie schaffen, ist häufig erfolgreicher noch als das illusionistische Theater imstande, starke physiologische, affektive, energetische und motorische Reaktionen im Zuschauer auszulösen. Gleichwohl läßt sie nicht den phänomenalen Leib des Darstellers als gegenwärtig in Erscheinung treten, bringt ihn nicht als *embodied mind* zur Erscheinung. Die Präsenz-Effekte, der Schein von Gegenwärtigkeit lösen das Glücksversprechen des Zivilisationsprozesses vielmehr dadurch ein, daß sie, der Logik dieses Prozesses folgend, die tatsächliche Leiblichkeit der Darsteller immaterialisieren, sie entleiblichen und ihre Gegenwärtigkeit ausschließlich als ästhetischen Schein erfahrbar machen, vollkommen losgelöst von ihrer realen, materiellen Leiblichkeit.

Präsenz und Präsenz-Effekte können zwar beide als Versuch zur Einlösung des Glückversprechens begriffen werden, das der Prozeß der Zivilisation impliziert. Während jedoch die Präsenz-Effekte der technischen und elektronischen Medien dabei der Logik des Zivilisationsprozesses folgen, ist Präsenz in der Aufführung dazu imstande, weil sie diese Logik nicht anerkennt, sie subvertiert, ja zerschlägt und als bereits im Ansatz verfehlt ausweist.

Eine Ästhetik des Performativen ist in diesem Sinne eine Ästhetik der Präsenz,[55] nicht der Präsenz-Effekte, eine »Ästhetik des Erscheinens«,[56] nicht eine Ästhetik des Scheins.

54 Vgl. hierzu Hermann Kappelhoff, *Matrix der Gefühle. Das Kino, das Melodrama und das Theater der Empfindsamkeit*, Habil.-Schrift, FU Berlin 2002.

55 Vgl. Lehmann, »Die Gegenwart des Theaters«, S. 22.

56 Martin Seel, *Ästhetik des Erscheinens*, München 2000.

Wenn es um Körperlichkeit geht, so genügt es mit Blick auf Theater und Performance-Kunst seit den sechziger Jahren keineswegs, die von Schauspielern und Performern hervorgebrachte Körperlichkeit zu berücksichtigen. Denn an ihren Aufführungen sind auffallend häufig Tiere beteiligt. Besonders prominente Beispiele aus den siebziger Jahren stellen die Pferde in Grübers Inszenierung von *Die Bakchen* (1974; Schaubühne am Halleschen Ufer) dar, die während der ganzen Aufführung auf der Bühne – wenn auch meist hinter einer Glasscheibe – anwesend waren, und der Kojote aus Beuys' Aktion *I like America and America likes me* (1974; René Block Galerie New York). In den neunziger Jahren häufen sich »Auftritte« von Tieren. Marina Abramović, die bereits 1978 eine Schlange an einer Performance (zusammen mit Ulay) beteiligt hatte, arbeitete in ihren Performances *Dragon Heads*, die sie zwischen 1990 und 1994 an verschiedenen Orten aufführte, mit Pythonschlangen, die sich um ihren Körper ringelten. Jan Fabre, in dessen *Macht der theaterlichen Torheiten* (1984; Biennale di Venezia) bereits zwei Papageien und Frösche auf der Bühne erschienen waren, ließ in *Das Glas im Kopf wird vom Glas* (1990; De Vlaamse Opera Antwerpen) einen »Jungen mit dem Mond und den Sternen auf dem Kopf« auftreten, der eine afrikanische Eule auf der Schulter trug. In *Sweet Temptations* (1991; Wiener Festwochen) war auf der Bühne wieder eine afrikanische Eule anwesend, diesmal auf einem Ast hockend. In *Sie war und sie ist, sogar* (1991; Felix Meritis Amsterdam) krochen drei schwarze Vogelspinnen über den Bühnenboden, die Els Deceukelier immer wieder mit dem Saum ihres weißen Kleides berührte; und in *Fälschung wie sie ist, unverfälscht* (1992; Théâtre National Brüssel) jaulten auf der Bühne einundzwanzig Katzen, alle an kurzer Leine – allerdings nur bei der Uraufführung, in späteren Aufführungen erschienen sie nicht mehr. In Frank Castorfs Inszenierungen tummelten sich ebenfalls Tiere auf der Bühne der Volksbühne am Rosa-Luxemburg-Platz: eine Python in *Pension Schöller* (1994), Ziegen in *Hauptmanns Weber* (1997), ein Pferd in *Stadt der Frauen* (1995), ein Affe in *Schmutzige Hände* (1998), ein Goldfisch in *Dämonen* (1999) ein Hund in *Vaterland* (1999/2000) sowie in *Erniedrigte und Beleidigte* (2001).

Nun stellt der »Auftritt« von Tieren in Theateraufführungen

keineswegs eine Neuigkeit dar. Das Erscheinen von Tieren auf der Bühne ist bereits für das mittelalterliche geistliche Spiel glaubwürdig belegt und durchaus vielfach für höfische Aufführungen des 16. und 17. Jahrhunderts. Und nur allzu bekannt ist die Geschichte von Castellis *Der Hund des Aubry de Mont-Didier*, in dem ein Hund die »Hauptrolle« spielte.[57] Als Caroline Jagemann das Gastspiel am Weimarer Hoftheater 1817 durchsetzte, nahm der Leiter des Theaters, Johann Wolfgang von Goethe, dies zum Anlaß, sein Amt niederzulegen.

Während Tieren in geistlichen Spielen symbolische Bedeutungen zukamen, in höfischen Aufführungen des 16. und 17. Jahrhunderts emblematisch-symbolische Bedeutungen und seit dem 18. Jahrhundert dramaturgische Funktionen bis hin zur Milieuschilderung im Naturalismus und darüber hinaus der Erzeugung von Atmosphären wie in Reinhardts *Orestie* – bei der der Kritiker Jacobsohn das Erscheinen der Pferde im *Agamemnon* als »zirkushaft im vulgärsten Sinne« abqualifizierte und es in seiner animalischen Sinnlichkeit nur für Zuschauermassen gelten lassen wollte, »die bei Stierkämpfen aufgewachsen sind« –, lassen sich für die genannten Aufführungen seit den siebziger Jahren kaum entsprechende Bedeutungen und Funktionen ausfindig machen.[58] Äußerungen von Künstlern lassen eher darauf schließen, daß es hier um eine neue Form einer Kommunikation zwischen Mensch und Tier geht. So bezeichnete Beuys seine Aktion mit dem Kojoten als einen »Energiedialog«;[59] und Marina Abramović äußerte sich über ihre Interaktion mit den Pythonschlangen folgendermaßen: »Ich sitze regungslos auf dem Stuhl mit 5 Pythonschlangen um

57 Im 19. Jahrhundert wurden in ganz Europa sogenannte »Hunde-Dramen« aufgeführt, die speziell für Hunde in der Hauptrolle geschrieben wurden und sehr schnell zu einer veritablen Attraktion wurden. Vgl. hierzu Michael Dobson, »A Dog at all Things. The Transformation of the Onstage Canine, 1550-1850«, in: Alan Read (Hrsg.), *Performance Research. On Animals.* Vol. 5, no. 2, London 2000, S. 116-124.

58 Das heißt nicht, daß nicht auch heute Tiere in dramaturgischer Funktion in Aufführungen eingesetzt werden. Dies geschah zum Beispiel mit dem Königspudel in Peter Steins *Faust*-Inszenierung (Hannover/Berlin/Wien 2000/2001) oder auch mit der Pythonschlange in Thomas Ostermeiers Inszenierung von Marius von Mayenburgs *Parasiten* (Deutsches Schauspielhaus Hamburg/Berliner Schaubühne 2000).

59 Zit. nach Caroline Tisdall, *Joseph Beuys Coyote*, München, 3. Aufl. 1988, S. 13.

meinen Körper. Die Pythonschlangen, 3 bis 4,5 Meter lang, sind bis zur Performance während zwei Wochen nicht gefüttert worden. Ein Kreis aus Eisblöcken umgibt mich. Während der Performance bewegen sich die Schlangen, meinen Energiebahnen entsprechend, um meinen Körper«.[60]

In beiden Fällen handelte es sich um wilde, nicht dressierte Tiere; das heißt, ihr Verhalten galt als nicht vorhersehbar und als nicht plan- oder gar lenkbar. Die wilden Tiere folgten ihren eigenen Instinkten. Gleichwohl meinten beide Künstler, eine Möglichkeit der Kommunikation mit ihnen entdeckt zu haben, die als ein Energieaustausch gedacht war. Das klingt zunächst eher mysteriös. Was damit gemeint sein könnte, soll nachfolgend am Beispiel von Beuys' *Coyote*-Aktion geklärt werden.

Die Aktion, die von der Photographin Caroline Tisdall auf Bitten des Künstlers hin sorgfältig dokumentiert wurde, fand vom 23. bis zum 25. Mai 1974 in der René Block Gallery in New York jeweils von 10.00 bis 18.00 Uhr statt.[61] Beuys ließ sich am Kennedy Airport in Filz einwickeln und mit einem Krankenwagen zur Galerie fahren. Auf demselben Weg verließ er das Land wieder. Während der fünf Tage seines Aufenthalts in Amerika blieb er in der Galerie. Die Aktion wurde in einem langen, von drei Fenstern erhellten Galerieraum aufgeführt, der durch ein Gitter geteilt wurde, das Beuys und den Kojoten von den Zuschauern trennte. In der äußersten hinteren Ecke des Raumes lag ein wenig Stroh, das mit dem Kojoten zusammen herbeigeschafft worden war. Der Künstler brachte als weitere Einrichtungsgegenstände zwei lange Filzbahnen, einen Spazierstock, Handschuhe, eine Taschenlampe und fünfzig Exemplare des *Wall Street Journal* mit, das täglich neu geliefert und zu den übrigen Exemplaren hinzuge-

60 Zit. nach Toni Stooss (Hrsg.), *Marina Abramović Artist Body, Performances 1969-1997*, Mailand 1998, S. 326. Die Performance fand 1992 bei der Mediale Deichtorhalle in Hamburg statt und dauerte 60 Minuten.

61 Ursprünglich sollte die Aktion anläßlich der Eröffnung der René Block Gallery vom 21. Mai, 10.00 Uhr, bis zum 25. Mai, 18.00 Uhr, stattfinden. Da Beuys nach seinem Eintreffen jedoch noch nicht alles im gewünschten Zustand antraf, konnte die Aktion erst am 23. Mai beginnen. – Die nachfolgende Beschreibung orientiert sich an der Dokumentation von Caroline Tisdall sowie dem Bericht von Uwe M. Schneede, *Joseph Beuys. Die Aktionen*, Ostfildern-Ruit bei Stuttgart 1994, S. 330-353; berücksichtigt wird auch der Film von Helmuth Wietz: *Joseph Beuys. I like America and America likes me*, Vertrieb René Block, Berlin 1974.

legt wurde. Beuys zeigte die Zeitungen dem Kojoten, der an ihnen schnüffelte und auf sie pißte.

Die beiden Filzbahnen legte der Künstler in die Mitte des Raumes; eine von ihnen ordnete er zu einem Haufen an, aus dem er die Taschenlampe in Richtung auf die Zuschauer herausleuchten ließ. Die Exemplare des *Wall Street Journal* schichtete er in zwei Stapeln vorn im Raum. Den braunen Spazierstock über den Arm gehängt, ging Beuys zu der zweiten Filzbahn, zog die braunen Handschuhe an und hüllte sich ganz und gar in den Filz ein. Er ließ nur den nach oben gestreckten Spazierstock herausragen. Die so geschaffene Gestalt durchlief eine Reihe von Veränderungen: Aufrecht stehend reckte sie die Krücke des Stockes nach oben, rechtwinklig gebogen hielt sie die Krücke zum Boden gewandt; die Gestalt kniete auf dem Boden, kauerte dann, den Stock gegen den Boden geneigt. Dabei bewegte sich die Gestalt stetig um ihre eigene Achse, den Bewegungen und Laufrichtungen des Kojoten entsprechend. Dann wieder ließ sie sich unvermittelt seitwärts auf den Boden fallen, wo sie ausgestreckt liegenblieb. Plötzlich sprang sie vom Boden auf, ließ die Filzhülle heruntergleiten und schlug dreimal eine um ihren Hals gehängte Triangel. Als es wieder still wurde, ließ Beuys für zwanzig Sekunden von einem Tonband hinter der Barriere das Geräusch laufender Turbinen ertönen. Als erneut Stille eintrat, zog er seine Handschuhe aus und warf sie dem Kojoten zu, der sie sich ums Maul schlug. Dann ging Beuys zu den Zeitungen, die der Kojote zerstreut und zum Teil zerfetzt hatte, und ordnete sie wieder zu zwei Stapeln. Anschließend ließ er sich auf dem Stroh nieder, um eine Zigarette zu rauchen. Bei dieser Gelegenheit pflegte der Kojote sich ihm zuzugesellen. Ansonsten bevorzugte das Tier einen Platz auf dem Filzhaufen. In dieselbe Richtung blickend, in die das Licht der Taschenlampe fiel, kehrte der Kojote den Zuschauern niemals den Rücken zu. Häufig streifte er ruhelos durch den Raum, lief zu einem der Fenster und starrte hinaus. Dann wieder wandte er sich den Zeitungen zu, um sie zu zerkauen, durch den Raum zu zerren oder auf ihnen sein Geschäft zu verrichten.

Zur Filzgestalt hielt der Kojote Abstand; dann wieder umkreiste er sie witternd und aufgeregt, sprang den Stock an, biß in den Filz und zerfetzte ihn in kleine Flocken. Wenn die Gestalt ausgestreckt am Boden lag, schnupperte er an ihr, stupste sie, scharrte oder ließ sich auch einmal neben ihr nieder und versuchte unter den Filz zu kriechen. Meist hielt er sich jedoch abseits, die Augen nicht von der starren Gestalt lassend. Nur wenn Beuys seine Zigarette auf dem Stroh rauchte, suchte der Kojote regelmäßig seine Nähe. War die Zigarette zu Ende geraucht, stand Beuys wieder auf, ordnete die Filzbahnen und verhüllte sich erneut. Im Laufe der drei Tage rückten Mensch und Tier immer näher zusammen. Als diese Zeit verstrichen war, verstreute Beuys mit langsamen Bewegungen das Stroh im ganzen Raum, drückte den Kojoten zum Abschied fest an sich und verließ die Galerie auf dieselbe Weise, wie er gekommen war.

Was hatte sich in diesen drei Tagen zwischen Mensch und Tier ereignet?

Die Gegenstände, die Beuys in seinen Aktionen verwendete, entstammten überwiegend dem alltäglichen Leben – Zeitungen, Zigaretten, Taschenlampe, Handschuh, Spazierstock, Stroh, Tonband, Triangel. Mit ihnen führte er alltägliche Handlungen aus: Er ordnete die Zeitungen, rauchte, stellte den Kassettenrecorder an. Allerdings ließen sich alle diese Gegenstände und Handlungen in eine Beziehung zu Prozessen der Energieerzeugung, -erhaltung, -übermittlung oder auch -hemmung setzen. So verwandte Beuys den Filz »als Isolator und als Wärmehülle«: »Isolation von Amerika und Wärmeübermittlung für den Kojoten«.[62] Die Taschenlampe galt ihm geradezu als Inbegriff von Energie. »Zuerst beherbergt sie diese Energie gesammelt, dann nach und nach schwindet die Energie im Laufe des Tages, bis die Batterie erneuert werden muß.«[63] Die Taschenlampe war im Filz verborgen, weil sie nicht als ein technischer Gegenstand gezeigt werden sollte: »Sie sollte eine Lichtquelle sein, eine Feuerstätte, das Glühen einer schwindenden Sonne [...] aus diesem grauen Haufen«.[64] Der gebogene Spazierstock, den Beuys zum ersten Mal in seiner Aktion *Eurasia* (1965) verwendet hatte, manifestierte für ihn die Energieströme, die zwischen Osten und Westen verlaufen. Die beiden einzigen Laute bzw. Geräusche, den Klang der Triangel und die heulenden Turbinen, setzte Beuys ebenfalls im Hinblick auf ihr Energiepotential ein, das nicht genutzt oder gezielt entfaltet wird. Den Turbinenlärm erläuterte er als »das Echo herrschender Technologie:

62 Tisdall, *Joseph Beuys Coyote*, S. 14.
63 Ebd.
64 Ebd., S. 15.

Energie, die nicht verwendet wird«, während der Klang der Triangel »an die Einheit und das Eine« mahnen sollte und gedacht war als »auf den Kojoten gerichteter Bewußtseinsstoß«.[65] Dabei war wichtig, daß diese Gegenstände derartige Energieströme nicht nur bedeuteten, sondern sie auch tatsächlich erzeugten bzw. weiterleiteten.

Die Energien, welche diese Gegenstände bargen bzw. übermittelten, wenn der Kojote sich beispielsweise auf den Filz legte, am Spazierstock schnupperte oder dem Klang der Triangel lauschte, waren allerdings lediglich als Unterstützung für die Energien konzipiert, die der Künstler in sich selbst freisetzte. Beuys inszenierte sich in diesen Aktionen nicht nur als einen Schamanen, indem er mit seinem Hut, dem weiten Umhang, dem Stückchen Hasenfell an der Weste und mit der – anstelle der bei den Navajos üblichen Trommel und Trommelschlegel – um den Hals gehängten Triangel ganz ausdrücklich auf die Kleidung eines Navajo-Schamanen anspielte. Er verstand sich auch als ein Schamane, als eine Gestalt also, die mit besonderen spirituellen Kräften begabt ist, mit denen sie verändernd auf die Tier- und Menschenwelt, ja, auf den Kosmos einwirken kann:

> Ich habe ja die Figur des Schamanen wirklich angenommen während der Aktion… Allerdings nicht, um zurückzuweisen, in dem Sinne, daß wir wieder zurück […] müssen, wo der Schamane seine Berechtigung hatte… Sondern ich benutze diese alte Figur, um etwas Zukünftiges auszudrücken, indem ich sage, daß der Schamane für etwas gestanden hat, was in der Lage war, sowohl materielle wie spirituelle Zusammenhänge in eine Einheit zu bekommen.[66]

Mit dem Vollzug der beschriebenen Handlungen sollten also im Künstler und im Kojoten Energien freigesetzt werden, die Verwandlungen zu initiieren vermögen. Die Aktion stand in einer Art mythologischem Kontext. Der Kojote stellte Mythen und Legenden zufolge für die Indianer eine der mächtigsten Gottheiten dar.[67] Der Kojote verkörperte für sie geradezu die Kraft der Verwandlung und konnte seinen Zustand von einem körperlichen in einen geistigen verwandeln und umgekehrt. Er verstand alle Sprachen, ja, er vermochte sogar mit den Zäunen zu reden, daß sie

65 Ebd.
66 Zit. nach Schneede, *Joseph Beuys. Die Aktionen*, S. 336.
67 Beuys folgt hier weitgehend den Ausführungen von Frank J. Doble in seinem Buch *The Voice of the Coyote*, Boston 1949.

ihn durchließen. Wurde sein Zorn erregt, so konnte er Unheil über die Menschen bringen; ließ er sich beschwichtigen, so vermochte er gegen Krankheiten zu helfen. Die Schamanen der Navajos legten in ihren Heilungsritualen, die neun Nächte dauerten, Kojotenmasken an, um so die Kräfte des Kojoten zu beschwören und für die Heilung des Kranken einzusetzen.[68] Die Ankunft der Weißen veränderte den Status des Kojoten. Seine Erfindungskraft und Anpassungsfähigkeit, die von den Indianern als subversive Kraft bewundert und verehrt wurde, galt nun als Verschlagenheit. Aus ihm wurde der »mean coyote«, den man als eine Art Sündenbock jagen und töten durfte.

Nach den Worten von Beuys zielte seine Aktion auf diesen »traumatischen Punkt« in der amerikanischen Geschichte: »Man könnte sagen, wir sollten die Rechnung mit dem Kojoten begleichen. Erst dann kann diese Wunde geheilt werden.«[69] Das heißt, die Aktion sollte ihrerseits wie eine Art Heilungsritual funktionieren, das sowohl im Künstler als auch im Kojoten jene Kräfte entband, die eine Heilung zu bewirken vermöchten.

Um dies zu erreichen, agierte Beuys in der Tat in mancher Hinsicht wie ein Schamane. Durch permanenten Wechsel der Positionen und Verhältnisse suchte er eine liminale Situation herzustellen, in der die Verwandlung des Kojoten, die Wiederherstellung seines »ursprünglichen« Status sich vollziehen könnte. Er selbst ließ sich auf dem Stroh nieder, das mit dem Kojoten gekommen war, während der Kojote sich als Ruheplatz den Filz wählte, den Beuys mitgebracht, in besonderer Form angeordnet und mit einer Energiequelle – der Taschenlampe – ausgestattet hatte. Beuys ließ den Kojoten einerseits das *Wall Street Journal* zerreißen und auf ihm sein Geschäft verrichten, in dem er die »verknöcherte Totenstarre des Denkens über KAPITAL«[70] verkörpert sah, andererseits an den Handschuhen, dem symbolischen Verweis auf die menschlichen Hände und ihr gestaltendes, verwandelndes kreatives Potential, schnüffeln und sie sich ums Maul schlagen. Er setzte ihn sowohl dem Turbinenlärm aus, dem »Echo herrschender Technologie«, als auch dem Klang der Triangel, der unmittelbar auf das »Bewußtsein« des Kojoten zielen sollte. Mit diesen Pro-

68 Vgl. Karl W. Luckert, *Coyoteway. A Navajo Holyway Healing Ceremonial*, Tucson/Flagstaff 1979.

69 Zit. nach Tisdall, *Joseph Beuys Coyote*, S. 10.

70 Zit. ebd., S. 16.

zeduren beschwor Beuys die in den verwendeten Objekten verborgenen Kräfte und setzte so in sich selbst und in dem Kojoten die »heilenden Kräfte« frei, die eine Verwandlung von Mensch und Tier zu bewirken vermöchten. Der »Energiedialog«, den Beuys mit dem Kojoten führte, zielte darauf, in beiden Energien freizusetzen, spirituelle Kräfte zu entbinden, die eine Verwandlung bewirken.

Ob die Zuschauer die Aktion als einen solchen »Energiedialog«, als eine Art Heilungsritual wahrzunehmen vermochten, ist allerdings mehr als fraglich. Beuys und der Kojote waren von den Zuschauern durch ein Drahtgitter getrennt wie bei einer Raubtiernummer im Zirkus oder im Zoo. Diese Trennung wurde von Beuys immer dann – wenn auch nur begrenzt – aufgehoben, wenn einer seiner Freunde oder Bekannten die Galerie besuchte und der Künstler ans Gitter trat, um ihn zu begrüßen. Im ganzen jedoch stellte die Trennung ein konstitutives Element der Aktion dar, auch wenn man sie ganz praktisch als Schutzvorrichtung für die Zuschauer interpretieren kann. Damit war den Zuschauern die Position von Voyeuren zugewiesen, die aus sicherer Entfernung den Künstler bei einer gefährlichen und für ihn risikoreichen Unternehmung beobachteten. Blieb ihnen das Energiepotential verschlossen, das die Aktion entband? Erreichten sie die Energieströme, die von ihr freigesetzt wurden und zwischen Beuys und dem Kojoten zirkulierten? Die Fremdheit zwischen dem aus Europa eingeflogenen Beuys, der wie ein eingeborener indianischer Schamane agierte, und dem amerikanischen Publikum wurde nicht nur nicht aufgehoben, sondern durch die räumliche Anordnung eher noch verstärkt.

Gleichwohl ist davon auszugehen, daß die Aktion auf die Zuschauer eine ungewöhnliche Wirkung ausübte, die von den Handlungen des Künstlers und dem Verhalten des Tieres hervorgerufen wurde. Beuys behandelte den Kojoten als einen gleichberechtigten Partner. Er suchte zwar auf ihn einzuwirken, ohne ihm jedoch in irgendeiner Weise Gewalt anzutun – wenn man einmal die Tatsache außer acht läßt, daß der Kojote für die Aktion eingefangen werden mußte. Beuys ließ dem Tier jede erdenkliche Freiheit in den von ihm gesetzten, für beide in gleicher Weise geltenden Grenzen. Auch wenn der Zuschauer weder wußte noch bemerkte, daß Beuys dem Kojoten ein Bewußtsein zusprach, nahm er doch wahr, daß die Beziehung zwischen Mensch und

Tier nicht hierarchisch – wie bei einer Raubtiernummer –, sondern durch Austauschprozesse geregelt war, daß der Mensch das Tier in seiner prinzipiellen Unverfügbarkeit als gleichberechtigten Partner anerkannte – eine Wahrnehmung, die sich für viele als höchst irritierend erwiesen haben mag.

Der Zuschauer wurde von der Aktion mit der Unverfügbarkeit des Tieres konfrontiert, die von Theateraufführungen und Performances, an denen Tiere beteiligt sind, seit den sechziger Jahren immer wieder fokussiert wird. Diese Unverfügbarkeit betrifft zum einen die Materialität von Aufführungen, zum anderen aber ihren Ablauf, die autopoietische *feedback*-Schleife.

In Beuys' Aktion erschien der Tier-Körper als ein energetischer, lebendiger Organismus, als ein Körper-im-Werden. Hinsichtlich seiner Materialität bestand also kein Unterschied zwischen dem menschlichen und dem tierlichen Körper. Beide lassen sich nicht als bearbeitbares und kontrollierbares Material verwenden, aus dem ein Werk geschaffen werden kann. Wie der menschliche Körper wird auch der tierliche Körper nur als mortifizierter zum Material. Darauf verweisen Aktionen wie die von Hermann Nitsch, in denen ein Lammkadaver »bearbeitet«, mit Blut begossen, mit Eingeweiden gefüllt, auf einen Menschen gebunden wurde, oder auch Performances wie *Cleaning the House*, die Marina Abramović 1995 in der Sean Kelly Gallery in New York durchführte. Sie saß auf einem kleinen Hocker, umgeben von einem riesigen Berg frischer Rinderknochen. Sie ergriff jeden Knochen einzeln, schrubbte das Fleisch von ihm ab und wusch ihn. Sie bearbeitete die Knochen, löste die letzten, an die Lebendigkeit des Tieres erinnernden Fleischreste von ihnen ab und verwandelte sie so in Objekte, in Materialien, in Artefakte.

Der lebendige Tier-Körper dagegen bleibt unverfügbar. Ihm eignet ganz ebenso wie dem menschlichen Körper kein Werk-, sondern ein Ereignischarakter. Zwischen Mensch und Tier besteht in dieser Hinsicht kein Unterschied. Diese Einsicht mußte sich den Zuschauern von Beuys' Aktion ebenso wie von den anderen genannten Aufführungen geradezu aufdrängen. Wieweit die hier sich ereignende Entdifferenzierung zwischen Tier und Mensch beim Zuschauer nicht nur zu einer Einsicht hinsichtlich der Vergleichbarkeit bzw. Ähnlichkeit lebendiger Organismen führte, sondern auch eine unmittelbare physiologische, affektive und energetische Reaktion in ihm auslöste, darüber läßt sich nur spekulieren. Ob sich hier, in der direkten Konfrontation mit dem lebendigen Organismus des Tieres im Zuschauer jenes Tier-Werden vollzog, von dem Deleuze/Guattari sprechen,[71] ob sich in ihr der Zuschauer mit seiner eigenen Animalität konfrontiert fühlte und darauf mit entsprechenden körperlichen Symptomen reagierte, ist ungewiß. Anzunehmen ist allerdings, daß eine derartige Entdifferenzierung zwischen Mensch und Tier, die jahrhundertelangen Denk- und Handlungsgewohnheiten des abendländischen Menschen zuwiderlief – und erst von der jüngsten Genforschung in mancher Hinsicht bestätigt wurde –, die Zuschauer nicht unberührt gelassen hat.

Die Unverfügbarkeit von Tieren hat allerdings in einem anderen Sinne schon immer auf Zuschauer einen besonderen Reiz ausgeübt. Denn wo immer Tiere auf der Bühne auftreten, entfalten sie eine geradezu unheimliche »Präsenz« im starken Sinne: Sie scheinen den ganzen Bühnenraum zu füllen und alle Aufmerksamkeit auf sich zu ziehen. Sie stehlen den Schauspielern die Schau. Dies geschieht vor allem in Aufführungen, in denen die Tiere eine klar umrissene dramaturgische Aufgabe zu erfüllen haben. Denn mit dem Tier – auch wenn es sich um ein Haustier wie den Hund oder gar um einen dressierten Pudel handelt – betritt »ursprüngliche«, »geheimnisvolle«, »unberechenbare« Natur die Bühne. Vom Schauspieler kann der Zuschauer annehmen, daß er nach Plan handelt. Am Tier fasziniert ihn gerade die mit dessen Auftritt eröffnete Möglichkeit, daß sich auf der Bühne statt der geplanten Aktion etwas Unvorhergesehenes ereignen wird. Das Tier auf der Bühne wird als Einbruch des Realen in das Fiktive wahrgenommen, des Zufalls in die Ordnung, der Natur in die Kultur. Wenn ein Tier auf der Bühne erscheint, beschwört es, darin Orkanen und Überschwemmungen vergleichbar, einen kritischen Moment herauf, in dem alles in Frage steht, menschliche Ordnung der Natur preisgegeben zu werden droht – einen Moment allerdings, in dem anders als bei Orkanen und Überschwemmungen die Erwartung, daß die menschliche Ordnung zerstört wird, das heißt, das Tier die Inszenierung außer Kraft setzen wird, bedeutend lustvoller zu sein scheint als die Hoffnung,

71 Vgl. hierzu Gilles Deleuze/Félix Guattari, *Was ist Philosophie?*, aus dem Französischen von Bernd Schwibs und Joseph Vogl, Frankfurt a. M. 1996, S. 199.

daß alles nach Plan abläuft. Der Auftritt von Tieren lagert der Inszenierung ein subversives Moment ein, das sie zu sprengen droht, gleichwohl für die Zuschauer jedoch eine große Faszination bereithält.

Diese immer wieder gefürchtete Unverfügbarkeit der Tiere ist es, die seit den sechziger Jahren von Theatermachern und Performance-Künstlern immer wieder gesucht und fokussiert wird. Die Tiere, die in den Aufführungen erscheinen, haben meist keine spezielle Aufgabe zu erfüllen. Es genügt, daß sie im Aufführungsraum anwesend sind und sich in ihrer Unverfügbarkeit zeigen. Was immer sie tun, gilt als Element der Aufführung, das diese mitkonstituiert. Die Tiere verstärken so die prinzipielle Unverfügbarkeit der Aufführung, ja bringen sie überhaupt erst in den Blick der Zuschauer, wenn nicht auch der Akteure. Zwar ist es in jeder Aufführung die – wie auch immer ablaufende – Interaktion zwischen Akteuren und Zuschauern, welche die autopoietische *feedback*-Schleife unvorhergesehene Wendungen nehmen läßt. Da Akteure und Zuschauer beide in sie involviert sind, werden diese Wendungen jedoch häufig gar nicht als Emergenzen[72] wahrgenommen. Die Tiere dagegen, die mit ihrem Verhalten unablässig Emergenzen entstehen lassen, lenken die Aufmerksamkeit beider auf sie und sensibilisieren so für das Phänomen. Besonders Aufführungen, an denen Tiere mitwirken, mögen daher dem in sie involvierten Zuschauer wie eines jener natürlichen Systeme erscheinen, denen man keineswegs unterstellen kann, daß sie nur nach einem wohl überlegten »Plan« funktionieren, sondern die – wie zum Beispiel das Immunsystem – ständig mit Emergenzen rechnen und auf sie reagieren müssen.

72 Mit dem Begriff der Emergenz meine ich unvorhersehbar und unmotiviert auftauchende Erscheinungen, die zum Teil nachträglich durchaus plausibel erscheinen. Zum Begriff der Emergenz vgl. Achim Stephan, *Emergenz. Von der Unvorhersagbarkeit zur Selbstorganisation*, Dresden/München 1999; ders., »Emergenz in kognitionsfähigen Systemen«, in: Michael Pauen/Gerhard Roth (Hrsg.), *Neurowissenschaften und Philosophie*, München 2001, S. 123-154; Thomas Wägenbaur (Hrsg.), *Blinde Emergenz? Interdisziplinäre Beiträge zu Fragen kultureller Evolution*, Heidelberg 2000.

2. Räumlichkeit

Auch Räumlichkeit ist flüchtig und transitorisch. Sie existiert nicht vor, jenseits oder nach der Aufführung, sondern wird – ebenso wie Körperlichkeit und Lautlichkeit – immer erst in der und durch die Aufführung hervorgebracht. Sie ist daher auch nicht mit dem Raum gleichzusetzen, in/an dem diese sich ereignet.

Der Raum, in dem eine Aufführung stattfindet, kann zum einen als ein geometrischer Raum begriffen werden. Als solcher ist er bereits vor Beginn der Aufführung gegeben und hört mit ihrem Ende nicht auf zu bestehen. Er verfügt über einen bestimmten Grundriß, weist eine spezifische Höhe, Breite, Länge, ein bestimmtes Volumen auf, ist fest und stabil und im Hinblick auf diese Merkmale über einen längeren Zeitraum unverändert. Mit dem geometrischen Raum ist häufig die Vorstellung von einem Container verbunden. Der Raum wird als eine Art Behälter aufgefaßt, der in seinen wesentlichen Merkmalen von dem, was sich in ihm ereignet, nicht tangiert wird. Auch wenn der Fußboden mit der Zeit Löcher und Unebenheiten aufweist, die Farben verblassen, der Putz von den Wänden bröckelt, bleibt der geometrische Raum derselbe.

Zum anderen ist der Raum, in dem eine Aufführung sich abspielt, als ein performativer Raum aufzufassen. Er eröffnet besondere Möglichkeiten für das Verhältnis zwischen Akteuren und Zuschauern, für Bewegung und Wahrnehmung, die er darüber hinaus organisiert und strukturiert. Wie immer von diesen Möglichkeiten Gebrauch gemacht wird, wie sie genutzt, realisiert, umgangen oder gar konterkariert werden, hat Auswirkungen auf den performativen Raum. Jede Bewegung von Menschen, Objekten, Licht, jedes Erklingen von Lauten vermag ihn zu verändern. Er ist instabil, ständig in Fluktuation begriffen. Räumlichkeit einer Aufführung entsteht im und durch den performativen Raum, sie wird unter den von ihm gesetzten Bedingungen wahrgenommen.[73]

73 Vgl. zu den unterschiedlichen Perspektiven auf den Raum als einen architektonisch-geometrischen und einen performativen auch Jens Roselt, »Wo die Gefühle wohnen – zur Performativität von Räumen«, in: Hajo Kurzenberger und Annemarie Matzke (Hrsg.), *TheorieTheaterPraxis*, Berlin 2004.

Theaterräume, ganz gleich ob fest installiert oder lediglich provisorisch errichtet, sind in diesem Sinne immer performative Räume. Die Geschichte des Theaterbaus und der Bühnentechnik, die überwiegend als Geschichte geometrischer Räume geschrieben ist, läßt sich mit ebensolchem Recht als Geschichte spezifischer performativer Räume verstehen. Sie legt jedenfalls ein beredtes Zeugnis davon ab, wie das Verhältnis zwischen Akteuren und Zuschauern jeweils konzipiert war, welche Möglichkeiten der Bewegung durch den Raum für Akteure und welche Möglichkeiten der Wahrnehmung für die Zuschauer vorgesehen waren. Ob die Zuschauer kreisförmig um das für die Akteure vorgesehene Raumsegment plaziert werden, so daß sie es nahezu umschließen, ob sie eine rechteckige oder quadratische Bühne von drei Seiten umstehen oder sich um sie herumbewegen oder ob sie der Bühne frontal gegenübersitzen, durch eine Rampe voneinander getrennt, jeweils ist das Verhältnis zwischen Akteuren und Zuschauern anders konzipiert. Ob für die Akteure ein geräumiger kreisförmiger, nahezu leerer Tanzplatz wie die Orchestra zur Verfügung steht oder sie auf dem engen Raum vor dem ersten Kulissenpaar auf einer mit Kulissen ausgestatteten Guckkastenbühne agieren müssen, impliziert folgenreiche Vorgaben für ihre Möglichkeiten, sich im und durch den Raum zu bewegen. Ob die Zuschauer bei hellem, sich im Verlauf des Tages ändernden Sonnenlicht ihren Blick über den ganzen Theaterraum und die ihn umgebende Landschaft schweifen lassen können, um ihn dann wieder auf die Akteure vor der Skene, die Choreuten in der Orchestra oder auch auf andere Zuschauer zu fokussieren, oder ob sie in einem von Kerzen erleuchteten Innenraum vor einer nach den Prinzipien der Zentralperspektive eingerichteten Kulissenbühne sitzen, ob am idealen Augpunkt oder an einem Platz, der nur eine verzerrte Wahrnehmung der Perspektive erlaubt, dafür aber einen um so besseren Einblick in die gegenüberliegende Loge, eröffnet dem Zuschauer jeweils andere Möglichkeiten der Wahrnehmung.

Aus der Eigenart, daß der Aufführungsraum das Verhältnis von Akteuren und Zuschauern, Bewegung und Wahrnehmung jeweils auf besondere Weise organisiert und strukturiert, läßt sich allerdings nicht der Schluß ziehen, daß er diese zu determinieren vermöchte. Der performative Raum eröffnet Möglichkeiten, ohne die Art ihrer Nutzung und Realisierung festzulegen. Darüber hinaus läßt er sich auch in einer Weise verwenden, die weder geplant noch vorhergesehen war. Da solche Verwendung des Raumes den Gewohnheiten und vorgefaßten Meinungen zuwiderläuft, findet sie als außerordentliches Ereignis gelegentlich in Reiseberichten, Tagebuchaufzeichnungen, autobiographischen Notizen, Briefen oder Zeitungsberichten Erwähnung. So erfahren wir, daß im französischen Theater des 17. Jahrhunderts adlige Zuschauer häufig auf der Bühne Platz nahmen, den Raum besetzend und oft sich laut und ungeniert unterhaltend. Sie veränderten so nicht nur das von der Raumanordnung vorgeschlagene Verhältnis von Akteuren und Zuschauern, sondern auch die Möglichkeiten zur Bewegung und Wahrnehmung. Theaterskandale des 18. und 19. Jahrhunderts produzierten ähnliche Konsequenzen. Als zum Beispiel während der Uraufführung von Hauptmanns *Vor Sonnenaufgang* durch die Freie Bühne Berlin (20. Oktober 1889) ein Zuschauer sich im dunklen Zuschauerraum erhob, eine Geburtszange über seinem Haupt schwang und den Schauspielern anbot, auf die Bühne zu kommen und als Frauenarzt bei der offensichtlich schweren Geburt, die sich hinter der Bühne vollzog, zu helfen, redefinierte er das Verhältnis zwischen Akteuren und Zuschauern radikal neu. Er war nicht der einzige. Zeitungsberichten zufolge lieferte das Publikum »ein Schauspiel im Schauspiel [...]. Die Kämpfe zwischen Begeisterung und Ablehnung, Bravo und Pfui, Zischen und Klatschen, die Zwischenrufe, die Demonstrationen, die Unruhe, die Erregung, welche jedem Akt folgten, ja in das Spiel hineinplatzten, schufen das Lessing-Theater in ein Versammlungslokal um, das eine leidenschaftliche, wogende Volksmenge füllt.«[74] Der performative Raum zeichnet sich gerade dadurch aus, daß er auch eine andere als die vorgesehene Verwendung ermöglicht, auch wenn viele Beteiligte eine solche nicht vorgesehene Nutzung als ungehörig, ja empörend empfinden mögen – wie Claus Peymann noch 1965 die Erstürmung der Bühne durch einige Zuschauer bei der zweiten Aufführung der *Publikumsbeschimpfung* –, daß es die jeweilige Verwendung ist, die den perfor-

74 Curt Baake in *Berliner Volksblatt* vom 22. 10. 1889, zit. nach: Norbert Jaron et al. (Hrsg.), *Berlin-Theater der Jahrhundertwende. Bühnengeschichte der Reichshauptstadt im Spiegel der Kritik (1889-1914)*, Tübingen 1986, S. 96.

mativen Raum konstituiert und eine spezifische Räumlichkeit hervorbringt.

Die historischen Avantgardebewegungen trugen dieser Einsicht insofern Rechnung, als sie radikal mit der Vorherrschaft eines bestimmten Modells, in diesem Fall der Guckkastenbühne mit Rampe und verdunkeltem Zuschauerraum, brachen. Statt dessen experimentierten sie mit unterschiedlichen Arten von Theaterräumen, die das Verhältnis zwischen Akteuren und Zuschauern, Bewegung und Wahrnehmung jeweils anders organisieren und strukturieren. Zum einen griffen sie auf unterschiedliche historische Modelle zurück, die sie auf spezifische Weise modifizierten wie die Orchestra-Bühne, die mittelalterliche Marktplatz-Bühne oder den Hanamichi des Kabuki-Theaters. Als Reinhardt den *König Ödipus* im Berliner Zirkus Schumann zur Aufführung brachte und hier mit den Möglichkeiten einer Orchestra-Bühne experimentierte, hatte er nicht die Wiederbelebung des griechischen Theaters im Sinn. Vielmehr war er auf der Suche nach Theaterräumen, die es ermöglichen sollten, aus Akteuren und Zuschauern eine Gemeinschaft zu bilden, den an die Guckkastenbühne gewöhnten Akteuren einen neuen Bewegungsraum und den Zuschauern neue Wahrnehmungsmodi und -perspektiven zu verschaffen – wofür einzelne Kritiker ihn heftig attackierten. So beklagte Alfred Klaar »die Verteilung des Schauspiels auf den Raum vor, zwischen, unter und hinter uns, diese ewige Nötigung, den Gesichtspunkt zu wechseln«.[75]

Zum anderen schufen Theaterreformer und Avantgardisten Aufführungen in Räumen und an Orten, die eine thematische Beziehung zum jeweils aufgeführten Stück aufwiesen – sozusagen an den »Originalschauplätzen«. So ließ Reinhardt den *Sommernachtstraum* in einem Föhrenwald in Berlin-Nikolassee (1910) spielen, das *Große Salzburger Welttheater* in der Salzburger Kollegienkirche (1922), den *Kaufmann von Venedig* auf dem Campo San Trovaso in Venedig (1934). Nikolaj Evreinov brachte das Massenspektakel *Die Erstürmung des Winterpalais* auf dem Platz vor dem Winterpalais sowie an den Fenstern des Winterpalais (Petrograd 1920) zur Aufführung, und Sergej Eisenstein wählte als Aufführungsort für seine Inszenierung von Tretjakovs *Gasmasken* (1923) eine Moskauer Gasfabrik. Jeder dieser Räume hielt

75 Alfred Klaar, *Vossische Zeitung* 513, 14. Oktober 1911.

spezifische Möglichkeiten für die Aushandlung der Beziehungen zwischen Akteuren und Zuschauern bereit, für Bewegung und Wahrnehmung. Zugleich waren sie so beschaffen, daß sie die Generierung ganz neuer Möglichkeiten erlaubten.

Ferner wurde endlich der Bau neuer Theatergebäude projektiert, die variable Raumnutzungsmöglichkeiten bieten sollten, wie Reinhardt dies mit dem Umbau des Zirkus Schumann in das Große Schauspielhaus realisierte und Piscator es zusammen mit Gropius im Entwurf seines Totaltheaters konzipierte.

Die Theaterreformer der Jahrhundertwende und die Vertreter der historischen Avantgarde-Bewegungen waren sich der Performativität des Raumes bewußt. Sie erforschten die Möglichkeiten, die sich in unterschiedlichen Räumen im Hinblick auf das Verhältnis zwischen Akteuren und Zuschauern, auf Bewegung und Wahrnehmung boten, und suchten diese durch eine spezifische (Um-)Gestaltung im Sinne ihrer jeweiligen Vorstellungen und Zielsetzungen zu verstärken, so daß im Zuschauer möglichst ganz bestimmte Wahrnehmungs- und Verhaltensweisen hervorgerufen wurden. Die Regisseure der Avantgarde trachteten, wie bereits verschiedentlich angemerkt, danach, die Kontrolle über die autopoietische *feedback*-Schleife zu behalten.

Nach dem zweiten Weltkrieg, zum Teil schon in den ausgehenden dreißiger Jahren, avancierte das Guckkastentheater mit Rampe wieder zum dominierenden Modell. Ihm folgten auch die zahlreichen Theaterneubauten in Deutschland in den fünfziger Jahren. Neubauten als variable Räume wurden nicht geschaffen. Den ersten mir bekannten Fall eines derartigen Neu- bzw. Umbaus stellt die 1980 eröffnete Schaubühne am Lehniner Platz in Berlin dar, der als ein Ergebnis der performativen Wende der sechziger Jahre gelten kann.

In den sechziger Jahren setzte erneut – und nun sehr viel massiver und radikaler – ein Exodus aus den Theatergebäuden ein. Neue Spiel-Räume wurden in ehemaligen Fabriken, Schlachthäusern, Bunkern, Straßenbahndepots und Markthallen aufgesucht, in Einkaufszentren, Messehallen und Sportstadien, auf Straßen und Plätzen, in B-Ebenen der U-Bahnen und öffentlichen Parks, in Bierzelten, auf Mülldeponien, in Autowerkstätten, Ruinen, auf Friedhöfen. Überwiegend wurden Räume gewählt, die nicht als Aufführungsräume konzipiert, gebaut und gestaltet waren, die völlig anderen Nutzungszwecken dienten oder gedient hatten und kaum klare Vorgaben für das Verhältnis von Akteuren und Zuschauern implizierten. In der Mehrzahl handelte es sich um Räume, die eine ständige Redefinition dieses Verhältnisses zulassen, beiden Gruppen kein festes Raumsegment zuweisen und so für beide eine Fülle von Bewegungs- und Wahrnehmungsmöglichkeiten bereithalten. Mit der Wahl derartiger Räume wurde in den Blick gebracht, daß es die Aufführung ist, welche das Verhältnis von Akteuren und Zuschauern regelt und Möglichkeiten für Bewegung und Wahrnehmung schafft, daß sie es ist, welche Räumlichkeit hervorbringt.

Dabei treten vor allem drei Verfahren hervor, mit denen die Performativität des Raumes intensiviert wird: 1) Verwendung eines (fast) leeren Raumes bzw. eines Raumes mit variablem Arrangement, der beliebige Bewegungen von Akteuren und Zuschauern zuläßt; 2) Schaffung spezifischer räumlicher Arrangements, welche bisher unbekannte oder nicht genutzte Möglichkeiten zur Aushandlung der Beziehungen zwischen Akteuren und Zuschauern, von Bewegung und Wahrnehmung eröffnen, und 3) Verwendung vorgegebener und sonst anderweitig genutzter Räume, deren spezifische Möglichkeiten erforscht und erprobt werden.

1) In *Celtic + ~~~* zum Beispiel gab es im Bunker trotz der Holzbänke kein räumliches Arrangement, das irgendwelche Vorgaben gemacht hätte. Beuys und die Zuschauer bewegten sich im und durch den gesamten Raum. Das Verhältnis zwischen Beuys und den Zuschauern wurde ganz durch Beuys' Aktionen und die Reaktionen der Zuschauer bestimmt. Was wie wahrgenommen werden konnte, hing von der jeweiligen, sich ständig ändernden Position im Raum ab – auf einer der Bänke; mitten in die Menge eingekeilt; am Rande der Menge; unmittelbar vor dem Akteur; völlig abgedrängt o. ä. Es waren der Akteur und die Zuschauer, die durch ihre Aktionen Räumlichkeit als eine dauernd sich verändernde hervorbrachten.

In *Dionysus in 69* gab es zwar ein bestimmtes räumliches Arrangement. In der Mitte der ehemaligen Autowerkstatt, der Performance Garage, lagen schwarze Gummimatten aus, die den Raum für die Akteure zu markieren schienen. An den Wänden erhoben sich mehrstöckige Stellagen, deren einzelne Etagen mit Leitern untereinander verbunden waren, darunter eine besonders hohe, fast bis unter die Decke reichende Konstruktion, der sogenannte

Turm. Die Zuschauer konnten sich auf den Teppich rund um die Gummimatten hocken, sich unter den Stellagen verkriechen oder auf einer beliebigen Etage der Stellagen Platz nehmen. Sie konnten damit ihre Entfernung vom zentralen Bereich und ihren spezifischen Blickwinkel auf das dort sich abspielende Geschehen selbst bestimmen. Die von der Raumaufteilung eröffneten Möglichkeiten wurden allerdings im Laufe der Aufführung erheblich erweitert. So begnügten sich die Performer keineswegs mit dem zentralen Bereich, sondern bewegten sich durch den ganzen Raum. Der Darsteller des Pentheus stieg auf die höchste Etage des Turms, um von dort seine Worte an die Bürger Thebens zu richten. Bei der »caress-scene« verteilten sich die Performer/innen über den ganzen Raum bis hin zu den unter den Stellagen »verborgenen« Zuschauern und so fort. Umgekehrt hatten die Zuschauer das Recht und die Möglichkeit, sich während der Aufführung im Raum zu bewegen, sich immer wieder einen neuen Standort, einen neuen Blickwinkel zu suchen, ihre Distanz zu den Performern und zu anderen Zuschauern beliebig zu regulieren und selbst den zentralen Bereich zu besetzen, »to join the story«. Das heißt, die Vorgaben, die scheinbar gemacht waren, beschränkten nicht nur nicht die Möglichkeiten für Akteure und Zuschauer gegenüber einem leeren oder fast leeren Raum, sich durch diesen zu bewegen und die Geschehnisse wahrzunehmen, sondern multiplizierten sie vielmehr. Bei diesem Verfahren ist die Performativität des Raumes insofern besonders stark, als hier von vornherein keine besonderen Möglichkeiten favorisiert oder ausgeschlossen werden. Räumlichkeit wird ganz offensichtlich durch die Bewegungen und Wahrnehmungen von Akteuren und Zuschauern hervorgebracht.

2) Das zweite Verfahren favorisiert in der Tat bestimmte Möglichkeiten und scheint andere auszuschließen. Grotowski legte es in seinen Inszenierungen darauf an, eine Situation besonderer Nähe zwischen Schauspielern und Zuschauern zu schaffen, so daß diese den Atem der Schauspieler spüren, ihren Schweiß riechen konnten. In seiner Inszenierung von Słowackis *Kordian* (1961) ließ er an drei Stellen im Saal eiserne Etagenbetten aufstellen, auf denen die Zuschauer – nicht mehr als 65 – Platz nehmen mußten. Zugleich dienten sie als Podien, auf denen sich die exponierten Ereignisse der Aufführung abspielten. Akteure und Zuschauer teilten sich auf emphatische Weise denselben Raum. Auch

die Zuschauer wurden als Insassen der Irrenanstalt behandelt. So forderte zum Beispiel der Arzt Schauspieler und Zuschauer auf, ein bestimmtes Lied zu singen. Auf Zuschauer, die sich weigerten, stürzte er zu, baute sich Gefolgschaft heischend vor ihnen auf und hielt ihnen seinen Stock drohend unter die Nase. Die Schauspieler bewegten sich durch den gesamten Raum, während die Zuschauer sozusagen an ihre Betten gefesselt waren. Ihre Wahrnehmungsmöglichkeiten richteten sich danach, an welchem Platz im Raum sich ihr Bett befand und ob sie das obere oder untere Bett besetzten. Es wurden so Räumlichkeiten hervorgebracht, welche die Zuschauer ganz spezifischen Erfahrungen aussetzten.

Dies war ebenfalls in Grotowskis Inszenierung von Calderóns *Standhaftem Prinzen* nach Słowacki (1965) der Fall. Hier war das Theater nach Art eines *theatrum anatomicum* gestaltet. Die lediglich 30-40 Zuschauer standen in konzentrischen Kreisen und ansteigenden Reihen um den Schauplatz herum; die Reihen waren durch Wände voneinander abgetrennt, die so hoch waren, daß nur eben der Kopf (und vielleicht noch die Brust) der Zuschauer über sie hinausreichte. Die Zuschauer wurden so nicht nur weitgehend immobilisiert, sondern vor allem dem ungeheuerlichen Geschehen gegenüber in die Position von Voyeuren gedrängt. In beiden Fällen hatten die räumlichen Arrangements mit den ihnen implizierten Vorgaben für das Verhältnis von Akteuren und Zuschauern sowie für Bewegung und Wahrnehmung die Funktion, die im performativen Raum zirkulierende Energie so zu kanalisieren, daß Räumlichkeit ein spezifisches Wirkpotential zu entfalten vermochte.

Dies gilt, wenn auch in ganz anderer Weise, ebenfalls für die räumlichen Arrangements, die Einar Schleef für *Die Mütter* im bedeutend größeren Frankfurter Schauspiel schuf oder auch für *Götz von Berlichingen* im hallenartigen Bockenheimer Depot, einem ehemaligen Straßenbahndepot. Hier legte er einen breiten, »unterkellerten« Steg an die Längsachse des Depots, mitten durch den Raum; dieser nahm unmittelbar an einer der hinteren Türen, die im Laufe der Aufführung verschiedentlich geöffnet wurden, seinen Ausgang. Die Schauspieler bewegten sich – mit eisenbeschlagenen Stiefeln – auf oder unter dem Steg; beim Verteilen der gekochten Kartoffeln allerdings auch unter den Zuschauern. Diese saßen in ansteigenden Reihen zu beiden Seiten des Stegs einander gegenüber. Während sie von den oberen Reihen nur beschränkten Einblick in die Aktionen hatten, die sich unter dem Steg abspielten, konnten sie die ihnen gegenüber plazierten Zuschauer sehr genau wahrnehmen. Den vorderen und mittleren Reihen dagegen wurde die Sicht auf die gegenüberliegenden Plätze häufig durch die Aktionen auf dem Steg verstellt. Andererseits war in den vorderen Reihen die Nähe zum Steg so groß, daß die Zuschauer den Schweiß der an ihnen vorbeitrampelnden und -stürmenden Schauspieler zu riechen vermochten. Es waren diese Bewegungen auf und unter dem Steg, welche das Verhältnis zwischen Akteuren und Zuschauern ständig neu definierten und den Zuschauern bestimmte Wahrnehmungsmöglichkeiten eröffneten oder verstellten. Die Räumlichkeit der Aufführung, die so hervorgebracht wurde, änderte sich permanent, in einem Augenblick Gemeinschaftsbildung zwischen Akteuren und Zuschauern favorisierend, im nächsten sie wieder konterkarierend.

3) Das dritte Verfahren setzt an den Möglichkeiten an, die ein gestalteter und sonst – oder auch gleichzeitig – anderweitig genutzter Raum für die Hervorbringung von Räumlichkeit impliziert. Besonders häufig hat Klaus Michael Grüber mit diesem Verfahren gearbeitet. 1975 führte er den *Faust Salpêtrière* (nach Goethe) in der Chapelle Saint Louis, Hôpital de la Salpêtrière in Paris auf, 1977 die *Winterreise* im Berliner Olympiastadion, 1979 *Rudi* in der Ruine des Hotels Esplanade in Berlin, 1995 *Bleiche Mutter, zarte Schwester* auf dem Sowjetischen Friedhof, der in Oberweimar am Nordabhang des Schlosses Belvedere liegt, der Sommerresidenz Herzog Carl Augusts, Goethes Mäzen. Grüber verwendete diese Räume nicht unverändert; vielmehr fügten seine Bühnenbildner (Gilles Aillaud und Eduardo Arroyo oder Antonio Recalcati) jeweils einzelne Details hinzu, mit denen sie die Performativität der Räume verstärkten und ihre Bedeutungsmöglichkeiten veränderten bzw. erweiterten.

Für *Rudi* hatte Antonio Recalcati in den von Bomben nicht oder nur leicht zerstörten Räumen des ehemaligen Grandhotels Esplanade – der vorderen Eingangshalle, dem Palmenhof, dem Frühstückssaal und dem sogenannten Kaisersaal[76] – Installationen angebracht. Diese Räume waren bis zum Bau der Mauer, die den zum Tiergarten offenen Vorplatz des Hotels mit Mauer und

76 Heute sind die mit komplizierten technischen Verfahren transferierten Räume im Sony-Center am Potsdamer Platz zu besichtigen.

Stacheldraht absperrte, noch regelmäßig für Opern-, Presse-, Filmbälle, Modenschauen und Misswahlen genutzt worden. Nach dem Mauerbau fanden bis in die siebziger Jahre noch gelegentlich Veranstaltungen statt, die Ruine verödete jedoch zusehends. Hierher luden Grüber und Recalcati zur Aufführung von *Rudi* ein. Im Frühstücksraum saß der Schauspieler Paul Burian und las aus Bernard von Brentanos Novelle *Rudi* (aus dem Jahre 1934) mit monotoner Stimme vor. Seine Lesung wurde über Lautsprecher zeitversetzt in die anderen Räume übertragen. Als weitere Darsteller fungierten ein Junge mit langen Haaren, der Jeans, ein Hemd mit übergroßem Kragen und einen Pulli trug und in einem anderen Raum spielte, sowie eine dicke alte Frau mit grauen Haaren, schwarzem Kleid und schwarzer Weste, die im selben Raum in einem Rollstuhl saß. Der Zuschauer konnte durch die einzelnen Räume wandern, sich beliebig lange aufhalten, der Stimme lauschen, die aus dem Lautsprecher klang, sich hinsetzen oder weitergehen, in die einzelnen Räume beliebig oft zurückkehren.[77] Während er im Falle des laut lesenden Paul Burian sicher sein konnte, daß es sich um einen Darsteller handelte, galt dies weder für den Jungen noch für die alte Frau – noch auch für andere Zuschauer, die sich im Raum aufhielten. Jeder andere, der durch den Raum schlenderte, konnte als Darsteller oder auch als anderer Zuschauer wahrgenommen werden, zu dem ein spezifisches Verhältnis hergestellt wurde – sei es, indem man seinen Bewegungen durch den Raum besonders aufmerksam folgte, sei es, daß man ihn ansprach und nach seinen Wahrnehmungen, Eindrücken, Empfindungen oder einfach nach der Uhrzeit fragte. Räumlichkeit wurde entsprechend in *Rudi* überwiegend durch die Zuschauer hervorgebracht, durch ihre Bewegung und Wahrnehmung – nicht zuletzt allerdings auch durch die Bedeutungen, welche einzelne Gegenstände in den Räumen für sie besaßen oder durch die vorgelesenen Textfragmente zusätzlich annahmen. Es waren diese Bedeutungen, die ihre Wahrnehmung beeinflußten und Bewegungen und Handlungen motivierten, die eine neue, andere Räumlichkeit entstehen ließen. Wahrnehmung, Assoziation, Erinnerung und Imagination überlagerten sich – die realen

77 Vgl. zur Aufführung die aufschlußreichen Ausführungen von Friedemann Kreuder, in: ders., *Formen des Erinnerns im Theater Klaus Michael Grübers*, Berlin 2002, spez. S. 43-70.

Räume des ehemaligen Grandhotels Esplanade wurden zugleich als imaginierte oder erinnerte Räume erfahren.

Auf ganz andere Weise bediente die in Los Angeles beheimatete Gruppe Cornerstone Theater sich dieses Verfahrens, als sie ihre Collage von Beckett- und Pirandello-Texten *Foot/Mouth* (2001) in der Shopping Mall von Santa Monica aufführte. Die Zuschauer wurden auf der unteren Etage in Empfang genommen, mit Kopfhörern ausgestattet und von einem Mitglied der Truppe zu einer hochgelegenen Galerie geleitet, von der aus sie einen guten Überblick über die darunterliegenden Etagen hatten. Sie konnten nicht nur auf der Galerie, sondern, wenn sie dazu Lust verspürten, in der ganzen Mall herumlaufen. Die Darsteller bewegten sich durch die gesamte Mall, agierten jedoch überwiegend auf der eine Etage darunter- und den Zuschauern quasi gegenüberliegenden Galerie, die auch von Passanten durchquert wurde. Da die Zuschauer nicht wußten, wer die Darsteller waren und aus welcher Richtung sie kamen, wurde für sie zunächst jeder Passant zum Darsteller. Auch nachdem sich für sie geklärt hatte, wer im engeren Sinne zu den Darstellern der Gruppe gehörte und wer ein zufälliger Passant war, blieben die Passanten durchaus als besondere Spezies von Akteuren präsent, auf die einzelne Zuschauer von Zeit zu Zeit sogar ihre Aufmerksamkeit fokussierten. Einige Passanten schlenderten oder hasteten vorbei, andere blieben vor den Schaufenstern der Geschäfte stehen, betrachteten die Auslagen, betraten die Läden und verließen sie nach längerer oder kürzerer Zeit, meist mit (neuen) Tüten bepackt. Manche hielten irritiert inne, als sie Zeuge wurden, wie eine ältere Dame (die Schauspielerin) sich so weit über das Geländer beugte, daß man fürchten konnte, sie wolle sich hinunterstürzen. Andere Passanten entdeckten die mit Kopfhörern versehenen Zuschauer und starrten eine Weile zu ihnen hinüber.

Unter diesen Bedingungen war kaum auszumachen, wer hier unter die Akteure und wer unter die Zuschauer zu rechnen war. Wer immer durch die Mall schlenderte, konnte zum Akteur und/oder zum Zuschauer werden. Welcher Art sich das Verhältnis zwischen Akteur und Zuschauer gestaltete, war daher von Fall zu Fall verschieden, abhängig davon, wer wen in welcher Rolle sah. Jedem standen vielfältige Bewegungs- und Wahrnehmungsmöglichkeiten offen – dies gilt auch und gerade für diejenigen, die sich ein Ticket gekauft und damit in besonderer Weise den Status von

Zuschauern erworben hatten. Wohin und wie jeder von ihnen sich bewegte, wohin er jeweils seinen Blick lenkte, ob er die Kopfhörer aufbehielt, durch die die Stimmen der Schauspieler an sein Ohr drangen, oder sie von Zeit zu Zeit absetzte, so daß das Stimmengewirr und der geschäftige Lärm der Mall an sein Ohr schlugen und er kaum mehr zwischen den Schauspielern der Gruppe und den Passanten zu unterscheiden vermochte, jedesmal entstand eine andere Räumlichkeit, in der sich das Treiben in der Mall und das Agieren der Schauspieler auf immer neue Weise überlagerte, überblendete.

Dies Prinzip der Generierung von Räumlichkeit wird, wenn auch in stark modifizierter Form, von der Gruppe »Hygiene heute« bei den von ihnen entworfenen Audiotouren angewandt. Diese fanden bisher in Gießen (*Verweis Kirchner* 2000), Frankfurt am Main (*System Kirchner* 2000), München (*Kanal Kirchner* 2001) und Graz (*Kirchners Schwester* 2002) statt. Wie bei Audiotouren in Museen, Schlössern und anderen historischen Sehenswürdigkeiten wurde jedem Zuschauer ein Walkman ausgehändigt, der ihn/sie auf einen circa einstündigen Rundgang durch die betreffende Stadt führen sollte. Jeder Zuschauer wurde allein und im Abstand von jeweils 15 Minuten auf den Rundgang geschickt. Das Band stellte angeblich eines der wenigen Lebenszeichen des Bibliothekars Kirchner dar, der 1998 auf mysteriöse Weise spurlos verschwand. (In München war das Band dem Vernehmen nach auf einer öffentlichen Toilette gefunden worden, wo der Rundgang folgerichtig seinen Ausgang nahm.) Die Stimme auf dem Band erzählte zunächst die Geschichte vom Verschwinden des Bibliothekars und verwickelte dann den Hörer in eben diese Geschichte – als Verfolger und zugleich Verfolgten: Er befand sich offenbar in der Gefahr, in eine Falle zu geraten und von der »Schnecke« gefangen zu werden. Er wurde so zum Protagonisten der Geschichte, zum wichtigsten Akteur der Aufführung. In einem riesigen unterirdischen Parkhaus hörte er die Stimme mit beschleunigter Atmung eindringlich mahnen: »Lauf! Öffne die Tür. Die Schnecke ist ganz nah, kannst du sie riechen? Lauf schneller, öffne die Tür am Ende des Gangs!« Und an einer Straßenbahnhaltestelle gab die Stimme die Anweisung: »Beobachte die Leute an der Straßenbahnhaltestelle. Siehst du die mit den Koffern?« Da praktisch an jeder Straßenbahnhaltestelle mitten in der Stadt Leute mit Koffern stehen, überall in der Stadt Männer mit blauen

Hemden herumlaufen (vor denen in Frankfurt gewarnt wurde), an allen öffentlichen Gebäuden Überwachungskameras – auf die die Stimme immer wieder als Beleg für die Situation der Verfolgung hinwies – angebracht sind, war es für den Zuschauer/Akteur schwierig, wenn nicht gar unmöglich zu entscheiden, ob hier tatsächlich Schauspieler unterwegs waren, die die Rollen der Verfolger spielten. Diese Entscheidung wurde noch dadurch erschwert, daß Zuschauer/Akteure, die den Anweisungen der Stimme folgten, sich häufig selbst so auffällig verhielten, daß Passanten stehen blieben und sich nach ihnen umsahen. Damit erhob sich die Frage: Waren das Zuschauer oder auch Schauspieler, welche Verfolger spielten? Der Zuschauer wurde zum Akteur, ohne zwischen Akteuren und Zuschauern und zufälligen Passanten unterscheiden zu können.

Zuschauer begannen die Stadt, die sie glaubten gut zu kennen, schon nach kurzer Zeit mit anderen Augen wahrzunehmen. Sie betraten die bekannten Straßen, Plätze, Parks, Gebäude auch als Schauplätze, auf denen sich jene unglaubliche, mysteriöse, fiktive Geschichte abspielte, von der die Stimme auf dem Band mit ihren Handlungsanweisungen, Warnungen, Erklärungen erzählte – eine Geschichte, in der sie offenbar selbst eine Rolle spielten. Es war jeder einzelne Zuschauer, der mit seiner Bewegung durch den Raum und seiner durch die Stimme beeinflußten, zumindest gefärbten Wahrnehmung die Räumlichkeit der Stadt als eine merkwürdige Überblendung von realen mit fiktiven Räumen, Personen und Handlungen hervorbrachte.

Jedes der drei Verfahren weist prononciert den performativen Raum als einen ständig sich verändernden Raum aus, in dem Räumlichkeit durch Bewegung und Wahrnehmung von Akteuren und Zuschauern entsteht. Während das erste den Prozeß fokussiert, in dem Räumlichkeit von der autopoietischen *feedback*-Schleife hervorgebracht wird, lenkt das zweite die Aufmerksamkeit darauf, daß im performativen Raum Energie zirkuliert, die ein spezifisches Wirkpotential zu entfalten vermag. Das dritte Verfahren endlich läßt Räumlichkeit als Überblendung von realen und imaginierten Räumen entstehen und weist so den performativen Raum als einen »Zwischen-Raum« aus.

Räumlichkeit – so wird in allen drei Fällen deutlich – ist nicht gegeben, sondern wird ständig neu hervorgebracht. Der performative Raum ist nicht – wie der geometrische Raum – als ein Artefakt gegeben, für das ein oder mehrere Urheber verantwortlich zeichnen. Ihm eignet entsprechend kein Werk-, sondern ein Ereignischarakter.

Atmosphären

Der performative Raum ist immer zugleich ein atmosphärischer Raum. Der Bunker, das Straßenbahndepot, das ehemalige Grandhotel – jedem dieser Räume ist eine ganz besondere Atmosphäre eigen. Räumlichkeit entsteht nicht nur durch die spezifische Verwendung, welche Akteure und Zuschauer vom Raum machen, sondern auch durch die besondere Atmosphäre, die er auszustrahlen scheint. Im Falle der Gruppe Cornerstone Theater war beides auf intrikate Weise miteinander verknüpft. Es war die Möglichkeit, sich durch die Shopping Mall wie ein Flaneur zu bewegen und auf der Galerie stehenzubleiben, um das Geschehen zu betrachten – den hektischen Freitagabendbetrieb in einer Shopping Mall ebenso wie die Schauspieler, die unter Verwendung von Texten Becketts und Pirandellos Situationen schufen, die in dieser Umgebung ständig zwischen Wirklichkeit und Fiktion oszillierten, oder auch die unterschiedlichen Reaktionen der Passanten –, was die besondere Atmosphäre der Shopping Mall auf ganz eigentümliche Weise hervortreten ließ, so daß sie den sie erspürenden Zuschauer affektiv ergriff.

Auch bei einer konventionellen Raumaufteilung, die eine klare Trennung von Bühne und Zuschauerraum vorsieht und die Bühne für die Schauspieler reserviert, trägt die Atmosphäre dazu bei, eine ganz spezifische Räumlichkeit zu erzeugen. Als die Zuschauerin am Abend einer Aufführung von Marthalers *Murx den Europäer! Murx ihn! Murx ihn! Murx ihn! Murx ihn ab!* (Volksbühne am Rosa-Luxemburg-Platz Berlin 1993, Bühne Anna Viebrock) den Zuschauerraum der Volksbühne betrat, umfing sie eine ganz eigentümliche Atmosphäre; sie läßt sich als Atmosphäre in einem Wartesaal beschreiben, als ungemütlich, aber auch als unheimlich, gespenstisch, unwirklich. Die Zuschauerin sah auf der Bühne einen Raum, der bis unter die Decke mit Kunststoffurnier getäfelt war und die warme Holztäfelung des Zuschauerraums auf scheußliche Weise fortsetzte; in der Mitte eine Schiebetür wie zu einem Flur, rechts und links Toilettentüren; über der

Schiebetür eine Art Bahnhofsuhr, die stehengeblieben war; neben ihr die Worte »damit die Zeit nicht stehen bleibt«; an der rechten Wand rostige Heizkörper und zwei riesige Kohleöfen, links vorne ein Klavier und in der Mitte des Raumes zwei schnurgerade Reihen quadratischer Plastiktische mit Plastikstühlen, auf denen unbeweglich elf ganz verschiedene Figuren saßen. Es war nicht ein einzelnes dieser Elemente, auf das sich die besondere Atmosphäre zurückführen ließ – auch wenn einzelne Objekte wie die Uhr und die Kohleöfen in besonderer Weise ihre Aufmerksamkeit auf sich zogen –, es war vielmehr der Gesamteindruck, der sie hervorrief. Sie war das erste, was auf die Zuschauerin einwirkte und ihre weitere Wahrnehmung beeinflußte.

Atmosphären sind, wie Gernot Böhme ausführt, zwar ortlos, aber dennoch räumlich ergossen. Sie gehören weder allein den Objekten bzw. den Menschen an, die sie auszustrahlen scheinen, noch denen, die den Raum betreten und sie leiblich erspüren. Sie sind im Theaterraum gewöhnlich das erste, was die Zuschauer erfaßt und »tingiert« und ihnen so eine ganz spezifische Erfahrung von Räumlichkeit ermöglicht. Diese läßt sich nicht unter Rekurs auf einzelne Elemente des Raumes erklären. Denn nicht sie sind es, welche die Atmosphäre schaffen, sondern das – bei Inszenierungen in der Regel wohlkalkulierte – Zusammenspiel aller. Böhme, dem das Verdienst zukommt, den Begriff der Atmosphäre, ausgehend von Benjamins Aura-Begriff, diesen jedoch signifikant verändernd, in die Ästhetik eingeführt zu haben, bestimmt Atmosphären als »[...] Räume, insofern sie durch die Anwesenheit von Dingen, von Menschen oder Umgebungskonstellationen, d. h. durch deren Ekstasen, ›tingiert‹ sind. Sie sind selbst Sphären der Anwesenheit von etwas, ihre Wirklichkeit im Raum«.[78] Atmosphären gehören also dem performativen Raum zu, nicht dem geometrischen. Sie sind

> [...] nicht freischwebend gedacht, sondern gerade umgekehrt als etwas, das von den Dingen, von Menschen oder deren Konstellationen ausgeht und geschaffen wird. Die Atmosphären sind so konzipiert weder als etwas Objektives, nämlich Eigenschaften, die die Dinge haben, und doch sind sie etwas Dinghaftes, zum Ding Gehöriges, insofern nämlich die Dinge durch ihre Eigenschaften – als Ekstasen gedacht – die Sphären ihrer Anwesenheit artikulieren. Noch sind die Atmosphären etwas Subjektives, etwa Bestim-

78 Böhme, *Atmosphäre. Essays zur neuen Ästhetik*, S. 33.

mungen eines Seelenzustandes. Und doch sind sie subjekthaft, gehören zu Subjekten, insofern sie in leiblicher Anwesenheit durch Menschen gespürt werden und dieses Spüren zugleich ein leibliches Sich-Befinden der Subjekte im Raum ist.[79]

An dieser Beschreibung und Bestimmung von Atmosphäre sind in unserem Zusammenhang vor allem zwei Aspekte besonders interessant. Zum einen bestimmt Böhme Atmosphären als »Sphären der Anwesenheit«. Zum anderen lokalisiert er sie weder in den Dingen, die sie auszustrahlen scheinen, noch in den Subjekten, die sie leiblich erspüren, sondern zwischen ihnen und in beiden zugleich. Mit dem Begriff »Sphären der Anwesenheit« ist offenbar ein spezifischer Modus von Gegenwärtigkeit von Dingen gemeint. Böhme erläutert ihn näher als »Ekstase der Dinge«, als die Art und Weise, auf die ein Ding dem Wahrnehmenden in besonderer Weise als gegenwärtig erscheint. Dabei sind nicht nur die Farben, Gerüche oder, wie ein Ding tönt, als Ekstasen gedacht, also die sogenannten sekundären Qualitäten eines Dings, sondern auch seine primären Qualitäten wie die Form. »Die Form eines Dinges *wirkt* [...] auch nach außen. Sie strahlt gewissermaßen in die Umgebung hinein, nimmt dem Raum um das Ding seine Homogenität, erfüllt ihn mit Spannungen und Bewegungssuggestionen«[80] und verändert ihn so. Das gleiche gilt für Ausdehnung und Volumen eines Dinges. Sie sind nicht nur als die Eigenschaft eines Dinges zu denken, einen bestimmten Raum zu besetzen. »Die Ausdehnung eines Dinges und sein Volumen sind [...] auch nach außen hin spürbar, geben dem Raum seiner Anwesenheit Gewicht und Orientierung.«[81]

Die Ekstase der Dinge führt dazu, daß die so nach außen wirkenden Dinge dem sie Wahrnehmenden in besonderer Weise als gegenwärtig erscheinen, sich seiner Aufmerksamkeit aufdrängen. Der Begriff der Ekstase meint also nicht ganz dasselbe wie der Begriff der Präsenz. Wohl zielt er auf Gegenwärtigkeit nicht nur im Sinne des schwachen, sondern auch im Sinne des starken Konzepts von Präsenz. Während es sich bei Präsenz jedoch um energetische Vorgänge zwischen Menschen handelt, läßt sich den Dingen wohl nur bedingt eine in ihnen bzw. von ihnen erzeugte

79 Ebd., S. 33f.
80 Ebd., S. 33.
81 Ebd.

Energie zusprechen. Gleichwohl geht etwas von ihnen aus, das nicht mit dem gleichzusetzen ist, was der Wahrnehmende sehen oder hören mag, das er gleichwohl beim Sehen und Hören des Dings leiblich erspürt, etwas, das sich *zwischen* dem Ding und dem es wahrnehmenden Subjekt im performativen Raum ergießt – eine spezifische Atmosphäre.

Etwas Ähnliches gilt für den Raum. Wenn der geometrische Raum zum performativen wird, vermögen auch seine sogenannten primären Qualitäten – also Ausdehnung und Volumen – nach außen spürbar zu werden, auf den Wahrnehmenden einzuwirken.

Der Atmosphäre kommt für die Hervorbringung von Räumlichkeit in einer Aufführung eine vergleichbare Bedeutung zu wie der Präsenz für die Erzeugung von Körperlichkeit. In der Atmosphäre, die der Raum und die Dinge auszustrahlen scheinen, werden diese dem Subjekt, das ihn betritt, in emphatischem Sinne gegenwärtig. Nicht nur, daß sie sich ihm in ihren sogenannten primären und sekundären Qualitäten zeigen und in ihrem So-Sein in Erscheinung treten, sie rücken dem wahrnehmenden Subjekt in der Atmosphäre auch in bestimmter Weise auf den Leib, ja dringen in ihn ein. Denn es findet sich nicht der Atmosphäre gegenüber, nicht in Distanz zu ihr, sondern wird von ihr umfangen und umgeben, taucht in sie ein.

Dies wird besonders an den Gerüchen deutlich, welche die jeweilige Atmosphäre miterzeugen. Theaterräume sind immer von Gerüchen durchzogen – ganz gleich, ob diese Gerüche als ungewolltes, aber nicht abzustellendes Begleitphänomen entstehen oder als Ergebnis eines Inszenierungsprozesses. Um so erstaunlicher ist es, wie wenig Aufmerksamkeit bisher Gerüchen im Theater zuteil geworden ist. Während es im Freilichttheater die Düfte der umgebenden Natur oder die Gerüche der Stadt sind, welche die Atmosphäre mit hervorbringen, waren es seit dem Einzug der Theater in Innenraume bis zur Erfindung der Gasbeleuchtung in den zwanziger Jahren des 19. Jahrhunderts die Gerüche, die von qualmenden Kerzen und blakenden Öllampen ausgingen, ebenso wie die Gerüche von Schminke, Puder, Parfüm und Schweiß, der von den Akteuren wie von den Zuschauern ausging.

Seit dem Naturalismus wurden Gerüche bewußt eingesetzt, um bestimmte Atmosphären zu schaffen. Der stinkende Misthaufen auf der Bühne und der bereits nach kurzer Zeit sprichwörtlich gewordene Kohlgeruch trugen wesentlich dazu bei, die Zuschauer auch atmosphärisch in das Bauern- oder Arme-Leute-Milieu hineinzuziehen, sie leiblich mit ihm in Berührung zu bringen. Max Reinhardt setzte Gerüche ein, um unterschiedliche Atmosphären zu schaffen. Sein Wald im *Sommernachtstraum* (Neues Theater Berlin 1904) machte nicht nur Sensation, weil er sich drehte – es handelte sich um die erste Anwendung der 1898 nach dem Modell des Kabuki-Theaters erfundenen Drehbühne –, sondern auch weil das Moos, mit dem Reinhardt den Bühnenboden hatte auslegen lassen, einen betörenden Duft verströmte, der die Zuschauer den Wald ganz intensiv als gegenwärtig empfinden ließ. Die Symbolisten wiederum setzten im Theater Gerüche ein, um im Zuschauer bestimmte synästhetische Erlebnisse auszulösen.

Bei der bewußten und intendierten Verwendung von Gerüchen wurde von der Voraussetzung ausgegangen, daß sie sich im gesamten Raum ausbreiten und starke körperliche Wirkungen im Zuschauer hervorrufen. Dies liegt vor allem daran, daß Räume, Objekte oder Menschen mit dem Geruch, der von ihnen ausgeht, geradezu in den Leib des diesen Geruch witternden Subjektes eindringen. Auf diese Eigenart des Geruchs hebt Georg Simmel ab, wenn er schreibt:

> Indem wir etwas riechen, ziehen wir diesen Eindruck oder dieses ausstrahlende Objekt so tief in uns ein, in unser Zentrum, assimilieren es sozusagen durch den vitalen Prozeß des Atmens so eng mit uns, wie es durch keinen andern Sinn einem Objekt gegenüber möglich ist – es sei denn, daß wir es essen. Daß wir die Atmosphäre jemandes riechen, ist die intimste Wahrnehmung seiner, er dringt sozusagen in luftförmiger Gestalt in unser Sinnlich-Innerstes ein.[82]

In Theater und Performance-Kunst seit den sechziger Jahren wurden immer wieder Gerüche eingesetzt. In Nitschs Orgien-Mysterien-Theater war es gerade der Geruch, der dem Lammkadaver, seinem Blut und seinen Eingeweiden entströmte, der die Zuschauer in eine ganz spezifische Atmosphäre eintauchen ließ und in ihnen starke Ekel- oder zum Teil auch Lustgefühle hervorrief. Grotowski drängte Darsteller und Zuschauer auf so engem Raum zusammen, daß die Zuschauer den Schweiß der Schauspieler riechen konnten; deren Leiblichkeit wurde ihnen so in beson-

82 Georg Simmel, *Soziologie. Untersuchungen über die Form der Vergesellschaftung*, 2. Aufl. München/Leipzig 1922, S. 490.

derer Weise gegenwärtig, und zugleich empfanden sie intensiv die von ihnen ausstrahlende und den Raum beherrschende Atmosphäre.

Außer den Gerüchen der notorischen Nebelmaschinen sind es vor allem Essensgerüche, die sich immer wieder im Raum verbreiten. In Johann Kresniks Produktion über Artaud, *Antonin Nalpas* (Prater, Premiere 16. Mai 1997), wurden Teile eines großen Fisches gegrillt. Während der Geruch zumindest für hungrige Zuschauer zunächst durchaus angenehme Empfindungen auslöste, rief er, je weiter die Prozedur fortschritt und je stärker die Fischteile verkohlten, Abscheu und Ekel hervor. Ganz ähnlich erging es den Zuschauern in Castorfs Inszenierung von *Endstation Amerika* (Volksbühne am Rosa-Luxemburg-Platz 2000). Hier machte sich Kathrin Angerer daran, Eier zu braten, die jedoch zunehmend verbrutzelten und den typischen Geruch von verkohltem Eiweiß verströmten. In der Produktion *De Metsiers* der Gruppe Hollandia (Gastspiel an der Berliner Schaubühne 2003) ergriff eine der Schauspielerinnen eine große Bierflasche, öffnete sie und bespritzte einen ihrer Kollegen von oben bis unten mit der herauszischenden Flüssigkeit. Auf dem Bühnenboden bildeten sich Bierlachen. Vom Schauspieler ebenso wie vom Bühnenboden ging ein widerlicher, penetranter Biergeruch aus, der sich schnell im ganzen Raum verbreitete. In der Pause wurden zwar die Bierlachen vom Boden gewischt, der Geruch blieb jedoch bis zum Ende der Aufführung im Raum hängen und prägte auch weiterhin die Atmosphäre mit.

Wie Simmel konstatiert hat, ist es lediglich das Essen, bei dem wir uns Objekte noch stärker assimilieren als beim Riechen. Gerüche, die von Speisen und Getränken ausgehen, wirken, indem sie durch den Atem eindringen, auch gleichzeitig auf die Speichelbildung in der Mundhöhle und in gewisser Weise auch auf die Eingeweide ein, lösen intensive Lust- oder Ekelgefühle aus. Indem der Zuschauer sie in sich aufnimmt, wird er sich in besonderer Weise seiner innerleiblichen Vorgänge bewußt, empfindet er sich als einen lebendigen Organismus.

Der Geruch stellt zweifellos eine der stärksten Wirkkomponenten von Atmosphären dar. Das hängt auch damit zusammen, daß Gerüche, haben sie sich einmal im Raum verbreitet, nicht wieder »zurückgeholt« werden können; sie erweisen sich vielmehr als äußerst widerständig. Nachdem die Nebelschwaden sich schon längst verzogen haben, lastet ihr Geruch immer noch auf den Zuschauern; nachdem die verkohlten Eier längst von der Bühne verschwunden sind, hängt ihr Geruch immer noch im Raum. Und auch nachdem die Bierlachen auf dem Bühnenboden aufgewischt waren, behielten die Zuschauer – zumindest in den vorderen Reihen – den Biergeruch bis zum Ende der Aufführung in der Nase. Der Geruch ähnelt dem berühmten Geist aus der Flasche, der, einmal in die Welt gesetzt, kaum wieder einzufangen und zu kontrollieren ist. Er entzieht sich der Verfügungsgewalt der Akteure und Zuschauer und widersetzt sich hartnäckig Versuchen zu einer grundlegenden Veränderung der Atmosphäre.

Nicht zuletzt deshalb wird in Theater und Performance-Kunst seit den sechziger Jahren so häufig mit Gerüchen gearbeitet. Darüber hinaus ist allerdings eine bemerkenswerte Verstärkung auch aller anderen Komponenten festzustellen, die an der Schaffung von Atmosphären beteiligt sind. Dies ermöglicht eine besondere Intensität der Ekstasen der Dinge, und zwar im Hinblick sowohl auf ihre »primären« als auch auf ihre »sekundären« Qualitäten. Die Räume werden so verwendet, daß selbst ihre Ausdehnung, ihr Volumen und ihre Materialbeschaffenheit eindringlich hervorzutreten vermögen, wie es beim Bunker in *Celtic* + ~~~, beim Bockenheimer Straßenbahndepot in allen Inszenierungen Einar Schleefs oder auch bei der Betonapsis im Mendelssohnbau der Berliner Schaubühne bei Grübers *Hamlet* (1981) oder in Sasha Waltz' *Körper* (2000) der Fall war. Daneben wurden im Einzelfall Gegenstände eingesetzt, die gerade aufgrund ihrer besonderen Ausdehnung, ihres Volumens, ihrer Materialbeschaffenheit den Raum und die Atmosphäre zu dominieren vermögen wie der riesige Trichter, aus dem Sand rieselte, in Heiner Goebbels Inszenierung *Die glücklose Landung* (1993, TAT/Frankfurt am Main; 1994, Hebbel-Theater/Berlin) oder der Metallcontainer in Zadeks jüngster *Hamlet*-Inszenierung (Premiere Wiener Volkstheater, Mai 1999, dann Schaubühne am Lehniner Platz/Berlin, ab September 1999), der das Zentrum der Bühne besetzte.

Vor allem sind es Licht und Laute, die zur Schaffung von Atmosphären beitragen und diese in Sekundenbruchteilen zu verändern vermögen. Robert Wilson arbeitet in seinen Inszenierungen mit Lichtcomputern, die es ermöglichen, innerhalb von 120 Minuten mehr als dreihundert verschiedene Lichteinstellungen zu realisieren und so permanent das Licht und die Farben zu verändern. Damit verändert sich zugleich die Atmosphäre – dies geschieht jedoch angesichts der Geschwindigkeit des Lichtwechsels häufig unterhalb der Schwelle der bewußten Wahrnehmung. Nun nimmt der Mensch Licht nicht nur mit dem Auge auf, sondern auch mit der Haut. Es dringt sozusagen durch die Haut in den Leib des Wahrnehmenden. Der menschliche Organismus reagiert ganz besonders sensibel auf Licht. Beim Zuschauer, der ständig wechselnden Lichtverhältnissen ausgesetzt ist, kann sich daher seine Befindlichkeit oft und abrupt ändern, ohne daß er dies bewußt zu registrieren, geschweige denn zu kontrollieren vermöchte. Seine Neigung, sich während einer Wilson-Aufführung in die Atmosphäre hineinziehen zu lassen, die gerade aufgrund der prononcierten und bewußt wahrgenommenen Langsamkeit der Bewegungen der Akteure eine große Suggestivkraft entfaltet, wird so weiter verstärkt. Der performative Raum erscheint hier vor allem als ein atmosphärischer Raum.

Ein starkes atmosphärisches Wirkpotential vermögen auch Laute, Geräusche, Klänge, Musik zu entfalten. Wilson, den die Kritik immer wieder für seine Bildlichkeit preist, arbeitet in seinen Inszenierungen mit Komponisten und Musikern wie Philip Glass, David Byrne, Tom Waits und vor allem Hans Peter Kuhn zusammen, die dafür Sorge tragen, daß Geräusche, Laute, Klänge und Musik – vom Geräusch fallender Wassertropfen bis zum Absingen von Liedern – für die Atmosphären und ihre Wirkungen ebenso bestimmend sind wie das Licht.

Laute sind mit Gerüchen insofern vergleichbar, als auch sie das wahrnehmende Subjekt umfangen, umhüllen und in seinen Leib eindringen. Der Körper kann zum Resonanzkörper für die gehörten Laute werden, mit ihnen mitschwingen; bestimmte Geräusche vermögen sogar lokalisierbare körperliche Schmerzen auszulösen. Gegen Laute vermag sich der Zuschauer/Zuhörer nur zu schützen, wenn er sich die Ohren zuhält. Er ist ihnen – wie den Gerüchen – in der Regel wehrlos ausgesetzt. Zugleich werden die Körpergrenzen aufgehoben. Wenn die Laute/Geräusche/Musik den Körper des Zuschauers/Zuhörers zu ihrem Resonanzraum machen, sie in seinem Brustkorb re-sonieren, wenn sie ihm körperliche Schmerzen zufügen, eine Gänsehaut auslösen oder einen Aufruhr der Eingeweide herbeiführen, dann hört der Zuschauer/Zuhörer sie nicht mehr als etwas, das von außen an sein Ohr dringt, sondern spürt sie als einen inner-leiblichen Vorgang, was häufig ein »ozeanisches« Gefühl auslöst. Mit den Lauten dringt die Atmosphäre in den Leib der Zuschauer ein und öffnet ihn für sie.

Besonders prominente Beispiele dafür liefern außer Wilson Heiner Goebbels und Christoph Marthaler. In *Murx* beispielsweise änderte sich die einleitend geschilderte Atmosphäre von Schäbigkeit, grotesk-komischer Trostlosigkeit jedesmal schlagartig, wenn die Akteure sich zum Chor zusammenfanden und ein Lied anstimmten. Ihr Gesang ließ die deprimierende Scheußlichkeit des Wartesaal-ähnlichen Raumes vergessen, die Kleinlichkeit und Gehässigkeit, mit der die Figuren einander traktierten. Ihr Gesang schien sie und die Zuschauer dieser niederdrückenden Alltagswelt zu entrücken, eine Atmosphäre zu schaffen, die, geprägt von Fülle, Zusammenklang und Harmonie, die Utopie einer Erlösung von all diesen niederdrückenden Widrigkeiten eines kleinlichen, armseligen Alltags aufscheinen ließ. Nachdem der Gesang verklungen war, auch sein Nachhall nicht mehr durch den Raum wehte, breitete sich erneut die Atmosphäre von Trübseligkeit im Theaterraum aus und affizierte erneut die Zuschauer.

Theater und Performance-Kunst seit den sechziger Jahren lassen geradezu emphatisch den performativen Raum als einen zugleich atmosphärischen hervortreten. Im Hinblick auf eine Ästhetik des Performativen wird damit vor allem dreierlei geleistet: Zum einen wird unabweisbar deutlich, daß Räumlichkeit in Aufführungen kein Werk-, sondern ein Ereignischarakter zukommt, daß sie flüchtig und transitorisch ist. Zum anderen empfindet der Zuschauer im atmosphärischen Raum seine Leiblichkeit auf ganz spezifische Weise. Er erlebt sich als einen lebendigen Organismus, der im Austausch mit seiner Umwelt steht. Die Atmosphäre dringt in seinen Leib ein, durchbricht seine Körpergrenzen. Damit wird drittens der performative Raum als ein liminaler Raum ausgewiesen, in dem Verwandlungen durchlaufen werden und Transformationen stattfinden.

Böhme hat seine Ästhetik der Atmosphäre als Antithese zu einer semiotischen Ästhetik entwickelt. Während die semiotische Ästhetik von der Voraussetzung ausgehe, daß Kunst als Sprache zu verstehen sei, weswegen sie Prozesse der Bedeutungsgenerierung fokussiere, lenke die Ästhetik der Atmosphäre die Aufmerksamkeit auf die leibliche Erfahrung. Diese Verlagerung des Schwerpunkts von den Bedeutungen zur leiblichen Erfahrung teile ich mit Böhme. Ich frage mich allerdings, ob man aus der leiblichen Erfahrung und speziell aus der Erfahrung von Atmosphären die Bedeutungsdimension ganz und gar ausklammern kann. Denn die Wirkung von Atmosphären läßt sich nicht im Sinne des Stimulus-Respons-Schemas als ein physiologischer Reflex erklären, der in jedem sie wahrnehmenden – sie leiblich erspürenden – Subjekt automatisch ausgelöst würde, so wie jeder automatisch die Augen schließt, wenn ein Fremdkörper diese berührt. Sowohl die Dinge – wie der Container im *Hamlet* oder die Kohleöfen in *Murx* – als auch die von ihnen ausgehenden Gerüche und Laute – wie der Geruch von gebratenem Fisch in *Antonin Nalpas* oder das Geräusch fallender Wassertropfen in Wilsons *Lear* (Schauspielhaus Frankfurt im Bockenheimer Depot 1990) – sowie bestimmte Lichteinstellungen – wie das blendend gleißende Licht nach Gloucesters Blendung in Wilsons *Lear* – können für Zuschauer bedeutungsvoll sein, ja, vermögen Kontexte und Situationen aufzurufen oder Erinnerungen zu wecken, die für das wahrnehmende Subjekt stark emotional aufgeladen sind. Es ist kaum vorstellbar, daß diese Bedeutungsdimension der Dinge für die Wirkung von Atmosphären völlig ohne Belang ist. Ich gehe vielmehr davon aus, daß derartigen Bedeutungen durchaus ein Anteil an der starken Wirkung von Atmosphären zukommt. Wie in ihnen die Materialität der Dinge, die in deren Ekstasen in Erscheinung tritt, mit den Bedeutungen, die sie für das wahrnehmende Subjekt besitzen mögen, zusammenwirken, wird noch ausführlich zu diskutieren sein.[83]

3. Lautlichkeit

Geradezu paradigmatisch für die Flüchtigkeit von Aufführungen ist ihre Lautlichkeit. Was könnte flüchtiger sein als ein (v)erklingender Laut? Aus der Stille des Raumes auftauchend, breitet er sich in ihm aus, füllt ihn, um im nächsten Augenblick zu verhallen, zu verwehen, zu verschwinden. So flüchtig er sein mag, wirkt er doch unmittelbar – und häufig nachhaltig – auf den ein, der ihn vernimmt. Er vermittelt ihm nicht nur ein Raumgefühl (in diesem Zusammenhang sei daran erinnert, daß unser Gleichgewichtssinn im Ohr sitzt); er dringt in seinen Leib ein und vermag häufig, phy-

83 Vgl. hierzu das fünfte Kapitel »Emergenz von Bedeutung«.

siologische und affektive Reaktionen auszulösen. Ein Schauder überfällt den Hörenden, er bekommt eine Gänsehaut, sein Puls beschleunigt sich, seine Atemzüge werden kürzer und heftiger; er verfällt der Melancholie oder, im Gegenteil, bricht in Euphorie aus, Sehnsucht nach *je-ne-sais-quoi* ergreift ihn, Erinnerungen steigen in ihm auf und so fort. Lautlichkeit ist, wie bereits im letzten Abschnitt erläutert, ein starkes Wirkpotential inhärent.

Theater ist niemals nur ein Schau-Raum *(theatron)*, sondern immer auch ein Hör-Raum *(auditorium)*.[84] In ihm erklingen sprechende oder singende Stimmen, Musik, Geräusche. Bereits im griechischen Theater wurde mit speziellen Geräuscheffekten gearbeitet; so wurde das Geräusch des Donners mit dem Bronteion erzeugt, einem aufgespannten Fell, auf das man aus einem Erzbehälter Bleikugeln prasseln ließ, oder einem Metallbecken, in das man Kieselsteine schüttete.

Bis heute ist in Feuilletons, aber auch in der (Literatur-)Wissenschaft die Meinung verbreitet, daß sich das europäische Theater vom Theater anderer Kulturen dadurch unterscheide, daß seine Lautlichkeit weitgehend mit gesprochener Sprache gleichzusetzen sei. Daraus wird dann gefolgert, daß Lautlichkeit als solche in der Aufführung nicht eigentlich relevant sei, sondern lediglich als Vermittlerin von Sprache, als Medium, in dem und durch das Sprache in Erscheinung tritt. Nun wissen wir allerdings, daß bereits im griechischen Theater nicht nur rezitiert wurde. In der Tragödie wurden die Rezitationen bei trochäischen Tetrametern und in der Alten Komödie bei jambischen und anapästischen Langversen in der Parabase von der Flöte begleitet. Alle in lyrischen Maßen abgefaßten Textpartien wurden gesungen, zum Teil im Wechsel mit dem Chor (wie in der rituellen Totenklage der Tragödie, dem Kommos), zum Teil als virtuose Solo-Arien. Von einer Dominanz der gesprochenen Sprache kann also kaum die Rede sein.

Dies gilt erst recht seit Erfindung der Oper. Sie ging Ende des 16. Jahrhunderts aus den Bemühungen der Florentiner Camerata hervor, die griechische Tragödie wiederzubeleben. Seitdem sind es vor allem Gattungen des Musiktheaters, in denen ja gerade Lautlichkeit jenseits der Sprachübermittlung für den besonderen Reiz,

84 Vgl. hierzu Erika Fischer-Lichte, »Berliner Antikenprojekte«, in: dies., Doris Kolesch, Christel Weiler (Hrsg.), *Berliner Theater im 20. Jahrhundert*, Berlin 1998, S. 77-100, spez. S. 93-96.

die große Beliebtheit beim breiten Publikum verantwortlich ist, außer der Oper das Singspiel, das Ballett, später dann die Operette und zuletzt das Musical. Auch im Schauspieltheater gilt die Dominanz der Sprechstimmen keineswegs unangefochten. Abgesehen von der Eigenart, daß bis zum Ende des 18. Jahrhunderts Aufführungen aus einem Nummernprogramm bestanden, das in der Regel auch ein Musikstück – häufig als Begleitung für das abschließende Ballett – enthielt, wurde auch die Aufführung des Stücks im engeren Sinne von Musikeinlagen unterbrochen. Während in den Pausen zwischen den Akten der Lichtputzer seine Arbeit verrichtete und die Dochte zurückschnitt, um die Qualmentwicklung in erträglichen Maßen zu halten, erklang die sogenannte Zwischenaktmusik. Bis fast zur Mitte des 18. Jahrhunderts hatte sie mit dem Stück, das sie so interpunktierte, in der Regel nichts gemein. Ende der dreißiger Jahre begann die Zusammenarbeit zwischen der Prinzipalin Friederike Caroline Neuber und dem Komponisten Johann Adolph Scheibe, die zu einer neuen Art von Zwischenaktkunst führte. Scheibe vertrat die Ansicht, daß zwischen der Musik und der Handlung des Schauspiels, seinen Charakteren und Affekten, ein Zusammenhang bestehen müsse.[85] Die Musik erhielt

85 Im 67. Stück der von ihm herausgegebenen Zeitschrift *Der Critische Musicus* formuliert Scheibe die neuen Prinzipien folgendermaßen: »Die Anfangssynphonie zu einem Schauspiele [...] muß sich [...] auf das ganze Stück beziehen, zugleich aber muß sie auch den Anfang desselben vorbereiten, und folglich mit dem ersten Auftritte übereinkommen. [...] Die Synphonien, welche zwischen die Aufzüge zu stehen kommen, müssen sich nach dem Schlusse des vorhergehenden Aufzuges, und nach dem Anfange des folgenden richten. Sie müssen also beide Aufzüge miteinander verbinden, und die Zuschauer gleichsam unvermerkt aus einer Gemütsbewegung in die andere führen. Es ist dahero sehr gut, wenn man allemal zweene Sätze machet. Im ersten kann man mehr auf das Vorhergegangene, im zweyten aber mehr auf das Folgende sehen. Doch ist solches nur allein nöthig, wenn die Affecten einander allzusehr entgegen sind, sonst kann man auch wohl nur einen Satz machen, wenn er nur die gehörige Länge erhält, damit die Lichter können geputzet werden, oder daß auch, wenn etwa eine Verkleidung einer Person nöthig wäre, die gehörige Zeit dazu erhalten werde.
Wenn endlich der Schluß des Schauspiels erfolget ist, so muß die darauf folgende Synphonie auf das genaueste mit demselben übereinstimmen, um die Begebenheit den Zuschauern desto nachdrücklicher zu machen. Was ist lächerlicher, als wenn der Held auf eine unglückliche Weise sein Leben verlohren hat, und es folget eine lustige und lebhafte Synphonie darauf? Und was ist abgeschmackter, als wenn sich die Comödie auf eine fröliche Art endiget, und es folget eine traurige oder bewegliche Synphonie darauf?« Johann Adolph Scheibe, *Der Critische Musicus*, Leipzig 1745, S. 616f.

also eine dramaturgische Funktion, die vor allem darauf zielte, »die Zuschauer gleichsam unvermerkt aus einer Gemüthsbewegung in die andere (zu) führen«.[86] Nach diesen Maßgaben komponierte Scheibe für die Neuberin die Musik zum *Polyeuctes* und zum *Mithridates*, die in Hamburg am 30. April und 2. Juni 1738 aufgeführt wurden. Im ausgehenden 18. und im 19. Jahrhundert beschränkte sich die Schauspielmusik nicht mehr nur auf die Zwischenaktmusik, sondern wurde zusätzlich für bestimmte Partien bzw. Sequenzen im Stück komponiert.[87]

In Aufführungen, in denen die komischen Figuren Hanswurst oder Harlekin auftraten oder später Bernadon (Felix von Kurz 1717-1784), ebenso wie in den Aufführungen des Wiener Volkstheaters bis hin zu den Stücken Raimunds und Nestroys wurde ausgiebig zu Musikbegleitung gesungen – zunächst waren es »Arien«, später dann »Couplets«. Es war Nestroy, der die neue theatrale Gattung der Operette, die in gewisser Weise das Volkstheater ablösen sollte, in Wien einführte. Am 16. Oktober 1858 hatte Jacques Offenbachs *Hochzeit bei Laternenschein* im von Nestroy geleiteten Carltheater Premiere. Damit begann der Siegeszug der Operette in Wien. In der Operette *Orpheus in der Unterwelt*, die das Carltheater 1860 in Nestroys Bearbeitung nach Ludwig Kalischs Übersetzung für die Breslauer Aufführung von 1859 herausbrachte, spielte er selbst die Rolle des Pan: »Nestroy als Pan vermehrte die Gallerie seiner komischen Schöpfungen um eine Meisterleistung. Er war in Spiel, Rede und Gesang von unwiderstehlicher Komik.«[88]

86 Ebd.

87 Da Schauspielmusik als eine Art von »Gebrauchsmusik« galt, wurde sie von der Musikwissenschaft lange ignoriert. Ihre Erforschung hat erst vor wenigen Jahren eingesetzt. Vgl. hierzu Detlef Altenburg, »Das Phantom des Theaters. Zur Schauspielmusik im späten 18. und frühen 19. Jahrhundert«, in: Hans-Peter Bayerdörfer (Hrsg.), *Stimmen – Klänge – Töne. Synergien im szenischen Spiel* (= *Forum Modernes Theater* 30), Tübingen 2002, S. 183-208; ders., »Von den Schubladen der Wissenschaft. Zur Schauspielmusik im klassisch-romantischen Zeitalter«, in: Helen Geyer/Michael Berg/Matthias Tischer (Hrsg.): *Denn in jenen Tränen lebt es. Festschrift Wolfgang Marggraf*, Weimar 1999, S. 425-449; ders., »Schauspielmusik«, in: *Die Musik in Geschichte und Gegenwart*, 2. neubearb. Ausgabe, hrsg. von Ludwig Finscher, Sachteil, Bd. 8, Kassel u. a. 1998, Sp. 1046-1049.

88 *Blätter für Theater, Musik und Kunst,* Wien, 5. März 1861, S. 75.

Auch nach der Wende vom 19. zum 20. Jahrhundert wurde Musik im Schauspiel – teilweise sogar exzessiv – eingesetzt. Reinhardt ließ sich für seine Inszenierungen – und keineswegs nur der Pantomimen wie *Sumurun* – jeweils eine spezielle Musik komponieren. Darüber hinaus arbeitete er – vor allem zur Herstellung bestimmter Atmosphären – gezielt mit Geräuschen. So wurde die Aufführung von *Der Kaufmann von Venedig* (Deutsches Theater Berlin 1905) mit einem Vorspiel eröffnet, das Engelbert Humperdinck aus verschiedenen Geräuschen komponiert hatte. Zunächst waren Tierstimmen zu hören, dann ein Rattern, Klappern und Scheppern, gefolgt von einzelnen Rufen der Gondolieri; immer mehr Stimmen kamen hinzu, die zuletzt zum Lärm einer Menschenmenge anschwollen – die Stadt war erwacht. Gesang und ferne Geigentöne erklangen, die, zunächst fast unbemerkt, in Marschmusik übergingen. Über diese Komposition schreibt Bruno Walter: »[E]in straffes Marschmotiv [...], das dem Hörer gar nicht bewußt wird und doch die freudigere, angespanntere Stimmung der Stelle – eben unbewußt – erhöht.«[89]

Wie dieser kurze Überblick zeigt, wird Lautlichkeit im europäischen Theater keineswegs ausschließlich und noch nicht einmal überwiegend durch sprechende Stimmen, also durch gesprochene Sprache hervorgebracht. Das Theater als Hörraum konstituiert sich vielmehr durch Musik, Stimmen – sprechende, singende, lachende, schluchzende, schreiende – und verschiedene Arten von Geräuschen, wenn auch jeweils, nach Gattung und Epoche sich ändernd, mit unterschiedlichen Anteilen. Dabei kommt den Stimmen der Darsteller eine ganz besondere Bedeutung zu. Es sind vor allem zwei Fragen, die sich aus diesem Befund für die Untersuchung von Lautlichkeit in Aufführungen seit den sechziger Jahren ergeben. 1) Welche Art von Hör-Räumen wird mit ihnen hervorgebracht? 2) Welche Aspekte von Stimmlichkeit werden fokussiert?

89 Bruno Walter im »Gespräch über Reinhardt mit Hugo von Hofmannsthal, Alfred Roller und Bruno Walter (1910)«, in: Max Reinhardt, *Schriften. Briefe, Reden, Aufsätze, Interviews, Gespräche und Auszüge aus den Regiebüchern.* Hrsg. von Hugo Fetting, Berlin 1974, S. 383.

Wie aus den historischen Beispielen ersichtlich, wurden spätestens seit dem 18. Jahrhundert nur solche Laute, Töne, Geräusche als konstitutiv für den Hör-Raum des Theaters begriffen, die von den Theatermachern – Darstellern, Musikern, Technikern – in der Aufführung hervorgebracht wurden. Zwar war man sich – zunehmend schmerzlich – dessen bewußt, daß auch das Publikum ständig Geräusche von sich gibt. Sie wurden jedoch als die Aufführung störender Lärm begriffen und bekämpft. So beklagte sich der Herausgeber des Gothaer *Theater-Kalenders* Reichard in der Ausgabe von 1781 über die lauten Geräusche, welche die Zuschauer verursachten: »Für achtsame Zuhörer und Zuschauer ist es eine unaussprechliche Qual, wenn die übrigen so vieles Geräusch mit ihren Mäulern, Füßen oder Stöcken machen, daß man oft gar nichts von dem, was der Schauspieler, saget verstehen kann [...]«.[90] »Gedränge und Lärm« ärgerten Reichard derart, daß er vorschlug, auf den Theaterzetteln eine Drohung zu veröffentlichen, »daß ein jeder, der durch Lerm und Ungezogenheit die übrigen Zuschauer störete, aus dem Komödienhause gewiesen« werde.[91] Ganz ähnliche Klagen sind noch bis ins 19. Jahrhundert hinein zu hören. So beschwerte sich der Hamburger Theaterleiter Friedrich Ludwig Schmidt, daß »verspätetes Kommen, Klappern mit den Sitzen, Rauschen mit den Kleidern usw. bei dem größten Theile des Publicums an der Tagesordnung [sind], welches sich dann später wundert, wenn es sich – da es einen wesentlichen Theil des Stückes nicht gehört hat – nicht in das Ganze hineinfinden kann.«[92] Das Publikum sollte diszipliniert werden, so daß es, unbeweglich und still in seinem Sessel sitzend, seine Aufmerksamkeit ohne jede Ablenkung auf die Vorgänge auf der Bühne, auf die Laute, die von den Darstellern hervorgebracht wurden, zu richten vermochte. Eine solche Disziplinierung ist zwar nie vollkommen geglückt. In den fünfziger Jahren des 20. Jahrhunderts hatte das Publikum allerdings entsprechende Forderungen so

90 Heinrich August Ottokar Reichard (Hrsg.), *Theater-Kalender auf das Jahr 1781*, Gotha 1781, S. 57f.

91 Ebd., S. 58.

92 Friedrich Ludwig Schmidt, *Denkwürdigkeiten des Schauspielers, Schauspieldichters und Schauspieldirectors Friedrich Ludwig Schmidt (1772-1841)*, hrsg. von Hermann Uhde, 2 Bde., Stuttgart 1878, Bd. 2, S. 175.

weit verinnerlicht, daß es sich weitgehend bemühte, Eigengeräusche zu vermeiden, auch wenn sich Hüsteln oder Füßescharren nie ganz unterdrücken ließen.

Am 29. April 1952 fand in der Maverick Hall in Woodstock/New York die Uraufführung von John Cages erstem *Silent Piece* unter dem Titel *4'33''* statt. Das Stück bestand aus drei Sätzen. Der Pianist David Tudor betrat, in einen schwarzen Frack gekleidet, die Bühne und setzte sich ans Klavier. Er öffnete den Klavierdeckel und blieb eine Weile vor dem geöffneten Klavier sitzen, ohne zu spielen. Dann schloß er den Deckel. Nach 33 Sekunden öffnete er ihn wieder. Kurze Zeit später schloß er den Deckel erneut und öffnete ihn erst wieder nach zwei Minuten und vierzig Sekunden. Er schloß den Deckel ein drittes Mal – diesmal für eine Minute und zwanzig Sekunden. Dann öffnete er ihn zum letzten Mal. Das Stück war vorüber. David Tudor hatte nicht einen einzigen Ton auf dem Klavier angeschlagen. Er erhob sich und verbeugte sich vor dem Publikum.

An der Hervorbringung des Hör-Raums hatte sich der Künstler lediglich mit dem Geräusch seiner Schritte und den Lauten beteiligt, die durch das Schließen des Klavierdeckels verursacht wurden. Das heißt, der Hör-Raum wurde überwiegend nicht vom Künstler hervorgebracht, sondern von den Geräuschen, die entweder von draußen in den Saal drangen oder vom Publikum erzeugt wurden. Er entstand also nicht als Folge von Lauten, die mit der Absicht hervorgebracht wurden, die Lautlichkeit der Aufführung zu schaffen. Vielmehr emergierte er aus dem Zusammenklang bzw. der Abfolge von Lauten, die sich zufällig zu Gehör brachten, wie die Geräusche von Wind und Regen oder die Unmutsäußerungen einzelner Zuschauer. Diese wurden allerdings von den Zuschauern/Zuhörern nicht als zur Aufführung gehörig begriffen. Da der Pianist nicht gespielt hatte, meinten sie nichts gehört zu haben, lediglich die Stille vernommen, die sie irritierte. Sie fühlten sich von ihr jedenfalls nicht animiert, sich zu beteiligen, das heißt entweder in die Stille zu lauschen und die zufällig zu Gehör gebrachten Geräusche zu vernehmen oder bewußt sie durch eigens hervorgebrachte zu ergänzen. Nach Cages Beobachtung hatten »›[d]ie meisten Leute [...] das Wesentliche nicht begriffen. Es gibt keine Stille. Das was man als Stille empfand, war voller zufälliger Geräusche‹ – was die Zuhörer nicht begriffen, weil sie kein Gehör dafür hatten. Während des ersten Satzes [bei der Premiere] konnte man draußen den Wind heulen hören. Im zweiten Satz prasselte der Regen aufs Dach, und während des dritten machte das Publikum allerhand interessante Geräusche, indem sie sich unterhielten oder hinausgingen.«[93]

Der Hör-Raum der Aufführung, ihre Lautlichkeit wurde hier also gerade durch das hervorgebracht, was bis dahin aus der Aufführung so weit wie möglich ausgeschlossen werden sollte: durch Laute, die von außen in den Raum drangen, und Geräusche, die das Publikum durch Husten, Füßescharren, Reden, Aufstehen sowie das Öffnen und Zuschlagen der Saaltüren verursachte. Die Lautlichkeit war nicht geplant, nicht vorhersehbar, dem Zugriff eines einzelnen nicht verfügbar. Sie war zum einen der autopoietischen *feedback*-Schleife geschuldet, das heißt durch die Handlungen des Akteurs und der Zuschauer erzeugt, die überwiegend weder plan- noch vorhersehbar waren. Zum anderen aber durch Laute, die keiner der an der Aufführung Beteiligten verursachte, Laute, die durch Ereignisse entstanden, die sich jenseits des Aufführungsraumes zutrugen, weder berechenbar noch gar beeinflußbar waren wie die Windstöße und Regengüsse. Prononciert trat so die Unverfügbarkeit von Lautlichkeit hervor, die sich Intentionen, Plänen, Machinationen einzelner entzieht und sich unvorhersehbar ereignet. Die verschiedenen Laute tauchen im Raum auf, breiten sich für unterschiedliche Zeitdauer in ihm aus, klingen je anders zusammen und verschwinden wieder. Die Lautlichkeit verändert sich so permanent, transformiert sich ständig. Es ist evident, daß ihr kein Werk-, sondern ein Ereignischarakter eignet.[94]

Darüber hinaus geschieht eine Entgrenzung des performativen Raumes als Hör-Raum. Der Hör-Raum dehnt sich über den geometrischen Raum hinaus, in dem die Aufführung stattfindet, zum ihn umgebenden Raum aus; der performative Raum verliert so seine Grenzen; sie öffnen sich für Räume, die »außerhalb« seiner liegen. Die Grenzen zwischen Innen und Außen werden durchlässig. Der umgebende Raum dringt durch Laute und Geräusche in den performativen Raum ein und erweitert ihn zu ungeahnten

93 John Cage, in: Richard Kostelanetz, *Cage im Gespräch*, Köln 1989, S. 63.

94 Nach diesem Prinzip arbeitet auch der Berliner Performance-Künstler Jörg Laue mit seiner Gruppe »Lose Combo«. Vgl. dazu Christel Weiler, »Bilderloses Licht. *Mythos Europa* von Jörg Laue«, in: *Theater der Zeit*, Mai/Juni 1999, S. 48ff.

Ausmaßen: Alles, was zufällig zu hören ist, wird zum Element der Aufführung, vermag den performativen Raum zu verändern.

Cage bezeichnet diese Erfahrung ausdrücklich als theatrale Erfahrung: »[I]ch glaube, daß die Sache, die meine Arbeit von den anderen unterschied,[95] [...], was sie unterschieden hat, war, daß sie theatralischer gewesen ist. Meine Erfahrungen sind theatralisch.«[96] Es sind gerade Intentionslosigkeit, das Fehlen von Plänen, die Offenheit für das, was sich ereignen kann, die Unverfügbarkeit, der Zufall, das Flüchtige, sich ständig ohne Eingriff von außen Ändernde, was Cages Theaterbegriff bestimmt. Und so erschien ihm die Aufführung von *4'33''* als Inbegriff des Theatralen: »Was könnte wohl mehr mit Theater zu tun haben als das stille Stück – jemand betritt die Bühne und tut überhaupt nichts.«[97] Er läßt lediglich geschehen, was sich ohne sein Einwirken ereignet.

Auch wenn das *Silent Piece* in mancher Hinsicht ein Extrem darstellen mag, sind doch die ihm zugrundeliegenden Prinzipien auch für die weitere Theaterarbeit Cages leitend geblieben. Um ihre Gültigkeit und Wirkung auch in den Fällen sicherzustellen, in denen die Darsteller durchaus etwas tun sollten – und sogar Vorbereitetes und in diesem Sinne Geplantes –, führte Cage die Zufallsoperationen und die *time brackets* ein. Für die *Europeras 1 & 2* (Frankfurt am Main 1987) zum Beispiel wählte Cage aus der Liste aller in der Metropolitan Opera vorhandenen, nicht mehr urheberrechtlich geschützten Opern 64 auf dem Wege von Zufallsoperationen aus, die auf der Basis des I-Ging, des chinesischen *Buchs der Wandlungen*, vorgenommen wurden. Mit diesem Verfahren wurde festgelegt, aus welchen Opern jedes Instrument die Bestandteile seines Materials erhalten würde. Mit noch präziseren Zufallsoperationen wurden die tatsächlich zu spielenden Fragmente bestimmt. *Time brackets* gaben den Zeitpunkt des frühesten Beginns und des spätesten Endes eines Fragments an. Jedes Orchestermitglied probte seinen Part unabhängig von allen anderen. Die neunzehn Sängerinnen und Sänger der unterschiedlichsten Fächer (dramatische, lyrische und Buffo-Fächer aller Stimmlagen) trugen in den dafür vorgesehenen *time brackets* Arien vor, die sie selbst aus ihrem eigenen Repertoire ausgewählt hatten.

95 Gemeint sind Earle Brown, Morton Feldman, Christian Wolff, David Tudor, mit denen Cage in den fünfziger Jahren eng zusammenarbeitete.
96 John Cage, zit. nach William Furlong, *Audio Arts*, Leipzig 1992, S. 91.
97 John Cage in Kostelanetz, *Cage im Gespräch*, S. 95.

Der Bühnenraum wurde auf der Basis der Bühnenfläche dem I-Ging entsprechend in 64 Räume aufgegliedert. Ihm wurden nach computergenerierten Zufallsprogrammen, die der Komponist Andrew Culver entwickelt hatte, die Positionen der Sänger und ihrer »Assistenten« – Tänzer und Bühnenarbeiter – sowie ihrer Aktionen, die Stellung der Orchestermitglieder und die Orte für die Dekorationen zugewiesen. Die Instrumentalisten waren so über den ganzen Bühnenraum einschließlich des Orchestergrabens verteilt. Vier Gruppen von jeweils vier Holz- und Blechbläsern und Streichern waren in kammermusikalischer Anordnung in den vier Ecken des Raumes positioniert. Die Spieler der Schlaginstrumente saßen oder standen im Orchestergraben. Im Bühnen- und im Zuschauerraum waren Lautsprecher installiert, aus denen nach einem durch Zufallsoperationen festgelegten Zeitplan ein in New York vorproduzierter Mix aus einhundert und einer Opernaufnahme erklang.

Die Anwendung der Zufallsoperationen garantierte, daß kein Material, das in der Aufführung Verwendung fand, geplant bzw. einer bestimmten Intention entsprechend ausgewählt war. Zugleich folgte daraus, daß die einzelnen ausgewählten Elemente nichts miteinander zu tun hatten – sie wiesen keinen gewollten Bezug, keinen gewünschten Zusammenhang untereinander auf. Darüber hinaus wurden die »Assistenten« angewiesen, mit Kontaktmikrophonen den Theaterraum auf mögliche Laute und Geräusche abzutasten und im Zuschauerraum entstehende oder von außen eindringende Geräusche für Akteure und Zuschauer gemeinsam hörbar zu machen. Den Zuschauern wurden die von ihnen verursachten Geräusche auf diese Weise verstärkt zurückgeworfen; ihnen wurde so bewußt gemacht, daß auch sie als Zuschauer an der Hervorbringung des Hör-Raumes, der Lautlichkeit der Aufführung beteiligt waren.

Da die *time brackets* lediglich den frühesten Zeitpunkt für den Beginn und den spätesten für das Ende der Handlungen angeben und die Länge des durch Zufallsoperationen gewonnenen, jeweils zu Gehör zu bringenden musikalischen Materials sowie der von den Sängern ausgewählten Arien keineswegs mit der sich jeweils ergebenden größtmöglichen Zeitdauer übereinstimmten, gab es bei jeder Aufführung Verschiebungen, die nicht geplant oder abgesprochen waren. Der Hör-Raum, der in jeder Aufführung entstand, war jeweils ein anderer – zumal auch die Geräusche im Zuschauerraum und von außerhalb sich von Abend zu Abend unterschieden. Die Zufälligkeit, das Flüchtige und Unverfügbare der Lautlichkeit, ihr Ereignischarakter trat so geradezu emphatisch hervor. Der performative Raum veränderte sich auch und gerade als Hör-Raum permanent, entgrenzte sich und dehnte sich weit über den geometrischen Raum aus, in dem die Aufführung stattfand.

Stimmen

Lautlichkeit erzeugt immer zugleich auch Räumlichkeit, und zwar, wie wir gesehen haben, nicht nur als atmosphärischen Raum. Stimmlichkeit bringt darüber hinaus immer zugleich auch Körperlichkeit hervor. Mit und in der Stimme entstehen alle drei Arten von Materialität: Körperlichkeit, Räumlichkeit und Lautlichkeit. Die Stimme erklingt, indem sie sich dem Körper entringt und durch den Raum schwingt, so daß sie sowohl für den Singenden/Sprechenden selbst als auch für andere hörbar wird. Die enge Beziehung zwischen Körper und Stimme zeigt sich vor allem im Schrei, im Seufzen, Stöhnen, Schluchzen und im Lachen. Sie werden unübersehbar in einem Prozeß hervorgebracht, der den ganzen Körper affiziert: Er krümmt sich, verzerrt sich in Kontorsionen oder spannt sich aufs Äußerste an. Zugleich vermögen diese sprachlosen Verlautbarungen der Stimme den, der sie vernimmt, zutiefst körperlich zu ergreifen. Wer den Schrei eines Menschen vernimmt, wer ihn seufzen, stöhnen, schluchzen oder lachen hört, wird dies als spezifische Verkörperungsprozesse wahrnehmen, als Prozesse also, mit denen eine je besondere Körperlichkeit hervorgebracht wird. Er wird somit den Betreffenden in seinem leiblichen In-der-Welt-Sein wahrnehmen, wodurch auf sein eigenes In-der-Welt-Sein unmittelbar eingewirkt wird, denn indem er den Schrei, das Schluchzen oder Lachen vernimmt, dringt die schreiende, schluchzende oder lachende Stimme in seinen Körper ein, re-soniert in ihm, wird von ihm aufgenommen.[98] Die Augenblicke, in denen in einer Aufführung ein Darsteller einen Schrei ausstößt, seufzt, stöhnt, schluchzt oder lacht, können da-

98 Vgl. hierzu Helmuth Plessner, »Lachen und Weinen«, in: *Philosophische Anthropologie*, hrsg. von Günter Dux, Frankfurt a. M. 1970, S. 11-171.

her als Momente begriffen und erlebt werden, in denen er seine Stimme in ihrer je besonderen Leiblichkeit, in der ihr eigenen Sinnlichkeit zu Gehör bringt.[99]

Nun vernehmen wir in Aufführungen allerdings überwiegend Stimmen, die singen oder sprechen, Stimmen also, die eine scheinbar unauflösliche Verbindung mit Sprache eingegangen sind. In der Rhetorik, ebenso wie in den aus ihr hervorgegangenen Deklamationslehren seit dem 17. Jahrhundert, gilt diese Verbindung als von der Sprache dominiert. Der Akteur hat seine Stimme so einzusetzen, daß sie in bezug auf das Gesprochene eine parasyntaktische, eine parasemantische und eine parapragmatische Funktion zu erfüllen vermag. Das heißt, sie soll zum einen die syntaktische Gliederung des Gesprochenen verdeutlichen, zum zweiten die gemeinte Bedeutung hervorheben und unterstreichen und zum dritten die Wirkung verstärken, die das Gesprochene auf den Hörer ausüben soll. So führt Goethe in seinen *Regeln für Schauspieler* (1803) aus:

> Wenn ich zunächst den Sinn der Worte ganz verstehe und vollkommen innehabe, so muß ich suchen, solche mit dem gehörigen Ton der Stimme zu begleiten und sie mit der Kraft oder Schwäche so geschwind oder langsam aussprechen, wie es der Sinn jedes Satzes selbst verlangt. Zum Beispiel:
>
> Völker verrauschen – muß halblaut, rauschend,
> Namen verklingen – muß heller, klingender,
> Finstere Vergessenheit } muß
> Breitet die dunkel nach- } dumpf,
> tenden Schwingen } tief,
> Über ganze Geschlechtern aus } schauerlich
>
> gesprochen werden.
> So muß bei folgender Stelle:
>
> Schnell von dem Roß herab mich werfend,
> Dring' ich ihm nach ...
>
> ein anderes, viel schnelleres Tempo gewählt werden als bei dem vorigen Satz; denn der Inhalt der Worte verlangt es schon selbst.[100]

99 Vgl. hierzu Clemens Risi, »Die bewegende Sängerin. Zu stimmlichen und körperlichen Austauschprozessen in Opernaufführungen«, in: Christa Brüstle/Albrecht Riethmüller (Hrsg.), *Klang und Bewegung. Beiträge zu einer Grundkonstellation*, Aachen 2003.

100 Johann Wolfgang von Goethe, »Regeln für Schauspieler«, in: ders., *Sämtliche Werke in 18 Bänden*, Bd. 14, Schriften zur Literatur, Zürich 1977, S. 72-90, S. 77f.

Die Stimme hat sich ganz und gar in den Dienst der gesprochenen Worte zu stellen. Ihre Aufgabe besteht nach diesem Verständnis darin, das Verstehen der gesprochenen Worte zu erleichtern.

Mit dem Naturalismus ist eine wichtige Veränderung eingetreten. Die bis dahin als unlösbar erscheinende Beziehung zwischen Stimme und Sprache wird gelockert. Die Stimme kann nun so eingesetzt werden, daß sie – in Intonation, Betonung, Tonhöhe, Volumen – mit den von ihr gesprochenen Worten nicht mehr übereinstimmt: Während die Worte eine freundliche Begrüßung anzuzeigen scheinen, läßt sich aus der Stimme – so wie gegebenenfalls auch aus dem Gesichtsausdruck, den Gesten, Bewegungen – auf Angst oder gar Aggression schließen. Es entsteht ein Bruch, der auf den Widerspruch zwischen dem intendierten, bewußten Verhalten und der tatsächlichen, vielleicht nur unbewußt vorhandenen Einstellung verweist: Während die Sprache lügen kann, wird der Körper als wahrhaftig, als authentisch begriffen. Die Stimme ebenso wie die anderen Körperäußerungen offenbaren den »wahren« Zustand der Figur, auch wenn er ihr selbst verborgen bleibt. Stimme und Sprache treten hier auseinander. Dies Auseinandertreten muß jedoch im Hinblick auf die Figur gedeutet und verstanden werden.

Ganz anders dagegen ist die Spannung zwischen Stimme und Sprache, die in der Oper seit ihrer Erfindung zu bestehen scheint. Immer wieder wechseln die Slogans »Prima la musica/la voce, poi le parole« und »Prima le parole, poi la musica/la voce«. Aber auch, wenn bei der Erfindung der Oper den Worten mit der Forderung *parlar cantando* oder *recitativo* der Vorrang vor der Stimme eingeräumt wurde, kehrte sich dies Verhältnis – trotz wiederholt auftretender gegenteiliger Forderungen – in der weiteren Entwicklung der Oper, die immer höhere Töne forcierte, bald um: Denn je höher die singende Stimme getrieben wird, um so mehr löst sie sich von der Sprache los. In großen Tonhöhen kann nicht mehr verständlich artikuliert werden:

A singer is more likely to be understood by the audience when the greatest part of his or her tessitura (the range of frequencies that can be emitted without difficulty) falls within the zone of optimal intelligibility; in other words, below 312 Hz. The fact that it is easier to understand a bass than a soprano need not surprise us, then, considering that the entire tessitura of the bass lies within the zone of optimal intelligibility, while only one-fourth of the soprano tessitura and only a fifth of the tessitura of the coloratura soprano (the highest female voice) falls within this zone.[101]

Und es sind gerade diese Höhen, bei denen die gesungenen Worte nicht mehr zu verstehen sind, in denen die Stimme der Sängerin dem Hörer einen Schauder der Lust verursacht, der sich, je mehr der Gesang sich dem Schrei annähert, in einen Schauder des Schreckens verwandelt. Dabei ist allerdings zu bedenken, daß es keineswegs die Unverständlichkeit der gesungenen Worte als solche ist, welche diesen Effekt hervorruft. Er ist vielmehr der allmählichen Loslösung von der Bedeutung geschuldet, die in den Koloraturen oder der Erreichung einer bestimmten Tonhöhe kulminiert, wenn die Stimme jegliche Bedeutung hinter sich läßt und mit »dem Schrei des Engels« (Poizat 1986, engl. 1992) zum Hörer spricht. Es ist die unerklärliche und unglaubliche Verquickung von Sinnlichkeit und Verklärung, die im Hörer eine ebenfalls unerklärliche und unglaubliche Wirkung auslöst – die höchste Lust und den tiefsten Schrecken.

In seinem Aufsatz über die *Bürgerliche Oper* (1955) hebt Adorno auf diese Eigenart des Operngesangs ab:

> Die Oper [...] hat es [...] mit empirischen Menschen zu tun, und zwar mit solchen, die auf ihr bloßes Naturwesen reduziert sind. Das begründet ihren eigentümlichen Kostümcharakter: Sterbliche sind verkleidet, als wären sie Helden oder Götter, und diese Verkleidung ist bereits von gleicher Art wie daß sie singen. Durch den Gesang werden sie erhoben und verklärt. [...] Während der Gestus des Singens dramatische Personen darüber betrügt, daß sie, auch als bereits Stilisierte, so wenig Grund zum Singen haben wie eigentlich auch nur die Möglichkeit, tönt darin etwas von der Hoffnung auf Versöhnung mit der Natur: das Singen, Utopie des prosaischen Daseins, ist zugleich auch Erinnerung an den vorsprachlichen, ungeteilten Zustand der Schöpfung, [...]. Der Gesang der Oper ist die Sprache der Leidenschaft: nicht nur die überhöhende Stilisierung des Daseins, sondern auch Ausdruck dessen, daß die Natur im Menschen gegen alle Konvention und Vermittlung sich durchsetzt, Beschwörung der reinen Unmittelbarkeit.[102]

101 Nicole Scotto di Carlo, »Travaux de l'Institut de phonétique d'Aix-en-Provence«, in: *La Recherche*, Mai 1978, zit. nach: Michel Poizat, *The Angel's Cry. Beyond the pleasure principle in Opera*, transl. by Arthur Denner, Ithaca/London 1992, S. 42.

102 Theodor W. Adorno, »Bürgerliche Oper«, in: ders., *Gesammelte Schriften*, hrsg. von R. Tiedemann unter Mitwirkung von Gretel Adorno, Susan Buck-Morss u. Klaus Schultz, Bd. 16, *Musikalische Schriften I-III*, Frankfurt a. M. 1978, S. 24-39, S. 34f.

In ihrem Gesang, vor allem bei den großen Tonhöhen, gewinnt die Sängerin, was ich als Präsenz bezeichnet habe – die Austrahlung einer ungeheuren Kraft, die sich mit ihrer Stimme im Raum ausbreitet und den Hörer leiblich ergreift. Von der Sprache losgelöst, erscheint die Stimme als das Andere des Logos, das sich seiner Herrschaft entrungen hat, als Gefahr und Verlockung, der zu erliegen allerdings nicht wie bei den Sirenen Untergang und Tod, sondern die ebenso lustvolle wie erschreckende Erfahrung verspricht, die eigene Leiblichkeit als sinnlich *und* zugleich im Stande der Verklärung zu erleben.

Es ist diese Loslösung der Stimme von der Sprache, die von Performance-Kunst und Theater seit den sechziger Jahren immer wieder erprobt wird. In den sogenannten autobiographischen Performances von Spalding Grey, Laurie Anderson, Rachel Rosenthal und Karen Finley, vor allem aber in den Performances von Diamanda Galás und David Moss wird immer wieder jener Moment gesucht und erreicht, in dem die – sprechende oder singende – Stimme aufhört, verständlich zu artikulieren, und in Schreie, hohe Töne, Lachen, Stöhnen, Verzerrungen übergeht. Solche Momente werden nicht nur durch bestimmte Stimmtechniken ermöglicht, sondern – vor allem bei Anderson, Galás und Moss – auch durch den Einsatz elektronischer Medien, welche die Stimme im Volumen vergrößern, sie vervielfältigen, im Raum verteilen, zerstückeln und verzerren können, ohne daß dies zu einer Entmaterialisierung der Stimme führen würde (wie Film- und Videoaufnahmen eine Entmaterialisierung der gefilmten Körper bewirken). Die Stimme erscheint polymorph. Sie verliert jede auf Geschlecht, Alter, ethnische Zugehörigkeit oder anderes verweisende Markierung. Der Hör Raum, den sie erzeugt, wird als ein liminaler Raum erfahren, als ein Raum ständiger Übergänge, Passagen, Verwandlungen.

Diese Erfahrung ist bei den genannten Künstlern auch möglich, wenn diese verständlich artikulieren. Auch wenn sich bei ihnen die Stimme – sprechend oder singend – mit Sprache verbindet, hört sie nicht auf, ihr Eigenleben zu führen und die Aufmerksamkeit des Hörers auf dieses Eigenleben zu lenken. Denn die Künstler stellen sie nicht in den Dienst der Sprache, verwenden sie nicht als das Medium, durch das Sprache zu Gehör gebracht wird. Ihre Stimme bringt vielmehr immer zuerst sich selbst zu Gehör. Dies bedeutet keineswegs zwangsläufig eine Desemantisierung, auch wenn dies häufig behauptet wird. Die Polymorphie der Stimme entbindet vielmehr die Vieldeutigkeit der sprachlichen Äußerungen; sie erschwert daher lediglich ein eindeutiges Verstehen, nicht aber generell sprachliches Verstehen. Die Stimme lenkt jedoch immer auch zugleich, wenn nicht zuallererst, die Aufmerksamkeit des Lauschenden auf ihre eigenen, sich im und mit dem Atem verströmenden besonderen Qualitäten, in denen das leibliche In-der-Welt-Sein des Sich-stimmlich-Verlautbarenden sich für andere vernehmbar ausspricht.

In diesen Performances besteht eine permanente Spannung zwischen Stimme und Sprache. Sie führt dazu, daß die Stimme niemals hinter der Sprache verschwindet, sondern immer ihr Eigenleben führt und sich mit diesem vernehmbar macht. Eine solche Spannung ist für viele Aufführungen seit den sechziger Jahren charakteristisch. In seiner *Orestie* (Berliner Schaubühne 1980) gestaltete Peter Stein den nahezu dunklen Raum der beiden ersten Teile nachdrücklich als einen Hör-Raum. Aus dem Dunkel ertönten menschliche Stimmen. Sie artikulierten merkwürdige Laute, die sich nicht als Sprachlaute identifizieren ließen. So brachten zum Beispiel die alten Männer des Chores bei geschlossenen Lippen ein beunruhigendes Grummeln hervor, das in ein wimmerndes Pfeifen überging. Oder es erklang der *ololygmos*, das »Jubeljauchzen«, ein »mit flatternder Zunge und Kopfstimme geschriene[r], gesungene[r], gestimmte[r] Laut, halb Grillengezirp, halb Vogelruf«.[103] Vor allem aber artikulierten die Stimmen Sprachlaute. Einer der alten Männer murmelte einen Satz, andere, über den Raum verteilt, griffen ihn auf, wiederholten ihn in unterschiedlicher Lautstärke, Stimmhöhe, Tempo, so die Differenz der nacheinander erklingenden Stimmen hervorhebend. Aus unterschiedlichen Richtungen drangen die von den verschiedenen Stimmen je anders intonierten Sätze des Chores an die Ohren der Zuschauer. Dann fiel von irgendwoher ein griechisches Wort, den Klang der deutschen Sprachlaute durch den Klang der fremden Sprache kontrastierend ergänzend. Die besondere Materialität der die Sprachlaute artikulierenden Stimmen brachte sich zu Gehör; die besonderen Lautlichkeiten von Stimme und Sprache

103 Rolf Michaelis, »Die Geburt des Rechtsstaates im Regen«, in: *DIE ZEIT* 35 (24. 10. 1980).

klangen keineswegs zusammen, sondern traten eher in ein spannungsvolles Verhältnis zueinander.[104]

Auf ganz andere Weise erzeugt Robert Wilson in seinen Inszenierungen eine Spannung zwischen Stimme und Sprache. Er erreicht sie zum Beispiel, indem er vorgefertigte Phrasen der Alltagssprache einerseits als sprachliche *ready mades* verwendet und sie andererseits, in ihre Wort- und Lautelemente zerbrochen, abwechselnd von zwei oder mehreren Darstellern, meist mehrfach wiederholt, sprechen läßt. Der deutsche Teil des fünfteiligen internationalen Projekts *the CIVIL warS* (Schauspielhaus Köln 1984) fing mit folgender »Wechselrede« zwischen einer Frau auf einer Leiter (1) und einem Mann auf einer Leiter (2) an:

1 gehts
2 g
1 gehts
2 gehts
1 dir
2 gut
1 gehts gut
2 gehts gut
1 gehts dir
2 gehts dir gut
2 E JETZT
1 es
2 es ist
1 es ist nichts
2 es
1 es
2 es ist nichts zu
1 gehts gut
[...][105]

Die Stimmen erklangen durch Mikroports und erzeugten teilweise eine Art sphärischen Nachhall. Sie waren mit Lauten aus dem Off und mit Musik zu einer Lautcollage verbunden, was be-

104 Dies war allerdings – neben den *Übungen für Schauspieler* im *Antikenprojekt* der Schaubühne (1974) – die einzige Inszenierung Peter Steins, in der er derart die Spannung zwischen Stimme und Sprache hervorhob.

105 Robert Wilson, *the CIVIL warS, a tree is best measured when it is down*, Frankfurt a. M. 1984, S. 72.

wirkte, daß sie sich von den Worten bzw. Sprachlauten, die sie artikulierten, beinahe abzulösen schienen, was einen erstaunlichen Effekt ergab.

In Einar Schleefs Inszenierungen entstand zwischen Stimme und Sprache vor allem in den alles dominierenden Chorpartien eine starke Spannung. Sie wurde durch die vielfachen Wiederholungen erzeugt, mit denen die einzelnen Sätze gesprochen wurden, durch Überlagerung einzelner Stimmen, durch das Flüstern oder im Gegenteil eine fast schmerzhafte Lautstärke, die sich – gerade in *Die Mütter* – häufig zum Schrei steigerte, in dem sich die Stimme zuletzt ganz von der Sprache löste.

Der Moment, in dem sich die Stimme von der Sprache löst, erscheint so als letzte Steigerung bzw. als Umschlagen der Spannung zwischen Stimme und Sprache. In ihm ist die Spannung aufgehoben, weil hier die Stimme selbst Sprache geworden ist. Sie übermittelt nicht länger Sprache, ist vielmehr selbst Sprache, in der ein leibliches In-der-Welt-Sein sich ausspricht und den Zuhörer anspricht. Sie ist reine Aus- und Ansprache. In der Materialität der Stimme tritt so nicht nur die gesamte Materialität der Aufführung in Erscheinung – als Lautlichkeit, weil die Stimme als Laut erklingt; als Körperlichkeit, weil sie sich mit dem Atem dem Körper entringt; als Räumlichkeit, weil sie sich als Laut im Raum ausbreitet und an das Ohr des Zuhörers und des sich in der Stimme Verlautbarenden dringt. Die Stimme ist vielmehr in ihrer Materialität bereits Sprache, ohne erst Signifikant werden zu müssen.

Die Stimme stellt also ein in vieler Hinsicht bemerkenswertes, ja merkwürdiges Material dar. Nicht nur, daß sie nicht gegeben ist, ehe sie nicht zum Erklingen gebracht wird; nicht nur, daß sie jeweils den Atemzug, mit dem sie den Körper verläßt, nicht überdauert und vom nächsten erneut hervorgebracht werden muß – also ein Material darstellt, das es nur als »Ekstase« gibt. Nicht nur, daß sich in der Stimme Lautlichkeit, Körperlichkeit und Räumlichkeit bündeln, so daß in ihr die Materialität der Aufführung als stets sich neu erzeugende in Erscheinung tritt. Bei der Stimme handelt es sich darüber hinaus auch um ein Material, das Sprache sein kann, ohne Signifikant werden zu müssen – was allen semiotischen Prinzipien und Regeln zuwiderläuft. In ihr spricht sich das leibliche In-der-Welt-Sein des sich in ihr Verlautbarenden aus; sie spricht den, der sie vernimmt, in seinem leiblichen In-der-Welt-Sein an. Sie füllt den Raum zwischen beiden, setzt sie zueinander in ein Verhältnis, stellt eine Beziehung zwischen ihnen her. Mit seiner Stimme berührt der, der sie zu Gehör gibt, den, der sie vernimmt.

4. Zeitlichkeit

Zwar läßt sich Zeitlichkeit nicht – wie Körperlichkeit, Räumlichkeit, Lautlichkeit – unter die Materialität der Aufführung subsumieren. Sie stellt jedoch die Bedingung der Möglichkeit für deren Erscheinen im Raum dar. Denn die Materialität der Aufführung ist, wie wir gesehen haben, nicht einfach gegeben; sie wird immer erst im Verlauf der Aufführung hervor- und wieder zum Verschwinden gebracht. Sie stellt ein emergentes Phänomen dar: sie taucht auf, stabilisiert sich für eine je unterschiedliche Zeitdauer und verschwindet wieder. Einzelne Subjekte sind an ihrer Hervorbringung beteiligt, ohne sie doch bestimmen oder über sie verfügen zu können. Sie müssen vielmehr bereit sein, sich bis zu einem gewissen Grade von ihr bestimmen zu lassen.

Da Aufführungen sich in der Zeit ereignen – wobei ihre Dauer von zum Beispiel vier Minuten dreiunddreißig Sekunden bis zu mehreren Stunden oder gar mehreren Tagen sich zu erstrecken vermag –, bedürfen sie bestimmter Verfahren, welche die Dauer und Abfolge des Erscheinens der verschiedenen Materialien sowie das Verhältnis regeln, das sie jeweils untereinander eingehen. Zu diesen Verfahren gehören traditionellerweise das Hochziehen und Herunterlassen des Vorhangs sowie die Pausen, vor allem aber die Dramaturgie des Handlungsablaufs und der Psychologie der Figuren. Seit den sechziger Jahren wird – auch bei Verwendung einer Guckkastenbühne – außer in Opernaufführungen kaum mehr mit dem Vorhang gearbeitet. Auch finden viele Aufführungen ohne Pause statt. Wilson vertrat in den siebziger Jahren, in denen er einige mehrstündige bzw. -tägige Inszenierungen geschaffen hat – wie die 7 Tage andauernde Aufführung von *KA Mountain Guardenia Terrace*, die er 1972 beim Festival von Shiraz/Persien herausbrachte – dezidiert die Meinung, daß man keiner Pausen bedürfe, da jeder einzelne Zuschauer für sich entscheiden könne, wann er an der Aufführung teilnehmen wolle und wann nicht.

Der Verzicht auf Vorhang und Pausen steht zweifellos mit der Betonung der autopoietischen *feedback*-Schleife sowie der Emergenz der Materialität in einem Zusammenhang. Wenn die Aufführung durch die kontinuierliche Wechselwirkung zwischen den Handlungen der Akteure und Zuschauer hervorgebracht wird, wenn ihre Materialität in diesem Prozeß als emergentes Phänomen entsteht und in Erscheinung tritt, erweisen sich das Herunterlassen des Vorhangs oder gar Pausen als kontraproduktiv. Denn sie gehen nicht aus den Wirkungen der *feedback*-Schleife hervor und unterbrechen den an sich unablässig fortlaufenden Prozeß des Auftauchens, Sich-Stabilisierens und Verschwindens von Materialien – es sei denn, sie sind selbst als Teil dieses Prozesses zu begreifen wie bei Schleefs *Salome* -Inszenierung.[106]

Wenn die Aufmerksamkeit auf das Phänomen der Emergenz gelenkt werden soll, scheiden Verfahren der zeitlichen Strukturierung aus, welche das Auftauchen eines Elementes auf bestimmte Ursachen zurückzuführen suchen und es so als Glied einer Kausalkette ausweisen, wie dies bei Berufung auf den Ablauf der Handlung oder die Psychologie von Figuren der Fall ist. Zwei Verfahren, die genau dies zu vermeiden suchen, sind bisher zwar schon zur Sprache gekommen, allerdings noch nicht im Hinblick auf ihre Leistung untersucht worden, den Zuschauer/Zuhörer für die Emergenz von Materialität zu sensibilisieren: die *time brakkets* (im letzten Abschnitt) und der Rhythmus (im Abschnitt über Gemeinschaft).

Time brackets

Cage hat *time brackets* zum ersten Mal beim *Untitled Event* eingeführt, das er 1952 während der Sommerschule des Black Mountain Colleges veranstaltete. Das »Ereignis« fand im Speisesaal des Colleges statt. An seinen Längs- und Schmalseiten waren die Stühle für die Zuschauer jeweils in vier Dreiecken angeordnet, deren eine Spitze in die Mitte des Raumes wies, ohne daß sie sich berührten. In der Mitte blieb so ein großer Raum frei, auf dem sich allerdings nur wenige Aktionen abspielten. Er fungierte eher als eine Art Durchgangsraum. Zwischen den Dreiecken waren breite Gänge frei gelassen, die als zwei einander in der Mitte kreuzende Diagonalen den ganzen Raum durchmaßen. Auf jedem Stuhl war

106 Vgl. dazu das dritte Kapitel, Anm. 33.

eine weiße Tasse plaziert. Den Zuschauern wurde jegliche Erläuterung zu ihrem möglichen Gebrauch vorenthalten; sie verwendeten sie zum Teil als Aschenbecher. An der Decke hingen Gemälde von Robert Rauschenberg – seine »white paintings«.

Außer Cage und Rauschenberg beteiligten sich David Tudor, der Komponist Jay Watts, der Tänzer Merce Cunningham und die Dichter Charles Olsen und Mary Caroline Richards. Cage, im schwarzen Anzug mit Krawatte, stand auf einer Trittleiter und verlas einen Text über die Beziehung zwischen Musik und Zen Buddhismus sowie Auszüge aus Meister Eckharts Schriften. Anschließend führte er eine Komposition mit einem Radio auf. Zur selben Zeit spielte Rauschenberg alte Schallplatten auf einem handbetriebenen Grammophon ab, neben dem ein Hund saß. David Tudor bearbeitete ein »prepared radio«; später fing er an, Wasser aus einem Eimer in einen anderen zu gießen, während Olsen und Richards eigene Dichtungen vortrugen – zum Teil inmitten der Zuschauer, zum Teil von einer Leiter aus, die an eine der Schmalwände gelehnt war. Cunningham tanzte mit anderen Tänzern durch die Gänge und zwischen den Zuschauern hindurch, verfolgt von dem inzwischen vollkommen durchgedrehten Hund. Rauschenberg projizierte auf die Decke und eine Längswand abstrakte Dias (die durch das Zerreiben farbiger Gelatine zwischen zwei Glasplatten entstanden waren) und Filmausschnitte, die zunächst den Koch des Colleges zeigten und später, als sie allmählich von der Decke auf die andere Längswand wanderten, die untergehende Sonne. In einer Ecke des Raumes spielte der Komponist Jay Watts auf verschiedenen Musikinstrumenten. Die Aufführung endete damit, daß vier weiß gekleidete Jungen den Zuschauern Kaffee in die Tassen einschenkten – ganz gleich, ob diese sie als Aschenbecher benutzt hatten oder nicht.

Die Vorbereitung der Aufführung begann damit, daß Cage jedem der Beteiligten eine Art Partitur aushändigte, auf der *time brackets* eingetragen waren. Damit war für jeden Teilnehmer festgelegt, wie oft er Aktionen durchführen sollte und wie lange sie höchstens dauern durften. Dem einzelnen Künstler war völlig freigestellt, welche Art von Aktion er vollziehen, wann er innerhalb der von den *time brackets* vorgesehenen Zeit seine Aktion beginnen und beenden wollte. Es bestand die Absprache, sich vorher nicht über die jeweils gewählten Aktionen zu unterrichten oder gar zu verständigen. Die *time brackets* bedeuten für die

Künstler sowohl Restriktion als auch Freiheit. Die Restriktion bezieht sich auf die Zeitspannen, in denen allein sie Aktionen vollziehen können. In keinem Fall dürfen die Aktionen sie überschreiten. Ihre Länge muß also bei der Vorbereitung mit der Uhr entsprechend kontrolliert werden. Die Restriktion gilt auch für Beginn und Ende der jeweiligen Aktion. Der Künstler muß auch hier mit der Uhr überwachen, daß er nicht zu früh einsetzt und nicht zu spät aufhört. Alles andere betreffend, ist er jedoch völlig frei: Er kann tun, was er will, ohne auf das Rücksicht nehmen zu müssen, was die anderen tun. Er braucht nicht das Grammophon leiser zu stellen, damit die Zuschauer die lesenden Stimmen vernehmen können; er braucht seine Kleidung oder die Gegenstände, die er verwendet, nicht mit anderen abzustimmen, noch auf eine übergeordnete »Idee« oder »Intention« hin auszuwählen.

Was geschah, sich zu Gehör oder Gesicht brachte, erschien für den Zuschauer daher völlig unmotiviert; keine Handlung ging aus einer anderen hervor, und wenn er einen Zusammenhang zwischen zweien herzustellen vermochte, so war dies dem Zufall oder besonderen subjektiven Bedingungen geschuldet. Jede Aktion stand für sich. Sie tauchte zu einem bestimmten, nicht vorhersehbaren Zeitpunkt auf, stabilisierte sich in ihrer permanenten Transformation für eine Weile, ehe sie zu einem ebenfalls nicht vorhersehbaren Zeitpunkt aufhörte und verschwand. Daher konnte der Zuschauer seine Aufmerksamkeit auf jede beliebige Aktion richten, während plötzlich auftauchende Laute oder Bewegungen sie auf eine andere lenken mochten.

Während das Verfolgen einer zusammenhängenden Handlung – auch wenn sie sich nicht nach dem »klassischen« Muster: Exposition, Verwicklung, Höhepunkt, Umschlag, Katastrophe/Auflösung vollzieht – und psychologischen Entwicklung von Figuren Zeit als sinnvoll strukturierte Dauer erfahrbar macht, in der alles, was geschieht, nachvollziehbar auseinander hervorgeht, so daß Anfang und Ende dieser Dauer begründbar gesetzt sind, brachte das *Untitled Event* eine ganz andere Zeitlichkeit hervor. Weder Beginn noch Ende der Aufführung waren durch den Ablauf der Aktionen motiviert, sondern als ein willkürlicher, auch anders denkbarer Einschnitt gesetzt. Dies rief die Erfahrung einer spezifischen Zeit-losigkeit hervor, das heißt, Zeit wurde fühlbar dadurch, daß etwas auftauchte und wieder verschwand, das die Aufmerksamkeit für die Dauer seines Erscheinens zu absorbieren vermochte. Es entstand nicht ein Gefühl von Kontinuität, in der die Zeit, wenn auch im Unterschied zur meßbaren Zeit mit unterschiedlichem Tempo, Rhythmus und Intensität, unaufhaltsam voranschreitet. Unter Rekurs auf die meßbare Zeit – für Einhaltung der *time brackets* – entstand vielmehr ein Gefühl von Zeit-Inseln, deren jede einem eigenen Rhythmus, Tempo und Intensität folgte, ohne daß die nacheinander auftauchenden bzw. wahrgenommenen Zeit-Inseln ein Gefühl von Kontinuität auszulösen vermochten. Sie brachten vielmehr die Erfahrung von Diskontinuität, von Brüchen, von Zusammenhangslosigkeit hervor.

In gewisser Weise ließe sich sagen, daß die Zeit-Inseln nebeneinanderlagen, daß sich mit ihnen Zeit verräumlichte. Eine Zeit-Insel tauchte auf, wenn etwas zum Erscheinen kam, das heißt, sich im Raum ausbreitete; und sie versank, wenn das, was in Erscheinung getreten war, wieder aus dem Raum und damit aus der Wahrnehmung verschwand. Ein solcher Eindruck wurde in noch stärkerem Maße von *Europeras 1 & 2* hervorgerufen, in denen alle zu verwendenden Materialien wie die Bilder (als »Dekorationen«), die Kostüme, die Aktionen der Sänger/innen bzw. ihrer »Assistenten« sowie das musikalische Material für jedes einzelne Instrument durch Zufallsoperationen ausgewählt wurden und die Auswahl der Arien den Sänger/innen überlassen blieb. Die Bilder wurden aus einem Fundus von Bildern ausgewählt, der in der Stadt- und Universitätsbibliothek Frankfurt aufbewahrt wurde. Sie zeigten Bilder aus verschiedenen Jahrhunderten, die Komponisten, Sängerinnen und Sänger sowie Tiere und Landschaften darstellten. In einem zweiten Schritt wurde wiederum mit Zufallsoperationen der jeweils zu wählende Ausschnitt des Bildes ermittelt und seine endgültige Größe festgelegt. Ein vorab erstellter Raum-Zeit-Plan regelte ihre Bewegungen im Raum von ihrem Erscheinen bis zu ihrem Verschwinden. Die Kostüme für die Sänger hatte Cage mit Hilfe von Zufallsoperationen aus der schier unüberschaubaren Menge von exquisiten Figurinen aus verschiedenen Zeiten und Ländern ausgewählt, welche die mehrbändige Enzyklopädie historischer Kostüme des Fashion Institute zu New York enthält. Die Aktionen, welche den Sängerinnen und Sängern zugeordnet waren – und im Falle, daß sie für diese zu schwierig durchzuführen waren, von Tänzern und zum Teil auch von Bühnenarbeitern vollzogen wurden –, wurden mit Hilfe eines Zufallsverfahrens aus Websters *Dictionary of the English*

Language ausgewählt – wie zum Beispiel Steptanzen, Stricken, einen Kinderbaukasten auseinandernehmen und wieder zusammensetzen, als »Flunder« über die Bühne schwimmen. Die Zeit, die für ihre Durchführung zur Verfügung stand, wurde ebenfalls durch Zufallsoperationen festgelegt sowie der Zeitpunkt ihres frühesten Beginns und ihrer spätestmöglichen Beendigung durch *time brackets*.

Dadurch wurde das Prinzip der Zusammenhangslosigkeit radikalisiert: »Alles ist getrennt, überhaupt *alles von allem*. Die Szene ist ja nicht so angelegt, daß die verschiedenen theatralischen Elemente einander stützen oder tragen oder sich auch nur aufeinander beziehen, sondern jedes hat seinen eigenen Status, seine völlig unabhängigen Zustände von Aktivität.«[107]

Jedes bildete eine von den anderen getrennte Zeit-Insel, jedes verfügte über eine eigene Zeitlichkeit. So wie der Einzeller, der Mensch, Gebirgsmassive und das Universum jeweils ihre eigene Zeitlichkeit haben, so auch die Bilder, Kostüme, Handlungen, Arien, Tonsequenzen der verschiedenen Instrumente in *Europeras 1 & 2*. Es ist die Leistung der *time brackets* – vor allem in Kombination mit den Zufallsoperationen –, Zeit-Inseln zu schaffen, ihre spezifische Emergenz zu ermöglichen und sie nicht nur hervorzuheben, sondern geradezu auszustellen und so für den Zuschauer in intensiver Weise erfahrbar zu machen.

Rhythmus

Eine besondere Bedeutung für die Organisation und Strukturierung von Zeit kommt heute in vielen Aufführungen dem Rhythmus zu. Er ist es, der Körperlichkeit, Räumlichkeit und Lautlichkeit zueinander in ein Verhältnis setzt und ihr Erscheinen im Raum ebenso wie ihr Verschwinden reguliert. Nun stellt der Rhythmus nicht – wie die *time brackets* – eine neue Erfindung dar. Es läßt sich vielmehr eine Aufführung, an der nicht Rhythmus in irgendeiner Weise an der Strukturierung von Zeit beteiligt wäre, überhaupt nicht denken. Auch wenn Handlungsverlauf oder Entwicklung der Figuren die leitenden Strukturierungsprin-

107 John Cage, in: *Die Opernzeitung Frankfurt*, Oktober/November 1987, Nr. 1/2, Frankfurt a. M. 1987, S. 11.

zipien liefern, wird Rhythmus in der Abfolge der Szenen, beim Sprechen, in der Bewegung, innerhalb einzelner Szenen – auch außerhalb des Musik- und Tanztheaters – von großer Bedeutung sein. Er ist hier allerdings den leitenden Prinzipien untergeordnet, unterstützt die von ihnen vorgenommene Strukturierung. Dagegen erscheint Rhythmus in vielen Aufführungen von Theater und Performance-Kunst seit den sechziger Jahren als das leitende, das übergeordnete, wenn nicht sogar das ausschließliche Prinzip zur Organisation und Strukturierung von Zeit.

Unter Rhythmus verstehe ich in diesem Zusammenhang im Unterschied etwa zu Takt und Metrum ein Ordnungsprinzip, das nicht auf Gleichmaß, sondern auf Regelmaß zielt. Wie Hanno Helbling ausführt, handelt es sich um ein dynamisches Prinzip, das »*unterwegs* ist und bleibt: immer mit Herstellung und Darstellung bestimmter Verhältnisse beschäftigt und immer auch in der Lage, diese Verhältnisse wieder neu zu entwerfen«.[108] Im Rhythmus wirken Voraussehbares und Nichtvoraussehbares zusammen. Er entsteht durch Wiederholung *und* Abweichung vom Wiederholten. Wiederholung allein ergäbe keinen Rhythmus. Rhythmus läßt sich in diesem Sinne als ein Ordnungsprinzip beschreiben, das seine permanente Transformation voraussetzt und in seinem Wirken vorantreibt.[109]

Wenn Rhythmus zum wichtigsten, wenn nicht gar zum alleinigen Ordnungsprinzip avanciert, ist davon auszugehen, daß zwischen Körperlichkeit, Räumlichkeit und Lautlichkeit ständig wechselnde Verhältnisse hergestellt werden und ihr Erscheinen und Verschwinden durch Wiederholung und Abweichung reguliert bzw. bestimmt wird.

Robert Wilson erzielt – vor allem in seinen Arbeiten bis Mitte der achtziger Jahre – mit seinem Einsatz von Rhythmus eine vergleichbare Wirkung, wie Cage sie mit den *time brackets* erreicht. Jedes System theatraler Elemente folgt seinem eigenen Rhythmus: das Licht, das sich in Bruchteilen von Sekunden ändert, die Bewegungen der Darsteller, die in *slow motion* durchgeführt werden, Stimmen, Geräusche, Musik, Laute, die zu einer Sound-Col-

108 Hanno Helbling, *Rhythmus. Ein Versuch*, Frankfurt a. M. 1999, S. 18.

109 Vgl. hierzu Clemens Risi, »Rhythmen der Aufführung. Kollidierende Rhythmen bei Steve Reich und Heiner Goebbels«, in: Erika Fischer-Lichte, Clemens Risi, Jens Roselt (Hrsg.), *Kunst der Aufführung – Aufführung der Kunst*, Berlin 2004, S. 165-177.

lage verwebt werden, welche mit einem ganz eigenen Rhythmus erklingt. Der Rhythmus dehierarchisiert die Elemente, isoliert sie voneinander, läßt sie als zusammenhangslos erscheinen. Denn er schafft jedem eine eigene zeitliche Strukturierung, die von denen der anderen wahrnehmbar differiert. Der Zuschauer erfährt in diesem Sinne zur selben Zeit unterschiedliche Zeitlichkeiten. Seine Wahrnehmung wird de-synchronisiert, sie wird sensibilisiert für die jeweilige Einzelleistung des betreffenden Elements. Der unterschiedliche Rhythmus erschwert es ihm, Körperlichkeit, Räumlichkeit und Lautlichkeit unmittelbar aufeinander zu beziehen und zwischen ihnen Verhältnisse der Über- und Unterordnung herzustellen oder sie in signifikative Beziehungen zueinander zu setzen. Die vom Rhythmus geschaffene je eigene Zeitlichkeit stiftet keinen Zusammenhang zwischen den Elementen, läßt sie vielmehr gleichberechtigt nebeneinander bestehen und bringt so die ihnen eigene Dynamik zur Entfaltung und Geltung. Wenn sich für den Zuschauer Beziehungen zwischen ihnen ergeben, so ist er es – genau wie in Cages Stücken –, der diese Beziehungen herstellt.

Ganz anders dagegen setzte Schleef Rhythmus ein. Bei seinen Chören konnte man zunächst den Eindruck gewinnen, daß Körperlichkeit, Räumlichkeit und Lautlichkeit völlig synchron rhythmisiert seien. Wie sich jedoch bei genauerem Hinsehen und Zuhören sehr schnell herausstellte, täuschte dieser Eindruck. Es waren gerade die ständigen Verschiebungen im Rhythmus von Bewegung und Sprechen, die den Chor als einen Kampfplatz auswiesen, auf dem nicht nur zwischen Individuum und Gemeinschaft gerungen wurde, sondern auch zwischen Körper und Sprache. Der Rhythmus der gesprochenen Sätze suchte sich den Körpern aufzuzwingen, sie zu Bewegungen im selben Rhythmus zu drängen und so die Körper in ihrer Bewegung der symbolischen Ordnung der Sprache unterzuordnen, zu subsumieren. Umgekehrt setzten sich die Körper nicht nur gegen derartige Versuche zur Wehr, sondern trachteten danach, den Rhythmus ihrer Bewegungen über die Stimme auf die Sprache zu übertragen – einen Rhythmus, der die syntaktische Ordnung der Sprache durchschlug, sie in einer Weise verzerrte, daß die Sätze ihre Bedeutung verloren und unverständlich wurden. Die Stimme löste sich von der Sprache, die symbolische Ordnung der Sprache war durch den Rhythmus der Körperbewegungen, den die Stimme übernahm, zerstört. Einmal beugte sich die Stimme dem Rhythmus, den die syntaktische und semantische Ordnung des Gesprochenen vorgab, und übertrug ihn auf die Körperbewegungen, dann wieder drängten die Körper der Stimme ihren Rhythmus auf, so daß der Rhythmus der Sprache und mit ihm ihre Bedeutung, ihr Sinn zerbrochen wurde.

In diesem Kampf gab es genausowenig Sieger und Verlierer wie in dem zwischen Individuum und Gemeinschaft. Es war der Rhythmus, der Sprache und Körper als gegensätzliche Kräfte auswies, die zusammenwirken müssen und doch sich unversöhnlich bekämpfen. Schleefs Chöre erinnerten so an die Grundidee von Nietzsche über die Geburt der Tragödie aus dem Geiste der Musik. In ihnen rangen das dionysische Prinzip, wie es von den ekstatischen, stürzenden und fallenden Körpern verwirklicht wurde, und das apollinische Prinzip miteinander, wie die symbolische Ordnung der Sprache es realisiert. Der Ausgang dieses Kampfes war nie voraussagbar. In Schleefs Chören war es der Rhythmus, der Körperlichkeit, Räumlichkeit und Lautlichkeit in ein spannungsvolles, kaum je harmonisches Verhältnis zueinander setzte. Dieser Rhythmus versuchte permanent, eine Hierarchisierung zwischen ihnen herzustellen, und bewirkte ständig eine De-Hierarchisierung. Jedes Element verfügte über seine eigene Zeitlichkeit – mit seinem Rhythmus vermochte es sie immer nur vorübergehend auf ein anderes zu übertragen.

Wilsons und Schleefs Arbeiten mögen als zwei Extreme auf einer Skala gelten, die von völliger Zusammenhangslosigkeit zwischen den theatralen Elementen (wie Körperbewegungen, Licht, Lauten) bis hin zur permanenten Herstellung eines Verhältnisses zwischen ihnen reicht. Es ist jedesmal der Rhythmus, der Beziehungen oder Beziehungslosigkeit etabliert. Damit leistet er jedoch zugleich etwas anderes, was sogar die Arbeiten von Schleef und Wilson trotz aller Differenzen verbindet: Er läßt kein hierarchisches Verhältnis zwischen den Elementen zu. Sie erscheinen alle als gleich wichtig und gleichwertig. Die Aufmerksamkeit wird so auf ihre spezifische Materialität gelenkt, auf ihr je besonderes Erscheinen im Raum.

Rhythmus tritt darüber hinaus als das die Dramaturgie der Aufführungen begründende Prinzip auf – nicht nur bei Wilson und Schleef, sondern auch bei Jan Fabre, Jan Lauwers, der Wooster Group, Heiner Goebbels, Christoph Marthaler und vielen anderen. Welche Elemente wann, in welcher Form und für welche Dauer in Erscheinung treten, hängt wesentlich vom Rhythmus der jeweiligen Aufführung ab. Entsprechend wird viel mit Wiederholungen gearbeitet, bei denen das erscheinende Element jedesmal von dem, das es wiederholt, abweicht – wenn auch teilweise nur minimal. So scheinen einzelne Inszenierungen Marthalers wie *Murx*, *Die Stunde Null oder Die Kunst des Servierens* (Deutsches Schauspielhaus Hamburg 1995) oder *Die schöne Müllerin* (Zürcher Schauspielhaus 2002) fast nur aus Wiederholungen zu bestehen, um es einmal überspitzt zu formulieren: Ein Element wird eingeführt, um dann im Laufe des Abends in immer neuen Variationen wiederholt zu werden. Ein zweites tritt hinzu, dem es ebenso ergeht, dann ein drittes und immer so fort. Die Variationen reichen von minimalen Abweichungen bis hin zu geradezu überwältigenden Coups. Dabei kann das eine durchaus die Wirkung des anderen zeitigen.

In *Murx* – das bis heute auf dem Spielplan der Volksbühne steht – gehören zu den Wiederholungen mit geringen Variationen zum Beispiel der Gang Susanne Düllmanns zum Männerklo, den Jürgen Rothert jedesmal, in Wortwahl, syntaktischer Fügung, Tonfall variierend, zu verhindern weiß, ebenso wie die Geschichte Ueli Jäggis vom Kochkurs »Backen ohne Mehl«, den er verpaßt hat, weswegen er im Kurs »Ficken ohne Frau« gelandet sei. Dies sind Wiederholungen, die im weiteren Verlauf des Abends nur noch mit einem müden Lächeln quittiert werden. Eine überwältigende Wirkung löst dagegen die minimale Abweichung aus, mit der die sechzehn Strophen des Kirchenliedes »Danke«[110] abgesungen werden, intoniert und am Klavier begleitet von Jürg Kienberger. Jede Strophe wurde um einen halben Ton höher gesetzt – was bei den letzten Strophen, als die Stimmbänder der Sänger/innen zu reißen drohten, zu einem konvulsivischen, kaum mehr zu bändigenden Gelächter des Publikums führte, das sich überhaupt nicht mehr zu mäßigen wußte.

In bestimmten Zeitabständen geht Ruedi Häusermann zu den großen Öfen, öffnet sie und stochert mit der Feuerzange in ihnen herum. Seine Bewegungen variieren hierbei jedesmal nur gering-

110 Die Erkenntnis, daß es sich um 16 Strophen handelt, zu denen ich bei meinen beiden Besuchen der Aufführung nicht gelangt bin, verdanke ich Robert Sollich, der sie nicht nur gezählt, sondern auch eine glänzende Analyse der Aufführung angefertigt hat.

fügig. Im letzten Drittel der Aufführung ergibt sich jedoch eine kolossale Abweichung. Aus der geöffneten Ofentür erklingt die ehemalige *DDR*-Hymne – ein überwältigender Effekt ist erzeugt.

Immer wieder im Laufe der Aufführung finden sich die Schauspieler ohne irgendeinen ersichtlichen Grund oder ein nachvollziehbares Motiv zum gemeinsamen Gesang zusammen. Es ist der Rhythmus, das heißt die zeitliche Abfolge, in der das Phänomen Chorgesang wiederholt wird, was sein Erscheinen motiviert. Abweichungen – und zum Teil gravierende – ergeben sich jedesmal durch die jeweilige Liedwahl, für die sich auch keine Gründe angeben lassen. Das Repertoire reicht von Eichendorffs »Kühlem Grunde« über »Sichres Deutschland schläfst du noch« (aus dem Jahre 1650) und dem Choral »Wach auf, du deutsches Reich« bis hin zu Paul Linckes »Glühwürmchenidyll« und dem Schlager »Ich laß mir meinen Körper schwarz bepinseln«.

Der Rhythmus der Aufführung, der solcherart entsteht, ist nicht der einer Reihung, bei der beliebig eine »Nummer« auf die andere folgt. Es erscheinen vielmehr unterschiedliche Elemente, die zunächst zusammenhangslos nebeneinander oder aufeinander folgen, im weiteren Verlauf der Aufführung jedoch durch die sie ständig variierenden Wiederholungen ineinander verschlungen und so allein durch den Rhythmus in ein Verhältnis zueinander gesetzt werden. Das erste Erscheinen der Elemente, die insgesamt das Material der Aufführung bilden, geschieht nicht nur unbegründet und unmotiviert, sondern auch völlig unabhängig voneinander. Jedes Element taucht zu einem bestimmten Zeitpunkt in der zweieinhalbstündigen Aufführung unvermittelt auf. Ist es aber erst einmal in Erscheinung getreten, breitet es sich aus und verändert sich ständig – mehr oder weniger deutlich wahrnehmbar. Dies geschieht allerdings nicht kontinuierlich – lediglich die Anwesenheit der elf Schauspieler im Raum stellt Kontinuität her und dar. Ihre Handlungen dagegen, die keinen Zusammenhang untereinander aufweisen, sind so flüchtig, daß sie mit ihrem Vollzug spurlos zu verschwinden scheinen. Dann aber tauchen sie mit leichten Veränderungen zu einem späteren Zeitpunkt wieder auf. Die Annahme kehrt sich um: Keine Handlung scheint spurlos zu verschwinden. Ist sie erst einmal in die Welt getreten, wird sie wieder auftauchen, wenn auch nie als exakt dieselbe. Was zu ihrer Transformation geführt hat, bleibt ebenso unklar und unerklärlich wie ihr erstes Auftauchen. Es scheint allein der Rhythmus zu sein, dem sie geschuldet ist – wodurch umgekehrt erst auf den Rhythmus aufmerksam gemacht wird. Die Wiederholungen lassen eine Art *feedback*-Schleife entstehen, welche die Frage nach Ursache und Wirkung obsolet werden läßt. Der Rhythmus erweist sich so als das organisierende Prinzip, welches das Erscheinen und Verschwinden von Elementen, von Materialitäten, ohne Rückgriff auf andere Prinzipien oder gar Systeme reguliert. Einmal in Gang gesetzt, erweckt er den Anschein, als ob er aus sich heraus Elemente auftauchen und wieder verschwinden ließe. Der Zeitgeber für Erscheinen und Verschwinden der Materialitäten der Aufführung ist hier der Rhythmus.[111]

Nun stellt, wie bereits im Abschnitt über »Gemeinschaft« angemerkt, der Rhythmus ein Prinzip dar, das mit dem menschlichen Körper gesetzt ist. Nicht nur folgen Herzschlag, Blutkreislauf und Atmung ihrem eigenen Rhythmus, nicht nur führen wir die Bewegungen, die wir mit unserem Körper beim Gehen, Tanzen, Schwimmen, Schreiben u. a. vollziehen, rhythmisch aus und bringen beim Sprechen, Singen, Lachen und Weinen Laute rhythmisch hervor. Auch die Bewegungen, die in unserem Körper erzeugt werden, ohne daß wir sie wahrzunehmen vermöchten, werden rhythmisch vollzogen.[112] Der menschliche Körper ist in der Tat rhythmisch gestimmt.

Wir sind daher auch in besonderer Weise imstande, Rhythmen wahrzunehmen und uns in sie »einzuschwingen«. Bei Aufführungen, deren Zeitlichkeit wesentlich durch Rhythmus organisiert und strukturiert ist, treffen unterschiedliche »rhythmische Systeme« aufeinander: das der Aufführung und die der Zuschauer, wobei zu bedenken ist, daß jeder einzelne Zuschauer rhythmisch anders gestimmt ist. Das heißt, für die autopoietische *feedback*-Schleife, als die sich die Aufführung vollzieht, ist in solchen Fällen besonders relevant, wie die rhythmische Abstimmung erfolgt: ob und wieweit es der Aufführung gelingt, die Zuschauer in den von ihr gesetzten Rhythmus hineinzuziehen – wobei deren »Mitschwingen« den Akteuren neue Impulse vermittelt –, ob und wieweit mehrere rhythmisch ähnlich gestimmte Zuschauer auf die anderen Zuschauer und die Akteure einzuwirken vermögen und

111 Bzw. derjenige, der den Rhythmus, wo möglich, vorgegeben hat. Vgl. hierzu den Abschnitt »Inszenierung« im siebten Kapitel.

112 Vgl. hierzu u. a. Gerold Baier, *Rhythmus. Tanz in Körper und Gehirn*, Reinbek bei Hamburg 2001.

so fort. Wie auch immer dieser Prozeß im einzelnen verlaufen mag, es ist davon auszugehen, daß die autopoietische *feedback*-Schleife sich dabei weitgehend durch Rhythmusverschiebungen, -veränderungen, -wechsel selbst organisiert. Sie vollzieht sich durch wechselseitiges »Einschwingen« in den Rhythmus anderer und in diesem Sinne durch unmittelbares wechselseitiges körperliches Einwirken von Akteuren und Zuschauern. Das heißt, eine rhythmische Strukturierung liefert der Autopoiesis der *feedback*-Schleife besonders günstige Voraussetzungen für ihren Vollzug. Zugleich lenkt sie die Aufmerksamkeit der Zuschauer auf eben diesen Prozeß.

Indem der Rhythmus die performative Hervorbringung von Materialität organisiert und strukturiert, läßt er also zugleich die performativ hervorgebrachte Materialität als Wirkungsfaktor in der Autopoiesis der *feedback*-Schleife in Erscheinung treten. Im Rhythmus werden die performative Hervorbringung von Materialität und die Autopoiesis der *feedback*-Schleife für den Zuschauer wahrnehmbar aufeinander bezogen und füreinander produktiv gemacht.

Fünftes Kapitel
Emergenz von Bedeutung

Als Max Herrmann seinen Begriff der Aufführung entwickelte, setzte er sich eingehend mit Medialität, Materialität und Ästhetizität von Aufführungen auseinander. Ihre Semiotizität dagegen berücksichtigte er kaum. Dies hatte vor allem darin seinen Grund, daß zu seiner Zeit die Semiotizität von Aufführungen mit derjenigen dramatischer Texte gleichgesetzt wurde. Theaterkritiker und Literaturwissenschaftler gingen von der Annahme aus, daß in und mit der Aufführung die dem Text des Stückes »entnommenen« Bedeutungen mit theatralen Mitteln ausgedrückt und so dem Publikum vermittelt würden. Die Performativität der Aufführung war ihrer Auffassung nach ihrer Expressivität untergeordnet. Das Verhältnis zwischen Akteuren und Zuschauern galt es lediglich im Hinblick auf die Frage zu berücksichtigen, ob die Akteure fähig waren, die »richtigen« Bedeutungen »angemessen« auszudrücken und den Zuschauern zu vermitteln. Max Herrmann dagegen begriff die leibliche Ko-Präsenz von Akteuren und Zuschauern als konstitutiv für die Aufführung. Sofern die Semiotizität von Aufführungen vom literarischen Text des Dramas abgeleitet und nach ihm beurteilt wurde, interessierte sie ihn nicht.

Die Abwendung vom Literaturtheater, wie die Vertreter der historischen Avantgarde – allen voran Craig, die Futuristen, Dadaisten, Surrealisten, Meyerhold, das Bauhaus-Theater, Artaud – sie vollzogen, ließ den Bezug auf Bedeutungen literarischer Texte obsolet werden. Mehr noch, wiederholt wurde nun die Forderung erhoben, das Theater solle überhaupt aufhören, Bedeutungen zu übermitteln, und statt dessen darauf hinarbeiten, Wirkungen hervorzurufen. Als Gegenmodell zum Literatur- ebenso wie zum realistisch-psychologischen Theater berief man sich auf Varieté und Zirkus. Die italienischen Futuristen hatten mit ihren beiden Manifesten *Das Varietétheater* (1913) und *Das futuristische synthetische Theater* (1915) proklamiert, Theater nach den Prinzipien des Varietés und des Zirkus in »ein Theater der Schockwirkungen, des Rekords und der körperlichen Tollheit

[zu] verwandeln«.[1] In der jungen Sowjetunion gab es eine Fülle von Versuchen, durch Rekurs auf den Zirkus ein neues, nicht auf Bedeutungsvermittlung zielendes Theater zu schaffen. Sergej Radlov, der zwischen 1913 und 1916 in Meyerholds Studio gearbeitet hatte, gründete 1920 ein Zirkustheater, in dem Clowns, Akrobaten und Jongleure neben Schauspielern und auch selbst als Schauspieler auftraten. Sein Ziel war es, auf diese Weise ein neues komisches Volkstheater zu begründen. (1922 mußte er allerdings sein Theater wieder schließen, da das Publikum, das anfangs in Scharen geströmt war, wegblieb.) In den Jahren 1922 und 1923 experimentierte auch die sogenannte FEKS (Fabrik des exzentrischen Schauspielers) mit Zirkus und Varieté.

Von besonderer Relevanz waren in dieser Hinsicht die Versuche, die Meyerhold unternahm, um den Zirkus für das Theater fruchtbar zu machen. Das erfolgreichste und berühmteste Ergebnis seiner Bemühungen war die Inszenierung von Suchovo-Kobylins Groteske *Tarelkins Tod* (1922), an der auch Sergej M. Eisenstein beteiligt war. Dieser legte seiner Inszenierung von Ostrovskijs Komödie *Eine Dummheit macht auch der Gescheiteste* ein Jahr später ebenfalls das Zirkusmodell zugrunde. Denn seiner Meinung nach ist, wie er noch in seiner zwanzig Jahre später entstandenen Schrift *Methode* (1943-47) betont,

> die Zirkusvorstellung [...] jener Fall, bei dem wir es mit einer Unterart der Kunst zu tun haben, in der in reiner Form nur die sinnliche Komponente erhalten blieb..., die in allen anderen Fällen nur eine Form der Verkörperung irgendwelcher stofflich-ideeller Inhalte ist. Deshalb arbeitet der Zirkus zwangsläufig wie ein eigenartiges sinnlich-tonisierendes Bad. [...] Deshalb berechtigt der Zirkus zu keinerlei Hoffnung im Hinblick auf eine ›Sinngebung‹ oder auf eine sinnvermittelnde Verwendung.[2]

Auch wenn Meyerhold mit Eisenstein in der Annahme übereinstimmte, daß die Sinnlichkeit des Zirkus nicht auf die Übermittlung von Bedeutungen zielt, sondern unmittelbar Wirkungen auslöst, weswegen dieser als Modell für ein neues Theater so besonders geeignet erschien, zog er daraus einen etwas anderen Schluß. Denn eine der Wirkungen des Theaters sollte seiner Auffassung nach gerade darin bestehen, daß sich der Zuschauer nun

1 Marinetti, »Das Varietétheater«, S. 175. In der Übersetzung heißt es fälschlicherweise »Psychotollheit« statt »körperliche Tollheit«.

2 Zit. nach Vjacheslav Vsevolodovich Ivanov, *Einführung in die allgemeine Problematik der Semiotik*, Tübingen 1985, S. 248.

als »Mithandelnder und *Schöpfer eines neuen Sinns*« definierte. Während die Akteure darauf verzichten sollten, Bedeutungen an die Zuschauer zu übermitteln, und ihre Tätigkeit darauf beschränken, Sinnlichkeit, Materialität zu erzeugen, sollte es der einzelne Zuschauer sein, der unter Bezug auf diese Materialität neue Bedeutungen generierte, Schöpfer eines neuen Sinns würde.

Theater- und Performance-Künstler seit den sechziger Jahren gehen ebenso wie die genannten Vertreter der historischen Avantgarde von der Voraussetzung aus, daß es nicht Aufgabe von Aufführungen sein kann, Bedeutungen, die eine Gruppe ihrer Teilnehmer – Akteure, Regisseur, Bühnenbildner, Komponist oder gar der Autor eines Stücks – generiert hat, einer anderen – den Zuschauern – zu übermitteln. Aufführungen dienen nicht der Vermittlung von Bedeutungen oder, wie Eisenstein es formulierte, der Sinnvermittlung. Daraus ergeben sich ähnliche Probleme wie die, mit denen sich die historische Avantgarde konfrontiert sah. Dazu zählt vor allem die Frage nach dem Verhältnis von Materialität und Zeichenhaftigkeit sowie von Wirkung und Bedeutung. Diejenigen Vertreter der historischen Avantgarde, die auf eine neue Wirkungsästhetik zielten, hatten sie klar beantwortet: Die Reduktion der theatralen Mittel auf ihre Materialität/Sinnlichkeit verhindert eine Konstitution von Bedeutung durch die Akteure, ermöglicht jedoch den Zuschauern, ihrerseits Bedeutungen zu generieren. Konstitution von Bedeutung durch die Akteure schließt eine Wirkung auf die Zuschauer aus. Eine Wirkungsästhetik verlangt daher den Verzicht der Akteure auf jegliche Bedeutungskonstitution.

Theater- und Performance-Künstler der letzten dreißig, vierzig Jahre dagegen haben bisher keine eindeutigen Antworten auf diese Fragen gefunden. Wie sich an unseren bisherigen Ausführungen gezeigt hat, scheinen sie an derartigen Antworten auch gar kein Interesse zu haben. So gehen sie keineswegs von einem gegenseitigen Ausschluß von Material- und Zeichenhaftigkeit, von Wirkung und Bedeutung und damit von *per se* dichotomischen Verhältnissen aus. Vielmehr stellen sie immer wieder die Frage, wie sich diese Größen zueinander verhalten, und gehen ihr in jeder Aufführung auf anderen Wegen nach. So untersuchen sie, wie Bedeutungen in Aufführungen überhaupt entstehen, was sie dort tun und wie sie wirken. Ich werde in diesem Kapitel die Antworten, welche die verschiedenen, bisher berücksichtigten Aufführrungen auf diese Fragen gefunden und implizit formuliert haben, explizit zu machen suchen, um sie im Kontext einer Ästhetik des Performativen im Hinblick auf die spezifische Semiotizität von Aufführungen diskutieren zu können.

1. Materialität, Signifikant, Signifikat

Aufführungen seit den sechziger Jahren lösen die einzelnen verwendeten theatralen Mittel immer wieder aus übergeordneten Kontexten heraus. Sie ordnen sie nicht nur nicht länger einer Handlungs- und Psychologik unter, sondern suchen sie aus jeder Art von kausaler Verkettung zu befreien. Spezifischen geometrischen und rhythmischen Patterns folgend oder gar durch Zufallsoperationen ermittelt, tauchen die Elemente im Raum auf, stabilisieren sich für eine Weile – von je unterschiedlicher Dauer –, teilweise bei ständiger Transformation, und verschwinden irgendwann wieder, ohne daß sich für Erscheinen und Verschwinden eine nachvollziehbare Begründung oder eine spezifische Motivation angeben ließen. Es scheint sich bei den jeweils auftauchenden Elementen überwiegend, wenn nicht gar ausschließlich um emergente Phänomene zu handeln.

Ihre Emergenz hat nun einen Vorgang zur Folge, der zunächst widersprüchlich erscheinen mag, einen Vorgang, der für die Semiotizität der Aufführungen höchst folgenreich ist. Zum einen erscheinen die solcherart isoliert auftauchenden Elemente in gewisser Weise desemantisiert, sie werden in ihrer spezifischen Materialität wahrgenommen, nicht als Träger von Bedeutungen; sie werden weder in eine Beziehung zu anderen Elementen gesetzt, noch zu einem anderen Kontext. In diesem Sinne bleiben sie insignifikant, ohne Bedeutung.

Zum anderen aber sind es gerade die isolierten, in ihrer Materialität wahrgenommenen emergenten Phänomene, die im wahrnehmenden Subjekt eine Fülle von Assoziationen, Vorstellungen, Gedanken, Erinnerungen, Gefühlen hervorzurufen vermögen und ihm Möglichkeiten eröffnen, sie zu anderen Phänomenen in Beziehung zu setzen. Sie werden offensichtlich als Signifikanten wahrgenommen, die sich auf die unterschiedlichsten Phänomene beziehen, in unterschiedlichste Kontexte versetzen und mit den unterschiedlichsten Signifikaten verbinden lassen, was eine ungeheure Pluralisierung von Bedeutungsmöglichkeiten zur Folge hat.

Wie läßt sich dieser Widerspruch erklären?

Bereits im vorhergehenden Kapitel bin ich kurz auf die These von der Desemantisierung eingegangen; ich habe zu zeigen versucht, inwiefern sie zwar ihre Berechtigung haben mag – nämlich im Hinblick auf eine übergeordnete Handlungs- und Psychologik, die jedem Element eine oder mehrere spezifische Bedeutungen zuordnet –, wieso sie dennoch aber zu kurz greift. Unter Bezug auf die *slow motion* bei Wilson habe ich ausgeführt, daß diese die Geste nicht desemantisiert, sondern sie vielmehr in ihrer Selbstbezüglichkeit hervortreten läßt. Die Geste bedeutet eben das, was sie vollzieht; sie wird wahrgenommen zum Beispiel als eine Bewegung des gebeugten Armes aus der Taillen- in die Augenhöhe. Was ich an diesem Beispiel erläutert habe, gilt auch für alle anderen Fälle, auf die die These von der Desemantisierung Anwendung findet. Wenn die Geste, mit der Marina Abramović sich einen fünfzackigen Stern in die Haut ritzt, als eben dies wahrgenommen wird – und nicht etwa als eine symbolische Handlung, welche die Einschreibung des Staatssymbols in den individuellen Körper einer Staatsangehörigen bedeuten soll –, so wird sie nicht als in-signifikant wahrgenommen, sondern als eben das, was sie vollzieht. Wenn der Zuschauer den fetten, überquellenden Leib von Giancarlo Paludi nicht als Zeichen für den Körper der Figur des Cicero wahrnimmt, sondern als einen fast konturlosen Leib, der den Raum füllt, so nimmt er ihn als das wahr, als was er in Erscheinung tritt, d. h. in seinem phänomenalen Sein.

Was ich hier am Beispiel von Körpern und Gesten ausgeführt habe, gilt auch für Räume, Dinge, Farben, Laute u. a. Die theatralen Elemente in ihrer spezifischen Materialität wahrzunehmen heißt also, sie als selbstreferentielle, sie in ihrem phänomenalen Sein wahrzunehmen. Kann das zugleich heißen, sie als insignifikant wahrzunehmen? Wäre folglich Wahrnehmung von Objekten in ihrer spezifischen Materialität gleichzusetzen mit ihrer Wahrnehmung als insignifikante, rein »sinnliche« Phänomene?

Wenn ich den Leib des Akteurs als diesen besonderen Leib wahrnehme, das Blut, mit dem in Nitschs Aktionen der Lammkadaver, die Akteure und die Zuschauer bespritzt werden, in seiner spezifischen Röte betrachte und in seiner merkwürdigen Süße schmecke oder die Eingeweide unter den Füßen in ihrer besonderen Konsistenz und Nachgiebigkeit fühle, so nehme ich all diese Phänomene *als etwas* wahr. Es handelt sich nicht um einen unspezifischen Reiz, sondern um die Wahrnehmung von etwas als etwas. Die Dinge bedeuten das, was sie sind bzw. als was sie in Erscheinung treten. Etwas als etwas wahrzunehmen heißt also, es als bedeutend wahrzunehmen. In der Selbstreferentialität fallen Materialität, Signifikant und Signifikat zusammen. Die Materialität fungiert nicht als ein Signifikant, dem dies oder jenes Signifikat zugeordnet werden kann. Vielmehr ist die Materialität zugleich als das Signifikat zu begreifen, das mit der Materialität für das wahrgenommene Subjekt, das sie als solche wahrnimmt, immer schon gegeben ist. Die Materialität des Dings nimmt, tautologisch gesprochen, in der Wahrnehmung des Subjekts die Bedeutung seiner Materialität an, das heißt seines phänomenalen Seins. Das Objekt, das als etwas wahrgenommen wird, bedeutet das, als was es wahrgenommen wird.

Das gilt natürlich nur für bewußte Wahrnehmungen. Etwas bewußt wahrzunehmen heißt, es als etwas wahrzunehmen. Zwar müssen wir durchaus auch mit Wahrnehmungen rechnen, welche die Schwelle zum Bewußtsein nicht überschreiten und dennoch unser Verhalten zu beeinflussen vermögen.[3] Da sie uns aber nicht bewußt werden, bleiben sie für das wahrnehmende Subjekt in der Tat ohne Bedeutung, und weil niemand etwas über sie auszusagen vermag, müssen sie unberücksichtigt bleiben – nicht jedoch das von ihnen ausgelöste beobachtbare Verhalten. Dies wird vielmehr Bestandteil der autopoietischen *feedback*-Schleife.

Da es sich bei dem Phänomen, welches die These von der Desemantisierung zu erfassen sucht, im strengen Sinne um Selbstbezüglichkeit handelt, läßt es sich überzeugender als Prozeß einer ganz spezifischen Bedeutungskonstitution erklären. Dieser Prozeß wird als Wahrnehmung von etwas als etwas vollzogen. Es wird also nicht zuerst etwas als etwas wahrgenommen, dem dann in einem zweiten Schritt die Bedeutung zugesprochen wird. Vielmehr entsteht Bedeutung im und als Akt der Wahrnehmung.

Das plötzliche, unmotivierte Erscheinen eines Phänomens lenkt die Aufmerksamkeit des Zuschauers auf diese bestimmte Geste, jenes spezifische Ding und diese gewisse Lautfolge. Dabei

3 Vgl. hierzu Gerhard Roth, *Fühlen, Denken, Handeln. Wie das Gehirn unser Verhalten steuert*, Frankfurt a. M. 2001, S. 217ff.

kann seine Wahrnehmung eine ganz besondere Qualität annehmen. Sie schließt die Frage nach weiteren möglichen Bedeutungen, nach potentiellen Funktionen und Verwendungsweisen oder auch nach einem anderen Kontext ihres Erscheinens aus. Sie vollzieht sich als eine Art kontemplativer Versenkung in diese Geste, dieses Ding, diese Lautfolge, in der die wahrgenommenen Dinge sich dem Subjekt als das zeigen, was sie sind: Sie geben ihre »Eigenbedeutung« preis. Dies geschieht, wenn der Wahrnehmende die Präsenz eines Akteurs oder die Ekstase eines Dinges erfährt. Es ist der Augenblick, in dem sich ihm ein Geheimnis zu offenbaren scheint – die geheime, im und als phänomenales Sein »gegebene« Bedeutung des Wahrgenommenen, wie sie der Akt der Wahrnehmung »enthüllt« oder besser: hervorbringt.

Es handelt sich also nicht um den Prozeß einer Desemantisierung, sondern um Selbstreferentialität. Diese hebt eine Unterscheidung auf, die für die historische Avantgarde grundlegend war, von der aber auch viele ästhetische Theorien ausgehen: die Unterscheidung zwischen der sinnlichen Wahrnehmung eines Objektes, die als ein eher physiologischer Vorgang begriffen wird, und der Zuweisung einer Bedeutung, die als ein geistiger Akt gilt.

Um es noch einmal an einem beliebten Beispiel zu verdeutlichen: Wenn ich das Rot der Verkehrsampel, über die Regen rinnt, als ein ganz besonderes Rot wahrnehme, das ständig changiert und in den verschiedensten Nuancen schillert, was mich so fasziniert, daß ich mich in seine Betrachtung versenke, so nehme ich es wohl als etwas anderes wahr, als wenn ich es als Signal, stehenzubleiben, wahrnehme. Gleichwohl erzeugt in beiden Fällen die Wahrnehmung eine spezifische Bedeutung – im ersten die eines besonders faszinierenden sinnlichen Eindrucks und im zweiten die einer Handlungsanweisung. Pointiert – und vielleicht für manchen provozierend – ausgedrückt: Bewußte Wahrnehmung erzeugt immer Bedeutung, und »sinnliche Eindrücke« lassen sich daher angemessener als jene Art von Bedeutungen beschreiben, die mir als spezifische sinnliche Eindrücke bewußt werden. Daraus folgt allerdings nicht, daß sie sich umstandslos sprachlich ausdrücken lassen. Ich mag durchaus Schwierigkeiten haben, sie in Worte zu fassen, vielleicht sogar zu der Überzeugung gelangen, daß sie sprachlichem Ausdruck letztlich inkommensurabel bleiben, sich also nur höchst unzureichend be- oder umschreiben lassen. Dieser Umstand weist nachdrücklich darauf hin, daß Bedeutungen wohl mit Bewußtseinszuständen, nicht jedoch mit sprachlichen Bedeutungen gleichgesetzt werden dürfen.

Indem Aufführungen der letzten dreißig Jahre immer wieder theatrale Elemente aus jeder Art von übergeordneten Kontexten herauslösen, sie ohne Rückführung auf bzw. Eingliederung in irgendwelche Kausalzusammenhänge erscheinen und verschwinden lassen – häufig mit vielen Wiederholungen – und sie so nachdrücklich als emergente Phänomene hervortreten lassen, die auf nichts anderes als sich selbst verweisen, haben sie für die Einsicht sensibilisiert, daß Wahrnehmung und Bedeutungserzeugung der gleiche Prozeß sind.

Zugleich aber stellt das plötzliche unbegründete und unmotivierte Erscheinen eines Phänomens die Voraussetzung für eine weitere Art seiner Wahrnehmung dar. Es wird wohl zunächst in seinem phänomenalen Sein wahrgenommen, dann jedoch, wenn sich die Aufmerksamkeit aus ihrer Fokussierung auf das Wahrgenommene löst, sozusagen abzuschweifen beginnt, als ein Signifikant, mit dem sich die unterschiedlichsten Assoziationen – Vorstellungen, Erinnerungen, Empfindungen, Gefühle, Gedanken – als seine Signifikate verbinden. Nach welchen Regeln tauchen derartige Assoziationen auf? Was lösen sie aus?

Wenn ein Zuschauer an einer Pferdephobie leidet – wie Freuds kleiner Hans –, an einer Spinnen- oder einer Schlangenphobie, so besteht eine gewisse Wahrscheinlichkeit, daß ihn in Grübers *Bakchen*, in Fabres *Sie war und sie ist, sogar* oder in Abramovićs *Dragon Heads* seine Phobie befallen haben wird, auch wenn dies keineswegs zwingend ist. Abgesehen von derartigen Fällen erscheint es jedoch ganz unmöglich vorauszusagen, welche Art von Assoziationen die Wahrnehmung eines Objektes auslösen mag, auch wenn der Wahrnehmende für sich selbst im nachhinein überzeugende Verbindungen ausfindig machen kann.

Wie das wohl berühmteste literarische Beispiel in diesem Kontext, Prousts in Tee getauchte Madeleine, deren Geruch und Geschmack in ihm einen Strom von Erinnerungen freisetzte, zeigt, läßt sich wohl zwischen Geruch und Geschmack und den von ihnen ausgelösten Erinnerungen eine Verbindung herstellen; sie sind jedoch keineswegs mit Notwendigkeit noch auch mit einer gewissen Wahrscheinlichkeit aus ihnen abzuleiten. Sie tauchen im Bewußtsein des Wahrnehmenden auf, ohne daß hier ein zwingender Mechanismus abliefe – das heißt, Geruch und Geschmack einer in Tee getauchten Madeleine werden keineswegs immer, wenn sie von Proust wahrgenommen werden, diese Erinnerungen auslösen – noch auch, daß der Wahrnehmende sie bewußt und intendiert gesucht und aufgerufen hätte.

Die Herauslösung der erscheinenden Phänomene aus vorgegebenen Kontexten schafft offensichtlich eine günstige Voraussetzung dafür, die Wahrnehmenden in einen Zustand zu versetzen, der dem Prousts beim Riechen und Schmecken der in Tee getauchten Madeleine vergleichbar ist. Sie lassen sich nun an nahezu jeden beliebigen Kontext anschließen, zu dem unvermittelt oder über eine ganze Reihe von Vermittlungen sich eine Verbindung herstellen läßt. Diese Verbindung wird allerdings nur in den wenigsten Fällen bewußt und intentional hergestellt – so zum Beispiel, wenn ein Zuschauer, der die Öfen in *Murx* wahrnimmt, sich zu erinnern sucht, wo er derartige Öfen schon einmal gesehen hat, und bei der Suche dann auf spezifische autobiographische Situationen stößt. Assoziationen dagegen ereignen sich, ohne daß sie gerufen oder nach ihnen gesucht würde. Sie stellen sich von sich aus ein, stoßen dem, in dessen Bewußtsein sie bei der Wahrnehmung eines spezifischen Objektes auftauchen, eher zu.

Diese Assoziationen beziehen sich – als Erinnerungen – auf früher Erlebtes, Gelerntes, Erfahrenes, auf ganz spezifische einmalige subjektive Erlebnisse ebenso wie auf intersubjektiv gültige kulturelle Kodes. Daneben können aber auch Assoziationen ausgelöst werden, die als plötzliche Intuition, neue Ideen, so vorher noch nie gedachte Gedanken auftauchen und das wahrnehmende Subjekt daher stärker als alle anderen Assoziationen zu überraschen vermögen; denn es bleibt ihm unzugänglich, was der plötzlich aufgetauchte Gedanke mit der Wahrnehmung dieses Objektes zu tun hat.

In beiden Fällen allerdings tauchen die Bedeutungen auf, ohne daß das wahrnehmende Subjekt dies intendiert hätte. Sie erscheinen weder als Folge eines wie auch immer gearteten Kausalnexus noch aufgrund einer Intention des betreffenden Subjektes. Ihr Erscheinen geschieht in diesem Sinne unbegründet und unmotiviert. In dieser Hinsicht unterscheidet sich der Prozeß der Erzeugung von Bedeutung als Assoziation auffallend von einem intentional vollzogenen Deutungs- und Interpretationsprozeß. Während in ihm nach Bedeutungen gesucht wird, die – nach welchen Kriterien auch immer – zueinander »passen« (wobei auch dabei ihr Zuhandensein keineswegs immer in der Macht des Interpretierenden steht), tauchen hier die Bedeutungen ohne Willen und Anstrengung des betreffenden Subjektes und manchmal durchaus gegen seinen Willen auf. Die Bedeutungen, die in diesem Prozeß erzeugt werden, lassen sich in diesem Sinne als Emergenzen begreifen.

Sofern es sich bei den Assoziationen um Gedanken handelt, verbleiben sie in beiden Fällen – als Erinnerung und als neue Bedeutung – sozusagen im Bewußtsein – es sei denn, den Betreffenden ergreift ob der Neuheit seines Gedankens eine derartige Aufregung, daß sie sich körperlich artikuliert wie in Herzrasen, Schweißausbruch, motorischer Unruhe, was von anderen wahrgenommen werden kann; oder der Wunsch, seine Gedanken zu notieren, was zu einer wahrnehmbaren Handlung führt. Empfindungen und Gefühle, die in diesem Prozeß auftauchen, artikulieren sich dagegen körperlich und dies häufig in einer Weise, daß auch andere sie wahrzunehmen vermögen, so zum Beispiel als ein Zittern oder Schluchzen, vor allem aber als motorische Unruhe. Sofern sie von anderen Zuschauern und/oder den Akteuren wahrgenommen werden können, also gesehen, gehört, gerochen oder gespürt, werden sie zum Bestandteil der autopoietischen *feedback*-Schleife. Die Bedeutungen, die als Signifikate für das als Signifikant wahrgenommene Objekt im Bewußtsein des wahrnehmenden Subjektes auftauchen, können daher durchaus an der autopoietischen *feedback*-Schleife Anteil haben, sei es, weil sie sich körperlich und für andere wahrnehmbar artikulieren, sei es, daß sie körperliche, für andere wahrnehmbare Reaktionen nach sich ziehen.

Die Herauslösung der theatralen Elemente aus vorgegebenen Kontexten, ihre Isolierung, hat also zwei sehr unterschiedliche Arten von Wahrnehmung und Bedeutungserzeugung zur Folge. In beiden Fällen treten Materialität, Signifikant und Signifikat in ein anderes Verhältnis zueinander. Im ersten wird das Phänomen als das wahrgenommen, als was es erscheint, das heißt in seinem phänomenalen Sein. In diesem Sinne fallen hier Materialität, Signifikant und Signifikat in eins. Im zweiten Fall dagegen treten sie deutlich auseinander. Das Phänomen wird als ein Signifikant wahrgenommen, der sich mit den unterschiedlichsten Signifikaten verbinden läßt. Die Bedeutungen, die ihm in diesem Prozeß zugeordnet werden, sind nicht vom Willen des Subjektes abhängig, sondern tauchen unbegründet und unmotiviert – wenn auch häufig im nachhinein plausibel erklärbar – in seinem Bewußtsein auf. Während die ersten so auftauchenden Bedeutungen sich zumindest nachträglich noch auf das wahrgenommene Objekt beziehen lassen, stehen später auftauchende mit ihm kaum mehr in einer Beziehung. Hier sind es die bereits erzeugten Bedeutungen, die weitere Bedeutungen erzeugen. Beiden Arten der Bedeutungserzeugung ist allerdings gemein, daß sie nicht auf der Basis eines intersubjektiv gültigen Kodes, einer konventionell begründeten Zuordnung vollzogen werden.

Zwischen diesen beiden Arten der Wahrnehmung und Bedeutungskonstitution und Benjamins kunsttheoretischen Begriffen »Symbol« und »Allegorie« scheint eine frappierende Parallelität zu bestehen. Zwar mag sie vielleicht dadurch verdunkelt sein, daß Benjamins Kunsttheorie in seiner Sprachtheorie fundiert ist und im Kontext einer speziellen geschichtsphilosophischen Konzeption entwickelt wird. Dessen ungeachtet drängt es sich geradezu auf, hier eine Beziehung herzustellen. Den Begriff des Symbols bildet Benjamin ausgehend von Goerres' Symboltheorie aus, »die den Akzent auf das naturhaft Berg- und Pflanzenartige im Wuchse des Symbols«[4] legt, andererseits unter Rekurs auf Creuzers *Mythologie*, in der die Symbole durch »das Momentane, das Totale, das Unergründliche ihres Ursprungs, das Nothwendige«[5] charakterisiert werden. »Das Zeitmaß der Symbolerfahrung ist das mystische Nu, in welchem das Symbol den Sinn in sein verborgenes und, wenn man so sagen darf, waldiges Innere aufnimmt.«[6] Das Symbol ist so konzipiert, daß es jegliche Beteiligung eines bedeutungsgenerierenden Subjektes verleugnet, weil es seine Bedeutung in sein »Inneres« aufgenommen hat. Es beruft sich auf (s)eine intrinsische Bedeutung. Auch wenn das Symbol von einem Subjekt geschaffen ist – wie es nun einmal bei einem künstlerischen Symbol der Fall ist –, tendiert in ihm doch die Subjektivität dahin, ihre Spuren zu verwischen, sich selbst auszulöschen und zu verschwinden. Das künstlerische Symbol scheint sich daher jedem

4 Walter Benjamin, *Ursprung des deutschen Trauerspiels*. Hrsg. von Rolf Tiedemann, Frankfurt a. M. 1972, S. 182.

5 Friedrich Creuzer, zitiert nach Walter Benjamin, *Ursprung des deutschen Trauerspiels*. Hrsg., S. 340.

6 Benjamin, *Ursprung des deutschen Trauerspiels*, S. 182.

bedeutungsverleihenden Akt zu entziehen – dem des schaffenden Künstlers ebenso wie dem des deutenden Interpreten. Es läßt sich lediglich wahrnehmen. Das von einem Subjekt geschaffene Symbol soll seine Bedeutung auf dieselbe Weise enthalten und offenbaren, wie es die Dinge mit den Bedeutungen taten, die ihnen Gott vor Beginn der Geschichte, im Stande des Paradieses verliehen hatte: Materialität, Signifikant und Signifikat fallen zusammen. Daher erscheint seine Bedeutung weder als willkürlich noch als eine subjektiv hergestellte Beziehung, sondern als mit ihm gegeben.

Das Symbol widerruft so den tatsächlichen Anteil von Subjektivität und sucht ihn aus seiner Bedeutung auszuschließen. Damit wird es in Benjamins Geschichtsphilosophie zugleich zu einer Antizipation eines Künftigen. Denn so wie das Symbol seine Bedeutung in seinem Inneren verbirgt und auch enthüllt, so wird am Tage der Erlösung die Natur die in ihr verborgene Bedeutung ebenfalls »im Nu« preisgeben. Das Symbol weist daher auf das Ende der Geschichte voraus, das es zugleich symbolisiert, weil in ihm »mit der Verklärung des Unterganges das transfigurierte Antlitz der Natur im Lichte der Erlösung flüchtig sich offenbart«.[7]

Die Ähnlichkeit zwischen beiden Konzeptionen ist augenfällig. Hier wie dort handelt es sich um einen Zusammenfall von Materialität, Signifikant und Signifikat, hier wie dort, beim Symbol und bei der Selbstbezüglichkeit, kann man mit gutem Grund von einer intrinsischen Bedeutung sprechen. Dabei darf man allerdings nicht die gravierenden Unterschiede übersehen, die im wesentlichen in Benjamins geschichtsphilosophischer Konzeption begründet sind. Denn im Falle der Selbstreferentialität wird der Anteil des wahrnehmenden Subjekts keineswegs geleugnet. Es ist vielmehr seine Wahrnehmung des Phänomens in dessen Sein, die es ermöglicht, von einer intrinsischen Bedeutung zu sprechen. Es ist der Akt der Wahrnehmung eines Subjekts, der die Bedeutung des wahrgenommenen Objektes als sein phänomenales Sein allererst erzeugt.

Trotz dieser Differenzen läßt sich meines Erachtens der Schluß ziehen, daß Theater- und Performance-Künstler mit der Herauslösung der erscheinenden Phänomene aus vorgegebenen Kontexten die Voraussetzung dafür geschaffen haben, daß in ihnen so

7 Ebd.

etwas wie das Benjaminsche Symbol entstehen kann – im Erscheinen der Dinge im Raum sowie im Akt ihrer Wahrnehmung.

Dem so konzipierten Symbol stellt Benjamin die Allegorie als »Urgeschichte des Bedeutens« gegenüber. Die Allegorie setzt an dem Phänomen der Bedeutung an, wie es in der geschichtlichen Welt gegeben ist, das heißt, nach dem Sündenfall und vor der Erlösung. Sie geht daher von der Annahme aus, daß Natur und Sprache auseinandergefallen sind, von der Stummheit der Natur und der aus ihr folgenden Notwendigkeit, daß der Mensch ihr immer wieder aufs neue Bedeutungen beilegen muß. Allegorische Bedeutung entsteht als Resultat einer subjektiven Setzung, die letztendlich beliebig ist.

Benjamin beschreibt die Allegorie als ein Verfahren der Bedeutungserzeugung, das ausdrücklich auf diese Beliebigkeit verweist, und das heißt zugleich, auf den Anteil von Subjektivität. »Jede Person, jedwedes Ding, jedes Verhältnis kann ein beliebiges anderes bedeuten.«[8] In der geschichtlichen Welt haben die Dinge aufgehört, eine Bedeutung an sich zu haben. Jedes beliebige Objekt kann daher, ganz unabhängig von seiner spezifischen Materialität, als Zeichen für ein beliebiges anderes Objekt verwendet werden. Materialität, Signifikant und Signifikat fallen auseinander.

Die Dinge, welche der Allegoriker ergreift, haben keine Bedeutung mehr, sind insignifikant. Jegliche Bedeutung, die ihnen beigelegt werden mag, haben sie einer subjektiven Setzung zu verdanken, wie der Allegoriker sie vornimmt. Der Gegenstand liegt »vor dem Allegoriker, auf Gnade und Ungnade ihm überliefert. Das heißt: eine Bedeutung, einen Sinn auszustrahlen, ist er von nun an ganz unfähig; an Bedeutung kommt ihm das zu, was der Allegoriker ihm verleiht. Er legt's in ihn hinein [...]. In seiner Hand wird das Ding zu etwas anderem.«[9] Der Zugriff des Allegorikers läßt die Dinge zur selben Zeit bedeutungslos und bedeutend werden: bedeutungslos, weil die Intention seiner Subjektivität ihm die vielleicht doch noch verbliebene Möglichkeit nimmt, die ihm ursprünglich innewohnende, ihm von Gott verliehene Bedeutung zu offenbaren, und bedeutend, weil eben dieser Akt der intendierenden Subjektivität sie erneut mit Bedeutung belehnt.

8 Ebd., S. 193.
9 Ebd., S. 204f.

Indem der Allegoriker die Dinge, das ursprünglich Bedeutete, zum Bedeutenden macht, das Signifikat zum Signifikanten, verschafft er ihnen innerhalb der geschichtlichen Welt überhaupt erst die Möglichkeit, wieder ein Bedeutetes, ein Signifikat zu werden. Denn die Signifikant gewordenen Dinge vermögen nun in einem theoretisch unendlichen Prozeß aufeinander als auf ihre Signifikate zu verweisen.

Die allegorische Versenkung in den einzelnen Gegenstand kann nur den Gegenstand als ein Fragment intendieren, das heißt als ein Ding, das aus jeglichem Kontext herausgebrochen ist und auf das Faktum seines Herausgebrochenseins zurückverweist. Nur als Fragment kann es im allegorischen Akt kraft subjektiver Willkür mit einer neuen Bedeutung belehnt werden. Dieses Verfahren, den Dingen als vereinzelten, als Fragmenten eine Bedeutung beizulegen, versteht Benjamin als ihre »Rettung«. Denn anderenfalls würden die Dinge bedeutungslos und stumm bleiben – der Vergänglichkeit verfallen. Die Bedeutung, welche der Allegoriker einem Ding zuschreibt, hat zwar – ganz selbstverständlich – nichts mit seiner ursprünglichen Bedeutung gemein, die es vor dem Sündenfall unmittelbar auszusagen vermochte. Aber da sie überhaupt eine Bedeutung ist, verweist das allegorische Verfahren nun seinerseits allegorisch auf den messianischen Stand der Erlösung voraus, in dem die Dinge ihre intrinsische Bedeutung auszusagen wieder fähig sein werden.[10]

Für die allegorische Bedeutungsbelehnung ist ebenso wie für die assoziative Bedeutungserzeugung in unserem zweiten Fall die Herauslösung aus vorgegebenen Kontexten die Voraussetzung. In der Allegorie wie in der Assoziation erfolgt jegliche Bedeutungsbeilegung bzw. -erzeugung unter Bedingungen, die ausschließlich von der Subjektivität des Wahrnehmenden abhängen. Soweit herrscht auch hier eine auffallende Übereinstimmung. Der entscheidende Unterschied liegt allerdings darin, daß für die allegorische Bedeutung allein die Intention des Allegorikers den

10 Vgl. zu einer ausführlichen Auseinandersetzung mit Benjamins Kunsttheorie Fischer-Lichte, *Bedeutung – Probleme einer semiotischen Hermeneutik und Ästhetik*, spez. S. 180-206; dies., »Die Allegorie als Paradigma einer Ästhetik der Avantgarde. Eine semiotische *re-lecture* von Walter Benjamins *Ursprung des deutschen Trauerspiels*«, in: dies.: *Ästhetische Erfahrung. Das Semiotische und das Performative*, Tübingen/Basel 2001, S. 121-137.

Ausschlag gibt – er ist es, der dem wahrgenommenen Ding willentlich diese Bedeutung beilegt. Im Falle der Assoziation dagegen tauchen die Bedeutungen im Bewußtsein des wahrnehmenden Subjektes auf, ohne daß es diesen Prozeß willentlich zu steuern vermöchte, ohne daß es über die Bedeutungen volle Verfügungsgewalt besäße.

Symbol und Allegorie bilden einen Gegensatz, scheinen sich gegenseitig auszuschließen. Es ist der Abgrund der Geschichte, der sie voneinander trennt, auch wenn beide letztendlich auf den Zustand messianischer Erlösung vorausweisen, in dem die Dinge ihre ursprüngliche ihnen von Gott verliehene Bedeutung wieder auszusagen vermögen. Die beiden Arten der Wahrnehmung und Bedeutungserzeugung, die in den untersuchten Aufführungen durch die Herauslösung der theatralen Elemente aus vorgegebenen Kontexten ermöglicht wurden, durch die Emergenz, stehen dagegen in einem anderen Verhältnis zueinander. Jeden Augenblick kann die eine in die andere umspringen: Was sich jetzt als Wahrnehmung von etwas, als sein phänomenales Sein vollzieht, springt im nächsten Moment um in seine Wahrnehmung als eines Signifikanten, auf den sich die unterschiedlichsten Signifikate beziehen lassen – die Wahrnehmung von etwas als »Symbol« kann jeden Augenblick umspringen in seine Wahrnehmung als »Allegorie«. Auch für diesen Vorgang findet sich allerdings eine Entsprechung im Rahmen von Benjamins Geschichtsphilosophie: Denn in der Allegorie ist »Vergänglichkeit [...] nicht sowohl bedeutet, allegorisch dargestellt, denn, selbst bedeutend, dargeboten als Allegorie. Als die Allegorie der Auferstehung. Zuletzt springt in den Todesmalen des Barock – nun erst im rückgewandten größten Bogen und erlösend – die allegorische Betrachtung um. [...] In Gottes Welt erwacht der Allegoriker.«[11]

Ich habe Benjamins Kunst- und Bedeutungstheorie angeführt, um einen Aspekt der Semiotizität von Aufführungen noch schärfer herauszuarbeiten, den Aufführungen seit den sechziger Jahren immer wieder in den Vordergrund gerückt haben und der mir besonders wichtig zu sein scheint: das Oszillieren zwischen zwei völlig verschiedenen Arten von Bedeutungserzeugung, der quasi »objektiv« gegebenen Bedeutung wie bei Benjamins Symbol und den Assoziationen, deren Emergenz von Bedingungen abhängt,

11 Ebd., S. 263 f.

die anscheinend mit dem wahrnehmenden Subjekt gesetzt sind – weswegen sie sich durchaus mit Benjamins Allegorie vergleichen lassen. In beiden Fällen wird Bedeutung nicht auf der Grundlage intersubjektiv gültiger Kodes erzeugt.

In diesem Zusammenhang möchte ich noch einmal ausdrücklich darauf hinweisen, daß – anders als bei Benjamin – es sich bei den hier erzeugten Bedeutungen überwiegend nicht um sprachliche Bedeutungen handelt. Es sind vielmehr häufig Bedeutungen, die sich hartnäckig sprachlicher Formulierung entziehen. Der Prozeß, in dem wir sie in Sprache zu »übersetzen« suchen, setzt immer erst nachträglich ein, um über diese Bedeutungen zu reflektieren und/oder um sie anderen zu übermitteln.

2. »Präsenz« und »Repräsentation«

Im Kapitel über die Materialität von Aufführungen habe ich den Begriff der perzeptiven Multistabilität eingeführt und am Beispiel des Umspringens der Fokussierung von der je besonderen Leiblichkeit des Akteurs auf die von ihm dargestellte Figur erläutert. Ausgehend von diesem Beispiel will ich zunächst das Verhältnis der Begriffe »Präsenz« und »Repräsentation/Darstellung« diskutieren, um auf dieser Basis mich anschließend mit der Frage auseinanderzusetzen, wie Bedeutungen auf die Dynamik von Wahrnehmungsprozessen zurückwirken bzw. was sie in Aufführungen tun.

»Präsenz« und »Repräsentation« galten lange Zeit in ästhetischen Theorien als gegensätzliche Begriffe. Präsenz wurde dabei als Unmittelbarkeit verstanden, als Erfahrung von Fülle und Ganzheit, als Authentizität. Repräsentation dagegen wurde auf die *grands récits* bezogen, die als Macht- und Kontrollinstanz galten; sie wurde als festgelegt in ihrer Bedeutung und als starr begriffen und erschien vor allem deshalb problematisch, weil sie in ihrer Zeichenhaftigkeit immer nur einen vermittelten Zugang zur Welt eröffnet. Auf Aufführungen bezogen hieß dies, daß – gerade in den sechziger und frühen siebziger Jahren – der Körper des Schauspielers als Ort und Inbegriff der Präsenz galt und häufig nur der nackte Körper. Die dramatische Figur dagegen erschien als Inbegriff von Repräsentation. Von der »Macht- und Kontrollinstanz« des literarischen Textes vorgegeben, vom Schauspieler mit seinem Körper als Repräsentation des dort »Vorgeschriebenen« ab- oder nachgebildet, galt die Figur auf der Bühne als Ausweis für die Repression, die der Text auf den Schauspieler und speziell auf seinen Körper ausübt. Der Körper des Schauspielers mußte also von den Fesseln der Repräsentation, aus ihrem Würgegriff befreit und so der Spontaneität, der Authentizität seiner leiblichen Existenz zum Durchbruch verholfen werden.

Wie sich im Abschnitt über »Verkörperung« gezeigt hat, läßt sich ein solches Verständnis von »Präsenz« und »Repräsentation«, die Vorstellung eines dichotomischen Verhältnisses, so nicht aufrechterhalten. Sowohl Präsenz als auch die Figur werden durch spezifische Verkörperungsprozesse hervorgebracht. Dabei entsteht die Figur nicht als Abbildung oder Nachahmung von etwas Vorgegebenem, sondern wird durch den Prozeß bestimmter Verkörperungsprozesse allererst erzeugt. Die jeweils hervorgebrachte Figur ist an die spezifische Körperlichkeit des Schauspielers gebunden, der sie hervorbringt. Der phänomenale Leib des Schauspielers, sein leibliches In-der-Welt-Sein bildet den existentiellen Grund für die Entstehung der Figur. Jenseits dieses individuellen Leibes hat sie keine Existenz.

Das heißt, wenn der Schauspieler eine Figur darstellt, so bildet er nicht etwas nach, das woanders – im Text des Stückes – vorgegeben ist, sondern er schafft etwas vollkommen Neues, etwas Einzigartiges, das es so nur durch seine individuelle Leiblichkeit geben kann. Wenn wir für den Prozeß der Erzeugung einer Figur den Begriff der Repräsentation beibehalten wollen, so muß er radikal redefiniert werden. Repräsentation und Präsenz sind das Resultat spezifischer Verkörperungsprozesse, wie es in der Wahrnehmung entsteht. Daraus folgt nun keineswegs, daß damit jegliche Differenz zwischen den Begriffen »Präsenz« und »Repräsentation« aufgehoben wäre. Denn sogar wenn es sich bei den spezifischen Verkörperungsprozessen um dieselben handeln sollte – ein Fall, der durchaus eintreten kann, ja, sogar relativ häufig eintritt, nämlich immer dann, wenn ein Schauspieler, der eine Figur »spielt«, dabei durchgehend als präsent erscheint –, unterscheidet sich doch das Resultat, das in der Wahrnehmung jeweils entsteht, erheblich. Die Unterscheidung ergibt sich also aus der Wahrnehmung. Dies zeigt sich vor allem beim Phänomen der perzeptiven Multistabilität.

Wie ausgeführt, kann die Wahrnehmung im Akt der Wahrnehmung umspringen. Was in diesem Moment als Präsenz des Schauspielers wahrgenommen wird, wird im nächsten als Figur wahrgenommen und *vice versa*. Es kann in unserem Kontext nicht darum gehen, eine psychologische Erklärung für dieses Phänomen zu suchen.[12] In ihm genügt die Feststellung, daß es sich hierbei offensichtlich auch um Emergenzen handelt, da für das Umspringen der Wahrnehmung kein Grund angegeben werden kann. Unsere Versuche, es auf bestimmte dramaturgische oder inszenatorische Verfahren zurückzuführen, sind bisher gescheitert. Auch wenn in einer Aufführung zwischen den im Programmheft genannten Figuren und den Schauspielern keine wahrnehmbare Beziehung hergestellt wird, werden einzelne Zuschauer die Schauspieler dennoch immer wieder als Figur betrachten. Ebenso werden sie in einer konsequent realistisch-psychologischen Aufführung immer wieder die Präsenz des Schauspielers spüren. Wir sollten uns daher an dieser Stelle mit der Schlußfolgerung begnügen, daß es sich nach dem jetzigen Stand unseres Wissens beim Umspringen der Wahrnehmung um ein emergentes Phänomen handelt.

Viel interessanter ist in unserem Zusammenhang die Frage, was die perzeptive Multistabilität in einer Aufführung bewirkt. Wie wir gesehen hatten, werden in Aufführungen seit den sechziger Jahren eine Fülle von Verfahren angewandt, die das Auftreten von perzeptiver Multistabilität in einem sehr viel höheren Ausmaß zu ermöglichen scheinen, als dies in einer psychologisch-realistischen Aufführung der Fall ist. Inszenierungen von Wilson, Castorf, Fabre u.a. scheinen ihr Auftreten geradezu herauszufordern. Ihnen ist offensichtlich daran gelegen, immer wieder das Umspringen zu ermöglichen. Denn im Augenblick des Umspringens erfolgt ein Bruch, eine Diskontinuität. Die bisherige Ordnung der Wahrnehmung wird gestört und aufgegeben, eine neue etabliert. Den Leib des Schauspielers als sein leibliches In-der-Welt-Sein wahrzunehmen, begründet eine spezifische Ordnung der Wahrnehmung, den Körper des Schauspielers als Zeichen für eine Figur wahrzunehmen, begründet dagegen eine andere. Wäh-

12 Zu einer solchen Erklärung s. Michael Stadler/Peter Kruse, »Zur Emergenz psychischer Qualitäten. Das psychophysische Problem im Lichte der Selbstorganisationstheorie«, in: Wolfgang Krohn und Günter Küppers, *Emergenz: Die Entstehung von Ordnung, Organisation und Bedeutung*, Frankfurt a. M. 1992, S. 134-160.

rend die erste Ordnung Bedeutung als phänomenales Sein des Wahrgenommenen erzeugt, wobei diese Bedeutung eine Fülle anderer, überwiegend nicht mehr auf diese Wahrnehmung bezogener Bedeutungen zu erzeugen vermag, bringt die zweite Bedeutungen hervor, die in ihrer Gesamtheit die Figur konstituieren. Die erste Ordnung der Wahrnehmung können wir im Sinne des schwachen Konzeptes von Präsenz als Ordnung der Präsenz, die andere als Ordnung der Repräsentation bezeichnen.

Was geschieht nun im Augenblick des Umspringens, das heißt, in dem Moment, da die bisher gültige Ordnung der Wahrnehmung gestört, aber eine andere noch nicht etabliert ist, im Augenblick des Übergangs von der Ordnung der Präsenz zur Ordnung der Repräsentation bzw. *vice versa*? Es entsteht ein Zustand der Instabilität. Er versetzt den Wahrnehmenden zwischen zwei Ordnungen, in einen Zustand »betwixt and between«. Dieser befindet sich nun auf der Schwelle, die den Übergang von einer Ordnung zu einer anderen bildet, und in diesem Sinne in einem liminalen Zustand.

Wenn innerhalb einer Aufführung die Wahrnehmung immer wieder umspringt und der Zuschauer entsprechend häufig zwischen zwei Wahrnehmungsordnungen versetzt wird, so wird zunehmend der Unterschied zwischen beiden Ordnungen unwichtiger und die Aufmerksamkeit des Wahrnehmenden fokussiert statt dessen die Übergänge, die Störung der Stabilität, den Zustand der Instabilität sowie die Herstellung einer neuen Stabilität. Je öfter das Umspringen sich ereignet, desto häufiger wird der Wahrnehmende zum Wanderer zwischen zwei Welten, zwischen zwei Ordnungen von Wahrnehmung. Dabei wird er sich zunehmend bewußt, daß er nicht Herr des Übergangs ist. Zwar kann er immer wieder intentional versuchen, seine Wahrnehmung neu »einzustellen« – auf die Ordnung der Präsenz oder auf die Ordnung der Repräsentation. Ihm wird jedoch sehr bald bewußt werden, daß das Umspringen ohne Absicht geschieht, daß er also, ohne es zu wollen oder es verhindern zu können, in einen Zustand zwischen den Ordnungen gerät. Er erfährt in diesem Moment seine eigene Wahrnehmung als emergent, als seinem Willen und seiner Kontrolle entzogen, als ihm nicht vollkommen frei verfügbar, zugleich aber als bewußt vollzogen.

Es sind bewußte, wenn auch nicht willentlich herbeigeführte Wahrnehmungen. Die Bedeutungen, die in und mit diesen Wahrnehmungen hervorgebracht werden, sind daher auch nicht als intentional erzeugt zu denken. Sie tauchen vielmehr im Akt der Wahrnehmung plötzlich im Bewußtsein auf.

Es stellt sich die Frage, ob die Bedeutungen, die innerhalb der beiden Ordnungen der Wahrnehmung erzeugt werden – zunächst im Akt der Wahrnehmung und anschließend von den im Akt der Wahrnehmung erzeugten Bedeutungen –, grundsätzlich unterschiedlicher Art sind. Bringt beispielsweise die Wahrnehmungsordnung der Präsenz als Bedeutungen eher Empfindungen, Vorstellungen und Gefühle hervor, die sich körperlich artikulieren und als physiologische, affektive, energetische und motorische Reaktionen von anderen wahrgenommen werden können? Und entstehen innerhalb der Wahrnehmungsordnung der Repräsentation eher Gedanken sowie Vorstellungen und Gefühle, die sich nur innerkörperlich artikulieren und kaum je so stark werden, daß sie den Wahrnehmenden überwältigen, so daß er stets eine gewisse Distanz zum Wahrgenommenen behalten kann? Die Aufführungen, auf die ich mich bisher bezogen habe, scheinen diesen Schluß nahezulegen. Er erscheint auch insofern plausibel, als die im ersten Fall erzeugten Bedeutungen als Wirklichkeit konstituierende Bedeutungen aufgefaßt werden, im zweiten Fall dagegen als Bedeutungen, die eine fiktive Welt bzw. eine symbolische Ordnung aufbauen. Gleichwohl wissen wir aus der Theatergeschichte vor allem des 17. und 18. Jahrhunderts, daß gerade derartige Bedeutungen ihrerseits starke Gefühle erzeugt haben. Es lassen sich daher im Hinblick auf diese Frage nicht allgemein gültige Schlußfolgerungen ziehen. Wenn wir uns lediglich auf die bisher berücksichtigten Aufführungen beschränken, scheint eine solche Schlußfolgerung jedoch durchaus zulässig.

Jede der beiden Ordnungen erzeugt ihre Bedeutungen nach anderen Prinzipien, die vorherrschend werden, wenn sich eine Ordnung stabilisiert. In der Ordnung der Repräsentation zum Beispiel wird alles, was wahrgenommen wird, im Hinblick auf die Figur bzw. eine bestimmte fiktive Welt oder eine bestimmte symbolische Ordnung wahrgenommen. Die Bedeutungen, die so erzeugt werden, erzeugen in ihrer Gesamtheit die Figur bzw. die fiktive Welt, die symbolische Ordnung. Der Wahrnehmungsprozeß wird offensichtlich von der Zielsetzung gesteuert, eine Figur etc. entstehen zu lassen. Wahrgenommene Elemente, die nicht als Zeichen für die Figur gelten können, bleiben bei der weiteren Erzeugung von Bedeutung unberücksichtigt. Die jeweils erzeugten, die Figur hervorbringenden Bedeutungen wirken so auf die Dynamik des Wahrnehmungsprozesses ein, daß die Wahrnehmung überhaupt nur solche Elemente selektiert, die sich vom betreffenden Subjekt im Hinblick auf diese Figur wahrnehmen lassen. Der Prozeß wird in diesem Sinne zielgerichtet vollzogen und erscheint insofern zumindest bis zu einem gewissen Grad vorhersehbar.

Dies ist die Ordnung der Wahrnehmung, wie sie die Theoretiker des 18. Jahrhunderts anstrebten. Wie sich aber bereits ihnen gezeigt hat, läßt sich die Ordnung der Wahrnehmung nicht in dieser Weise stabilisieren. An irgendeinem Punkt springt sie um, die Ordnung der Repräsentation wird gestört, und es stellt sich – wenn auch nur vorübergehend – eine andere Ordnung her, die Ordnung der Präsenz.

In der Wahrnehmungsordnung der Präsenz gelten ganz andere Prinzipien. Die Bedeutung des phänomenalen Seins des wahrgenommenen Körpers oder Dings erzeugt ihrerseits assoziative Bedeutungen, die mit dem Wahrgenommenen nicht unbedingt in Beziehung stehen. Wenn sich die Wahrnehmungsordnung der Präsenz stabilisiert, verläuft der Prozeß der Wahrnehmung und Bedeutungserzeugung völlig unvorhersehbar – und in diesem Sinne »chaotisch«. Es ist niemals abzusehen, welche Bedeutungen assoziativ hervorgebracht werden; es ist niemals vorauszusagen, welche Bedeutung die Wahrnehmung auf welches theatrale Element lenken wird. Stabilität der Ordnung heißt also in diesem Fall ein Höchstmaß an Unvorhersagbarkeit.[13] Der Wahrnehmungsprozeß läuft in diesem Sinne als ein völlig emergenter Prozeß ab. Es ist die Ordnung der Präsenz, es ist die Selbstreferentialität, die Bedeutungen nur noch als Emergenzen erzeugt, über die der Wahrnehmende keine Verfügungsgewalt besitzt.

Die perzeptive Multistabilität, die das Umspringen der Wahrnehmung von einer Ordnung in die andere bewirkt, sorgt dafür, daß keine der beiden Ordnungen sich auf Dauer zu stabilisieren vermag. Die Dynamik des Wahrnehmungsprozesses nimmt bei jedem Umspringen, bei jeder Instabilität eine neue Wendung. Er

13 Dies hat erhebliche wissenschaftstheoretische Konsequenzen, die vor allem im Hinblick auf Möglichkeiten und Methoden der Aufführungsanalyse mitzubedenken sind.

verliert die Zufälligkeit und wird zielgerichtet bzw. büßt umgekehrt seine Zielgerichtetheit ein und fängt an auszuschweifen. Jede Wendung führt mit großer Wahrscheinlichkeit zur Wahrnehmung von etwas anderem – nämlich jeweils dessen, das sich in die sich neu stabilisierende Ordnung einfügen läßt und zu ihrer Stabilisierung beiträgt – und damit zur Erzeugung jeweils anderer Bedeutungen.

Zugleich lenkt das Umspringen wie oben beschrieben die Aufmerksamkeit des Wahrnehmenden auf den Wahrnehmungsprozeß selbst und seine spezifische Dynamik. Der Wahrnehmende fängt an, sich selbst als Wahrnehmenden wahrzunehmen, was spezifische Bedeutungen erzeugt, die nun ihrerseits weitere Bedeutungen erzeugen, die auf die Dynamik des Wahrnehmungsprozesses einwirken.

Je öfter die Wahrnehmung zwischen der Ordnung der Präsenz und der Ordnung der Repräsentation umspringt, also zwischen eher »zufälligen« und eher zielgerichteten Prozessen der Wahrnehmung und Bedeutungserzeugung, desto größer erscheint das Maß an Unvorhersagbarkeit insgesamt und desto stärker richtet sich die Aufmerksamkeit des Wahrnehmenden auf den Prozeß der Wahrnehmung selbst. Es wird ihm zunehmend bewußt, daß ihm nicht Bedeutungen übermittelt werden, sondern daß er es ist, der sie hervorbringt, und daß er auch ganz andere Bedeutungen hätte hervorbringen können, wenn zum Beispiel das Umspringen von einer Ordnung zu einer anderen später oder weniger häufig eingetreten wäre.

Gleichwohl sind die Prozesse der Wahrnehmung und Bedeutungserzeugung zwar als subjektive, jedoch nicht als solipsistische Prozesse zu begreifen. Sie nehmen vielmehr aktiv Anteil an der Autopoiesis der *feedback*-Schleife. Denn sie teilen sich den anderen – den Akteuren und anderen Zuschauern – mit, sei es, daß sie sich – wie bestimmte Empfindungen und Gefühle – wahrnehmbar körperlich artikulieren, sei es, daß aus ihnen wahrnehmbare Handlungen folgen. Sie üben daher ganz zweifellos Wirkungen aus. Wie aber gestaltet sich hier das Verhältnis von Bedeutung und Wirkung, das die Vertreter der historischen Avantgarde als einen Gegensatz begriffen und postulierten?

3. Bedeutung und Wirkung

Als angestrebte Wirkungen von Aufführungen führten die Avantgardisten immer wieder zweierlei an: Schocks bzw. andere überwältigende Gefühle und Handlungen. Was die erste Art von Wirkungen angeht, so knüpften die Vertreter der Avantgarde, auch wenn sie dies meist übergingen, an eine lange und ehrwürdige Tradition an. Seit Aristoteles' *Poetik* bis zum Ende der Wirkungsästhetik im ausgehenden 18. Jahrhundert stellt die Erregung von Leidenschaften, Gefühlen, Affekten, Emotionen die vordringlich postulierte Wirkung von Theateraufführungen dar. Diese Wirkung war es, die zuallererst ihren Wert oder auch die Gefahr begründete, die von ihnen ausging. Dabei nahm man an, daß es die Darstellung von Leidenschaften durch die Schauspieler sei – also eine spezifische Art, sie zu bedeuten –, welche ihrerseits im Zuschauer Leidenschaften errege, wenn auch nicht unbedingt die dargestellten, sondern häufig ganz andere. Bedeutung stand hier im Dienste der Wirkung. Man ging davon aus, daß nur wenn spezifische Bedeutungen auf eine ganz besondere Weise – welche die Regeln der Schauspielkunst vorschrieb – an die Zuschauer übermittelt würden, im Zuschauer die gewünschte Wirkung hervorgerufen werden könne. Die Möglichkeit, sofort und genau die jeweils dargestellte Emotion zu erkennen, galt als wichtigste Voraussetzung für die Erregung von Emotionen. Auf dieser Voraussetzung beruhte der gestische Kode des Barocktheaters, wie er von P. Franciscus Lang in seiner *Dissertatio de actione scenica* (1727) niedergelegt wurde, ebenso wie der Kode einer »natürlichen« Schauspielkunst, dessen Entwicklungsstand zu seiner Zeit Johann Jakob Engel in seiner *Mimik* (1784/85) zusammenfaßte.[14] Die präzise Übermittlung einer spezifischen Bedeutung erschien als Bedingung der Möglichkeit für die Wirkung der Aufführung, für eine Auslösung von Affekten im Zuschauer.

Die Vertreter der historischen Avantgarde dagegen, die sich gegen die Darstellungsästhetik des realistisch-psychologischen Theaters des 19. Jahrhunderts wandten und eine neue Wirkungsästhetik proklamierten, sahen Bedeutung einerseits als ein rein in-

14 Vgl. hierzu Erika Fischer-Lichte, *Semiotik des Theaters*, Bd. 2, *Vom »kunstlichen« zum »naturlichen« Zeichen. Theater des Barock und der Aufklärung*, Tübingen 1983, 3. Aufl. 1995.

tellektuelles Phänomen an, das lediglich intellektuelle Prozesse in Gang zu setzen vermag, aber nicht Emotionen; andererseits begriffen sie Bedeutung im Sinne einer Botschaft, in der sich eine bestimmte – bürgerliche – Ideologie formuliert, die sie ablehnten. Als Wirkungen, die sich von Bedeutungen in diesem Sinne nicht auslösen lassen, sahen sie starke körperliche Reaktionen an, die von anderen wahrgenommen werden können, wie Marinetti sie in *Das Varietétheater* beschreibt und fordert. Derartige Reaktionen konnten ihrer Meinung nach jedoch nur durch den Körper des Zuschauers attackierende Aktionen hervorgerufen werden, denen jegliche Bedeutung im obengenannten Sinne abging.

Ob Bedeutung und Wirkung als Gegensätze begriffen werden oder als gegenseitige Bedingungen füreinander, hängt also zum einen vom jeweils zugrundeliegenden Verständnis der Begriffe »Bedeutung« und »Wirkung« ab sowie von der jeweils vorausgesetzten psychologischen Theorie. Die Problematik des Verhältnisses von Bedeutung und Wirkung kann daher sinnvoll nur im Kontext der jeweiligen Voraussetzungen diskutiert werden.

Ich habe Empfindungen und Gefühle als Bedeutungen bestimmt, da ich Bedeutungen allgemein als Bewußtseinszustände definiert habe.[15] Bei Empfindungen und Gefühlen handelt es sich also um Bedeutungen, die sich körperlich artikulieren und nur durch und als diese körperlichen Artikulationen bewußt zu werden vermögen. Das heißt, die körperlichen Artikulationen – wie stockender Atem, Schweißausbruch, Gänsehaut u. a. – sind nicht etwa als Symptome zu begreifen, als Zeichen, die auf ein Gefühl verweisen, das anderswo zu lokalisieren wäre – im »Inneren« der Person etwa, in ihrer Seele – und vom Körper lediglich ausgedrückt wird, wie es die Theoretiker des 18. Jahrhunderts voraussetzten. Ich gehe dagegen davon aus, daß Gefühle körperlich hervorgebracht werden und nur als diese körperlichen Artikulationen bewußt zu werden vermögen. Gefühle sind also Bedeutungen, die wegen dieser körperlichen Artikulationen von anderen wahrnehmbar und in diesem Sinne durchaus anderen zu übermitteln sind, auch ohne daß sie in Worte »übersetzt« würden.

Wenn das Verhältnis von Bedeutung und Wirkung näher be-

15 Vgl. meine Ausführungen auf S. 244-247. – Aus dieser Definition von Bedeutung ergeben sich weitreichende Konsequenzen für die Semiotik, denen in diesem Zusammenhang nicht nachgegangen werden kann.

leuchtet werden soll, erscheint es daher erfolgversprechend, sich zunächst auf eine bestimmte Art von Bedeutungen zu konzentrieren, nämlich auf die Gefühle. Denn insofern sie sich wahrnehmbar körperlich artikulieren, können sie auch tatsächlich von anderen registriert werden und so in die Autopoiesis der *feedback*-Schleife eingreifen. Wenn unter Wirkung eine Einwirkung auf den Prozeß der Selbstorganisation der *feedback*-Schleife verstanden wird, dann folgt daraus, daß Bedeutungen, sofern sie in die *feedback*-Schleife eingreifen, als Wirkungen gelten können. Die Frage, die es zu klären gilt, lautet also: Wie vermögen Bedeutungen in die Autopoiesis der *feedback*-Schleife einzugreifen?

Im ersten Abschnitt hat sich gezeigt, daß, wenn wir Wahrnehmungen als Bewußtseinszustände ebenfalls den Bedeutungen zurechnen, es generell Bedeutungen sind, die neue Bedeutungen hervorbringen. Im zweiten Abschnitt ist deutlich geworden, wie entsprechend andere Bedeutungen auf die Wahrnehmung einzuwirken vermögen. Nun stellt das wahrnehmende Subjekt keine *tabula rasa* dar, wenn es in eine Aufführung kommt. Es hat vielmehr in seiner bisherigen Lebensgeschichte bereits eine Fülle von Bedeutungen erzeugt, an die es sich erinnert. Entsprechend ist davon auszugehen, daß auch die »erste« Wahrnehmung während einer Aufführung bereits ihrerseits von vorher erzeugten Bedeutungen erzeugt wird, mögen dies nun rein subjektive sein oder solche, die auf der Grundlage kultureller Kodes erworben wurden.

Auf Gefühle, die in der Aufführung hervorgerufen wurden, bezogen, folgt daraus, daß, wenn die Wahrnehmung eines theatralen Elements Gefühle erzeugt, davon auszugehen ist, daß sie auf früher erzeugte Bedeutungen zurückzuführen sind. Wie das Beispiel von Phobien zeigt, heißt für den, der an einer Schlangenphobie leidet, eine Schlange wahrnehmen, sie als angstbesetzt wahrzunehmen. Die Phobie ist in diesem Sinne integraler Bestandteil der Bedeutung, die das Objekt Schlange für ihn hat. Es ist also nicht erst die Wahrnehmung der Schlange, welche die Angst erzeugt. Sondern weil zur Bedeutung des Objektes Schlange die Phobie gehört und es die Bedeutung ist, welche die Wahrnehmung als Bedeutung erzeugt, ruft die Wahrnehmung der Schlange auch jetzt Angst hervor.

Bei Phobien handelt es sich um ganz subjektive Bedeutungen, die in der individuellen Lebensgeschichte ihren Grund finden. Es gibt allerdings Objekte und Prozesse, deren Wahrnehmung bei einer ganzen Anzahl von Mitgliedern der betreffenden Kultur vergleichbare Emotionen auszulösen vermögen, die extrem affektbesetzt sind. Dadurch, daß die hier berücksichtigten Aufführungen die theatralen Elemente aus spezifischen vorgegebenen Kontexten herauslösen, die gegebenenfalls ihre Wahrnehmung so zu beeinflussen vermöchten, daß die emotionale Komponente ihrer Bedeutung abgeschwächt, wenn nicht gar neutralisiert würde, schaffen sie günstige Voraussetzungen dafür, daß eine eventuell gegebene emotionale Besetzung eines theatralen Elementes im Akt der Wahrnehmung sich auswirken kann, so daß ein starkes Gefühl hervorgerufen wird.

Vergleichbare Gefühle werden bei mehreren Zuschauern zum Beispiel im Falle des Bruchs eines starken Tabus ausgelöst, wie dies bei *Lips of Thomas* oder *Giulio Cesare* geschehen zu sein scheint, um auf zwei besonders markante Beispiele zurückzugreifen.

In unserer Kultur herrscht ein Jugend-, Schlankheits- und Fitness-Wahn. Körper, die ihm eklatant widersprechen, werden als anomal stigmatisiert und möglichst aus der Öffentlichkeit ausgeschlossen. Krankheit und Tod stellen in unserer Gesellschaft wenn nicht ein Tabu, so doch ein Anathema dar. Körper, die auf sie verweisen, rufen Widerwillen, Abscheu, Ekel, Angst oder auch Scham hervor. Indem die Societas Raffaelo Sanzio eben solche Körper auf die Bühne stellte, ohne ihre Abweichung von der geforderten Normalität besonders zu begründen – zum Beispiel durch die Anforderungen einer bestimmten Rolle –, setzten sie die Zuschauer »ungeschützt« dem Anblick derartiger Körper aus. Die Bedeutungen, die in unserer Gesellschaft und entsprechend bei den meisten ihrer individuellen Mitglieder solchen Körpern zugeordnet sind, erzeugten in den Wahrnehmenden eben diese Gefühle, die sich deutlich wahrnehmbar körperlich artikulierten. Es waren hier zweifellos kulturelle, von den einzelnen Mitgliedern der Kultur übernommene Bedeutungen, welche die Wahrnehmung bestimmten und starke Gefühle hervorriefen.

Ähnliche Prozesse liefen in vielen von Abramovićs Performances ab, so in *Lips of Thomas* oder *Rhythm 0*. Beide verstießen gegen ein starkes Tabu. In unserer Kultur gilt das Leben des einzelnen, seine körperliche Unversehrtheit als höchstes Gut. Wer den Körper eines anderen verletzt, sein Leben bedroht oder gar ihn tötet, macht sich des schwersten denkbaren Verbrechens schuldig, das nur mit der Höchststrafe und dem Ausschluß aus der Gesellschaft geahndet werden kann. Aber auch wer sich selbst verletzt oder umzubringen sucht, stellt sich außerhalb der Gesellschaft. Er gilt als krank, wird unter Aufsicht gestellt, überwacht und daran gehindert, sich etwas anzutun. Beide Arten von Personen werden aus der Gesellschaft entfernt, beide den Blicken und dem Umgang anderer entzogen. Gewalt gegen andere und gegen sich selbst ist in unserer Gesellschaft ein starkes Tabu. Während Gewalt gegen andere Mitglieder der eigenen Gemeinschaft in allen Gesellschaften ein Tabu zu sein scheint, worauf vor allem Girard in seiner Opfertheorie hinweist, galt Gewalt gegen sich selbst in der christlichen Kultur keineswegs generell als verwerflich – vor allem dann nicht, wenn sie in Nachfolge Christi ausgeübt wurde, wie dies bei den Selbstgeißelungen der Mönche und Nonnen seit dem 11. Jahrhundert oder auch bei den als Massenbewegung im 16. Jahrhundert auftretenden Flagellanten der Fall war. Für unsere heutige Gesellschaft dagegen sind auch diese Praktiken mit einem Tabu belegt. Für Tabus gilt generell, daß sie für die Mitglieder der betreffenden Gesellschaft mit starken, meist hochambivalenten Gefühlen besetzt sind. Der Wunsch, sie zu brechen, ist in der Regel ebenso brennend wie die Begierde maßlos, denjenigen, der tatsächlich ein Tabu gebrochen hat, bestraft und aus der Gesellschaft ausgestoßen zu sehen.

Mit *Lips of Thomas* und *Rhythm 0* verstieß Marina Abramović gegen beide Tabus. Als die Zuschauer in *Lips of Thomas* Zeuge wurden, wie Abramović sich selbst verletzte, sich den fünfzackigen Stern in die Haut ritzte, sich den Rücken blutig peitschte und sich auf ein Kreuz aus Eisblöcken legte, oder in *Rhythm 0*, wie andere Abramović verletzten, sie quälten, peinigten, ihr Gewalt antaten, da zeigten viele von ihnen starke Gefühle. Diese Gefühle entstanden nun nicht als ein physiologischer Reflex wie das Schließen des Auges, wenn ein Fremdkörper es berührt, oder auch der körperliche Schmerz, den bestimmte Geräusche auszulösen vermögen. Sie wurden vielmehr erzeugt, weil Selbst- und Fremdverletzung bereits vor der Aufführung für die Zuschauer mit starken Emotionen besetzt waren und für sie eine entsprechende Bedeutung hatten.

Diese bereits früher erworbenen Bedeutungen waren es, die auf die Dynamik des Wahrnehmungsprozesses einwirkten: Im

Akt der Wahrnehmung wurden Bedeutungen erzeugt, die sich als starke Gefühle körperlich artikulierten. Zum einen wird so an den Gefühlen deutlich, daß Bedeutungen nicht als rein »geistige« Phänomene zu begreifen sind, zu deren Erklärung es einer Zwei-Welten-Theorie bedürfte. Im Sinne des Konzepts vom Menschen als *embodied mind* sind Bedeutungen vielmehr als verkörperte zu denken, als etwas, das sich körperlich – wenn auch nicht immer für andere wahrnehmbar – artikuliert. Am Beispiel sich artikulierender Gefühle wird einsichtig, inwiefern Bedeutungen, die der Zuschauer erzeugt, auf die Autopoiesis der *feedback*-Schleife einzuwirken vermögen, inwiefern also Bedeutungen Wirkungen hervorrufen. Denn die körperlichen Artikulationen, die von anderen Zuschauern oder auch den Akteuren gesehen, gehört, gerochen oder gespürt werden, rufen bei denen, die sie wahrnehmen, gegebenenfalls wiederum wahrnehmbare Verhaltensweisen und Handlungen hervor und so fort.

Gefühle vermögen darüber hinaus noch auf eine andere Weise in die Autopoiesis der *feedback*-Schleife einzugreifen: Wie die Forschung in jüngster Zeit überzeugend nachgewiesen hat, sind es weniger unsere ruhigen Reflexionen oder prinzipielle Grundannahmen über die Beschaffenheit der Welt und andere Überzeugungen, aus denen sich unsere Handlungen ableiten lassen. Vielmehr sind es unsere Gefühle, welche die entscheidendste Motivation für unsere Handlungen liefern.[16]

Wie bei den Performances von Abramović zu beobachten, waren es die in der Wahrnehmung erzeugten Gefühle, die zu Handlungsimpulsen führten. In *Lips of Thomas* näherten sich Zuschauer der Künstlerin, die auf den Eisblöcken ausharrte, hoben sie herunter und trugen sie fort. In *Rhythm 0* hinderten einige der Zuschauer andere daran, ihre Peinigung der Künstlerin fortzusetzen. Aber auch in den Fällen, in denen die durch Gefühle motivierten Handlungen von Zuschauern nicht die Aufführung beendeten, wirkten sie doch auf die Autopoiesis der *feedback*-Schleife ein. Als zum Beispiel Zuschauer in Schleef-Inszenierungen mit lauten Bemerkungen und Türen knallend den Raum verließen,

16 Vgl. hierzu u. a. Luc Ciompi, *Die emotionalen Grundlagen des Denkens. Entwurf einer fraktalen Affektlogik*, Göttingen, 2. Aufl. 1999; Antonio R. Damasio, *Ich fühle, also bin ich. Die Entschlüsselung des Bewußtseins*, München 2000; Roth, *Fühlen, Denken, Handeln*, Frankfurt a. M. 2001; Ronald de Soussa, *Die Rationalität des Gefühls*, Frankfurt a. M. 1997.

gaben sie der *feedback*-Schleife eine andere Wendung. Dies gilt für jede Handlung, mit der ein Zuschauer den Rollenwechsel zum Akteur vollzieht, wie bereits im dritten Kapitel gezeigt. Was im Kontext der Semiotizität von Aufführungen daran interessiert, ist die Frage, inwiefern derartige Handlungen durch Bedeutungen ausgelöst werden. Wie sich am Beispiel der Gefühle zeigen läßt, sind es in der Tat Bedeutungen, welche Impulse zu Handlungen hervorbringen. Wenn diese Impulse gehemmt werden – und die entsprechenden sie auslösenden Gefühle sich nicht wahrnehmbar körperlich artikulieren –, bleiben die Bedeutungen für die Autopoiesis der *feedback*-Schleife ohne Belang. Wird ihnen dagegen gefolgt, wird der Fortgang der Aufführung wesentlich von den Bedeutungen mitbestimmt, welche die Zuschauer erzeugen. Zwar bringt jeder einzelne für sich und subjektiven Bedingungen folgend Bedeutungen hervor. Gleichwohl gilt auch im Hinblick auf die Erzeugung von Bedeutung, was allgemein für die Autopoiesis der *feedback*-Schleife gilt: Jeder bestimmt sie mit und läßt sich zugleich von ihr bestimmen, ohne daß ein einzelner volle Verfügungsgewalt über sie hätte.

Wirkung wird also nicht einseitig konzipiert, wie dies in den »alten« (bis zum Ende des 18. Jahrhunderts gültigen) und »neuen« Wirkungsästhetiken (der historischen Avantgarde) der Fall war. Hier waren es zum einen die von der Aufführung vermittelten Bedeutungen, die im Zuschauer bestimmte Wirkungen auslösen sollten – wie Jammer und Schauder, Bewunderung, Schrecken, Mitleid u. a. – und zum anderen körperliche »Attakken«, denen die Zuschauer ausgesetzt wurden und die sie zum Handeln bewegen oder zur Transformation führen sollten. Es waren die Akteure auf und hinter der Szene, die bestimmte Mittel zum Einsatz brachten, um bestimmte Wirkungen zu erzielen.

In Aufführungen seit den sechziger Jahren wird Wirkung dagegen als wechselseitig konzipiert. Die Akteure lassen etwas in Erscheinung treten, das die Zuschauer als etwas wahrnehmen. Die Bedeutungen, die sie im Akt der Wahrnehmung oder auch in seiner Folge erzeugen, können, sofern sie sich ihrerseits wahrnehmbar körperlich artikulieren, wiederum auf andere Zuschauer und Akteure einwirken und so fort bis zum Ende der Aufführung. Es sind also gerade Bedeutungen, die der Zuschauer erzeugt, welche in die Autopoiesis der *feedback*-Schleife einzugreifen und Wirkungen auszulösen vermögen.

Nicht nur daran zeigt es sich – wenn auch daran besonders deutlich –, daß die Semiotizität einer Aufführung nicht im Gegensatz und erst recht nicht im Widerspruch zu ihrer Performativität angemessen zu begreifen ist, sondern nur im Kontext einer Ästhetik des Performativen. Von besonderer Relevanz erweist sich in diesem Zusammenhang die Emergenz der Bedeutungen. Der Prozeß der Erzeugung von Bedeutungen, der in der Aufführung abläuft, weist eine Reihe signifikanter Ähnlichkeiten mit der autopoietischen *feedback*-Schleife auf. Ähnlich wie die einzelnen Teilnehmer der Aufführung sie sowohl mitbestimmen als auch sich von ihr bestimmen lassen, ergeht es dem Subjekt in den von ihm vollzogenen Prozessen der Bedeutungserzeugung. Es bestimmt sie immer dann, wenn es zum Beispiel der Ordnung der Repräsentation folgt, also zielgerichtet wahrnimmt und entsprechende Bedeutungen hervorbringt. Es läßt sich dagegen von ihnen bestimmen, wenn es sich seinen Assoziationen hingibt, den Empfindungen, Vorstellungen, Gedanken, die ungerufen in seinem Bewußtsein auftauchen und die er an ihrem Auftauchen nicht zu hindern vermag. Das Subjekt erfährt sich in den von ihm selbst vollzogenen Prozessen der Bedeutungserzeugung als sowohl aktiv als auch als passiv, weder als ein autonomes Subjekt noch auch als unbegriffenen Mächten ausgeliefert. Diese Opposition greift nicht mehr.

Mit dieser Aussage drängt sich unabweisbar eine Frage auf, welche seit Beginn des Kapitels sozusagen im Hinterhalt auf der Lauer gelegen hat: Handelt es sich bei diesem Subjekt um ein hermeneutisches Subjekt, das heißt, um ein Subjekt, welches Bedeutungen hervorbringt, um die Aufführung zu verstehen – ganz unabhängig davon, ob es meint, sie tatsächlich zu verstehen, oder im Laufe des Prozesses zu der Einsicht gelangt, daß jeglicher Versuch zu verstehen zum Scheitern verurteilt ist? Um diese Frage zu klären, müssen die Prozesse der Bedeutungserzeugung, mit denen ich mich in diesem Kapitel auseinandergesetzt habe, noch einmal unter dem Gesichtspunkt in den Blick genommen werden, ob sie sich dem Paradigma einer hermeneutischen Ästhetik subsumieren lassen.[17]

17 Zum Begriff einer hermeneutischen Ästhetik vgl. Fischer-Lichte, *Bedeutung – Probleme einer semiotischen Hermeneutik und Ästhetik*.

4. Lassen sich Aufführungen verstehen?

Für Prozesse der Bedeutungserzeugung in Aufführungen – nicht erst seit den sechziger Jahren – gilt generell, daß der einzelne Zuschauer sie nicht in Distanz zur Aufführung vollzieht, sondern als Teilnehmer, als in sie involviert. Auch wenn er »innerlich« zu ihr auf Distanz geht, sich gelangweilt im Sessel zurücklehnt und sogar die Augen schließt oder seine Distanz durch laute spöttische Bemerkungen zum Ausdruck bringt, nimmt er damit an der Aufführung teil, das heißt, greift in die Autopoiesis der *feedback*-Schleife ein. Solange er sich im Raum aufhält, kann er nicht nicht teilnehmen. Die Distanz, die er bei der Betrachtung eines Gemäldes oder der Lektüre eines Gedichtes zu wahren vermag, ist ihm hier verwehrt.

Es ist dem Zuschauer zu keinem Zeitpunkt der Aufführung möglich, sie – wie ein Bild – als Ganzes in den Blick zu nehmen und einzelne theatrale Elemente, die er wahrnimmt, auf dies Ganze zu beziehen. Auch kann er nicht vor- und zurückblättern. Er vermag immer nur die jeweils neu auftauchenden Elemente mit den bereits erschienenen und noch erinnerten in einen Zusammenhang zu bringen. Dies gilt auch, wenn er dieselbe Inszenierung wiederholt besucht. Denn da die Aufführung in der Autopoiesis der *feedback*-Schleife jedesmal neu und anders entsteht, befindet er sich nie in exakt derselben Aufführung, wenn auch durchaus in derselben Inszenierung. In diesem Zusammenhang erweist sich erneut die Notwendigkeit, zwischen Aufführung und Inszenierung zu unterscheiden. Die wichtigste Bedingung allerdings, unter der der Zuschauer in der Aufführung Bedeutung erzeugt, besteht in der merkwürdigen Eigenart, daß er selbst Teil und Erzeuger des Prozesses ist, den er verstehen will.

Diese Bedingung ist erst mit dem Ende der Aufführung außer Kraft gesetzt. Jetzt kann der Zuschauer nachträglich versuchen, jedes wahrgenommene Detail in der Erinnerung auf das Ganze zu beziehen und alles mit allem zu verknüpfen, um auf diesem Wege die Aufführung zu verstehen – oder daran zu scheitern. Aber dieser nachträgliche Versuch zu verstehen ist nicht mehr Teil des ästhetischen Prozesses. Dieser endet mit der Aufführung. Ein solcher nachträglicher Versuch kann nicht der tatsächlichen ästhetischen Erfahrung integriert werden, die allein während der Aufführung möglich ist. Er kann lediglich als Voraussetzung für eine andere Art von ästhetischer Erfahrung aufgefaßt werden, wie sie in einer späteren Aufführung erlebt werden mag. Es geht also um die Frage, ob die Prozesse der Erzeugung von Bedeutung, mit denen ich mich in diesem Kapitel auseinandergesetzt habe, als hermeneutische Prozesse zu begreifen und zu erläutern sind.

Was gibt es zum Beispiel beim Oszillieren zwischen »Symbol« und »Allegorie« zu verstehen und welche Verstehensprozesse werden in/mit ihnen vollzogen? Die Wahrnehmung eines Objektes (Körpers, Bewegung, Dings, Farbe, Lauts etc.) als das, als was es im Akt der Wahrnehmung in Erscheinung tritt, stellt eine merkwürdige »Verschmelzung« des wahrgenommenen Objekts mit dem wahrnehmenden Subjekt her, die allerdings nicht mit Gadamers Horizontverschmelzung verwechselt werden darf. Der Blick des Wahrnehmenden tastet das Objekt ab, wie Merleau-Ponty es ausgedrückt hat, er berührt es, oder es findet – wie in den Aufführungen von Felix Ruckerts Theater – tatsächlich eine Berührung des einen Körpers durch den anderen statt. Laut, Licht, Geruch dringen im Akt der Wahrnehmung in den Körper des Wahrnehmenden ein, wirken auf ihn ein, transformieren ihn. Kann ich sagen, daß das wahrnehmende Subjekt die Ausdehnung des Dings im Raum, das es anblickt, den Geruch, den es einatmet, den Laut, der in seinem Brustkorb resoniert, das gleißende Licht, das sein Auge blendet, versteht? Doch wohl kaum. Es erfährt sie vielmehr in ihrem phänomenalen Sein, das sich ihm im Akt der Wahrnehmung ereignet.[18] Der Zuschauer ist von seiner Wahrnehmung, und das heißt: vom Wahrgenommenen, leiblich affiziert. Aber er »versteht« es nicht. Das liegt nicht nur daran, daß, wie in der ästhetischen Theorie immer wieder betont, das Verstehen immer dann an seine Grenze gerät, ja geradezu radikal in Frage gestellt wird, wenn die Materialität in den Vordergrund tritt und sich die Aufmerksamkeit des Wahrnehmenden auf sie fokussiert, wie es hier der Fall ist.[19] Es hat vor allem darin seinen Grund, daß hier Materialität, Signifikant und Signifikat zusammenfallen und damit jegliche Möglichkeit zur »Entschlüsselung« der Bedeutung entzogen ist. Die Bedeutung läßt sich von der Materialität nicht

18 Dagegen könnte man das Erkennen von Selbstreferentialität durchaus als Verstehen bezeichnen.

19 Vgl. zu diesem Problem u. a. Jacques Derrida, »Restitutionen«, in: ders., *Die Wahrheit in der Malerei*, Wien 1992, S. 301-442; Christoph Menke, *Die Souveränität der Kunst*, Frankfurt a. M. 1988.

ablösen, nicht als ein Begriff fassen. Sie ist vielmehr mit dem materiellen Erscheinen des Objektes identisch.

Die verschiedenartigsten Assoziationen, welche die Wahrnehmung dieses Objektes im Wahrnehmenden auslösen mögen, sind durchaus als ein Respons zu verstehen. Sie stellen eine Antwort auf die Herausforderung dar, die vom Erscheinen des Objektes ausgeht, aber wohl kaum einen Versuch, es zu verstehen. Derjenige, in dem diese Assoziationen auftauchen, könnte allenfalls versuchen zu verstehen, warum in ihm gerade jetzt gerade diese Assoziationen auftauchen. In diesem Sinne ist es durchaus denkbar, daß der betreffende Zuschauer an bestimmte Assoziationen den Versuch einer Hermeneutik des Selbstverstehens anschließen wird, daß er sich herauszufinden bemüht, welche Rolle dies Objekt bei der Entwicklung seiner personalen Identität und für den Verlauf seiner Lebensgeschichte gespielt hat. Die Wahrnehmung führt also nicht zu dem Versuch, die Aufführung zu verstehen, sondern sich selbst und die eigene Lebensgeschichte.[20] Aber auch ein solcher Versuch wird mit großer Wahrscheinlichkeit bald wieder abgebrochen. Denn neue Phänomene erscheinen im Raum, werden – wenn auch zunächst vielleicht nur subliminal – wahrgenommen und lenken die Aufmerksamkeit des über sich selbst und seine Lebensgeschichte reflektierenden Zuschauers auf sich zurück.

Die Bedeutungsprozesse, welche, oszillierend zwischen »Symbol« und »Allegorie«, zwischen Selbstbezüglichkeit und Assoziation, vollzogen werden, lassen sich also kaum als hermeneutische Prozesse qualifizieren, die darauf zielen, die Aufführung zu verstehen. Sie erscheinen vielmehr, wie ausgeführt, als Prozesse, die in die Autopoiesis der *feedback*-Schleife eingreifen und damit an der Entstehung der Aufführung beteiligt sind.

Ganz andere Probleme stellen sich im Hinblick auf die perzeptive Multistabilität, auf das plötzliche und nicht vorhergesehene Umspringen der Wahrnehmung aus der Ordnung der Repräsentation in die Ordnung der Präsenz und umgekehrt. Zwar ist durchaus anzunehmen, daß, solange der Wahrnehmende der Ordnung der Repräsentation folgt, er Bedeutungen erzeugt, mit

20 Vgl. zur Hermeneutik des Selbst- und Fremdverstehens u. a. Alfred Lorenzer, *Kritik des psychoanalytischen Symbolbegriffs*, Frankfurt a. M. 1970; ders., *Zur Begründung einer materialistischen Sozialisationstheorie*, Frankfurt a. M. 1972.

denen er zugleich hermeneutische Prozesse vollzieht. Wenn er mit seinen Bedeutungen eine Figur konstituiert, eine fiktive Welt hervorbringt oder eine symbolische Ordnung aufbaut, so läßt sich dies unter bestimmten Bedingungen durchaus als ein Versuch beschreiben, die betreffende Figur, fiktive Welt, symbolische Ordnung zu verstehen. Da ihm der Überblick über das Ganze verwehrt ist, kann er die Figur, während er sie konstituiert, immer nur so weit verstehen, wie er sie konstituiert hat. Sein vorläufiges Verständnis funktioniert dann wie eine tentative leitende Hypothese für die weitere Konstitution der Figur, die er vornimmt, wenn die Aufführung voranschreitet. Vollzieht der betreffende Schauspieler Verkörperungsprozesse, die der bisherigen Hypothese des Zuschauers zuwiderlaufen, so wird dieser sie reformulieren und der weiteren Konstitution der Figur die so reformulierte Hypothese zugrunde legen und so fort bis zum Ende der Aufführung.[21] Entsprechendes gilt für den Aufbau einer fiktiven Welt oder einer anderen symbolischen Ordnung. Soweit läßt sich hier also durchaus von hermeneutischen Prozessen sprechen, die Teil der ästhetischen Erfahrung sind, sie mitkonstituieren.

Meine Beschreibung eines solchen Prozesses hat allerdings einen wichtigen Aspekt außer acht gelassen, nämlich das Umspringen. Plötzlich springt die Wahrnehmung aus der Ordnung der Repräsentation um in die Ordnung der Präsenz. Das erscheinende theatrale Element wird in seinem phänomenalen Sein wahrgenommen, affiziert den Wahrnehmenden leiblich. Der Prozeß einer Konstitution einer Figur, fiktiven Welt, symbolischen Ordnung ist jäh unterbrochen. An seine Stelle tritt die »Verschmelzung« von wahrnehmendem Subjekt und wahrgenommenem Objekt und in seinem Gefolge eine Hingabe an den Strom der Assoziationen, die im Wahrnehmenden auftauchen, oder auch eine Reflexion auf die eigene Lebensgeschichte. Wenn dann an irgendeinem Punkt die Wahrnehmung plötzlich wieder umspringt in die Ordnung der Repräsentation, wird der Wahrnehmende kaum imstande sein, mit der Konstitution der Figur an dem Punkt fortzufahren, an dem er abrupt aus ihm herausgerissen wurde. Vielmehr wird er *nolens volens* an irgendeinem anderen

21 Vgl. zu diesem Prozeß Erika Fischer-Lichte, *Semiotik des Theaters*, Bd. 3, *Die Aufführung als Text*, Tübingen 1983, 4. Aufl. 1999, vor allem 1.4 Hermeneutik des theatralischen Textes, S. 54-68, und 2. Verfahren der Bedeutungs- und Sinnkonstitution, S. 69-118.

Punkt ansetzen müssen, den er erinnert, so daß der Versuch, Bedeutungserzeugung als einen hermeneutischen Prozeß zu vollziehen, sich als wahre Sisyphos-Arbeit erweist.

Das Umspringen ereignet sich und versetzt den Wahrnehmenden in einen Zustand der Instabilität. Die ästhetische Erfahrung wird hier wesentlich von der Erfahrung der Instabilität geprägt, der Erfahrung, sich »betwixt and between« zwei Ordnungen der Wahrnehmung zu befinden, ohne die permanente Stabilisierung einer von beiden intentional herbeiführen zu können. Der Wahrnehmende vermag diese Erfahrung durch eine Reflexion auf den Zustand der Instabilität und die aus ihm resultierende Erfahrung der Liminalität zu modifizieren, ehe er erneut von einem im Raum erscheinenden Phänomen leiblich affiziert und in Bann geschlagen wird. Die hermeneutischen Prozesse, die er ansatzweise vollziehen mag, wann immer seine Wahrnehmung der Ordnung der Repräsentation folgt, bleiben demgegenüber für die ästhetische Erfahrung eher marginal. Sie wird weniger vom Versuch zu verstehen tingiert als vom Erleben des Zwischen, der Liminalität, der Instabilität, der Unverfügbarkeit dessen, was sich ereignet. In diesem Kontext gilt es allerdings auch die Zuschauerdisposition mitzubedenken. Wenn das Scheitern des Verstehens als frustrierende Basiserfahrung erlebt wird, dann wird die Instabilität eher als eine Krise erfahren.

Das Spezifische der ästhetischen Erfahrung zeigt sich auch, wenn wir die Gefühle in den Blick nehmen, die im/vom Akt der Wahrnehmung hervorgerufen werden können. Sie stellen Bedeutungen dar, die, wie wir gesehen haben, häufig und zum Teil sogar entscheidend in die Autopoiesis der *feedback*-Schleife einzugreifen vermögen, sei es, daß sie sich für andere deutlich wahrnehmbar körperlich artikulieren, sei es, daß sie Handlungsimpulse auslösen, Handlungen motivieren. Ich hatte dies am Beispiel der Gefühle erläutert, die bei der Wahrnehmung von Handlungen, Verhaltens- oder Erscheinungsweisen entstehen, mit denen ein Tabu gebrochen wird. Der Tabubruch wird vom Zuschauer als eine Krise erlebt. Wie bereits zu Beginn des ersten Kapitels geschildert, fand er sich zum Beispiel in *Lips of Thomas* plötzlich in einer Situation, in der bisher geltende Normen, Regeln, Rahmen, Sicherheiten außer Kraft gesetzt waren. Bisher war er davon ausgegangen, daß seine Rolle im Theater bzw. in einer Galerie im Betrachten und Zuschauen besteht, auch wenn auf der Bühne eine

Figur (zum Beispiel Othello) sich anschickt, eine andere (in diesem Fall Desdemona) umzubringen. Denn er weiß wohl, daß der Mord nur »gespielt« ist, daß der Schauspielerin, die den Part der Desdemona übernommen hat, ebensowenig geschehen ist wie dem Darsteller des Othello, wenn Othello stirbt, und daß beide am Ende der Aufführung vor den Vorhang treten, sich verbeugen und dankend den Applaus entgegennehmen werden. Im Alltagsleben dagegen gilt die Regel, sofort einzugreifen, wenn einer sich oder einen anderen zu verletzen droht – es sei denn, man setzt sich selbst einer Gefahr für Leib und Leben aus.

Welche Regel sollte der Zuschauer in Abramovićs Performance anwenden? Ganz offensichtlich verletzte sie sich selbst und war gewillt, ihre Selbstfolterung weiter andauern zu lassen. Hätte sie dies irgendwo auf einem öffentlichen Platz getan, hätte der Zuschauer vermutlich nicht gezögert, sofort einzugreifen. Aber hier? Erforderte es nicht der Respekt vor der Künstlerin, sie ausführen zu lassen, was ihr Plan und ihre künstlerische Absicht zu sein schien? Würde man nicht das Risiko eingehen, ihr »Werk« zu zerstören? Andererseits: Ließ es sich mit den Gesetzen der Humanität vereinbaren, ihr ruhig dabei zuzuschauen, wie sie sich selbst Schmerzen zufügte? Wollte sie den Zuschauer etwa in die Rolle eines Voyeurs drängen? Oder wollte sie ihn testen? Wollte sie herausfinden, wie weit sie noch gehen mußte, ehe Zuschauer sich anschickten, ihrer Qual ein Ende zu bereiten? Was sollte hier gelten?

Die Situation, welche die Künstlerin mit ihrem Tabubruch herstellte, versetzte den Zuschauer in den Zustand eines radikalen »betwixt and between«, stürzte ihn in diesem Sinne in eine Krise. Eine solche Krise läßt sich nun anscheinend nicht dadurch bewältigen, daß der Zuschauer sich die oben formulierten Fragen stellt und reflektierend versucht, die Situation zu verstehen, in die er hier geraten ist. Er antwortet auf sie vielmehr mit einem Gefühl, das so stark sein kann, daß es jegliche Reflexion übersteigt, jeden Versuch zu verstehen gar nicht erst aufkommen läßt. Ästhetische Erfahrung wird hier als Krisenerfahrung erlebt, die mit ruhigem, abwägendem Nachdenken, mit reiner Kontemplation nicht zu bewältigen ist.

Wie aber findet der Zuschauer aus dieser Situation der Liminalität heraus – und sei es auch, indem er in eine andere hineingerät? Das Gefühl ist, wie gesagt, so stark, daß es einen Handlungsimpuls auszulösen vermag. Folgt das diesen Impuls spürende Subjekt ihm nicht, bleibt es in der Situation befangen – es befindet sich weiterhin auf der Schwelle, ohne die Frei- und Spielräume zu nutzen, der Krise dadurch zu begegnen, daß es eine neue Ordnung etabliert. Diejenigen Zuschauer dagegen, die ihrem Handlungsimpuls Folge leisteten und die Künstlerin vom Eis herunterholten, schufen eine solche neue Ordnung. Sie hoben die geltende Dichotomie der Bereiche des Ästhetischen und des Ethischen auf, stellten eine neue Verbindung zwischen ihnen her. Das Ästhetische hörte hier auf, handlungsentlastend zu sein, es forderte vielmehr zu Handlungen heraus. Es war die vom Gefühl motivierte Handlung der Zuschauer, welche die Situation neu definierte und damit die Krise überwand, wenn auch um den Preis, daß nach dem Willen der Künstlerin, den sie bis dahin nicht kannten, damit die Performance beendet war. Es war nicht die Reflexion auf die Situation, es war nicht der Versuch, sie zu verstehen, der zur Bewältigung der Krise führte – und vielleicht eine andere auslöste –, sondern eine Handlung, zu der der Impuls vom Gefühl ausging. Hermeneutische Prozesse hatten daran keinen Anteil.

Die Prozesse der Erzeugung von Bedeutung, die ich in diesem Kapitel besprochen habe, werden überwiegend nicht als hermeneutische Prozesse vollzogen. Es geht in ihnen offensichtlich nicht darum, die Aufführung zu verstehen, sondern bestimmte Erfahrungen zu ermöglichen. Zwar lassen sich hermeneutische Prozesse teilweise durchaus der ästhetischen Erfahrung inkorporieren, sie bleiben für sie jedoch letztlich marginal. Die Aufführungen, auf die ich mich bezogen habe, wollten nicht verstanden, sie wollten erfahren werden. Dem Paradigma einer hermeneutischen Ästhetik lassen sie sich nicht zuordnen.

Erst wenn die Aufführung vorbei ist, können zielgerichtete Bemühungen einsetzen, sie nachträglich zu verstehen. Derartige Versuche sind allerdings ins Jenseits der ästhetischen Erfahrung zu verweisen; sie sind unfähig, sie mitzukonstituieren. Als nachträgliche Versuche, die Aufführung zu verstehen, stellen sie den, der sie unternimmt, vor Probleme ganz eigener Art. Darunter sind zwei ganz besonders gravierend. Das eine besteht darin, daß ein solcher Versuch auf die Erinnerung, auf das Gedächtnis angewiesen ist. Wer eine Aufführung nachträglich verstehen will, muß sie erinnern. Das zweite ergibt sich daraus, daß ein solcher Prozeß sprachlich vollzogen wird, es sich bei den während der Aufführrung erzeugten Bedeutungen jedoch zu einem großen Teil um nicht-sprachliche Bedeutungen handelt. Wer eine Aufführung nachträglich verstehen will, muß also die erinnerten nicht-sprachlichen Bedeutungen in sprachliche »übersetzen«, was ihn teilweise vor nahezu unüberwindliche Schwierigkeiten stellt.

Für das nachträgliche Verstehen einer Aufführung sind vor allem das episodische und das semantische Gedächtnis relevant.[22] Das episodische Gedächtnis läßt mich die Details des Bühnenraums erinnern, die Stellung der Schauspieler im Raum, ihre Bewegung durch den Raum im Augenblick, da die Musik einsetzte, sowie Melodie und Rhythmus der Musik, die besondere Weise, in der das Licht auf sie fiel und sie allmählich blau färbte, die Korrespondenz bzw. den Bruch zwischen dem Rhythmus des Sprechens und dem Rhythmus der Bewegungen u. a. mehr. Es ist das episodische Gedächtnis, das es uns ermöglicht, die unzähligen konkreten Erscheinungen einer Aufführung zu erinnern.

Das semantische Gedächtnis dagegen erinnert alle sprachlichen Bedeutungen – das heißt, sowohl die Worte, die während der Aufführung gesprochen wurden, als auch meine Gedanken und Deutungen während der Aufführung. Dazu gehören auch die bereits während der Aufführung erfolgten Übersetzungen – zum Beispiel, daß ich eine bestimmte Farbe als Rot identifiziert habe, eine Bewegung als abrupt, eine Atmosphäre als unheimlich –, während das episodische Gedächtnis die Nuance dieses Rot, die spe-

22 Vgl. hierzu Daniel L. Schacter, *Wir sind Erinnerung. Gedächtnis und Persönlichkeit*, Reinbek bei Hamburg 1999. Schacter unterscheidet drei Arten von Gedächtnis: »das *episodische* Gedächtnis, mit dessen Hilfe wir bestimmte Vorfälle aus unserer persönlichen Vergangenheit erinnern; das *semantische* Gedächtnis, das weitgespannte Netz aus Assoziationen und Konzepten, das unserem allgemeinen Weltwissen zugrunde liegt; und das *prozedurale* Gedächtnis, mit dessen Hilfe wir Fertigkeiten erlernen können und dem wir entnehmen, wie wir die vielen Tätigkeiten ausführen, auf die wir in unserem Alltag angewiesen sind« (S. 222). Mit dem Begriff des prozeduralen Gedächtnisses sind also Gedächtnisfunktionen gemeint, die uns helfen, neue motorische *patterns* zu erlernen, wie Radfahren, Schwimmen, Tanzen, Tennisspielen, Trapezturnen u. ä. Das prozedurale Gedächtnis wird durch wiederholte Übung aufgebaut. Dies Gedächtnis – das verschiedentlich auch Körpergedächtnis genannt wird – ist für die Schauspieler/Performer von größter Bedeutung. Für den Versuch, eine Aufführung nachträglich zu verstehen, spielt es jedoch eine eher marginale Rolle – so zum Beispiel, wenn ich eine Bewegung eines Akteurs nachvollziehe, um sie mir zu vergegenwärtigen. Ich werde es daher im folgenden übergehen.

zifische Führung der Bewegung und das besondere Spüren erinnert, das mir bewußt wurde, als ich den Raum betrat, oder auch den konkreten Raum mit allen seinen Details, der diese Atmosphäre auszustrahlen schien. In der Regel interagieren semantisches und episodisches Gedächtnis und unterstützen einander. So vermögen zum Beispiel die Erinnerung an den Ablauf der Handlung und die sprachlichen Bedeutungen, die in ihrem Verlauf konstituiert wurden, das episodische Gedächtnis zu motivieren, die entsprechenden konkreten Vorgänge und Details zu erinnern. Da die Aufführungen, auf die ich mich hier bezogen habe, überwiegend nicht einer Handlungslogik oder einer anderen Art von Kausalnexus folgen, erhält bei jeglichem Versuch, sie nachträglich zu verstehen, das episodische Gedächtnis besonderes Gewicht. Für die einzelnen, isoliert erinnerten Erscheinungen der Aufführung können nun neue Zusammenhänge gesucht und so Beziehungen geknüpft werden, die sie in einen völlig neuen Kontext stellen.

Dabei gilt es allerdings, ein anderes Problem zu berücksichtigen. So hat die Gedächtnisforschung der letzten Jahre die Alltagserfahrung untermauert, daß unser Gedächtnis in vielerlei Hinsicht »unzuverlässig« ist. Es funktioniert nicht wie ein Speicher, der die auf ihm deponierten Versatzstücke der Vergangenheit getreu aufbewahrt, sondern konstruiert je nach Situation und Kontext das Vergangene neu und anders. Damit nicht genug; es vermag sogar lebhafte, aber unzutreffende Erinnerungen an Ereignisse hervorzubringen, die sich niemals zugetragen haben.[23] Außerdem weigert es sich häufig, uns auf Abruf bestimmte Erinnerungen zu liefern. Diesem »Defekt« unseres Gedächtnisses vermag auch ein wiederholter Besuch der Inszenierung nicht abzuhelfen. Denn zum einen wird der Zuschauer bei jedem weiteren Besuch Erscheinungen wahrnehmen, die ihm bisher entgangen waren und die es nun zusätzlich zu erinnern gilt. Und zum anderen fließt die Erinnerung an den ersten Besuch beim zweiten in die Wahrnehmung ein und verändert sie. Dadurch wird vor allem der Neuheitsgrad, der beim ersten Besuch erheblich gewesen sein mag, herabgesetzt, so daß das Wahrgenommene anders auf den Zuschauer einwirkt als beim ersten Mal. Nicht zuletzt endlich handelt es sich jedesmal um eine andere Aufführung, so daß prinzipi-

23 Vgl. hierzu ebd.

ell jedesmal anders wahrgenommen werden kann, was es dann zu erinnern gilt.[24]

Die erste Bedingung für ein nachträgliches Verstehen, der Rekurs auf die eigene Erinnerung, erweist sich also als nicht ganz unproblematisch, auch wenn es nicht um »richtiges« oder »falsches« Verstehen gehen kann. Nicht viel anders ist es um die zweite Bedingung bestellt, den Prozeß der Versprachlichung. Wie wiederholt betont, sind eine Vielzahl von Bedeutungen, die das wahrnehmende Subjekt im Laufe der Aufführung erzeugt und zum Teil noch später erinnert, nicht mit sprachlichen Bedeutungen gleichzusetzen. Nicht-sprachliche Vorstellungen, Bilder, Phantasien und Erinnerungen oder auch Befindlichkeiten, Empfindungen und Gefühle, die sich körperlich artikulieren und als diese spezifischen körperlichen Artikulationen bewußt werden, lassen sich nur sehr schwer in Sprache »übersetzen«. Denn den Zeichen der Sprache eignet immer eine gewisse Abstraktheit, die sie eben zur Herstellung von Beziehungen und Zusammenhängen befähigt. Die konkreten wahrgenommenen Körper, Dinge, Laute, Licht dagegen werden ihres besonderen phänomenalen Seins, als das sie in der Wahrnehmung in Erscheinung treten, allein schon dadurch beraubt, daß ich es nachträglich – wenn auch noch während der Aufführung – auf den Begriff zu bringen suche. Auch der genauesten sprachlichen Beschreibung wird dieses nie gelingen. Sie wird lediglich imstande sein, bei dem, der sie hört oder liest, Imaginationen in Gang zu setzen, die von dem Wahrgenommenen, das beschrieben wird, in kaum vorstellbarer Weise abweichen können. Was vom episodischen Gedächtnis erinnert wird, ist sprachlicher Beschreibung nur höchst eingeschränkt zugänglich. Was dagegen vom semantischen Gedächtnis erinnert wird, ist sozusagen *per se* sprachlich strukturiert und läßt sich daher auch sprachlich fassen. Dabei darf man allerdings nicht übersehen, daß auch hier bereits Deformationen vorliegen, die von den Grenzen der Sprache gesetzt sind, nämlich in all den Fällen, in denen das semantische Gedächtnis Begriffe und Beschreibun-

24 Zum Problem der Erinnerung beim Umgang mit Aufführungen vgl. auch Christel Weiler, »Am Ende/Geschichte. Anmerkungen zur theatralen Historiographie und zur Zeitlichkeit theaterwissenschaftlicher Arbeit«, in: Fischer-Lichte, Kolesch, Weiler (Hrsg.), *TRANSFORMATIONEN*, S. 43-56.

gen erinnert, die bereits während der Aufführung aus Übersetzungsprozessen hervorgegangen sind.

Jeder Versuch zu verstehen wird daran arbeiten, die ihm von der Sprache gesetzten Grenzen zu überschreiten, ohne daß dies jemals tatsächlich gelingen könnte. Denn die Sprache verfügt als ein besonderes Medium über eine nur ihr eigene Materialität und als ein besonders Zeichensystem über nur ihr eigene spezifische Regeln. Indem sie bei der Beschreibung zugrunde gelegt bzw. befolgt werden, verselbständigt sich der Schreibprozeß; er entwickelt eine eigene Dynamik, die ihn durchaus in eine gewisse Nähe zu den erinnerten Wahrnehmungen bringen mag, ihn jedoch zugleich mit Notwendigkeit von ihnen fortführt. Jede sprachliche Beschreibung, jede Deutung, kurz: jeder Versuch, eine Aufführung nachträglich zu verstehen, trägt zur Hervorbringung eines Textes bei, der eigenen Regeln gehorcht, sich im Prozeß seiner Erzeugung verselbständigt und sich so von seinem Ausgangspunkt, der Erinnerung an die Aufführung, immer weiter entfernt. Der Versuch, die Aufführung nachträglich zu verstehen, erzeugt so einen eigenständigen Text, der nun seinerseits verstanden werden will.[25] Die Aufführung dagegen läßt sich auf diese Weise wohl auch nachträglich nicht verstehen.

25 Vgl. hierzu Barbara Gronau, »Zeitfluß und Spur – Kunstbeschreibung in der Theaterwissenschaft zwischen Erinnerung und Imagination«, in: Haiko Wandhoff (Hg.), *Ekphrasis. Kunstbeschreibung und virtuelle Räume im medialen Wandel*, Berlin 2004.

Sechstes Kapitel
Die Aufführung als Ereignis

Als um die Wende vom 19. zum 20. Jahrhundert Peter Behrens und Georg Fuchs proklamierten, das Theater müsse »wieder« zum Fest werden, und wenig später Max Herrmann den »Ur-Sinn des Theaters« im »Theater-Fest« aufzufinden meinte, das durch seine verschiedenen Teilnehmer – Akteure und Zuschauer – konstituiert werde, hatten sie die Ereignishaftigkeit von Aufführungen im Blick. In ihr sahen sie deren spezifische Ästhetizität begründet. Damit stellten sie sich gegen überkommene Überzeugungen einer werkorientierten Ästhetik und eröffneten der kunstwissenschaftlichen und ästhetischen Diskussion neue Perspektiven.

Lange Zeit stand in deren Zentrum das Werk – und damit zugleich sein Schöpfer, der große Künstler, das Genie. Dabei wurde die Produktion des Werkes häufig – wenn später auch nur noch metaphorisch – in Analogie zur Schöpfung der Welt durch Gott begriffen und umschrieben: So wie Gott die Welt als ein vollkommenes und in sich abgeschlossenes Werk geschaffen hat, so bringt auch der Künstler sein Werk hervor. Und so wie in Gottes Werk die ewige göttliche Wahrheit verborgen liegt, die sich dem offenbart, der im Buch der Welt zu lesen weiß, birgt auch das Werk des Künstlers Wahrheit in sich. Wer sich in es versenkt und es geduldig zu entziffern sucht, dem wird als Lohn für seine Mühen Erkenntnis zuteil. Spätestens seit dem Geniekult des ausgehenden 18. Jahrhunderts erscheint der Künstler als ein autonomes Subjekt, das ein autonomes Werk schafft, in dem Wahrheit verschlossen liegt. Die Annahme, daß das Kunstwerk Hort der Wahrheit sei, sich in ihm Wahrheit ins Werk setze, wie Heidegger es formulierte, ist auch für die philosophische Ästhetik von Hegel bis Adorno – mit der bemerkenswerten Ausnahme von Nietzsche – gültig. Sie prägt ebenfalls Gadamers Verständnis vom klassischen Werk, auch wenn die von ihm entworfene Hermeneutik eine derartige Annahme eigentlich nicht zuläßt.

Zwar wurde ein solcher Wahrheitsanspruch des Werkes von der strukturalistischen Ästhetik ebenso wie von der Rezeptionsästhetik nicht nur relativiert, sondern kategorisch zurückgewiesen. Gleichwohl tastete dies die zentrale Stellung des Werkes in der ästhetischen Reflexion nicht an. Denn auch wenn dem Rezipienten die Rolle eines Mit-Schöpfers eingeräumt, wenn er gar zu demjenigen erklärt wird, der im Prozeß seiner Rezeption die Bedeutungen, den Sinn des Werkes allererst hervorbringt, bleibt der Bezugspunkt für jegliche ästhetische Reflexion das Werk, an dem der Rezipient seine hermeneutischen Operationen vollzieht. Das Werk wird als ein »Ding« geschaffen – ohne daß es je in seinem Ding-Sein aufgehen würde; es liegt als ein Artefakt vor, das unabhängig vom Hinzutreten eines Rezipienten sich selbst gleich bleibt oder auch zeitbedingte Veränderungen erfährt: Farben dunkeln nach, eingeklebte Zeitungsausschnitte vergilben u. a. mehr. Das Artefakt ist als Skulptur, Monument, Partitur unterschiedlichen Rezipienten zu unterschiedlichen Zeiten und im Falle von Texten und Partituren in unterschiedlichen Räumen zugänglich. Ein Rezipient kann prinzipiell im Laufe seines Lebens immer wieder zu demselben Werk zurückkehren, immer neue Eigenheiten sowie Möglichkeiten entdecken, einzelne seiner Elemente zueinander oder zu extratextuellen Strukturen in Beziehung zu setzen, und so immer neue Werkbedeutungen generieren. In diesem Sinne kann er einen lebenslangen Dialog mit einem Werk führen.

Angesichts der langen und ehrwürdigen Geschichte des Werkbegriffs mag es fast wie ein Sakrileg anmuten, daß Behrens, Fuchs und Herrmann implizit den Werkbegriff negierten und statt dessen einen Ereignisbegriff postulierten (auch wenn sie, wie wir gesehen haben, keineswegs den Werkbegriff im Hinblick auf das Theater konsequent verabschiedeten, sondern ihn weiterhin wiederholt verwendeten). Ein Sakrileg insofern, als sie zwei der grundlegenden Voraussetzungen, die erfüllt sein müssen, damit von einem Werk und damit von Kunst die Rede sein kann, im Theater für nicht existent erklärten und dennoch kompromißlos darauf beharrten, daß es sich bei Theater um eine Kunst handle: das Artefakt, an dessen Stelle sie flüchtige, einmalige und unwiederholbare Vorgänge setzten, und die grundlegende Trennung von Produzenten und Rezipienten, die sie relativierten, wenn nicht gar aufhoben. Auf diesen Voraussetzungen beruhen jedoch Werk-, Produktions- und Rezeptionsästhetiken. Deren Parameter und Kategorien konnten damit vernünftigerweise nicht länger als auf eine Aufführung anwendbar gelten. Die Kunsthaftigkeit einer Aufführung, ihre spezifische Ästhetizität sollte sich entsprechend allein aus ihrer Ereignishaftigkeit ergeben.

Was einzelne Theoretiker um die Wende vom 19. zum 20. Jahrhundert postulierten, um ein neues Theater – und eine neue Wissenschaft – zu begründen, gilt für Aufführungen von Theater und Performance-Kunst seit den sechziger Jahren als eine selbstverständliche *conditio sine qua non*. Einer der Impulse für die Entstehung von Aktions- und Performance-Kunst ging unmittelbar vom dezidierten Willen einzelner Künstler aus, nicht länger Werke und das hieß jetzt: vermarktbare Artefakte, Waren zu schaffen, sondern flüchtige Ereignisse, die niemand anschließend käuflich erwerben, in seinem Safe verschwinden lassen oder in seinem Wohnzimmer aufhängen kann. Die Flüchtigkeit des Ereignisses, seine Einmaligkeit und Unwiederholbarkeit wurde hier zum Programm erhoben.

Wie sich bei der Untersuchung von Medialität, Materialität und Semiotizität von Aufführungen gezeigt hat, sind sie bis ins Detail von Ereignishaftigkeit geprägt. Nicht nur die Aufführung als Ganzes ereignet sich in der Autopoiesis der *feedback*-Schleife, sondern ebenso alle ihre Elemente. So ist die Materialität der Aufführung nicht als ein bzw. in einem Artefakt gegeben, sondern sie ereignet sich, indem Körperlichkeit, Räumlichkeit und Lautlichkeit performativ hervorgebracht werden. Präsenz von Akteuren, Ekstasen der Dinge, Atmosphären, Zirkulation von Energie ereignen sich ebenso wie Bedeutungen, die erzeugt werden, sei es als Wahrnehmungen, sei es als von diesen hervorgerufene Gefühle, Vorstellungen, Gedanken. Handlungen der Zuschauer ereignen sich als Antworten auf das Wahrgenommene ebenso wie Handlungen der Akteure als Antworten auf die von ihnen wahrgenommenen – gesehenen, gehörten, gespürten – Verhaltensweisen und Handlungen der Zuschauer. Die Ästhetizität von Aufführungen wird unübersehbar von ihrer Ereignishaftigkeit konstituiert.

Um sie genauer beschreiben und bestimmen zu können, will ich, im Einklang mit den von mir bisher praktizierten Verfahren, nicht von vorgegebenen Ereignisbegriffen – wie denen Heideggers, Derridas oder Lyotards – ausgehen und sie auf die untersuchten Aufführungen anwenden. Vielmehr will ich mich auf Befunde beziehen, welche die bisherigen Untersuchungen von Medialität, Materialität und Semiotizität von Aufführungen erbracht haben, und auf dieser Grundlage die spezifische Ästhetizität von Aufführungen seit den sechziger Jahren zu erfassen suchen. Es haben sich vor allem drei Komplexe herausgeschält, die in unmittelbarer Verbindung zur Ereignishaftigkeit von Aufführungen stehen und fur ihre besondere Ästhetizität zweifellos von Bedeutung sind. Es sind dies die Autopoiesis der *feedback*-Schleife, welche die Aufführung entstehen läßt, und das Phänomen der Emergenz, zum anderen eine Destabilisierung, wenn nicht gar Auflösung von Gegensätzen und drittens Situationen von Liminalität und mit ihnen zusammenhängende Transformationen, welche Teilnehmer an den Aufführungen durchlaufen. Ich gehe davon aus, daß eine genaue Betrachtung dieser drei Komplexe Einsichten zutage fördern wird, welche uns eine größere Klarheit über die besondere Ästhetizität von Aufführungen zu verschaffen vermögen.

1. Autopoiesis und Emergenz

Wie wir im dritten Kapitel gesehen haben, ist es die autopoietische *feedback*-Schleife aus Handlungen und Verhaltensweisen der Akteure und Zuschauer, welche die Aufführung entstehen läßt. Der Künstler als autonomes Subjekt, welches ein autonomes Werk schafft, das die Rezipienten wohl jeweils anders zu deuten, jedoch in seiner Materialität nicht zu verändern vermögen, hat sich hier offensichtlich verabschiedet – wenn auch noch nicht im Bewußtsein großer Teile des Publikums.

Eine solche Schlußfolgerung wirft eine Reihe von Fragen auf. Ist es tatsächlich zulässig, Akteure und Zuschauer in dieser Weise auf eine Stufe zu stellen? Ist der Anteil der Künstler, welche die Inszenierung vorbereiten, nicht so zu werten, daß sie damit den Gang der Aufführung bestimmen, die Zuschauer dagegen bestenfalls darauf zu reagieren vermögen? Und wie läßt sich die behauptete Verabschiedung des Künstlers als eines autonomen Subjektes mit den seit den ausgehenden sechziger Jahren stereotyp wiederholten Klagen über die Willkür des sich als allmächtig gebärdenden Regisseurs in Einklang bringen?

Im Hinblick auf diese Fragen will ich zunächst zwischen Aufführungen der Performance-Kunst, die ein einziger Performancekünstler initiiert, und Theateraufführungen unterscheiden, die von Regisseur, Bühnenbildner, Komponist, Schauspielern, Musikern u. a. gemeinsam vorbereitet werden.

Der Performance-Künstler schafft in/mit seiner Performance eine spezifische Situation, der er sich selbst und andere – Zuschauer – aussetzt. Als Beuys drei Tage lang mit einem Kojoten zusammenlebte, Abramović sich der Gewalt anderer überlieferte oder Python-Schlangen sich um ihren Leib ringeln ließ, da verzichteten die Künstler freiwillig darauf, den Verlauf der Aufführung wenigstens im Rahmen des Möglichen zu kontrollieren. Sie schufen vielmehr eine Situation, die Vorhersagen über ihre weitere Entwicklung schwierig, wenn nicht unmöglich machte. Denn diese weitere Entwicklung hing nicht von dem/der Künstler/in allein ab, sondern immer auch entscheidend von anderen, hauptsächlich von den Zuschauern, aber auch zum Beispiel von Tieren. Das heißt, die Künstler setzten nicht nur sich selbst, sondern auch die anderen der von ihnen geschaffenen Situation aus. Dies verlangte von den Zuschauern, daß sie sich nicht lediglich als Betrachter begriffen, deren Verhalten für den weiteren Verlauf der Aufführung unerheblich ist. Ihnen war durchaus klar, daß auch sie für ihn Verantwortung trugen. Ein Verhalten, das den Kojoten oder die Schlangen negativ beeinflussen würde, hätte katastrophale Folgen für den/die Künstler/in haben können. Den Trupp aufgelesener Passanten weiter gewähren zu lassen, erschien nicht weniger verantwortungslos. Was die Tiere betraf, so war ihr Verhalten weitgehend nicht voraussagbar. Alle anderen Beteiligten, zuallererst die Künstler, aber auch die Zuschauer, mußten sich darauf einstellen.

Wohl wird also die jeweilige Situation vom Künstler geschaffen; wohl ist er es, der, bei Fehlverhalten der Zuschauer, die gravierendsten Konsequenzen zu tragen hat. Dennoch wird gerade hier herausgestellt, wie stark der/die Künstler/in von den anderen, den Zuschauern, abhängig ist, wie angewiesen darauf, daß diese ebenfalls Verantwortung für eine Situation übernehmen, die sie nicht geschaffen haben, in die sie aber durch Teilnahme an der Performance geraten sind.

So sind es gerade diese Performances, in denen sich ein neues Selbstverständnis der Künstler artikuliert. Sie schaffen nicht mehr gottähnlich ein Werk, sondern stellen als Versuchsleiter eine spezifische Situation her, der sie sich selbst und andere aussetzen. Der Künstler kann sich lediglich vorbehalten, die Aufführung zu einem bestimmten Zeitpunkt, den er wählt, für beendet zu erklären, ohne daß er sicher sein kann, daß sie dann auch tatsächlich aufhört, wie sich im Falle Schlingensiefs gezeigt hat.

Die intensive, mehrwöchige, manchmal auch mehrmonatige Vorbereitung auf eine Aufführung, wie sie im Theater die Regel ist, muß klar von der Aufführung selbst unterschieden werden. Die Vorbereitung spielt für den Verlauf der Aufführung insofern eine große Rolle, als in ihr entschieden wird, welche theatralen Elemente in welcher Gestalt zu welcher Zeit und an welcher Stelle im Raum erscheinen sollen. Damit werden ganz wichtige Vorgaben für die Wahrnehmung der Zuschauer in der Aufführung gemacht. Auch wenn die letzte Entscheidung beim Regisseur liegt, ist er keinesfalls dem Autor eines Gedichtes vergleichbar, der sein Werk allein erschafft. Vielmehr sind die anderen Künstler, zum Teil auch die Techniker und Handwerker, die Ideen entwickeln und Vorschläge unterbreiten, am Fortgang des Probenprozesses und der gesamten Inszenierungsarbeit beteiligt.[1] Generell gilt allerdings, daß für die Autopoiesis der *feedback*-Schleife nur das Relevanz besitzt, was in der Aufführung tatsächlich erscheint, unabhängig davon, was diskutiert, festgelegt und geplant war.

Da der Regisseur in der Regel nicht an der Aufführung teilnimmt, kann er, anders als die Schauspieler, Techniker oder Bühnenarbeiter nicht direkt in die autopoietische *feedback*-Schleife eingreifen – es sei denn als Zuschauer. Wohl vermag er aufgrund seiner Erfahrungen als Zuschauer nach Beendigung der Aufführung Änderungen an der Inszenierung vornehmen und damit für die nächste Aufführung andere Vorgaben machen. Über die Aufführung selbst hat er jedoch keine Kontrolle. Während jeder Schauspieler, Techniker, Bühnenarbeiter ständig in die Autopoiesis der Aufführung eingreift – und dies auch auf vorher nicht abgesprochene, geplante Weise tun kann –, ist der Regisseur, der an der Aufführung weder als Akteur noch als Zuschauer teilnimmt, von ihr ausgeschlossen. Das heißt, das Ereignis der Aufführung zu beeinflussen, während es stattfindet, ist er in diesem Fall ganz außerstande.

Die Theateraufführungen, auf die ich mich bezogen habe, sind allerdings insofern mit Performances zu vergleichen, als es hier

1 Zum Begriff der Inszenierung vgl. den entsprechenden Abschnitt im letzten Kapitel.

die Inszenierung ist, die eine bestimmte Situation schafft, der alle Beteiligten ausgesetzt sind und mit der diese auf unterschiedliche Weise umgehen können. Auch hier haben wir es mit experimentellen Arrangements zu tun, auf die sich jeweils anders reagieren läßt, seien dies nun Schechners Vorgaben für Zuschauerpartizipation, die räumliche Anordnung im Frankfurter Depot bei Schleefs Inszenierungen oder Castorfs Einsatz von Videotechnik.

Indem Aufführungen seit den sechziger Jahren durch Rollenwechsel, Gemeinschaftsbildungen etc. die Aufmerksamkeit gezielt auf die Autopoiesis der *feedback*-Schleife lenken, die in jeder Aufführung wirkt, richten sie zugleich die Aufmerksamkeit darauf, daß sich in ihr ein neues Künstlerbild – wenn nicht gar ein neues Menschen- und Gesellschaftsbild – artikuliert, bei dem allerdings fraglich bleibt, ob es bereits in der Gesellschaft angekommen ist. Das Wirken der autopoietischen *feedback*-Schleife negiert die Vorstellung vom autonomen Subjekt. Sie setzt den Künstler wie generell alle Beteiligten vielmehr als ein Subjekt voraus, das immer sowohl andere/s bestimmt als auch sich von anderen/m bestimmen läßt; sie widerspricht der Vorstellung von einem Subjekt, das kraft eigenen freien Willens souverän entscheidet, was es tun und was es lassen will, das sich unabhängig von anderen und von externen »Handlungsanweisungen« frei entwerfen kann als derjenige, der es sein will. Ebenso heftig opponiert sie allerdings auch gegen die Vorstellung vom total fremdbestimmten Menschen, dem wegen dieser Fremdbestimmung keine Verantwortung für seine Handlungen aufzubürden ist. Die wahrnehmbare Autopoiesis der *feedback*-Schleife, wie sie besonders deutlich bei jeder Form von Rollenwechsel zwischen Akteuren und Zuschauern in Erscheinung tritt, eröffnet allen Beteiligten die Möglichkeit, sich im Verlauf der Aufführung als ein Subjekt zu erfahren, das Handeln und Verhalten anderer mitzubestimmen vermag und dessen eigenes Handeln und Verhalten ebenso von anderen mitbestimmt wird, als ein Subjekt, das weder autonom noch fremdbestimmt ist und das Verantwortung auch für eine Situation trägt, die es nicht geschaffen hat, in die es jedoch hineingeraten ist. Diese Erfahrung stellt eine ganz wesentliche Komponente der ästhetischen Erfahrung dar, welche die Autopoiesis der *feedback*-Schleife ermöglicht.

Diese Schleife funktioniert als ein selbstorganisierendes System, dem permanent neu auftauchende, nicht geplante und so auch nicht voraussehbare Elemente integriert werden müssen. Für die Schauspieler gehören zu diesen Elementen vor allem die von den Zuschauern gezeigten Verhaltensweisen und Handlungen ebenso wie ihre eigenen Reaktionen bzw. die ihrer Kollegen auf sie, zum Teil aber auch unvorhergesehene Ereignisse auf der Bühne wie ein plötzliches Stolpern, ein herunterstürzender Scheinwerfer, ein fehlendes Requisit etc. oder auch das Verhalten beteiligter Tiere – des Affen, der Kathrin Angerer beißt, des Pferdes, das seine Äpfel fallen läßt, des Hundes, der plötzlich bellend in den Zuschauerraum springt. Aus der Sicht der Zuschauer dagegen handelt es sich bei allen Elementen, die in die Autopoiesis der *feedback*-Schleife eingehen, um emergente Phänomene. Denn da in den betreffenden Aufführungen das Auftauchen und Verschwinden der Erscheinungen sich nicht nach einer nachvollziehbaren und in gewissem Sinne voraussagbaren Handlungs- oder Psychologik richtete noch anderen Kausalzusammenhängen folgte, sondern von rhythmischen Patterns, *time brackets*, Zufallsoperationen u. ä. abhing, war es für die Zuschauer genausowenig voraussehbar wie das Verhalten der anderen Zuschauer oder auch die eigenen Reaktionen. Alles mußte ihnen emergent erscheinen.

Dies hat weitreichende Folgen für die Wahrnehmung einer Aufführung. Solange mit der Logik einer bestimmten – gegebenenfalls bekannten – Handlungsfolge und Figurenpsychologie gerechnet werden kann, sind für die Wahrnehmung bestimmte Selektionsprinzipien gegeben. Das heißt, die Aufmerksamkeit des Zuschauers wird sich nicht in gleicher Weise auf alles richten, was im Raum erscheint, sondern lediglich auf das, was ihm hilft, dem Handlungsablauf zu folgen und das Verhalten der Figuren zu verstehen. Wenn derartige Selektionsprinzipien ausfallen, muß sich die Ökonomie der Aufmerksamkeit, von der heute so viel die Rede ist[2], in der Aufführung genauso wie im täglichen Leben nach anderen Kriterien organisieren. Zu ihnen gehören beispielsweise der Grad der Intensität von Erscheinung, der Abweichung oder Überraschung oder auch Auffälligkeit.[3]

2 Vgl. hierzu Georg Frank, *Ökonomie der Aufmerksamkeit*, München 1998.

3 Vgl. zu diesen Kriterien Walter Seitter, »Aufmerksamkeitskorrelate auf der Ebene der Erscheinungen«, in: Aleida Assmann und Jan Assmann (Hrsg.), *Aufmerksamkeiten. Archäologie der literarischen Kommunikation*, München 2002, S. 171-182.

Wenden wir diese Kriterien auf die von uns untersuchten Aufführungen an, geraten wir allerdings in erhebliche Schwierigkeiten. Denn auf die in ihnen auftauchenden Erscheinungen treffen in der Regel wenigstens eines, wenn nicht gar mehrere Kriterien zu. Unter dem Kriterium der Intensität der Erscheinung wären zum Beispiel die Präsenz des Schauspielers, die Ekstase der Dinge oder auch die Atmosphäre aufzulisten, an der Präsenz und Ekstase in erheblichem Maße beteiligt sind. So setzt das starke Konzept von Präsenz voraus, daß die leibliche Erscheinung des Akteurs den Raum besetzt und die Zuschauer zwingt, ihre Aufmerksamkeit auf ihn zu fokussieren. Der präsente Schauspieler setzt in sich und in den Zuschauern Energien frei, die im Raum zirkulieren und von allen leiblich zu spüren sind. Bei der Ekstase der Dinge sind diese nicht als in sich abgeschlossene Objekte gegeben. Sie treten vielmehr aus sich heraus, zeigen sich, erscheinen in besonders intensiver Weise als gegenwärtig, so daß sie sich der Aufmerksamkeit des Zuschauers aufdrängen. Dies gilt in besonderer Weise im Hinblick auf die sogenannten sekundären Qualitäten der Dinge, ihre Farben, Gerüche oder Töne. Da es sowohl die Präsenz der Schauspieler als auch die Ekstasen der Dinge sind, welche Atmosphären konstituieren, erscheinen Atmosphären dem Wahrnehmenden in besonderer Intensität; sie umhüllen ihn, er taucht in sie ein, sie dringen als Licht, Laute und Gerüche in seinen Körper ein.

Wie ich gezeigt habe, sind im Theater und in der Performance-Kunst seit den sechziger Jahren eine Fülle von Verfahren entwickelt worden, die darauf zielen, den Schauspieler als präsent und die Dinge als in Ekstase begriffen erscheinen zu lassen sowie dichte Atmosphären zu erzeugen. Das heißt, die Erfahrung von Intensität, die sie ermöglichen, ist offensichtlich nicht eine punktuelle Erfahrung, sondern kann die gesamte Aufführung über andauern. Bei der Aufführung von Schleefs *Sportstück*-Inszenierung zum Beispiel wurde in der angeführten 45minütigen Chorpartie bereits mit hoher Intensität eingesetzt, die Intensität wurde nicht nur über den gesamten Zeitraum gehalten, sondern eher noch verstärkt. Allein im Hinblick auf das Kriterium der Intensität ist daher davon auszugehen, daß Aufführungen dem Zuschauer für einen langen Zeitraum, wenn nicht gar für die gesamte Dauer der Aufführung eine erhöhte Aufmerksamkeit abverlangen.

Das Kriterium der Abweichung/Überraschung läßt sich ebenfalls fast durchgehend anwenden. Da die Aufführungen ihre zeitliche Abfolge mit *time brackets* oder Rhythmus organisieren, ist Abweichung vorherrschendes Prinzip. Bei den einzelnen *time brackets* kann Anfang und Ende der Aktivität je anders gesetzt werden. Rhythmus ist geradezu definiert durch Abweichung. Denn keine Wiederholung wiederholt tatsächlich das, worauf sie sich bezieht, auf exakt dieselbe Weise, wie beispielsweise an den Nô-walks in Wilsons *Knee plays* zu sehen war oder auch an den verschiedenen Chorpartien in *Murx* oder der Höhertransponierung der jeweils nächsten Strophe von »Danke« um einen halben Ton. Es ist geradezu charakteristisch für die angesprochenen Aufführungen, daß sie die Aufmerksamkeit des Zuschauers noch auf die kleinsten, »unscheinbarsten« Abweichungen zu lenken vermögen, die uns im Alltag in der Regel entgehen würden. Hier erscheinen sie als Fokus der Aufmerksamkeit. Die Aufführungen erhalten ihren Rhythmus gerade dadurch, daß etwas eingeführt wird und wenig später dann in einer Variation wieder erscheint und so fort. Das heißt, der Zuschauer, der durchaus eine Abweichung erwartet, liegt sozusagen ständig auf der Lauer, um sich dann dennoch von der *so* nicht erwarteten Abweichung überraschen zu lassen. Das Prinzip der Abweichung/Überraschung gilt durchgehend für die Aufführungen. Es stellt eine besondere Herausforderung für die Aufmerksamkeit der Zuschauer dar.

Wenden wir als letztes das Kriterium der Auffälligkeit an. Zum einen finden wir in den Aufführungen eine Fülle von Erscheinungen, die auch im täglichen Leben auffallen würden, wie zum Beispiel in den Selbstverletzungs-Performances. Diese beruhen gerade darauf, daß die Künstler in ihnen Handlungen vollziehen, die nicht nur in der Alltagswelt größtes Aufsehen erregen würden, sondern auch im Rahmen von Veranstaltungen, welche die Aufmerksamkeit der Zuschauer durch Sensationen zu fesseln suchen. Im Rahmen von Performances und Theateraufführungen erscheinen solche Handlungen zweifellos als besonders auffällig. Wie wir gesehen hatten, zählen auch beteiligte Tiere stets zu den auffälligen Erscheinungen, sowohl wilde Tiere wie Schlangen, Kojote, Affe, afrikanische Nachteule, Vogelspinnen, die auch im Zoo Aufmerksamkeit auf sich ziehen, als auch Haustiere wie Hunde, Katzen, Pferde, Kanarienvögel, Fische, die im alltäglichen Leben meist kaum auffallen. Zum anderen aber gelingt es den Aufführungen immer wieder, gerade das Gewöhnliche auffällig erscheinen zu lassen. Wenn der Schauspieler in seiner Präsenz dem Zuschauer als *embodied mind* auffällig wird, wenn ein gewöhnlicher Kohleofen seine ganze Aufmerksamkeit beansprucht und die Klänge einer bekannten Melodie ihn vollkommen zu absorbieren vermögen, dann tritt das ein, was Arthur Danto die Verklärung des Gewöhnlichen genannt hat: Das Gewöhnliche erscheint verklärt und wird so besonders auffällig. Nicht zuletzt wird in Aufführungen dem Zuschauer immer wieder seine eigene Wahrnehmung auffällig wie zum Beispiel bei ihrem wiederholten Umspringen von der Ordnung der Präsenz zur Ordnung der Repräsentation und umgekehrt. Die Kunst der Aufführung besteht offensichtlich darin, alles, was in ihr erscheint, auffällig zu machen. Da alles, was in ihr erscheint, unvorhersehbar ist, erscheint es als ebenso überraschend wie auffällig.

Alle drei Kriterien für die Erregung von Aufmerksamkeit sind also in den von mir berücksichtigten Aufführungen nicht nur punktuell, sondern durchgehend erfüllt. Das heißt, von einer Ökonomie der Aufmerksamkeit im eigentlichen Sinne des Wortes kann hier gar keine Rede sein. Vielmehr haben wir es geradezu mit einem Exzeß an Aufmerksamkeit, mit der »Verschwendung« dieser so kostbaren Ressource zu tun. Dies gilt nicht nur für die Akteure, bei denen wir diesen Modus einer permanent erhöhten Aufmerksamkeit voraussetzen, die sich sowohl auf ihr eigenes Tun als auch auf das Verhalten und Handeln anderer – Akteure und Zuschauer – richtet. Es trifft auch für die Zuschauer zu, deren Aufmerksamkeit von allem, was im Raum erscheint, beansprucht wird. Dabei gilt es freilich zu bedenken, daß jeder einzelne Zuschauer seine eigene Ökonomie der Aufmerksamkeit hat, die es ihm nicht immer gestatten wird, tatsächlich permanent aufmerksam zu sein. Hier wird eine erhöhte Aufmerksamkeit nur von Zeit zu Zeit zu beobachten sein. Für Akteure und Zuschauer gilt, daß sie ihre Aufmerksamkeit sowohl auf den eigenen als auch auf fremde Körper richten.

Wenn wir Aufmerksamkeit nicht nur mit Seitter als »relativ starke Zuwendung des Bewußtseins auf einen wie immer gearteten Gegenstand oder Gehalt«[4] definieren, sondern mit Csórdas davon ausgehen, daß Aufmerksamkeit »more bodily and multisensory engagement than we usually allow for in psychological definitions of attention« umfaßt, daß »[s]omatic modes of atten-

4 Ebd., S. 171.

tion are culturally elaborated ways of attending to and with one's body in surroundings that include the embodied presence of others«,[5] dann erhellt sich der tiefere Sinn dieser »Verschwendung«. Der Zustand einer permanent erhöhten Aufmerksamkeit läßt das wahrnehmende Subjekt sich in besonderer Weise als ein *embodied mind* erfahren. Für die ästhetische Erfahrung, die sich in den Aufführungen machen läßt, stellt dies ganz zweifellos eine weitere wesentliche Komponente dar.

Der Zustand einer permanent erhöhten Aufmerksamkeit, wie ihn die Emergenz der Erscheinungen in Aufführungen bewirken kann, zumindest aber fordert, stellt in der Tat einen nicht-alltäglichen, einen außergewöhnlichen Zustand dar. Die Erfahrungen, welche Emergenz und Autopoiesis der *feedback*-Schleife ansonsten ermöglichen, entsprechen dagegen häufig Erfahrungen, die wir auch im Alltag machen. So ist die Erfahrung, daß man über Abläufe und Geschehnisse, in die man involviert ist, nicht frei verfügen, daß man sie wohl bis zu einem gewissen Grad bestimmen kann, aber auch von ihnen bestimmt wird, wohl als eine alltägliche, gewöhnliche, wenn nicht gar triviale Erfahrung zu bezeichnen. Auch werden wir in unserem alltäglichen Leben, in gesellschaftlichen und politischen Zusammenhängen, in historischen Entwicklungen immer wieder mit der Erfahrung konfrontiert, daß das, was geschieht, weder geplant noch vorauszusehen war und daß die betreffenden Verläufe genausogut eine andere Wendung hätten nehmen können. Warum sie eben diese Wendung genommen haben, bleibt letztlich unerfindlich, auch wenn beständig nach Erklärungen dafür gesucht wird. Auch im Alltag begegnen wir dann und wann Menschen, die eine besondere Ausstrahlungskraft zu besitzen scheinen, von denen etwas ausgeht, das sich auf andere überträgt; wenn diese Menschen eine gesellschaftlich oder politisch herausgehobene Stellung einnehmen, sprechen wir von charismatischen Persönlichkeiten, ohne ihr Charisma erklären zu können. Um ein letztes Beispiel zu nennen: Auch im Alltag können wir die Ekstase von Dingen erleben. Dies gilt auch und gerade bei ganz unscheinbaren Dingen, die aber für den, der sie wahrnimmt, aus welchen Gründen auch immer, einen besonderen Wert, ja geradezu eine Aura annehmen.

5 Thomas J. Csordas, »Somatic Modes of Attention«, in: *Cultural Anthropology* 8, 1993, S. 135-156, S. 138.

Zwar handelt es sich hier um Erfahrungen, die wohl jeder schon einmal gemacht hat, die jedoch weitgehend aus dem öffentlichen Diskurs ausgeschlossen sind. Soweit dieser von der Aufklärung bestimmt ist, kann er sie nicht zulassen und muß sie da, wo sie sich artikulieren, bekämpfen und als auf falschen Prämissen beruhend entlarven: Der Mensch als ein autonomes Subjekt ist Herr seines Schicksals. Er ist imstande, die Verläufe, in die er involviert ist, rational zu planen und seine Pläne entsprechend zu verwirklichen. Wenn eine neue Erscheinung auftaucht – im Kosmos oder in der Kultur –, so gibt es dafür immer eine plausible Erklärung. Und wenn etwas Neues in die Welt tritt, so geschieht dies in der Regel als Ergebnis von planvollen Handlungen. Da alle Menschen gleich sind, kann es keine charismatischen Persönlichkeiten geben. Sie erscheinen anderen vielmehr so, weil sie wie die Schauspieler gewisse Techniken und Praktiken – »Tricks« – kennen, mit denen man sich den Anschein von Charisma zu geben vermag. Und was die Aura von Dingen angeht, so entspringt sie einem kranken Gemüt. Dinge sind zu bestimmten Zwecken da, die sie erfüllen oder nicht erfüllen, die deshalb gepflegt werden müssen oder zerstört werden können. Ein darüber hinausgehender Einfluß auf Menschen ist ihnen jedoch nicht zuzusprechen.

Es ist allerdings nicht nur der Diskurs der Aufklärung, der diesen Erfahrungen widerspricht, sondern aus entgegengesetzter Perspektive auch derjenige der Postmoderne. Da das Subjekt als ein total dezentriertes zu denken ist, erscheint jegliche Vorstellung, daß es irgendetwas mitzubestimmen vermöchte, als bloße Illusion. Statt dessen erscheint es als Objekt des Wirkens abstrakter Entitäten wie der Sprache oder kultureller Einschreibungen: Nicht das Subjekt spricht, verwendet die Sprache, sondern es wird von der Sprache gesprochen. Eine Dialektik von Leib-Sein und Körper-Haben erweist sich als ein Hirngespinst. Der Körper ist vielmehr als passive Fläche für kulturelle Einschreibungen zu denken. Da alles beliebig ist, letztlich jede Erfahrung eine subjektive Konstruktion darstellt, läßt sich nicht ausschließen, daß es Subjekte gibt, welche die Erfahrung anderer Menschen als charismatische Persönlichkeiten und die von Dingen als auratische konstruieren.

Der von der Aufklärung bestimmte Diskurs denunziert diese Alltagserfahrungen als Relikte und Residuen voraufklärerischen Denkens, wie es für ein religiöses oder gar magisches Bewußtsein selbstverständlich sein mag. Denn dieses Bewußtsein rechnet mit nicht beherrschbaren geheimnisvollen Mächten und Kräften, auf die der Mensch keinen Einfluß hat, weswegen er sich auch von ihnen immer dann bestimmen lassen muß, wenn sie in Verläufe eingreifen, in die er involviert ist. Diese Kräfte bewirken darüber hinaus, daß plötzlich neue und unerklärliche Erscheinungen auftauchen können, und vermögen durch Menschen und Dinge zu wirken, die so als charismatisch bzw. auratisch erscheinen.

Der postmoderne Diskurs dagegen denunziert diese Alltagserfahrungen als Illusionen und Hirngespinste, in denen einerseits aufklärerische Konzepte wie das des autonomen Subjektes immer noch herumspuken und andererseits romantische Vorstellungen von einer verzauberten Welt nachwirken.

Beide Diskurse entwerten die Alltagserfahrungen. Aufführungen von Theater und Performance-Kunst seit den sechziger Jahren suchen sie dagegen mit Emergenz und Autopoiesis der *feedback*-Schleife zu rehabilitieren, wenn nicht gar zu nobilitieren. Es ist der nicht-alltägliche Zustand einer permanent erhöhten Aufmerksamkeit, der sie in Komponenten der ästhetischen Erfahrung verwandelt. Und so geschieht auch hier eine Transfiguration des Gewöhnlichen.

2. Einstürzende Gegensätze

Erinnern wir uns: Nachdem Austin zunächst das Begriffspaar konstativ-performativ eingeführt und mit seiner Hilfe erläutert hatte, daß der Begriff des Performativen – eben im Unterschied zu dem des Konstativen – Sprechhandlungen meint, die selbstbezüglich und wirklichkeitskonstituierend sind, ließ er die von ihm getroffene Unterscheidung mißglücken. Sein Vorgehen nährt den Verdacht, daß das Performative eine Dynamik in Gang zu setzen vermag, die begriffliche Gegensätze kollabieren läßt und, wie Sybille Krämer schreibt, »dazu führt, das dichotomische begriffliche Schema als ganzes zu destabilisieren.«[6]

Dieser Verdacht hat durch die Untersuchung der Aufführungen weitere, reichliche Nahrung erhalten. Wie sich gezeigt hat,

6 Krämer/Stahlhut, »Das ›Performative‹ als Thema der Sprach- und Kulturphilosophie«, S. 56.

sind es gerade als dichotomisch verstandene, für unsere Kultur zentrale Begriffspaare wie Kunst und Wirklichkeit, Subjekt und Objekt, Körper und Geist, Tier und Mensch, Signifikant und Signifikat, die hier ihre Eindeutigkeit verlieren, in Bewegung geraten und zu oszillieren beginnen, wenn sie nicht gar letztendlich völlig in sich zusammenbrechen. Inwiefern ist diese Dynamik für die Ereignishaftigkeit von Aufführungen konstitutiv? Wie wirkt sie sich auf ihre Ästhetizität aus?

Seit der Antike ist die Unterscheidung zwischen Kunst und Wirklichkeit für die Kunsttheorie grundlegend. In ihrer langen Geschichte hat sie nie ganz aufgehört, das Kunstwerk aus dieser Differenz zu begreifen und zu bestimmen. Eine solche Bestimmung wird jeglicher Wertung zugrunde gelegt und jeweils als Kriterium für die Ästhetizität eines Werkes betrachtet, vorgegeben und angewendet. Ganz gleich, ob Kunst als Mimesis einer gegebenen, vorgängigen Wirklichkeit verstanden wurde oder im Gegenteil als Schöpfung einer eigenständigen Wirklichkeit, einer Wirklichkeit *sui generis*, die so nur im Kunstwerk aufgefunden werden kann, wird die grundsätzliche Differenz zwischen Kunst und Wirklichkeit fraglos vorausgesetzt. Dies wundert um so mehr, als das Kunstwerk ein »Ding« – wenn auch eines ganz besonderer Art – unter Dingen darstellt und daher ebenso wie andere von Menschen geschaffene Dinge wie ein Löffel, ein Tisch, oder ein Haus der sogenannten objektiven Wirklichkeit zugehört. Das gilt unabhängig davon, ob Wirklichkeit als Menge des Gegebenen betrachtet wird oder als das, was ich wahrnehme, oder als subjektive Konstruktion meiner Wahrnehmung. Das Kunstwerk unterscheidet sich von anderen vom Menschen hervorgebrachten Dingen allenfalls dadurch, daß es nicht für einen bestimmten alltäglichen Gebrauch geschaffen wurde. Während ich im Haus wohnen, am Tisch sitzen und mit dem Löffel Suppe essen kann, lassen sich Kunstwerke – außer vielleicht zu Dekorationszwecken – im Alltag kaum nützlich verwenden. Während sie in früheren Epochen und anderen Kulturen zum Gebrauch in kultisch-religiösen und politisch-repräsentativen Kontexten bestimmt waren, lösten sie sich seit der Proklamation der Autonomie von Kunst zunehmend aus allen lebensweltlichen Kontexten – wenn auch nie aus ökonomischen Zwängen. Die Künstler werden für ihre Werke ebenso bezahlt wie die Hersteller von Porzellan oder Dampfmaschinen. Während bis zum Ende des

18. Jahrhunderts es überwiegend die Auftraggeber waren, die den Wert der Ware Kunstwerk bestimmten, fiel diese Aufgabe seit dem 19. Jahrhundert dem Markt zu.

Die allgemeine öffentliche Anerkennung einer solchen Trennung von Kunst und Wirklichkeit schützte die Künstler vor Verfolgung wegen mißliebiger Werke und entzog zugleich die Werke dem Eingriff durch die Zensur. Denn Autonomie meinte nicht nur, daß das Werk, herausgelöst aus allen lebensweltlichen Verwendungszusammenhängen und zum kostbaren Gefäß für die Wahrheit, zu einer Art Gral (v)erklärt, nun selbst zum Gegenstand einer fast kultischen Verehrung avancierte und die Kunst zunehmend den Status einer Ersatzreligion erhielt, der in ihren Tempeln gehuldigt wurde. Autonomie meinte auch und vor allem, daß die Wahrheit der Werke niemals in dem aufgeht, was sie sagen oder zeigen, sondern dahinter liegt, sozusagen sich in der Tiefe des Werkes verbirgt. Kunstwerke meinen niemals das, was sie zeigen oder sagen. Sie dürfen nicht als politische oder moralische Statements mißverstanden werden, nicht als Blasphemie oder Pornographie, auch wenn es auf den ersten Blick den Anschein haben mag, daß sie zu Umsturz und Revolution aufrufen, Mord, Ehebruch, Diebstahl verherrlichen, Gott lästern und nackte Menschen zeigen. Denn sie bedeuten etwas ganz anderes. Sie sind von der Wirklichkeit, in der zu Umsturz und Revolution aufgerufen werden mag, Verbrechen, Blasphemie und Pornographie an der Tagesordnung sind, durch eine tiefe Kluft getrennt. Die Autonomie von Kunst setzt eine grundlegende Differenz zwischen Kunst und Wirklichkeit voraus, die sie zugleich postuliert und behauptet.

Dieser Behauptung wird von Aufführungen von Performance-Kunst und Theater seit den sechziger Jahren dezidiert und vehement widersprochen. Für sie gilt nicht – oder nur zum Teil –, daß sie nicht meinen, was sie zeigen und sagen. Denn in ihnen werden permanent Handlungen vollzogen, die selbstbezüglich sind und Wirklichkeit konstituieren. Als Marina Abramović das Weinglas in ihrer Hand zerbrach und die Hand zu bluten anfing, da bedeutete dies, daß sie das Weinglas in ihrer Hand zerbrach und die Hand zu bluten anfing. Diese Handlung konstituierte die Wirklichkeit eines zerbrochenen Glases und einer blutenden Hand. Zwischen Kunst und Wirklichkeit ließ sich in der Aufführung in dieser Hinsicht keine entscheidende Differenz feststellen. Alles, was in ihr getan und gezeigt wurde, bedeutete das, was getan und gezeigt wurde, und konstituierte damit die entsprechende Wirklichkeit.

Daß sie selbstbezüglich sind und Wirklichkeit konstituieren, gilt für alle Aufführungen. Wenn ein Schauspieler, der Hamlet spielt, quer über die Bühne geht, so bedeutet dies zunächst einmal den Gang des Schauspielers über die Bühne und konstituiert die Wirklichkeit dieses Ganges. Der Schauspieler tut nicht nur so, als ob er ginge. Er geht tatsächlich und verändert damit die Wirklichkeit. Dieser Sachverhalt stellt überhaupt erst die Voraussetzung dafür dar, daß der Gang gegebenenfalls auch als etwas anderes gedeutet werden kann – zum Beispiel als Gang Hamlets zu Gertrudes Zimmer. Wie Max Herrmann zu Recht bemerkt, haben wir es in Theateraufführungen immer mit »wirklichen Menschen« in »wirklichen Räumen« zu tun. Wenn sie sich in und durch den Raum bewegen, so verändern sie tatsächlich die Position ihres Körpers im Raum ebenso wie den performativen Raum. Die performative Hervorbringung der Materialität von Aufführungen hat zur Folge, daß alles, was in ihnen erscheint, sich wirklich ereignet, auch wenn ihm zusätzliche Bedeutungen zugesprochen werden können.

Die Entgegensetzung von Kunst und Wirklichkeit hat nun eine ganze Reihe weiterer dichotomischer Begriffspaare generiert wie ästhetisch vs. sozial, ästhetisch vs. politisch und ästhetisch vs. ethisch. Wie sich gezeigt hat, werden in Aufführungen seit den sechziger Jahren alle diese Gegensätze geradezu demonstrativ zum Einsturz gebracht. Vor allem Rollenwechsel und Gemeinschaftsbildung legen offen, daß es sich bei Aufführungen immer auch um eine soziale Situation handelt, um eine Form von Geselligkeit. Was sich in einer Aufführung zwischen Akteuren und Zuschauern oder auch zwischen den Zuschauern ereignet, vollzieht sich immer als ein spezifischer sozialer Prozeß, konstituiert eine spezifische soziale Wirklichkeit. Und derartige Prozesse mutieren zu politischen, wenn bei der Aushandlung von Beziehungen, bei der Festlegung von Positionen Macht ins Spiel kommt. Wo immer einzelne oder eine Gruppe anderen bestimmte Positionen, Verhaltensweisen, Handlungen und letztlich auch Überzeugungen aufzuzwingen suchen, haben wir es mit politischen Prozessen zu tun. Wann immer James Griffith in *Commune* Zuschauer dazu aufforderte, in den Kreis zu treten, um die Dorfbewohner von My

Lai darzustellen, war dies ein politischer Akt. Wann immer Schlingensief in *Chance 2000* Zuschauern für ein bestimmtes Verhalten mit dem Ausschluß aus der Aufführung drohte, war dies ein politischer Akt. Wenn die ›non-believers‹ in *Two Amerindians* sich über die ›believers‹ lustig machten und versuchten, sie zur Einsicht in die Unhaltbarkeit ihrer Vorstellungen zu bringen, so war dies ein politischer Akt. Dies zeigte sich vor allem immer dann mit besonderer Deutlichkeit, wenn etwas »aus dem Ruder zu laufen« schien, etwas scheiterte, weil andere das vorgegebene Spiel nicht mitspielten: zum Beispiel wenn sie sich weigerten, in den Kreis zu treten, oder sich mit dem von Schlingensief bedrohten Zuschauer solidarisierten oder sich gegen die ›non-believers‹ zur Wehr setzten. Die Entgegensetzung von Ästhetischem und Politischem ließ sich in diesen wie in anderen Fällen nicht aufrechterhalten. Das von den Künstlern gewählte Arrangement, die Situation, die sie geschaffen hatten und der sie sich selbst und andere aussetzten, war hier immer zugleich eine ästhetische und eine politische. Das Ästhetische vom Politischen zu trennen oder gar beide einander entgegenzusetzen, erschien ganz unmöglich.

Auch wenn Schiller in seiner berühmten Rede vor der Kurfürstlichen deutschen Gesellschaft zu Mannheim das Theater als eine moralische Anstalt bestimmte, weil die Schaubühne »mehr als jede andere öffentliche Anstalt [...] eine Schule der praktischen Weisheit, ein Wegweiser durch das bürgerliche Leben, ein unfehlbarer Schlüssel zu den geheimsten Zugängen der menschlichen Seele sei«,[7] auch wenn Brecht dem Publikum nahelegte, für die auf der Bühne vorgeführten Probleme selbst eine Lösung zu finden – »Verehrtes Publikum, los, such dir selbst den Schluß!/Es muß ein guter da sein, muß, muß, muß!«[8] –, so betrachteten beide doch das Theater selbst als einen handlungsentlasteten Raum. Nicht in die Aufführung sollte der Zuschauer eingreifen, sondern in die sozialen und politischen Verhältnisse außerhalb des Theaters. Die Aufführung sollte ihn mit Bildern versorgen, die ihn aufrüttelten, ihn zur Reflexion auf die politischen und sozialen Zustände bewegten und anleiteten, aus der heraus er dann in der sozialen und

7 Friedrich Schiller, »Was kann eine gute stehende Schaubühne eigentlich wirken?« (1784), in: *Schillers Werke*, Nationalausgabe, Bd. 20, Weimar 1962, S. 87-100, S. 95.

8 Bertolt Brecht, *Der gute Mensch von Sezuan*, in: ders., *Gesammelte Werke*, Frankfurt a. M. 1967, Bd. 2, S. 1607.

politischen Wirklichkeit handeln sollte. Das Ästhetische war auch hier als Gegensatz zum Ethischen konzipiert. Auch diese Entgegensetzung läßt sich angesichts vieler Aufführungen von Theater und Performance-Kunst seit den sechziger Jahren nicht aufrechterhalten. Immer wieder wird hier der Zuschauer in eine Situation hineinmanövriert, in der er Entscheidungen treffen, in der er handeln muß. Er trägt ebenfalls Verantwortung für die Situation, die entstanden ist, und nicht nur der Künstler.

Es hat den Anschein, als hätten sich in den letzten Jahren die Verhältnisse umgekehrt. Während im »wirklichen Leben« die Menschen sich immer häufiger als Zuschauer verhalten, wenn sie Zeugen von Gewalttaten werden, und sich offensichtlich nicht zum Eingreifen, zum Handeln genötigt sehen – und sei es, daß sich ihr Handeln darauf beschränken würde, die Polizei über das Handy herbeizurufen –, arbeiten die Künstler daran, in Aufführungen Menschen Situationen auszusetzen, in denen diese es nicht mehr fertigbringen, sich ausschließlich als Zuschauer zu betrachten und zu verhalten, in denen sie sich zum Eingreifen, zum Handeln aufgerufen fühlen. Indem die Künstler sich selbst das Äußerste zumuten, indem sie bereit sind, die Grenze selbst zu einer tödlichen Gefahr zu überschreiten, nehmen sie die Zuschauer in Verantwortung, lassen sie spüren, daß auch sie Verantwortung tragen, daß sie sich entscheiden und handeln müssen.

In solchen Aufführungen ist das Ästhetische nicht ohne das Ethische zu denken. Das Ethische stellt hier vielmehr eine konstitutive Dimension des Ästhetischen dar. Deshalb eben bedeuten diese Aufführungen eine derartige Herausforderung. Sie verlangen, das Verhältnis von Ästhetischem und Ethischem von Grund auf zu überdenken und es radikal neu zu konzeptualisieren.

Läßt sich daraus, daß die untersuchten Aufführungen den Gegensatz zwischen Kunst und Wirklichkeit in seinen verschiedenen Manifestationen und Formulierungen kollabieren lassen, nun der Schluß ziehen, daß diese Aufführungen eine Unterscheidung zwischen Kunst und Wirklichkeit nicht mehr zulassen, daß sie Kunst und Wirklichkeit gleichsetzen und damit letztlich die Autonomie der Kunst in Frage stellen, wenn nicht gar grundsätzlich negieren? Ehe man eine solche Schlußfolgerung zieht, sollte man freilich bedenken, daß die Künstler in diesen Aufführungen intentional mit künstlerischen Mitteln – und zum Teil mit aufwendigen Vorbereitungen, einem monatelangen Probenprozeß – eine

Situation herzustellen suchen, die Situationen des alltäglichen Lebens ähnelt, aber eine Laborsituation ist. Und sowenig wir eine Laborsituation mit der des täglichen Lebens gleichsetzen würden – auch wenn wir aus ihr Erkenntnisse über das menschliche Verhalten gewinnen –, sowenig würden wir eine künstlerische Aufführung mit einer Alltagssituation gleichsetzen. Gleichwohl stellt sie keinen Gegensatz zu dieser dar, auch wenn sie in mancher Hinsicht anders ist.

Angesichts dieser Analyse muß das Konzept der Autonomie von Kunst in der Tat überdacht werden. Die hier untersuchten Aufführungen lassen sich jedenfalls mit Hilfe derartiger dichotomischer Begriffspaare, die auf eine diametrale Entgegensetzung des Ästhetischen und des Nicht-Ästhetischen verweisen, nicht angemessen beschreiben. Sie postulieren vielmehr, daß das Ästhetische zugleich ein Soziales, ein Politisches, ein Ethisches ist. Was die dichotomische Begriffsbildung als streng voneinander geschieden behauptet, findet sich hier wie selbstverständlich zusammen, ja, ist ohne einander nicht zu denken: Das eine ist immer schon das andere, das ihm angeblich Entgegengesetzte, Widersprechende. Dies eben ist es, was u.a. die Eigenart der ästhetischen Erfahrung in diesen Aufführungen ausmacht. Es ist in den Aufführungen das Ästhetische, das sich seine jeweiligen »Gegensätze«, das andere – das Soziale, Politische, Ethische – auf ganz wunderbare, um nicht zu sagen magische Weise anzuverwandeln weiß. Das Ästhetische verschmilzt mit dem Nicht-Ästhetischen, die Grenze zwischen beiden wird überschritten. Die Autonomie der Kunst wird so Gegenstand der Selbstreflexion von Aufführungen, auch und gerade wenn diese den Gegensatz zwischen Kunst und Wirklichkeit, zwischen dem Ästhetischen und dem Nicht-Ästhetischen immer wieder kollabieren lassen. Denn es ist gerade das Einstürzen dieser Gegensätze, ihr Verschmelzen, das sich als eine von den Aufführungen vollzogene Reflexion auf die Autonomie der Kunst verstehen läßt, welche zugleich diese Autonomie radikal in Frage stellt.

Indem die Aufführungen das dichotomische Begriffspaar Kunst vs. Wirklichkeit, Ästhetisches vs. Nicht-Ästhetisches zusammenbrechen lassen, indem sein Kollaps sich ereignet, reflektieren sie zugleich auf die Bedingung ihrer Möglichkeit als Kunst-Ereignisse. Nun begnügen sie sich allerdings nicht damit, die auf sie selbst als Kunst-Ereignisse bezogenen Begriffspaare kollabieren zu lassen. Sie setzen auch ganz andere dichotomische Begriffspaare in Bewegung, die seit der Antike zentral für die abendländische Kultur sind wie Subjekt/Objekt, Körper/Geist, Zeichen/Bedeutung. Was ereignet sich, wenn diese einstürzen, zumindest zu oszillieren beginnen?

Auch hier zeigt sich, daß nicht ein Entweder-oder gilt, sondern ein Sowohl-als-auch. In der autopoietischen *feedback*-Schleife ist jeder Teilnehmer immer zugleich Subjekt *und* Objekt: Er gibt ihrem Verlauf eine neue Wendung, bestimmt damit über ihn und das, was dem anderen erscheint, zugleich aber muß er sich von ihrem Verlauf, von den Wendungen, die andere ihr geben, bestimmen lassen. Dieses wurde besonders augenfällig beim Rollenwechsel, bei allen Arten von Zuschauerpartizipation, und gilt auch im Hinblick auf die Wahrnehmung des Teilnehmers. Das, was erscheint, wird zum Gegenstand seiner Wahrnehmung. Der Zuschauer ist in dieser Hinsicht Subjekt der Wahrnehmung, das Wahrgenommene Objekt. Nun vermag aber das Wahrgenommene den Wahrnehmenden auf unterschiedliche Weise zu affizieren. Es reißt die Körpergrenzen des Wahrnehmenden auf, dringt als Geruch, Laut, Licht in seinen Körper ein. Der Zuschauer atmet den Geruch ein, ob er will oder nicht; die Stimme des anderen, des Schauspielers oder Sängers, resoniert in seinem Brustkorb. Zwischen dem Wahrnehmenden und dem Wahrgenommenen geht ein beständiger Austausch vor, das heißt, eine Differenz zwischen Subjekt und Objekt erscheint hier keineswegs als ein so fundamentaler Gegensatz, als den Philosophie und Geistesgeschichte sie ausweisen. Vielmehr oszilliert die autopoietische *feedback*-Schleife ebenso wie die Wahrnehmung zwischen Subjekt und Objektposition, gleitet permanent zwischen beiden hin und her. »Subjekt« und »Objekt« bilden hier nicht länger einen Gegensatz, sondern markieren lediglich verschiedene Zustände bzw. Positionen des Wahrnehmenden und des Wahrgenommenen, die nacheinander und zum Teil auch gleichzeitig eingenommen werden können. Dies mag auch in einer alltäglichen Wahrnehmung der Fall sein. Wir werden uns dessen allerdings erst durch die Aufmerksamkeit, mit der wir Aufführungen wahrnehmen, bewußt. Hier erfahren wir uns im Akt der Wahrnehmung als aktiv Wahrnehmende und zugleich vom Wahrgenommenen Affizierte, als Subjekt und Objekt zugleich.

Noch radikaler gehen die Aufführungen mit dem Gegensatz

von Körper und Geist um. Sie versetzen das entsprechende dichotomische Begriffspaar nicht lediglich in Bewegung, sondern heben es vielmehr kompromißlos auf. Aufführungen entstehen durch Verkörperungsprozesse, die sowohl den Körper des Agierenden als auch Bedeutungen hervorzubringen vermögen. Ich habe Verkörperung im Gegensatz zum Wortgebrauch seit dem ausgehenden 18. Jahrhundert daher gerade nicht als Ausdruck von etwas Vorgängigem, Gegebenem bestimmt, wie es die Zwei-Welten-Theorie suggeriert, sondern als einen Erzeugungsprozeß. Geist läßt sich nach diesem Konzept nicht als oder auch nur im Gegensatz zum Körper denken. Er findet vielmehr im Körper seinen existentiellen Grund, wird von ihm hervorgebracht und tritt als ein *embodied mind* in Erscheinung, was sich vor allem im Phänomen der Präsenz zeigt. Das Phänomen der Präsenz weist das dichotomische Begriffspaar von Körper und Geist als ein völlig unangemessenes Instrument zur Beschreibung des Menschen zurück.

Für Schiller war der gewöhnliche Mensch tatsächlich durch den Gegensatz von Körper und Geist, sinnlicher Natur und Vernunft beschreibbar. Ihm setzte er den idealen Menschen entgegen, in dem diese beiden ewig einander widerstreitenden Kräfte versöhnt seien, sich die Balance halten würden. Dies sei in der historischen Welt allein in der Kunst möglich. Denn in ihr vereinigten sich Strofftrieb und Formtrieb zum Spieltrieb. Die so oft zitierten Sätze aus den *Briefen über die ästhetische Erziehung des Menschen* (1795): »[D]er Mensch soll mit der Schönheit nur spielen, und er soll nur mit der Schönheit spielen. Denn [...] der Mensch spielt nur, wo er in voller Bedeutung des Worts Mensch ist, und er ist nur da ganz Mensch, wo er spielt«,[9] weisen mit Nachdruck darauf hin, daß der Gegensatz allein in der Kunst aufgehoben werden kann. Der Kunst kommt ihre herausragende Bedeutung gerade deshalb zu, weil nur sie in der Lage ist, den Menschen wenigstens vorübergehend in einen Zustand zu versetzen, in dem der »Begriff« des Menschen sich erfüllt – in einen ästhetischen Zustand. Denn nur in ihm sind Körper und Geist, sinnliche Natur des Menschen und seine Vernunft, Stofftrieb und Formtrieb miteinander versöhnt.

9 Friedrich Schiller, »Briefe über die ästhetische Erziehung des Menschen«, in: *Schillers Werke*, Nationalausgabe, Bd. 20, Weimar 1962, S. 309-412, S. 359.

Dieser knappe Exkurs hat verdeutlicht, daß das Konzept des Menschen als *embodied mind* nicht mit der von Schiller anvisierten Versöhnung der Gegensätze gleichzusetzen ist – noch auch mit dem Hegelschen Begriff ihrer Aufhebung. Denn es besagt vielmehr, daß mit dem menschlichen Leib als lebendem Organismus Geist immer schon gegeben ist. Und dies stellt nicht ein fernes Ideal dar, sondern beschreibt den gewöhnlichen Menschen. In den Aufführungen tritt entsprechend der gewöhnliche Mensch in Erscheinung, wenn auch im Phänomen der Präsenz transfiguriert. Es ist die Präsenz, welche dies »Gewöhnliche« bemerken läßt und so ins Bewußtsein hebt.

Dies Konzept vom Menschen relativiert auch einen anderen Gegensatz, den zwischen Mensch und Tier. Wenn Beuys mit dem Kojoten in einen Energiedialog eintritt und Abramović mit den Schlangen über ihre Energiebahnen kommuniziert, also beide sowohl den Menschen als auch das Tier als Energieerzeuger voraussetzen, dann wandelt sich der prinzipielle Gegensatz bestenfalls in eine graduelle Differenz. Es gibt wohl Unterschiede, aber nicht einen prinzipiellen Gegensatz. Auch darauf weisen die Aufführungen mit allem Nachdruck hin.

Es gibt noch viele andere dichotomische Begriffspaare, die in Aufführungen kollabieren, wie sich im Verlauf der Untersuchung gezeigt hat. Von ihnen will ich hier lediglich noch das Paar Signifikant vs. Signifikat berücksichtigen. Mit ihm nämlich gehen die Aufführungen auf zwei ganz verschiedene Arten um: Zum einen leugnen sie im Phänomen der Selbstbezüglichkeit, das in ihnen prominent figuriert, nicht nur den Gegensatz, sondern jegliche Differenz zwischen Signifikant und Signifikat. Das Wahrgenommene bedeutet eben das, als was es im Akt der Wahrnehmung in Erscheinung tritt. Zum anderen wird der Gegensatz scheinbar noch verstärkt, wenn, wie im Falle der Assoziationen, einem Signifikanten sich eine Vielzahl von Signifikaten zugesellen, jeder Signifikant also jedes beliebige Objekt und jeden beliebigen anderen Signifikanten bedeuten kann. Dabei darf allerdings nicht übersehen werden, daß diese »Verstärkung« des Gegensatzes gerade in seiner Negation ihren Grund findet. Denn auch hier gilt nicht »entweder oder«, sondern »sowohl als auch«. Gerade weil das wahrgenommene Phänomen das bedeutet, als was es im Akt der Wahrnehmung in Erscheinung tritt, vermag es auch jedes beliebige andere zu bedeuten. Damit wird sowohl der Gegensatz zwischen Signifikant und Signifikat geleugnet als auch jegliche Möglichkeit einer stabilen Eins-zu-eins-Zuordnung eines Signifikats zu einem Signifikanten.

Aufführungen, die dergestalt dichotomische Begriffspaare mißglücken, Gegensätze in sich zusammenfallen lassen, konstituieren eine Wirklichkeit, in der das eine zugleich als das andere erscheinen kann, eine Wirklichkeit der Instabilität, der Unschärfen, Vieldeutigkeiten, Übergänge, Entgrenzungen. Der Wirklichkeit der Aufführung läßt sich mit dichotomischer Begriffsbildung nicht beikommen. Insofern die Aufführungen auf alltägliche Erfahrungen abheben, auf das Gewöhnliche, auf das sie die Aufmerksamkeit lenken und das sie so zu transfigurieren vermögen, erhebt sich die Frage, ob sie, wenn sie dichotomische Begriffsbildungen zu ihrer Beschreibung als inadäquat zurückweisen, nicht auch Zweifel wecken, wieweit derartige dichotomische Begriffspaare geeignete heuristische Instrumente zur Beschreibung der außerästhetischen Wirklichkeit darstellen.[10] Indem Aufführungen das Schema dichotomischer Begriffsbildungen destabilisieren, mit denen wir gewöhnt sind, Wirklichkeit zu erfassen und zu beschreiben, nähren sie den Verdacht, daß solche Begriffspaare dazu dienen, eine Wirklichkeit zu konstruieren, die unserer Alltagserfahrung widerspricht. Denn sie postulieren und behaupten ein Entweder-oder, wo ein Sowohl-als-auch den Verhältnissen sehr viel gerechter würde. Daher erscheinen sie weder als heuristische Instrumente zur Erkenntnis und Beschreibung der Wirklichkeit noch als Regulative für unser Verhalten und Handeln geeignet. Wenn Aufführungen sich dem Leben auch in dem Sinne annähern, daß sie unvorhersagbar und unwägbar wie dieses werden, dann besteht eine gewisse Wahrscheinlichkeit, daß Parameter, die sich auf sie nicht anwenden lassen, auch für die Erkenntnis und Beschreibung des Lebens keine Gültigkeit beanspruchen können.

10 Die Unterscheidung zwischen ästhetischer und außerästhetischer Wirklichkeit gehört auch zu den Dichotomien, die eine Ästhetik des Performativen kollabieren läßt. Aufführungen gehören beiden Wirklichkeiten an.

3. Liminalität und Transformation

Wenn Gegensätze zusammenfallen, das eine auch zugleich das andere sein kann, dann richtet sich die Aufmerksamkeit auf den Übergang von einem Zustand zum anderen. Es öffnet sich der Raum zwischen den Gegensätzen, ihr Zwischen-Raum. Das Zwischen avanciert dergestalt zu einer bevorzugten Kategorie. Immer wieder hat sich gezeigt, daß die ästhetische Erfahrung, die Aufführungen ermöglichen, sich zuallererst als eine Schwellenerfahrung beschreiben läßt, die für den, der sie durchläuft, eine Transformation herbeizuführen vermag. Für eine Ästhetik des Performativen ist diese Art der ästhetischen Erfahrung offensichtlich von großer Bedeutung. Denn sie ist unmittelbar auf die Ereignishaftigkeit der Aufführung bezogen.

Der Begriff der Liminalität, der hier zentral wird, stammt nun weder aus der Kunsttheorie noch aus der philosophischen Ästhetik, sondern aus der Ritualforschung. Er wurde von Victor Turner – mit dem Schechner eng zusammenarbeitete – unter Rekurs auf die Arbeiten Arnold van Genneps geprägt. Dieser hatte in seiner Studie *Les rites de passage* (1909) an einer Fülle ethnologischen Materials dargelegt, daß Rituale mit einer in höchstem Maße symbolisch aufgeladenen Grenz- und Übergangserfahrung verknüpft sind. Übergangsriten gliedern sich in drei Phasen:

1. die Trennungsphase, in der der/die zu Transformierende(n) aus ihrem Alltagsleben herausgelöst und ihrem sozialen Milieu entfremdet werden;
2. die Schwellen- oder Transformationsphase; in ihr wird/werden der/die zu Transformierende(n) in einen Zustand »zwischen« allen möglichen Bereichen versetzt, der ihnen völlig neue, zum Teil verstörende Erfahrungen ermöglicht;
3. die Inkorporationsphase, in der die nun Transformierten wieder in die Gesellschaft aufgenommen und in ihrem neuen Status, ihrer veränderten Identität akzeptiert werden.

Diese Struktur läßt sich nach van Gennep in den verschiedensten Kulturen beobachten. Sie wird erst in ihren Inhalten kulturspezifisch ausdifferenziert. Victor Turner hat den Zustand, der in der Schwellenphase hergestellt wird, als Zustand der Liminalität (von lat. *limen* – die Schwelle) bezeichnet und genauer als Zustand einer labilen Zwischenexistenz »betwixt and between the positions assigned and arrayed by law, custom, convention and ceremonial«[11] bestimmt. Er führt aus, daß und wie die Schwellenphase kulturelle Spielräume für Experimente und Innovationen eröffnet, insofern »[i]n liminality, new ways of acting, new combinations of symbols, are tried out, to be discarded or accepted.«[12] Die Veränderungen, zu denen die Schwellenphase führt, betreffen nach Turner in der Regel den gesellschaftlichen Status derer, die sich dem Ritual unterziehen, sowie die gesamte Gesellschaft. Auf die Individuen bezogen bedeutet dies, daß Knaben in Krieger transformiert werden, eine unverheiratete Frau und ein unverheirateter Mann in ein Ehepaar, ein Kranker in einen Gesunden u. a. mehr. Die gesamte Gesellschaft betreffend bestimmt Turner Rituale als Mittel zur Erneuerung und Etablierung von Gruppen als Gemeinschaften. Dabei sieht er vor allem zwei Mechanismen am Werk: Erstens die in den Ritualen erzeugten Momente von *communitas*, die er als gesteigertes Gemeinschaftsgefühl beschreibt, das die Grenzen aufhebt, welche die einzelnen Individuen voneinander trennen; und zweitens eine spezifische Verwendung von Symbolen, die sie als verdichtete und mehrdeutige Bedeutungsträger erscheinen läßt und es Akteuren wie Zuschauern ermöglicht, verschiedene Interpretationsrahmen zu setzen.

In Weiterführung und zugleich Kritik dieses Ansatzes betonen Rao und Köpping einerseits die Mehrdeutigkeit von Ritualen, andererseits ihre spezifische Performativität, ihren Aufführungscharakter. Sie bestimmen ihre Ereignishaftigkeit als »transformativ[e] Akt[e]«, denen »die Macht zugeschrieben« werde, »jeden Kontext von Handlung und Bedeutung und auch jeden Rahmen und alle sie konstituierenden Elemente und Personen in jeder möglichen Hinsicht zu *transformieren* und dadurch Personen und Symbolen einen neuen Zustandsstatus aufzuprägen.«[13] Entsprechend gehen sie davon aus, daß die Schwellenphase nicht nur zu einer Veränderung des gesellschaftlichen Status der beteiligten Personen führen kann, sondern zu ihrer Transformation »in jeder

11 Victor Turner, *The Ritual Process. Structure and Anti-Structure*, S. 95.

12 Ders., »Variations on a Theme of Liminality«, in: Sally F. Moore & Barbara C. Myerhoff (Hrsg.), *Secular Rites*, Assen 1977, S. 36-57, S. 40.

13 Ursula Rao, Klaus-Peter Köpping, »Die ›performative Wende‹: Leben – Ritual – Theater«, in: Klaus-Peter Köpping und Ursula Rao (Hrsg.), *Im Rausch des Rituals. Gestaltung und Transformation der Wirklichkeit in körperlicher Performanz*, Münster/Hamburg/London 2000, S. 1-31, S. 10.

möglichen Hinsicht«, die ihre Wirklichkeitswahrnehmung betrifft.

Wenn ich ästhetische Erfahrung, welche Aufführungen von Theater und Performance-Kunst ermöglichen, als Schwellenerfahrung bezeichne, so folgt daraus nicht, daß ich künstlerische Aufführungen mit rituellen gleichsetze. Es ist allerdings schwierig, Kriterien für eine klare Abgrenzung zwischen ihnen zu finden. Es liegt auch eher nahe, davon auszugehen, daß die künstlerischen Aufführungen, wie sich bei Abramović, Beuys, Nitsch, Schechner, Schleef u. a. gezeigt hat, derartige Abgrenzungen selbst immer wieder in Frage stellen und unterlaufen. Sowohl künstlerische als auch rituelle Aufführungen gehen aus sorgfältigen Inszenierungen hervor, beide können mit Skriptvorlagen und Proben arbeiten ebenso wie mit Improvisationen, beide vermögen Wirklichkeit zu konstituieren und ihr Publikum auch zu unterhalten; beide sehen für Akteure wie Zuschauer die Möglichkeit vor, ihre Rollen zu verändern. Darüber hinaus greift auch die allgemeine Rahmensetzung kaum mehr, die sagt: »Dies ist eine Theateraufführung« bzw. »dies ist ein Ritual«, da sie, wie wir gesehen haben, von einzelnen Teilnehmern – Akteuren wie Zuschauern – unterlaufen werden kann. Einen Unterschied gibt es allerdings. Während im Ritual die Schwellenerfahrung, die ein Teilnehmer durchläuft, zur Transformation seines gesellschaftlichen Status, seiner öffentlich anerkannten Identität führen kann, ist dies bei der ästhetischen Erfahrung in künstlerischen Aufführungen höchst zweifelhaft.

Ich habe im Laufe meiner Untersuchung an den einzelnen Beispielen immer wieder gezeigt, wann und wie ein Zustand von Liminalität entsteht und damit die Möglichkeit einer Transformation für denjenigen, der in ihn versetzt wird. Rückblickend lassen sich vor allem zwei Faktoren namhaft machen, die immer wieder liminale Erfahrungen bewirken: Autopoiesis und Emergenz sowie der Zusammenbruch von Gegensätzen. Bei den von ihnen ermöglichten Erfahrungen handelt es sich also immer auch um Schwellenerfahrungen.

Es scheint vor allem das Kollabieren des Gegensatzes von Kunst und Wirklichkeit sowie aller weiterer von ihm generierten Oppositionen zu sein, welches die Beteiligten in einen Schwellenzustand versetzt. Dies zeigte sich mit besonderer Deutlichkeit an den Selbstverletzungsperformances. Sie setzten bisher fraglos gültige Regeln und Normen außer Kraft und schufen so für alle Beteiligten – auch für die sich selbst verletzenden Künstler – den Zustand eines radikalen »betwixt and between«. Ein rein »ästhetisches« Verhalten wäre in dieser Situation auf Voyeurismus, Sadismus u. ä. hinausgelaufen, ein ethisches hätte das Risiko beinhaltet, die Intention des/der Künstlers/-in zu konterkarieren. Diese Performances stürzten den Zuschauer in eine Krise, zu deren Bewältigung er nicht auf allgemein anerkannte Verhaltensmuster zurückgreifen konnte. Die bisher gültigen Standards waren nicht mehr akzeptabel, neue noch nicht formuliert. Der Zuschauer war in eine liminale Situation geraten, befand sich in einer Schwellenphase. Diese Krise ließ sich nur bewältigen, wenn neue Verhaltensstandards gesucht und erprobt wurden – trotz der drohenden Gefahr eines möglichen Scheiterns.

Eine solche Situation entstand immer wieder auch in Aufführungen von Schechners, Castorfs oder Schlingensiefs Inszenierungen oder auch in der Performance von Coco Fuso und Guillermo Gomez-Peña, d. h. in Aufführungen, die permanent die Gegensätze ästhetisch vs. sozial, ästhetisch vs. politisch zusammenbrechen ließen. Während bei Schechner der Zuschauer sich ständig zwischen seinem Status als Zuschauer und der Teilnahme am »play« hin- und herbewegte, ist er bei Castorf häufig der Verunsicherung darüber ausgesetzt, ob er in diesem Moment als Zuschauer oder Akteur agiert, dem Geschehen als unbeobachteter Beobachter folgt oder selbst zum Objekt der Beobachtung wird; ob er eine dramatische Figur vor sich sieht oder einen Schauspieler, der aus der Rolle fällt und im eigenen Namen spricht, ihn als Frank oder Hendrik Arnst, als Puntila oder Michael Wittenborn beschimpft und bedroht; ob er mit einer »fiktiven« Welt konfrontiert wird oder sich in der »Wirklichkeit« bewegt oder vielleicht gar selbst als fiktive Figur in einer fiktiven Welt. Mit dem Zuschauer wird hier ein Spiel gespielt, das dieser nicht immer zu durchschauen vermag, ein Spiel, das ihn in eine liminale Situation versetzt, mit der er allerdings selbst spielerisch umgehen kann.

Schlingensief spielt ein ähnliches Spiel, wenn auch zum Teil sehr viel weniger spielerisch und teilweise geradezu brutal. Er entzieht dem Zuschauer jede Grundlage, auf der dieser mit einiger Gewißheit zu entscheiden vermöchte, an welcher Art von *cultural performance* er gerade teilnimmt, welchen Rahmen er setzen, an welche Regeln, Normen und Verhaltensstandards er sich halten soll. Er wird in einen Zustand tiefster Verunsicherung gestoßen und muß selbst sehen, wie er ihn überwindet. Schlingensief jedenfalls agiert nicht als wohlmeinender »Schamane«, der ihn sicher durch die Turbulenzen und Verstörungen geleiten und ihm so dabei helfen würde, eine neue Orientierung zu finden, die Welt und sich selbst auf eine neue Weise wahrzunehmen. Dies muß jeder Zuschauer selbst leisten, auch wenn der Versuch zur Bewältigung der Krise in der Aufführung meist darauf hinaus lief, daß eine neue liminale Situation entstand, eine neue Krise sich abzeichnete.

Da dichotomische Begriffspaare nicht nur als Instrumente zur Beschreibung der Welt dienen, sondern auch als Regulative unseres Handelns und Verhaltens, bedeutet ihre Destabilisierung, ihr Zusammenbrechen nicht nur eine Destabilisierung der Welt-, Selbst- und Fremdwahrnehmung, sondern auch eine Erschütterung der Regeln und Normen, die unser Verhalten leiten. Aus den Begriffspaaren lassen sich unterschiedliche Rahmensetzungen deduzieren wie: »Dies ist Theater/Kunst« oder »Dies ist eine soziale oder politische Situation«. Diese Rahmen beinhalten Vorgaben für ein angemessenes Verhalten in einer von ihnen gefaßten Situation. Indem die Aufführungen scheinbar gegensätzliche oder auch nur verschiedene Rahmen miteinander kollidieren lassen, versetzen sie die Zuschauer *zwischen* alle hier aufgerufenen Regeln, Normen, Ordnungen. Diesen Zustand mag mancher für nicht »kunstgemäß« halten. So suchten die ob der Publikumsreaktionen frustrierten Veranstalter der Wiener Festwochen 2000 die Teilnehmer an Schlingensiefs *Bitte liebt Österreich!* aus diesem Zustand zu befreien, indem sie Handzettel verteilten, auf denen zu lesen stand: »Dies ist Kunst!« Eine klare Grenze sollte gezogen werden, um eine »angemessene« Reaktion, ein »ästhetisches«, nicht eingreifendes Verhalten zu ermöglichen. Was aber ist die »angemessene« Reaktion auf diese Art von Ereignis? Handelt es sich doch hier um eine Versuchsanordnung, um mit Zuschauern und Passanten ein Experiment durchführen zu können, das gerade dieser Grenze zwischen ästhetisch und ethisch motiviertem Verhalten gilt. Müßig hinzuzufügen, daß Schlingensief die Handzettel wieder einsammelte.

Der Zustand des »betwixt and between«, das Erleben der Krise wird zuallererst als eine körperliche Transformation erfahren, als Veränderungen des physiologischen, energetischen, affektiven und motorischen Zustands. Umgekehrt kann es das Bewußtwerden körperlicher Veränderungen sein, was einen Schwellenzustand, manchmal sogar in Form einer Krise, herbeizuführen vermag. Dies gilt vor allem für starke Empfindungen und Gefühle, wie sie im/vom Akt der Wahrnehmung einer plötzlich im Raum auftauchenden Erscheinung im wahrnehmenden Subjekt hervorgerufen werden – wie das Gefühl von Mitleid, Angst, Entsetzen, das den Zuschauer beim Anblick der zerbrechlichen, todgeweihten Körper in *Giulio Cesare* überfallen haben mag, oder das konvulsivische Lachen, welches die Höhertransponierung der jeweils nächsten Strophe von »Danke« um einen halben Ton bewirkte. Wie wir gesehen hatten, sind es gerade starke Gefühle, die einen Handlungsimpuls auslösen, der zu einem eingreifenden Handeln führen kann, mit dem ein neuer Status – der des Handelnden – erworben wird und zugleich neue Normen gesetzt und erprobt werden. In einer Ästhetik des Performativen ist Erzeugung von Gefühlen und Herbeiführen eines liminalen Zustandes nicht losgelöst voneinander zu denken.

Ästhetische Erfahrung in einer Aufführung als Schwellenerfahrung ist letztlich auf die Tätigkeit und das Wirken der autopoietischen *feedback*-Schleife zurückzuführen. Die liminale Situation ergibt sich nicht nur aus der Erfahrung der Unverfügbarkeit sowie der Erfahrung permanenter, wechselseitiger Übergänge zwischen Subjekt- und Objektposition. Vielmehr ist auch jede Wendung, die sie nimmt, als ein Übergang und damit als eine Schwellensituation zu begreifen. Jeder Übergang, jeder Weg über eine »Schwelle« schafft einen Zustand der Instabilität, aus dem Unvorhergesehenes entstehen kann, der das Risiko des Scheiterns birgt, aber ebenso die Chance einer geglückten Transformation. Dies gilt in den untersuchten Aufführungen insofern in besonderem Maße, als hier die Übergänge kaum je sanft, fast unmerklich vollzogen wurden, sondern häufig abrupt, so daß sie eine zusätzliche Markierung erhielten. Der Vollzug der autopoietischen *feedback*-Schleife läßt sich in diesem Sinne als eine Abfolge von Übergängen begreifen und beschreiben, die jeweils in sich ein hohes Potential an Liminalität bergen und im Vollzug freisetzen.

Eine ganz besondere Art von Übergängen stellen Anfang und Ende der Aufführung dar, der Beginn und der Abbruch der autopoietischen *feedback*-Schleife. Da die hier berücksichtigten Aufführungen häufig nicht in traditionellen Theatergebäuden stattfanden oder, wenn sie sich dort abspielten, nicht den geltenden Konventionen und Regeln folgten, erscheint auch der Übergang von der Alltagswelt in die Aufführung, die Trennung des Zuschauers von seinem vertrauten Milieu und der Eintritt in die Aufführung, die Transformation des Mitbürgers in einen Zuschauer als nicht unproblematisch. Auch dieser Übergang erfährt eine deutliche Markierung – ebenso wie derjenige am Ende der Aufführung, die Entlassung des Zuschauers aus der Aufführung.

Schechner entwarf für beide Übergänge in Anlehnung an Trennungs- und Wiedereingliederungsrituale, die van Gennep schildert, eine spezielle Einlaßzeremonie (jeder mußte einzeln und allein über einen halbdunklen Gang sich in den Theaterraum hineinbegeben) und ein spezifisches Inkorporationsritual (die gemeinsame Prozession durch die Straßen New Yorks). Sie sollten jeweils einen sicheren Übergang in besonders gefährlichen Phasen garantieren: die Transformation der Besucher in Teilnehmer und ihre Inkorporation als durch die Erfahrungen, die sie in der Aufführung gemacht hatten, Transformierte in die Gesellschaft. Damit wiesen sie zugleich die gesamte Aufführung als eine Schwellen- und Transformationsphase aus.

Bei Ruckerts *Secret Service* wurde die Trennung vom alltäglichen Leben und der Übergang in die Aufführung dadurch vollzogen, daß ein Mitglied der Truppe dem Besucher eine Augenbinde anlegte und ihn an seiner Hand in den Aufführungsraum geleitete, mit ihm zusammen die Schwelle überschritt bzw. im zweiten Teil zusätzlich durch das Ablegen von Kleidern – ein in Ritualen häufig anzutreffendes Verfahren. Das Entkleiden und Wiedereinkleiden symbolisiert so die Trennung vom alltäglichen Milieu und die Wiedereingliederung. Der Übergang aus der Aufführung hinaus wurde umgekehrt vollzogen: Der Teilnehmer wurde aus dem Aufführungsraum hinausgeleitet, die Augenbinde wurde ihm abgenommen, er legte seine Kleider wieder an. Offensichtlich wurde auch hier auf sichere Übergänge größter Wert gelegt. Denn was sich während der Aufführung ereignete, war dazu angetan, dem als Zuschauer gekommenen, jedoch in einen »Blinden« transformierten Teilnehmer höchst ungewöhnliche und in der Tat extrem irritierende Erfahrungen zu ermöglichen. Auch in diesem Fall markierten die deutlich als Grenzüberschreitungen vollzogenen und ausgewiesenen Übergänge die Aufführung selbst als eine Schwellen- und Transformationsphase.

Castorf ging in *Trainspotting* dagegen ganz anders vor. Der Zuschauer wurde im Foyer von einem Mitarbeiter des Hauses begrüßt und angewiesen, vor einer bestimmten Tür zu warten. Nachdem eine Gruppe von Zuschauern eingetroffen war, wurden sie vom Mitarbeiter durch winklige labyrinthische Gänge treppauf und treppab zum Aufführungsraum geleitet, den sie durch eine schmale Tür einzeln betraten, und fanden sich auf der Bühne des Hauses wieder. Nachdem die Augen sich an das schwache Licht gewöhnt hatten und das Sitzgerüst auf der Hinterbühne erkannt war, machten sich die Zuschauer zu ihren Plätzen auf. Lange Zeit konnten die, die bereits saßen und die neu eintreffenden Zuschauer dabei beobachteten, wie sie über die Bühne stolperten, nicht sicher sein, ob der Übergang vollzogen war, das heißt, die Aufführung bereits begonnen hatte, oder ob sie sich noch auf der Schwelle aufhielten. Die Unsicherheit, die der Übergang prinzipiell birgt, wurde dadurch noch zusätzlich vergrößert. Der Übergang wurde so als eine desorientierende Phase, als eine extrem liminale Situation empfunden. Das gleiche gilt für den Übergang aus der Aufführung wieder hinaus. Da die Schauspieler immer wieder auf die Bühne liefen, einzelne Zuschauer, die gehen wollten, aufhielten, sie in ein Gespräch über die Aufführung zu verwickeln suchten und dann wieder ganz formell sich von einzelnen Zuschauerinnen mit Handkuß verabschiedeten, konnte der Zuschauer, als er den Raum verließ, letztlich nicht dessen gewiß sein, daß die Aufführung beendet war – sie ging weiter, bis der letzte Zuschauer den Raum verlassen hatte. Alles, was zwischen dem Moment geschah, da der Zuschauer sich im Foyer einfand, und dem, da er wieder in es zurückkehrte, wurde so als Schwellen- und Transformationsphase empfunden.

Besonders radikal gingen Abramović und Ulay in ihrer Performance *Imponderabilia* vor. Die gesamte Performance bestand darin, daß die Zuschauer einzeln zwischen den beiden nackten Künstlern hindurch die Schwelle zwischen zwei Museumsräumen durchschritten: die Schwelle betreten, sie zu überqueren und sie wieder zu verlassen, das heißt, der Übergang als solcher war die Aufführung. Nachdrücklicher läßt sich wohl kaum darauf hinweisen, daß es sich bei Aufführungen um das Durchlaufen einer Schwellen- und Transformationsphase handelt.

Es ist also die Autopoiesis der *feedback*-Schleife, die, indem sie die Aufführung hervorbringt, damit zugleich Liminalität erzeugt.

Liminalität ist eng auf die Autopoiesis bezogen, geht aus ihrer Ereignishaftigkeit hervor. Die autopoietische *feedback*-Schleife versetzt den Zuschauer in einen Zustand, der ihn seiner alltäglichen Umwelt, den in ihr geltenden Normen und Regeln entfremdet – auch wenn die Erfahrungen, die er in ihrem Verlauf macht, mit gewissen alltäglichen Erfahrungen durchaus übereinstimmen mögen –, ohne ihm Wege zu weisen, wie er zu einer Neuorientierung gelangen könnte. Dieser Zustand kann ebenso als quälend wie als lustvoll empfunden werden.

Die Transformationen, die in ihm durchlaufen werden, sind vor allem vorübergehende, die nur für die Dauer der Aufführung oder auch nur für eine begrenzte Zeit innerhalb der Aufführung anhalten. Zu ihnen sind die Veränderungen physiologischer, affektiver, energetischer und motorischer Körperzustände zu rechnen, aber auch tatsächlich erreichte Statuswechsel, wie der vom Status eines Zuschauers zu dem eines Akteurs oder auch die Bildung einer Gemeinschaft. Ob die Erfahrung der Destabilisierung von Selbst-, Welt- und Fremdwahrnehmung, des Verlusts gültiger Normen und Regeln tatsächlich zu einer Neuorientierung des betreffenden Subjekts, seiner Wirklichkeits- und Selbstwahrnehmung führt und in diesem Sinne zu einer andauernden Transformation, wird sich nur im jeweiligen Einzelfall entscheiden lassen. Es kann ebenso der Fall eintreten, daß der Zuschauer nach Verlassen des Aufführungsraumes seine vorübergehende Destabilisierung als unsinnig und unbegründet abtut und zu seiner vorherigen Werteordnung zurückzukehren sucht – oder aber, daß er auch nach der Aufführung noch lange im Zustand der Desorientierung verbleibt und erst sehr viel später aufgrund von Reflexionen zu einer Neuorientierung gelangt. Dies ändert nichts daran, daß er die Teilnahme an der Aufführung als eine Schwellenerfahrung erlebt hat. Diese unterscheidet sich, wie sich gezeigt hat, von ritueller Schwellenerfahrung vor allem aufgrund zweier Kriterien, die nur für rituelle Erfahrung gelten, nämlich 1) dem der Dauerhaftigkeit (Irreversibilität) und 2) dem der gesellschaftlichen Anerkennung.

Ästhetische Erfahrung kann nicht nur durch außergewöhnliche Ereignisse, sondern auch durch die Wahrnehmung des Gewöhnlichen bewirkt werden. Ich habe verschiedentlich darauf hingewiesen, daß in den Aufführungen Erfahrungen zu machen sind, die in mancher Hinsicht mit den alltäglichen Erfahrungen der Zuschauer übereinstimmten – auch wenn diese Erfahrungen aus dem öffentlichen Diskurs ausgeschlossen sind; daß ganz gewöhnliche Körper, Handlungen, Bewegungen, Dinge, Laute, Gerüche wahrzunehmen sind, die gleichwohl als außergewöhnlich, als im Stande der Verklärung erscheinen, ja daß es gerade die Eigenart vieler Aufführungen ist, das Gewöhnliche auffällig werden zu lassen – wie Cages *silent pieces* die sogenannte Stille hörbar machen. Wenn Gewöhnliches auffällig wird, Gegensätze kollabieren und die Dinge sich in ihr Gegenteil verwandeln, dann erlebt der Zuschauer die Wirklichkeit als »verzaubert«. Und es ist diese Verzauberung, die ihn in einen Zustand der Liminalität versetzt und zu transformieren vermag.

Siebtes Kapitel

Die Wiederverzauberung der Welt

Was sich in Aufführungen ereignet, läßt sich zusammenfassend als eine Wiederverzauberung der Welt und eine Verwandlung der an ihnen Beteiligten beschreiben. Es ist die Ereignishaftigkeit von Aufführungen, die sich in der leiblichen Ko-Präsenz von Akteuren und Zuschauern, in der performativen Hervorbringung von Materialität, in der Emergenz von Bedeutung artikuliert und in Erscheinung tritt, welche derartige Prozesse der Transformation ermöglicht und bewirkt. Es ist die spezifische Eigenart von Aufführungen von Theater und Performance-Kunst seit den sechziger Jahren, diese Bedingungen der Entstehung von Aufführungen sowie die mit ihnen verbundenen Transformationsprozesse immer wieder demonstrativ herausgestellt, mit ihnen gespielt und auf sie reflektiert zu haben. Damit haben sie den Blick für die Einsicht geschärft, daß diese Bedingungen ganz allgemein für Aufführungen gelten, welcher Art und welcher Epoche auch immer. Auf sie ist die hier entwickelte Ästhetik des Performativen bezogen.

Damit wird hinsichtlich ihres Geltungsanspruches sowohl eine Begrenzung als auch eine Entgrenzung vorgenommen. Eine Ästhetik des Performativen will *nicht* generell an die Stelle überlieferter Werk-, Produktions- und Rezeptionsästhetiken treten. Wo immer Kunstprozesse ablaufen oder abgelaufen sind, die sich mit den Begriffen »Werk«, »Produktion« und »Rezeption« angemessen fassen und beschreiben lassen, besteht keine Notwendigkeit, sie durch eine Ästhetik des Performativen zu ersetzen – wenn auch häufig eine vielversprechende Möglichkeit, sie durch sie produktiv zu ergänzen. Eine Ästhetik des Performativen richtet sich vielmehr auf solche Kunstprozesse, denen die Begriffe »Werk«, »Produktion« und »Rezeption« noch nie adäquat waren, die folglich im Rahmen von Werk-, Produktions- und Rezeptionsästhetiken nur höchst unzulänglich und meist verzerrt, wenn überhaupt behandelt wurden, wie dies bei Aufführungen der Fall ist.

Da seit den sechziger Jahren des zwanzigsten Jahrhunderts – zum Teil schon in den historischen Avantgardebewegungen zwischen 1900 und 1930 – auch die »nicht-theatralen« Künste dazu tendieren, den Aufführungsmodus zu privilegieren, erscheint im Hinblick auf Kunstentwicklungen seit der performativen Wende eine Ästhetik des Performativen nicht nur für das Theater, sondern für alle Künste dringend geboten.

Da sie hier im Aufführungsbegriff fundiert ist, ist ihr Geltungsanspruch über künstlerische Aufführungen hinaus auch auf jede andere Art von Aufführungen auszudehnen. Seit den sechziger Jahren, das heißt mit der performativen Wende und andererseits mit der Ausbreitung der neuen Medien, haben sich in unserer Kultur eine Fülle neuartiger Aufführungen herausgebildet, u. a. in den Bereichen Politik, Sport, Spektakel und Festkultur. Diese Aufführungen erheben nicht den Anspruch, Kunst zu sein; gleichwohl werden sie als neue Möglichkeiten der Theatralisierung und Ästhetisierung unserer Lebenswelt, als Wege und Mittel zur Wiederverzauberung der Welt veranstaltet und wahrgenommen.[1] Da eine Ästhetik des Performativen auch auf sie anwendbar sein muß, erscheint sie als ein besonders geeigneter Rahmen, um das sich ständig verändernde Verhältnis von Ästhetischem und Nicht-Ästhetischem, von Kunst und Nicht-Kunst zu diskutieren und in diesem Zusammenhang erneut die Frage nach der Autonomie von Kunst heute aufzugreifen.

Im Laufe unserer Untersuchung, vor allem aber im letzten Kapitel über die Ereignishaftigkeit von Aufführungen, habe ich immer wieder zwei Begriffe verwendet, die offensichtlich mit den Prozessen einer Wiederverzauberung der Welt und einer Verwandlung der an der Aufführung Beteiligten in einem engen Zusammenhang stehen, ohne daß ich es bisher unternommen hätte,

1 Aus dieser Entwicklung läßt sich nicht der Umkehrschluß ziehen, als sei mit dem Prozeß der Entzauberung der Welt in der Aufklärung umgekehrt ein Rückgang, eine Degeneration von Aufführungen verbunden gewesen. Wohl wurden bestimmte Aufführungen – wie öffentliche Hinrichtungen – im 19. Jahrhundert verabschiedet. Es entstanden jedoch durchaus neue Genres von Aufführungen wie Zirkus, Völker- und Kolonialausstellungen, Striptease-Shows. (In gewisser Weise sind auch die Warenhäuser mit hinzuzurechnen.) Ihnen wurde jedoch in offiziellen Verlautbarungen entweder eine didaktisch-belehrende Funktion zugeschrieben oder sie wurden als Kompensation für Verluste, welche der zunehmende Aufklärungsprozeß mit sich brachte, stillschweigend geduldet. Es ist davon auszugehen, daß die Menschen, die an diesen Aufführungen teilnahmen, sie ganz anders erlebten. Im Hinblick auf die Völkerausstellungen vgl. zu diesem Aspekt u. a. Peter Altenberg, *Ashantee* (1898), Berlin 1987.

diese für eine Ästhetik des Performativen zweifellos fundamentalen Begriffe genauer zu klären: die Begriffe der Inszenierung und der ästhetischen Erfahrung. Beide Begriffe stammen aus dem 19. Jahrhundert und haben seit ihrer ersten Prägung eine Reihe von Veränderungen durchlaufen. Bis zu den siebziger Jahren des 20. Jahrhunderts verfügten sie nur über eine beschränkte Reichweite, wenn auch aus ganz unterschiedlichen Gründen. Während der Inszenierungsbegriff bis zum genannten Zeitpunkt lediglich als ein Theaterbegriff Verwendung fand, brachen die für die Entwicklung des Begriffs der ästhetischen Erfahrung maßgeblichen Traditionen mit dem Zweiten Weltkrieg abrupt ab. In den siebziger Jahren knüpften die philosophische Ästhetik (vor allem Rüdiger Bubner) und die neu sich formierende Rezeptionsästhetik an diese Tradition wieder an und entwickelten den Begriff im Hinblick auf das spezifische Verhältnis des rezipierenden Subjektes zum rezipierten Werk weiter. Der Inszenierungsbegriff dagegen wurde – nach einzelnen Vorläufern in den siebziger Jahren – erst in den achtziger Jahren von einem speziellen Theaterbegriff zu einem allgemeinen ästhetischen Begriff ausgeweitet. In dieser Verwendung hat er bis heute unvermindert Hochkonjunktur.

Es erscheint keineswegs als ein Zufall, daß beide Begriffe im Zuge bzw. nach der performativen Wende der ausgehenden sechziger/frühen siebziger Jahre wieder aufgegriffen bzw. redefiniert wurden und seitdem eine weite Verbreitung gefunden haben. Denn die performative Wende hat zu einer Entgrenzung sowohl zwischen den einzelnen Künsten als auch zwischen Kunst und Nicht-Kunst beigetragen, wenn nicht gar geführt. Damit wurde eine Begrifflichkeit notwendig, die zum einen auf die unterschiedlichsten Künste anwendbar ist und zum anderen imstande, das Ästhetische an nicht-künstlerischen Phänomenen und Prozessen zu erfassen. Dazu scheinen sowohl der Begriff der Inszenierung als auch derjenige der ästhetischen Erfahrung in besonderer Weise geeignet. »Inszenierung« findet entsprechend heute nicht nur in bezug auf die verschiedenen Künste, sondern auch auf nicht-künstlerische Aufführungen sowie auf alle Prozesse von Theatralisierung und Ästhetisierung der alltäglichen Lebenswelt Verwendung. »Ästhetische Erfahrung« meint nicht nur Erfahrungen, wie sie die verschiedenen Künste bewirken mögen, sondern schließt auch spezifische Erfahrungen ein, wie sie alle jene Phänomene und Prozesse ermöglichen, denen eine ästhetische Funktion zugesprochen werden kann, seien dies nun Phänomene und Prozesse aus den Bereichen Mode, Design, Kosmetik, Werbung, Sport, Stadt- und Gartengestaltung oder aus der Natur.

Während der Begriff des Werkes nach seiner Ergänzung durch die Begriffe von Produktion und Rezeption verlangt, wird der Begriff des Ereignisses in ästhetischen Prozessen durch die Begriffe von Inszenierung und ästhetischer Erfahrung komplettiert. Die Trias dieser Begriffe bildet das konzeptuelle Grundgerüst einer Ästhetik des Performativen. Ehe ich abschließend Reichweite und Leistung einer solchen Ästhetik diskutiere, seien daher zunächst die in der Untersuchung bereits häufig verwendeten, jedoch noch nicht ausdrücklich explizierten Begriffe »Inszenierung« und »ästhetische Erfahrung« erläutert.

1. »Inszenierung«

Auch wenn der Begriff der Inszenierung erst im 19. Jahrhundert geprägt wurde, ist der Vorgang, den er meint, uralt, das heißt überall da gegeben, wo eine Aufführung stattfinden soll. Denn Aufführungen, an denen mehrere Personen beteiligt sind, bedürfen der Vorbereitung, zum Teil sogar einer sorgfältigen und aufwendigen Einstudierung. In Athen fanden die Tragödienaufführungen im Rahmen und als Teil des größten und repräsentativsten Festes der Polis statt, an den Großen Dionysien. Ihre Vorbereitungen zogen sich glaubwürdigen Quellen zufolge über mehrere Monate hin. Die Verantwortung für die Aufführungen lag in der Regel in der Hand einer einzigen Person, welche den Text verfaßte und mit den Choreuten und Schauspielern ihren Part einstudierte. (Für die Finanzierung der Vorbereitungen war allerdings nicht sie, sondern ein reicher Athener Bürger zuständig.) Als besonders zeit- und energieaufwendig gestaltete sich die Arbeit mit den Bürgern, die als Choreuten agieren – singen und tanzen – sollten. Die jeweils Verantwortlichen, von denen uns vor allem Aischylos, Sophokles und Euripides bekannt sind, verwandten größte Sorgfalt und Mühe auf die Vorbereitungen – auf den Prozeß der Inszenierung. Denn erfolgreichen Theaterleuten, die wiederholt den Sieg im tragischen Agon erlangten, wurde ein großes Prestige und eine außerordentliche Wertschätzung in der Öffentlichkeit der Polis zuteil. Ein erfolgreicher Dichter/Regisseur genoß ein so hohes Ansehen bei seinen Mitbürgern, daß sie ihn besonders gern in wichtige politische und militärische Ämter wählten. So bekleidete Sophokles, der zwischen 468 v. Chr. (dem Jahr seiner ersten Teilnahme) und 406 v. Chr. (seinem Todesjahr) zwanzig Siege im tragischen Agon errang, 443/2 v. Chr. das Amt des Hellonotamias; 441/439 v. Chr. wurde ihm sogar zusammen mit Perikles die Strategie im Samischen Krieg übertragen – wie es heißt, wegen der außerordentlichen Wirkung der Aufführung seiner *Antigone*. 428 erhielt er zusammen mit Thukydides erneut die Strategie und 411 endlich wurde er zum Probulen gewählt. Nichts belegt wohl eindrucksvoller, daß die Fähigkeit zur Entwicklung von Inszenierungsstrategien, die in einer wirkungsvollen Aufführung resultieren, als eine wesentliche Qualifikation für die Ausübung politischer und militärischer Ämter galt.

Aufführungen sind ohne Inszenierung nicht denkbar. Gleichwohl wurde der Begriff als ein spezieller Fachausdruck erst im 19. Jahrhundert geprägt. In die deutsche Sprache wurde er zu Beginn des 19. Jahrhunderts eingeführt. August Lewald erläutert ihn in seinem Aufsatz *In die Szene setzen* (1837):

> In neuester Zeit ist der Ausdruck »*In die Szene setzen*«, bei allen deutschen Theatern eingeführt worden; ich hörte ihn zum ersten Male im Herbste des Jahres 18 in Wien, und wußte damals nicht recht, was ich mir dabei denken sollte. Herr Carl Blum, dem ich auf der Straße begegnete, sagte mir: er wolle noch so lange in Wien verweilen, bis er sein neuestes Ballet »Aline« in die Szene gesetzt haben würde. Es klingt allerdings vornehmer als: geben lassen, aufführen lassen, und wir haben es uns offenbar von den Franzosen angeeignet. Diese sagen aber auch: »la mise en scène«, die »Setzung in die Szene«, was bei uns bis jetzt noch nicht gebräuchlich ist.[2]

Bei der Vorbereitung des Aufsatzes für den Druck fügte Lewald an dieser Stelle eine Fußnote ein: »Neuestens ist Inscenierung beliebt worden.« Lewald bemüht sich dann, den Begriff näher zu bestimmen: »›In die Szene setzen‹ heißt, ein dramatisches Werk vollständig zur Anschauung [zu] bringen, um durch äußere Mittel die Intention des Dichters zu ergänzen und die Wirkung des Dramas zu verstärken«.[3] Der Begriff ist also auf das literarische Theater bezogen und im Kontext der Zwei-Welten-Theorie ent-

2 August Lewald, »In die Scene setzen«, in: Klaus Lazarowicz/Christopher Balme, (Hrsg.), *Texte zur Theorie des Theaters*, Stuttgart 1991, S. 306-311, S. 306f.

3 Ebd., S. 306.

standen. Er meint allerdings nicht oder nicht nur den Prozeß der »Übersetzung« von mit sprachlichen Zeichen ausgedrückten und vermittelten Bedeutungen in theatrale Zeichen, auf die die Theoretiker des 18. Jahrhunderts zielten. Vielmehr stellt er in den Vordergrund, daß auf der Bühne etwas zur Anschauung gebracht, in Erscheinung treten soll, das im literarischen Text des Dramas sprachlich gegeben ist und folglich nur durch die Einbildungskraft, in der Imagination präsent sein kann.

Wie Lewald bereits andeutet, ist der Begriff »In die Szene setzen«/»Inscenierung« in der von ihm ausgeführten Bedeutung aus dem Französischen übernommen.[4] Für den Begriff »mise en scène« tauchen Belege erst nach 1800 auf, verstärkt erst nach 1835. Er wird in der Bedeutung von »dispositions prises pour mettre une pièce en état d'être representée«[5] verwendet bzw. im Sinne von »transformer (un texte dramatique) en spectacle«.[6] Zur gleichen Zeit änderte sich auch die Bedeutung des Ausdrucks »mettre en scène« entsprechend. Auch diese Termini sind auf das literarische Theater bezogen. Sie gehen davon aus, daß das Primäre, Gegebene der literarische Text des Dramas ist, der in einem spezifischen Prozeß – dem der *mise en scène* – in eine Aufführung zu transformieren sei. Die Einführung des Begriffs zeugt davon, daß dieser Transformationsprozeß nicht mehr als selbstverständlich und problemlos zu vollziehen galt, sondern man sich zunehmend dessen bewußt wurde, daß er der Entwicklung bestimmter Darstellungsstrategien bedurfte.

Der Begriff »mise en scène«/»Inscenierung« entstand zu einer Zeit, als sich grundlegende Veränderungen auf dem Theater ankündigten: der Aufstieg des Regisseurs vom Arrangeur zum Künstler, ja zum eigentlichen Schöpfer des »Kunstwerks« der Aufführung. Zwar hatte Goethe in den Jahren seiner Leitung des Weimarer Hoftheaters (1791-1817) in vieler Hinsicht bereits diese

4 Bereits ab 1660 hatte sich dort die Redewendung »mettre quelqu'un, quelque chose sur la scène« eingebürgert – allerdings mit einer durchaus anderen Semantik: Sie bedeutete »jemandem oder etwas einen Platz in einem literarischen oder anderen künstlerischen Werk« – zum Beispiel in einem Gemälde – »anweisen«. Sie wurde im ausgehenden 18. Jahrhundert durch den Ausdruck »mettre sur scène« ersetzt. Für ihn findet sich der früheste Nachweis in Diderots *Salons* aus dem Jahre 1765, und zwar unter Bezug auf die Malerei.

5 *Französisches etymologisches Wörterbuch*, Bd. 11, Basel 1964, S. 294.

6 *Dictionnaire historique de la langue française*, Bd. 2, Paris 1994, S. 1892.

neue Funktion des Regisseurs wahrgenommen: Er führte Leseproben ein, auf denen die Schauspieler das gesamte Stück kennenlernten und mit der besonderen Stellung ihrer Rolle bekannt gemacht wurden (bis dahin kannten Schauspieler in der Regel nur ihren eigenen Part); er besprach ausführlich die Dekorationen mit dem Maler, stimmte die Farben von Dekorationen und Kostümen sorgfältig aufeinander ab, legte die Gänge und Posen der Schauspieler fest, probte mit ihnen Deklamation, Gestik und Bewegung und wählte eine »passende« Schauspielmusik aus. Und eben dies sind die Tätigkeiten, die sowohl Lewald in seinem Artikel als auch das *Allgemeine Theater-Lexicon* aus dem Jahre 1846 unter dem Stichwort »Inscenesetzen« als Aufgaben des Regisseurs anführen.[7] Doch in dieser Hinsicht stellte das Weimarer Hoftheater eher die Ausnahme als die Regel dar. Erst in den vierziger Jahren wurde »das Ordnen des Personals und Materials zum Ganzen der Darstellung einer dramatischen Dichtung«, wie das Lexikon erläutert, generell zur Aufgabe des Regisseurs erklärt. Zu dieser Zeit bürgerte sich auch die Praxis ein, den Namen des Regisseurs auf dem Theaterzettel zu nennen.

Es bestand allerdings in den vierziger Jahren noch keineswegs Konsens hinsichtlich der Frage, ob die Tätigkeit des »Inscenesetzens« als künstlerisch und der Prozeß entsprechend als ein ästhetischer zu bewerten sei oder ob es sich um eine rein technische Aufgabe handelte. So betont zwar Lewald – ähnlich wie der Verfasser des Artikels im *Allgemeinen Theater-Lexicon* –, daß diese Tätigkeit eine Vielfalt von Kenntnissen und Fähigkeiten voraussetze, die sich nicht nur auf die verschiedenen Künste – Dichtung, Schauspielkunst, Malerei, Musik – beziehe, sondern auch das Wissen um verschiedene historische Baustile und Kostüme einschließe, »um Anachronismen zu vermeiden«.[8] Auch wenn Lewald dergestalt das »Inscenesetzen« als ein äußerst kompliziertes Geschäft beschreibt, dessen Bedeutung für die Bühne gar nicht hoch genug eingeschätzt werden könne, bezeichnet er es doch an keiner Stelle als eine künstlerische Tätigkeit. Franz von Akáts, der in seiner Abhandlung *Kunst der Scenik in ästhetischer und ökono-*

7 Vgl. das *Allgemeine Theater-Lexicon oder Encyclopädie alles Wissenswerthen für Bühnenkünstler, Dilettanten und Theaterfreunde.* Hrsg. von K. Herloßsohn, H. Marggraff et al., 3. Bd., neue Ausg., Altenburg, Leipzig 1846, S. 284.

8 Lewald, »In die Szene setzen«, S. 308.

mischer Hinsicht (1841) die »Kunst der Scenik« in »Anordnung und Ausschmückung« und »Anordnung des Lebendigen« ausdifferenziert, subsumiert zwar die Inszenierung unter die bildenden Künste, weil sie »die Darstellung ästhetischer Ideen durch Bilder« beabsichtigt, spricht ihr jedoch den Status einer »eigenen Schöpfung« ausdrücklich ab.[9] Die Kunst der Scenik, die als eine bloße Technik begriffen wird, erklärt auch Akáts im Sinne der Zwei-Welten-Theorie: Auf der einen Seite haben wir die Welt der ästhetischen Ideen und auf der anderen die Bilder, welche die Inscenierung erschafft, um diese Ideen zur Darstellung, zur Erscheinung zu bringen. Der Begriff der Inszenierung meint im 19. Jahrhundert durchgehend das Zur-Erscheinung-bringen von etwas, das vorgängig ist, »anderswo« existiert – im literarischen Text des Dramas oder im Reiche ästhetischer Ideen –, dort jedoch nicht den Sinnen anschaulich gegeben ist, sondern nur in der Imagination oder im Denken »Gestalt« annimmt. Es ist die Aufgabe und Funktion der Inszenierung, es in Erscheinung treten zu lassen. Inszenierung meint also entsprechende Darstellungsstrategien.

Diese grundlegende Bestimmung des Begriffs änderte sich erst, als das Inszenieren um die Wende vom 19. zum 20. Jahrhundert zu einer künstlerischen Tätigkeit erhoben wurde und nicht länger mehr auf den literarischen Text eines Dramas bezogen war. So erklärten die historischen Avantgardebewegungen Theater zu einer eigenständigen, von der Literatur unabhängigen Kunstform. Edward Gordon Craig stellte in seiner Schrift *Die Kunst des Theaters* (1905) fest:

> [...] die kunst des theaters ist weder die schauspielkunst noch das theaterstück, weder die szenengestaltung noch der tanz. Sie ist die gesamtheit der elemente, aus denen diese einzelnen bereiche zusammengesetzt sind. Sie besteht aus der bewegung, die der geist der schauspielkunst ist, aus den worten, die den körper des stückes bilden, aus linie und farbe, welche die seele der szenerie sind, und aus dem rhythmus, der das wesen des tanzes ist.[10]

Die Aufführung wird folglich nicht als Transformation eines literarischen Textes, sondern durch Auswahl, Kombination und Präsentation derartiger kleinster konstituiver Elemente geschaffen.

9 Franz von Akáts, *Kunst der Scenik in ästhetischer und ökonomischer Hinsicht*, Wien 1841, S. IV.
10 Edward Gordon Craig, *Über die kunst des theaters*, S. 101.

Diese Verfahren nimmt der Regisseur vor, der »als künstler [...] den gebrauch der bewegungen, worte, linien, farben und des rhythmus beherrscht«.[11] Damit ist, wie Lothar Schreyer in seiner Schrift *Das Bühnenkunstwerk* (1916) ausführt, die Aufführung als ein »selbständiges Kunstwerk« und Theater als eine »selbständige Kunst« ausgewiesen.[12] Die Tätigkeit des Regisseurs, das Inszenesetzen, ist zu einer schöpferischen Tätigkeit avanciert. Die Aufgabe der Inszenierung wird entsprechend nicht länger nur darin gesehen, »das dramatische Werk vollständig zur Anschauung [zu] bringen [...], um [...] die Intention des Dichters zu ergänzen und die Wirkung des Dramas zu verstärken«, wie Lewald schrieb. Wenn Craig sie allerdings dahingehend bestimmt, daß sie »Unsichtbares«[13] sichtbar machen solle, hat es gleichwohl zunächst den Anschein, als würde auch er auf die Zwei-Welten-Theorie rekurrieren, als solle die Inszenierung etwas in Erscheinung treten lassen, das »woanders«, im »Reich des Unsichtbaren« gegeben ist. Craigs weitere Ausführungen lassen eine solche Schlußfolgerung jedoch zweifelhaft erscheinen. Er fährt nämlich fort:

> Es gibt etwas, worüber der mensch noch nicht herr geworden ist; etwas, von dessen gegenwart er sich nichts träumen ließ und das doch darauf wartete, dass er sich ihm liebevoll näherte; etwas unsichtbares und doch stets gegenwärtiges; etwas von überwältigendem zauber, schnell bereit, sich zurückzuziehen, und nur in der erwartung verharrend, dass sich die rechten menschen nähern, um mit ihnen sich emporzuschwingen über die erde hinaus durch alle sphären – die bewegung.[14]

Die Aufgabe der Inszenierung besteht darin, Bewegung in Erscheinung treten zu lassen, sie gegenwärtig zu machen. Bewegung ist zwar immer gegenwärtig, bleibt allerdings häufig »unsichtbar«. Wenn Inszenierung darauf hinarbeitet, sie in Erscheinung treten zu lassen, so heißt das, daß durch Inszenierung Bewegung als sie selbst in Erscheinung tritt. Während es bei Lewald, im *Theater-Lexicon* und bei Akáts jeweils darum ging, durch Inszenierung etwas anderes erscheinen zu lassen, es im Sinne seiner Darstellung zur Anschauung zu bringen, meint Inszenierung bei

11 Ebd. S. 106.
12 Vgl. Lothar Schreyer, »Das Bühnenkunstwerk«, in: *Der Sturm* 7, 5 (August 1916), S. 50-51, S. 50.
13 Craig, *Über die Kunst des Theaters*, S. 45.
14 Ebd.

Craig den Einsatz aller künstlerischen und technischen Mittel, um etwas als es selbst in Erscheinung treten zu lassen. Das heißt nach Craig nicht nur, daß es wahrgenommen wird, sondern daß es in seinem »überwältigenden zauber« wahrgenommen wird, also in seiner Relevanz für den Wahrnehmenden, als etwas, das seine Welt zu »verzaubern«, zu verändern vermag: Inszenierung meint in diesem Sinne keine Darstellungs-, sondern eine Erzeugungsstrategie. Sie bringt die Gegenwärtigkeit dessen hervor, was sie zeigt.

Neben dieser neuen Definition von Inszenierung hat sich allerdings sehr lange – zum Teil bis heute – in unterschiedlichen Modifikationen und Variationen die Bestimmung erhalten, die bereits Lewald dem Begriff gegeben hatte, auch wenn es im 20. Jahrhundert als ausgemacht galt, daß es sich beim Inszenieren um eine künstlerische Tätigkeit handelt. So bestimmte Jacques Copeau in einem Artikel über Regie und Inszenierung für die *Encyclopédie Française* (Paris 1936) diese als »die Summe der künstlerischen und technischen Vorgänge, mit deren Hilfe das von einem Autor als schriftlicher Text verfaßte Werk aus seinem rein geistigen und verborgenen Dasein übergeht in das reale und gegenwärtige Theaterdasein«,[15] womit der Text als das Vorgängige, »Geistige« bestimmt wird, das im Prozeß der Inszenierung in sinnliche Gegenwart transformiert wird, körperliche Erscheinung annehmen soll.

Diese Bestimmung – und damit die von ihr implizierte Gültigkeit der Zwei-Welten-Theorie – legt auch Wolfgang Iser bei seiner Ausweitung des Begriffs der Inszenierung von einem ästhetischen zu einem anthropologischen Begriff zugrunde, die er unter Berufung auf Plessners Theorie der Abständigkeit des Menschen von sich selbst vornimmt. Inszenierung gilt seiner Meinung nach gerade »der Erscheinung dessen, was nicht gegenwärtig zu werden vermag«. Der Inszenierung muß folglich

> etwas vorausliegen [...], welches durch sie zur Erscheinung kommt. Dieses Vorausliegende vermag niemals vollkommen in Inszenierung einzugehen, weil sonst diese selbst das ihr Vorausliegende wäre. Anders gewendet ließe sich sagen, daß jede Inszenierung aus dem lebt, was sie nicht ist. Denn alles, was sich in ihr materialisiert, steht im Dienste eines Abwesenden, das durch

15 Zit. nach Lazarowicz/Balme (Hrsg.) *Texte zur Theorie des Theaters*, S. 341.

Anwesendes zwar vergegenwärtigt wird, nicht aber selbst zur Gegenwart kommen darf.[16]

Wie sich vor allem im vierten Kapitel gezeigt hat, wird seit den ausgehenden sechziger/siebziger Jahren überwiegend mit einem Inszenierungsbegriff gearbeitet, der sich weder auf etwas Vorgängiges bezieht noch einer Zwei-Welten-Theorie bedarf. Inszenierung wird – wie bei Craig – als Erzeugungsstrategie begriffen. Wenn künstlerische und technische Mittel so eingesetzt werden, daß der Schauspieler als präsent und die Dinge als in Ekstase begriffen in Erscheinung treten, daß sie die Aufmerksamkeit des Zuschauers auf ihr phänomenales Sein lenken, ja es dieses phänomenale Sein ist, das auffällig wird, dann tritt im bzw. durch den Leib des Schauspielers und in den Dingen bzw. durch sie nicht etwas anderes in Erscheinung, sondern sie selbst in ihrer flüchtigen Gegenwart. Die Schauspieler/Performer erzeugen Präsenz und zeigen sich den Zuschauern in dieser von ihnen erzeugten Präsenz. Indem Menschen und Dinge gegenwärtig, als sie selbst erscheinen, erscheint die Welt als verzaubert. Das heißt, Verzauberung entsteht im Kern aus der Selbstreferentialität, als Befreiung von Verstehensleistungen, als Enthüllung der »Eigenbedeutung« von Mensch und Dingen.

Es ist der Prozeß der Inszenierung, in dem ausprobiert, festgelegt – und nach Aufführungen häufig wieder verändert – wird, wie die performative Hervorbringung von Materialität sich vollziehen soll. Inszenierung ist insofern als ein intentionaler Prozeß zu denken, in dem mit den unterschiedlichsten Verfahren – bis hin zu Zufallsoperationen – ermittelt wird, welche Elemente performativ hervorgebracht werden, das heißt, zu welchem Zeitpunkt der Aufführung an welchem Punkt des Raumes erscheinen, wie sie sich durch den Raum bewegen und gegebenenfalls verändern und zu welchem Zeitpunkt sie an welchem Punkt wieder aus dem Raum verschwinden sollen. Inszenierung läßt sich also als der Prozeß beschreiben, in dem allmählich die Strategien entwickelt und erprobt werden, nach denen was, wann, wo und wie vor den Zuschauern in Erscheinung treten soll. Inszenierung läßt sich entsprechend in der Tat als eine Erzeugungsstrategie bestimmen, nach der in der Aufführung die Gegenwart von Erscheinungen als

16 Wolfgang Iser, *Das Fiktive und das Imaginäre. Perspektiven einer literarischen Anthropologie*, Frankfurt a. M. 1991, S. 505 und 511.

eine flüchtige, ephemere in einer bestimmten zeitlichen Abfolge und in bestimmten räumlichen Konstellationen performativ hervorgebracht und präsentiert werden soll.

Diesem Vorgang wird am ehesten die Bestimmung des Begriffs der Inszenierung gerecht, wie Martin Seel sie kürzlich vorgenommen hat. Er definiert Inszenierung als »eine Inszenierung von Gegenwart. Sie ist ein auffälliges Herstellen und Herausstellen einer Gegenwart von etwas, das hier und jetzt geschieht, und das sich darum, weil es Gegenwart ist, jeder auch nur annähernd vollständigen Erfassung entzieht.«[17] Inszenierung läßt Gegenwart erscheinen. Dabei sieht Seel einen wichtigen Unterschied zwischen künstlerischen und nicht-künstlerischen Inszenierungen. Künstlerische Inszenierungen definiert er ganz im Einklang mit meinen Ausführungen im vierten Kapitel als »Präsentationen in einem besonderen Sinn. Sie stellen nicht allein eine besondere Gegenwart her und heraus – sie bieten Gegenwart dar. [...] sie *produzieren* Präsenz nicht allein, sie *präsentieren* Präsenz. [...] Sie *sind* vergängliche Gegenwarten des menschlichen Lebens. Sie sind das, was sie zeigen«.[18]

Zwar erwähnt Seel ganz ausdrücklich, daß Inszenierungen »absichtsvoll eingeleitete oder ausgeführte sinnliche Prozesse« seien, »die *vor einem Publikum dargeboten werden*«.[19] Gleichwohl unterscheidet er nicht zwischen Inszenierung und Aufführung. In seiner Definition fallen planende Vorbereitung bzw. Konzeption der Aufführung und die Aufführung selbst zusammen. Der Satz, den er auf Inszenierungen bezieht: »Sie *sind* vergängliche Gegenwarten des menschlichen Lebens. Sie sind das, was sie zeigen«, trifft aus meiner Perspektive auf die Aufführung zu, die er punktgenau trifft, nicht jedoch auf die Inszenierung. Ich möchte daher an dieser Stelle die Unterscheidung zwischen Inszenierung und Aufführung noch einmal ausdrücklich bekräftigen.

Da die hier zitierten Bestimmungen des Begriffs der Inszenierung nicht zwischen Inszenierung und Aufführung unterschei-

17 Martin Seel, »Inszenieren als Erscheinenlassen. Thesen über die Reichweite eines Begriffs«, in: Früchtl/Zimmermann, *Ästhetik der Inszenierung*, S. 53.

18 Ebd., S. 58f. Zur Unterscheidung von künstlerischen und nicht-künstlerischen Inszenierungen vgl. den dritten Abschnitt in diesem Kapitel.

19 Ebd., S. 50.

den und entsprechend davon auszugehen scheinen, daß das, was geplant und festgelegt ist, sich allabendlich genau gleich wiederholt, entgeht ihnen das Wirken der autopoietischen *feedback*-Schleife, welche die Aufführung allererst enstehen läßt. Nun wird – wie Seel auch ausdrücklich betont – die Inszenierung im Hinblick auf ihre Wahrnehmung durch Zuschauer vorgenommen. Das heißt, der Prozeß der Inszenierung geht gerade von dem Unterschied zwischen Inszenierung und Aufführung aus, von der Einsicht, daß es erst die Wahrnehmung der Zuschauer und ihre Reaktion auf das Wahrgenommene sind, also die leibliche Ko-Präsenz von Akteuren und Zuschauern, welche die Aufführung erschaffen. Insofern der Prozeß der Inszenierung von diesen Voraussetzungen ausgeht und ihnen Rechnung trägt, muß dies auch bei der Bestimmung des Begriffs berücksichtigt werden.

Ich komme daher noch einmal auf den Vorschlag zurück, den ich im vorhergehenden Kapitel gemacht habe. Indem nämlich im Prozeß der Inszenierung erprobt, ermittelt und festgelegt wird, wie die performative Hervorbringung von Materialität sich vollziehen soll, wird eine spezifische Situation geschaffen, in die Akteure wie Zuschauer sich hineinbegeben. Dabei handelt es sich prinzipiell um eine offene Situation, da nicht vorhersagbar ist, wie Zuschauer mit ihr umgehen und Akteure darauf reagieren werden. Das heißt, der Vorgang der Inszenierung läßt immer Frei- und Spielräume dafür offen, daß sich Nicht-Geplantes, Nicht-Inszeniertes, Nicht-Vorhersagbares in der Aufführung ereignen kann, auch wenn manche künstlerische ebenso wie nicht-künstlerische Inszenierung versuchen mag, diese Frei- und Spielräume so weit wie möglich einzuschränken. Theater- und Kulturgeschichte weisen eine Fülle von Exempeln auf, wo die Aufführungen nicht nach Plan verliefen und die Beteiligten die von ihnen eröffneten Frei- und Spielräume genutzt haben, um ihnen eine ganz andere als die intendierte Stoßrichtung zu geben.

Ich definiere daher Inszenierung als den Vorgang der Planung, Erprobung und Festlegung von Strategien, nach denen die Materialität der Aufführung performativ hervorgebracht werden soll, wodurch zum einen die materiellen Elemente als gegenwärtige, in ihrem phänomenalen Sein in Erscheinung treten können, und zum anderen eine Situation geschaffen wird, die Frei- und Spielräume für nicht-geplante, nicht-inszenierte Handlungen, Verhaltensweisen und Ereignisse eröffnet. Die Inszenierung liefert wichtige, ja entscheidende Vorgaben für die Aufführung, für die Autopoiesis der *feedback*-Schleife. Sie ist jedoch außerstande, ihren genauen Verlauf definitiv festzulegen und den Prozeß der Autopoiesis vorherzusagen und zu kontrollieren. Der Begriff der Inszenierung schließt insofern immer schon die Reflexion auf die Grenzen von Inszenierung ein.

Daraus folgt nicht, daß diese Grenzen für jeden Beteiligten immer klar erkennbar sein müssen. Wenn während der Aufführung ein Scheinwerfer zu Boden fällt, werden die Zuschauer in der Regel davon ausgehen, daß hier ein Unglücksfall sich ereignet, Nicht-Geplantes, Nicht-Vorhersehbares, Nicht-Inszeniertes geschehen ist. Nur wer die Inszenierung ein zweites Mal besucht und Zeuge wird, wie zum selben Zeitpunkt in der Aufführung der Scheinwerfer wieder herunterstürzt, wird gewahr werden, daß es sich hier um ein inszeniertes Ereignis handelt. Wer davon ausgeht, daß es sich bei dem Zuschauer in der zehnten Reihe, der in regelmäßigen Abständen mehr oder weniger geistreiche Bemerkungen laut von sich gibt, auf die die Schauspieler jedesmal hinreißend reagieren, um einen Schauspieler handelt, der einen entsprechenden Part zu spielen hat, wird auch erst im Falle eines zweiten Besuchs, bei dem er sich vergebens nach dem vermeintlichen Schauspieler umsieht, entdecken, daß es sich beim letzten Mal um »spontane« Zuschauerreaktionen gehandelt hat, mit denen sich der betreffende Zuschauer vielleicht in Szene setzen wollte, die jedoch von den Theatermachern nicht geplant und inszeniert waren – ebensowenig wie die schlagfertigen Reaktionen der Schauspieler. Die Schauspieler dagegen werden im ersten Fall genau gewußt haben, daß es sich um ein inszeniertes Ereignis handelte; im zweiten dagegen waren vielleicht auch sie nicht ganz sicher, ob es sich um eine geplante Aktion eines Zuschauers oder gar eines unbekannten Kollegen handelte. Die Grenzen der Inszenierung werden insofern immer von der Wahrnehmung der beteiligten Subjekte gesetzt.

Der hier vorgeschlagene Inszenierungsbegriff ist eng auf den Begriff des Ereignisses bezogen. Es ist die Inszenierung, welche eine Situation entwirft, in der sich etwas ereignen kann. Insofern ist völlig unverständlich, wieso eine Ereignisästhetik mit einer Inszenierungsästhetik nicht kompatibel sein soll, wie es Vertreter eines emphatischen Ereignisbegriffs behaupten. Dabei ist der Unterton von Abscheu in ihrer Stimme nicht zu überhören, wenn sie das Wort Inszenierung in den Mund nehmen. In ihm klingt immer noch eine Debatte nach, welche Kunstgeschichte und Kunsttheorie in den sechziger und siebziger Jahren geführt haben. So verwendet Michael Fried in seinen Schriften die Begriffe »theatre«, »theatrical« und »theatricality« als auf den Vorgang der Inszenierung verweisende Begriffe als jeweils negativ besetzte Glieder von Gegensatzpaaren, denen als positive Begriffe die Termini »objecthood«, »absorption«, »authenticity« gegenübertreten. In den sechziger Jahren, also zu der Zeit, da Fried sich mit der Rezeption der zweiten Generation der amerikanischen Avantgarde auseinandersetzte, konzentrierte er sich auf grundlegende phänomenale Eigenschaften von Werken. In diesem Zusammenhang forderte er »objecthood« ein, *»to defeat theatre«*.[20] Theatralität als Inszenierung bedeutete hier eine Krise in der Definition des Kunst-Objektes.

In seinem Buch über die französische Malerei des 18. Jahrhunderts *Absorption and Theatricality. Painting and Beholder in the Age of Diderot* (Berkeley 1980) stellt Fried als negativ an der Inszenierung heraus, daß sie eben mit Blick auf die Wahrnehmung eines anderen vollzogen wird. In dem Sinne wendet er den Begriff »theatrical« auf die Figuren an, die auf dem Gemälde zu sehen sind. Mit starkem Farbauftrag gemalte Posen von Figuren, die sich dessen bewußt zu sein scheinen, daß der Maler sie abbildet, stuft er als »theatrical« ein. Ihr Verhalten erscheint ihm als »inszeniert«, weswegen er sie im Vergleich zu Figuren deutlich abwertet, die ein stärker absorbiertes Verhalten zeigen – wie beim Spiel oder bei der Arbeit – und den Maler nicht als Zuschauer bei ihrer Tätigkeit wahrzunehmen scheinen.

Es ist offensichtlich das als dichotomisch gemeinte Begriffspaar Authentizität vs. Inszenierung, das von den hier berücksichtigten Aufführungen eben zum Kollabieren gebracht wird. Es ist die Inszenierung, welche die Frei- und Spielräume schafft, in denen sich Unvorhergesehenes und Unvorhersagbares ereignen kann. Wenn Vertreter eines emphatischen Ereignisbegriffs heute eine Ereignisästhetik als bzw. im Gegensatz zu einer Inszenierungsästhetik entwickeln wollen, so lassen sie den Verdacht aufkommen, daß sie ihre Ereignisästhetik als ein Residuum für die

20 Michael Fried, »Art and Objecthood«, in: Gregory Battock (Hrsg.), *Minimal Art*, New York 1969, S. 116-147, S. 139.

Vorstellung von der Sakralität der Kunst, von Kunst als Religionsersatz konzipieren. Es ist das Göttliche, das schlechthin Numinose, das sich in der Begegnung mit Kunst ereignet.[21] Für eine solche Vorstellung ist, wie gezeigt, in einer Ästhetik des Performativen kein Raum. In ihr sind Ereignis- und Inszenierungsästhetik eng und unablösbar aufeinander bezogen.

Der soweit entwickelten Bestimmung von »Inszenierung« fehlt allerdings noch eine ganz wesentliche Komponente, auf die ich ebenfalls bereits im vorangegangenen Kapitel eingegangen bin. Denn es ist die Inszenierung, die jeweils auch spezifische Strategien zur Erregung und Lenkung von Aufmerksamkeit entwirft. Sie trägt dafür Sorge, daß die Materialität der Aufführung jeweils auf eine Weise performativ hervorgebracht wird, daß die so erscheinenden Elemente die Aufmerksamkeit der Zuschauer auf sich ziehen und zugleich deren Aufmerksamkeit auf den Akt der Wahrnehmung gelenkt wird. Es ist die Inszenierung, die darauf hinwirkt, daß einerseits das Erscheinende, auch das Unscheinbare, das Gewöhnliche auffällig wird, ja transfiguriert erscheint, und andererseits der Wahrnehmende im Akt der Wahrnehmung bemerkt, wie die Bewegungen, Licht, Farben, Laute, Gerüche etc. ihn affizieren, ja transformieren. Inszenierung läßt sich in diesem Sinne auch als ein Verfahren bestimmen und beschreiben, das auf die Wiederverzauberung der Welt – und die Verwandlung der an der Aufführung Beteiligten – zielt.

Auch in dieser Hinsicht gilt, was ich allgemein hinsichtlich des Verhältnisses von Inszenierung und Aufführung ausgeführt habe. Die Inszenierung mag es zwar darauf anlegen, die Aufmerksamkeit des Zuschauers auf ein spezielles Element zu lenken. Sie ist jedoch nicht in der Lage zu steuern und zu kontrollieren, daß der Zuschauer sie tatsächlich auf dieses Element richtet. Was die Inszenierung intendiert und was sich in der Aufführung tatsächlich ereignet, stimmt häufig nicht überein. Und dies keineswegs deshalb, weil die gewählten Inszenierungsstrategien ungeeignet wären. Sie mögen ihre Eignung in einer früheren Aufführung derselben Inszenierung nachhaltig bewiesen haben. Gleichwohl können während der fraglichen Aufführung Umstände eintreten, die ihre Wirkungsmächtigkeit entkräften, und sei es, daß der »unempfängliche Teil des Publikums«, von dem Herrmann schrieb, die Mehr-

21 Vgl. hierzu u. a. Dieter Mersch, *Aura und Ereignis*, Frankfurt a. M. 2002.

heit darstellt und so die anderen in einer Weise »ansteckt«, daß sie gegen die Wirkungen der Inszenierungsstrategien immunisiert werden. Ob die Wiederverzauberung der Welt in jeder Aufführung und für jeden Zuschauer eintritt, läßt sich von der Inszenierung nicht steuern, geschweige denn garantieren. Denn ihr Gelingen stellt – trotz Einsatzes ausgefeilter und erfahrungsgemäß wirkungsvoller Inszenierungsstrategien – letztendlich ein emergentes Phänomen dar.

Die soweit entwickelten Bestimmungen des Begriffs der Inszenierung gelten aus meiner Sicht für sämtliche Inszenierungen, für künstlerische wie für nicht-künstlerische, das heißt für die Inszenierung von Aufführungen von Theater und Performance-Kunst, Ausstellungen, Installationen, Konzerten ebenso wie für die Inszenierung von Ritualen, Festen, Spektakeln, Sportwettkämpfen, politischen Versammlungen u. ä. Der Begriff der Inszenierung betrifft also die ästhetische Arbeit in allen denkbaren Aufführungsarten. Als ästhetische Kategorie ist Inszenierung stets auf den Begriff der Wahrnehmung bezogen und zwar auch in einem ganz spezifischen, bisher noch nicht erörterten Sinn.

Inszenierungen lassen sich nach dem Kriterium unterscheiden, ob sie als Inszenierung wahrgenommen werden oder nicht. Während für künstlerische Inszenierungen meist gilt, daß sie eben unter der Bedingung zu wirken vermögen, daß sie stets auch als Inszenierung wahrgenommen werden – eine Bedingung, die zum Beispiel Schlingensief allerdings konsequent unterläuft –, gilt diese Prämisse keineswegs für andere Arten von Inszenierungen. Wenn ein Spaziergänger einen englischen Garten oder ein Gesprächspartner ein sorgfältig inszeniertes Verhalten als »natürlich« empfindet, so haben sie Landschaft und Verhalten wohl den Inszenierungsstrategien entsprechend wahrgenommen, jedoch nicht als inszeniert. Das heißt, die Inszenierung vermag hier eben deshalb zu wirken, weil sie nicht als solche wahrgenommen wird. Der Eindruck von Authentizität entsteht gerade als Ergebnis einer besonders sorgfältigen Inszenierung. Daneben gibt es im sozialen Leben eine Fülle von Situationen, in denen die Inszenierung eines *environment*, einer Erscheinung, eines Verhaltens durchaus als solche wahrgenommen und bewundert werden soll, ohne dadurch an Wirkung einzubüßen; vielmehr vermag sie häufig gerade erst unter dieser Bedingung ihre Wirkung voll zu entfalten. Daraus erhellt, daß das Kriterium, ob eine Inszenierung als eine solche wahrgenommen wird oder nicht, kaum zur Unterscheidung zwischen künstlerischen und nicht-künstlerischen Inszenierungen taugt. Ob sich, wie Seel meint, andere brauchbare Kriterien finden lassen, werde ich im letzten Abschnitt des Kapitels diskutieren. Wie sich gezeigt hat, ist es in beiden Fällen der Prozeß der Inszenierung, der auf eine Wiederverzauberung der Welt zielt.

2. »Ästhetische Erfahrung«

Damit die Wiederverzauberung der Welt gelingt, bedarf es allerdings nicht nur der Inszenierung, sondern auch einer spezifischen Wahrnehmung des Zuschauers, die zu seiner Transformation führt. Ich habe im vorhergehenden Kapitel ästhetische Erfahrung in Aufführungen von Theater und Performance-Kunst seit den ausgehenden sechziger Jahren des 20. Jahrhunderts als Schwellenerfahrung bestimmt, als Erfahrung von Liminalität, die zu einer Transformation führen kann bzw. die bereits selbst als eine Transformation erlebt wird, und die Behauptung aufgestellt, daß diese Art ästhetischer Erfahrung für eine Ästhetik des Performativen zentral sei. Da ich postuliert habe, daß eine solche Ästhetik für alle Aufführungen Gültigkeit besitzt, erhebt sich die Frage, ob die Bestimmung von ästhetischer Erfahrung als Schwellenerfahrung auch für Aufführungen von Theater anderer Epochen – oder gar anderer Kulturen – sowie für alle Arten nicht-künstlerischer Aufführungen, die eine ästhetische Funktion erfüllen, gilt.

Nun liegen in der westlichen Kultur bereits seit der griechischen Antike und in der indischen ca. seit der Zeit zwischen dem 1. und 3. Jahrhundert n. Ch. Texte vor, die sich ausführlich mit der Erfahrung auseinandersetzen, welche Aufführungen Zuschauern und Schauspielern ermöglichen. Obwohl der Begriff der ästhetischen Erfahrung erst im Zuge bzw. als Folge der Erklärung der Autonomie von Kunst geprägt wurde, steht die Frage nach der besonderen Qualität der Erfahrung, wie sie Aufführungen vermitteln, am Anfang ästhetischer Theorie bzw. ästhetischer Reflexion in der abendländischen ebenso wie in der indischen Kultur. Für sie wurden unterschiedliche Begriffe geprägt wie der Begriff der Katharsis von Aristoteles oder der Begriff des *rasa* im indischen

Theaterlehrbuch *Natyasastra*. Nachfolgend soll eher kursorisch überprüft werden, inwiefern diese Begriffe bzw. Reflexionen und Annahmen mit der Bestimmung von ästhetischer Erfahrung als Schwellenerfahrung kompatibel sind. Es fällt auf, daß die einschlägigen Werke und Autoren trotz unterschiedlichster Bestimmungen im einzelnen grundsätzlich von der Vorstellung auszugehen scheinen, daß Theateraufführungen ein transformatorisches Potential eignet, daß sie Prozesse darstellen, die zu einer Transformation der an ihnen Beteiligten – Akteuren wie Zuschauern – führen können.

Wenn Aristoteles in seiner *Poetik* die Wirkung des tragischen Theaters als Erregung von ἔλεος und φόβος, von Jammer und Schauder, beschreibt, so hebt er auf einen außergewöhnlichen affektiven Zustand ab, der in der/durch die Aufführung hergestellt wird, sich körperlich artikuliert und den von ihm Befallenen verändert. Der Begriff, den er einführt, um das Ziel des tragischen Theaters zu bestimmen, nämlich die Reinigung von eben diesen Affekten, der Begriff der Katharsis, kann seine Herkunft aus rituellen Ursprüngen, vor allem aus Heilungsritualen nicht verleugnen. Während die Erregung der Affekte den Zuschauer in einen liminalen Zustand versetzt, ist es die Katharsis, mit der seine Transformation vollzogen wird. Die Erfahrung, welche Aufführungen des tragischen Theaters ermöglichen, die Erfahrung der Katharsis, stellt eine liminale und transformatorische Erfahrung dar.[22] Der Begriff der Katharsis hat die Diskussion um ästhetische Erfahrung in Aufführungen bis zum Ende der Wirkungsästhetik im ausgehenden 18. Jahrhundert maßgeblich beeinflußt.

Eine vergleichbare Wirkungsmächtigkeit entfaltete der Begriff des *rasa*, wie er im *Natyasastra* entwickelt wurde. In diesem »Lehrbuch für das Theater« steht im Mittelpunkt der Ausführungen die besondere Art der Erfahrung, wie sie Aufführungen sowohl in den Tänzern/Schauspielern als auch in den Zuschauern auslösen. Bei *rasa* handelt es sich um einen schwer zu übersetzenden Begriff; im Deutschen wird er häufig mit den Termini »Geschmack«, »Saft« oder auch »Gefühlszustand« wiedergegeben, im Englischen mit den Ausdrücken »sentiment«, »aesthetic rapture«

22 Vgl. hierzu Elizabeth S. Belfiore, *Tragic Pleasures. Aristotle on Plot and Emotion*, Princeton 1992; Fortunat Hoessly, *Katharsis. Reinigung als Heilverfahren. Studien zum Ritual der archaischen und klassischen Zeit*, Göttingen 2001.

oder auch »emotional consciousness«. Es werden acht verschiedene *rasa* unterschieden – wie der erotische oder der heroische *rasa* –, denen bestimmte Seinsmodi bzw. Gefühls-Dispositionen entsprechen, die bei jedem Menschen vorausgesetzt werden. Der *rasa*, den die Aufführung durch Gesten, Kostüme, Musik etc. im Schauspieler wie im Zuschauer auslöst, überführt also die Disposition in einen tatsächlichen leiblich-spirituellen Zustand. Auch der Begriff des *rasa* meint insofern eine Erfahrung von Liminalität und Transformation.[23]

Wenn in der Spätantike die Kirchenväter und im Mittelalter und in der frühen Neuzeit andere Gegner des Theaters vor den Gefahren warnen, die der Besuch einer Theateraufführung für das Seelenheil des Zuschauers birgt, oder umgekehrt, der kaiserliche Leibarzt 1609 ihren Besuch ausdrücklich empfiehlt, weil durch das Anschauen von Komödien »gemüth und herz erweitert, und allgemach zu recht gebracht«[24] werden, so haben sie eben die transformativen Potenzen von Aufführungen im Blick, die es zu meiden oder zu suchen gilt. Dabei ist interessant, daß die Gefahr bzw. die Chance einer Transformation stets in den besonderen medialen Bedingungen von Aufführungen lokalisiert wird, das heißt, in der leiblichen Ko-Präsenz von Akteuren und Zuschauern. Sie wird vor allem durch die Art und Weise, in der die Schauspieler ihre Körper einsetzen, heraufbeschworen bzw. eröffnet. So schreibt Pater Franciscus Lang in seiner *Dissertatio de actione scenica*, in der er die wichtigsten Regeln zusammenfaßt, welche das Jesuitentheater im Laufe des 17. Jahrhunderts entwickelt hat, um auf die Zuschauer einwirken zu können, daß »ein um so stärkerer Affekt sich bei den Zuschauern einstellt, je stärker, lebhafter und eben packender die Schauspielkunst in der auf dem Theater redenden Person wirksam wird. Die Sinne sind nämlich das Tor

23 Vgl. hierzu vor allem L. Bansat-Brudon, *Poétique du théâtre indien: Lecture du Natyashastra*, Paris 1992; Edwin Gerow, »Rasa as a category. What are the limits of its applications?«, in: Rachel van Baumer, James Brandon (Hrsg.), *Sanskrit Drama in Performance*, Honolulu 1981, S. 226-257; J. L. Masson, M. V. Patwardhan, *Aesthetic rapture – The Rasadhy-ya of Natyasastra*, Poona 1970; außerdem Richard Schechner, »Rasaesthetics«, in: *TDR*, vol. 45, no. 3 (T171), Fall 2001, S. 27-50.

24 Zit. nach Willi Flemming, *Barockdrama*. Bd. 3, *Das Schauspiel der Wanderbühne*, 2. verbess. Aufl. Hildesheim 1965, S. 14.

der Seele, durch das jetzt noch die Erscheinungen der Dinge ins Gemach der Affekte eintreten«.[25]

Die dieser Aussage zugrundeliegende Auffassung, daß es die Wahrnehmung der durch die Schauspielkunst am Körper des Schauspielers erscheinenden Affekte sei, welche Affekte im Zuschauer auslöse, gilt bis weit ins 18. Jahrhundert hinein. So schreibt Henry Home in seinen 1762 erschienenen *Elements of Criticism*, daß »Mienen und Geberden [...] einen geraden Weg in das Herz«[26] eröffnen, und noch 1792 behauptet Sulzer in seiner *Allgemeinen Theorie der schönen Künste*: »Es ist gewiß, daß der Mensch in keinerley Umständen lebhafterer Eindrüke und Empfindungen fähig ist, als bei dem öffentlichen Schauspiel. [...] Nichts in der Welt ist anstekender und kräftiger wirkend, als die Empfindungen, die man an einer Menge Menschen auf einmal wahrnimmt.«[27] Es ist der Vorgang der *Ansteckung*, der auf dem Wege über die Wahrnehmung die am Körper des Schauspielers wahrgenommenen Empfindungen auf den Körper des Zuschauers überträgt und so die Wirkung der Aufführung ermöglicht. Der Ausdruck »Ansteckung« bezeichnet einen nachgerade »klassischen« liminalen Zustand, einen Zustand des Zwischen, den Übergang von der Gesundheit zur Krankheit. Mit der »Gefühlsansteckung« beweisen die Aufführungen ihre transformatorische Kraft. Während Rousseau das Theater gerade wegen dieser transformatorischen, die Identität des Zuschauers bedrohenden Kraft verdammt, weil »die dauernden Gefühlsaufwallungen, denen man im Theater unterworfen ist«, den Zuschauer »entnerven und schwächen« und ihn »unfähiger« machen, seinen »Leidenschaften zu widerstehen«,[28] ihn also in einen Schwellenzustand versetzen und so mit Selbstverlust bedrohen, propagieren Diderot, Lessing, Lichtenberg, Engel und viele andere Theoretiker des 18. Jahrhunderts Theateraufführungen eben wegen ihrer verwandelnden Kraft, wegen ihrer Fähigkeit, »uns so weit fühlbar [zu]

25 P. Franciscus Lang, *Abhandlung über die Schauspielkunst*, hrsg. und übers. von Alexander Rudin, München 1975, S. 200.
26 Home, *Grundsätze der Kritik*, S. 582.
27 Johann Georg Sulzer, *Allgemeine Theorie der schönen Künste*, Bd. 4, neue, verm. zweyte Aufl. Leipzig 1794, S. 254.
28 Jean-Jacques Rousseau, »Brief an Herrn d'Alembert über seinen Artikel ›Genf‹ im VII. Band der Encyclopädie und insbesondere über seinen Plan, ein Schauspielhaus in dieser Stadt zu errichten«, S. 391.

machen, daß uns der Unglückliche zu allen Zeiten, und unter allen Gestalten, rühren und für sich einnehmen muß«, wie Lessing in einem Brief an Nicolai schreibt,[29] in dem er die transformatorische Kraft von Theater genauer zu qualifizieren sucht.

Mit dem Postulat der Autonomie der Kunst, der Entwicklung des Begriffs des Ästhetischen und der ästhetischen Erfahrung sowie mit dem Ende der Wirkungsästhetik wird die Vorstellung von Theater als einer transformativen Performanz um die Wende vom 18. zum 19. Jahrhundert allmählich obsolet, zumindest marginalisiert. Allerdings scheint es nicht ganz abwegig zu sein, im Konzept des Bildungstheaters, wie Goethe und Schiller es entwickelt haben, eine neue Variante dieser Vorstellung zu sehen, zumal wenn man auf Goethes *Wilhelm Meister* und Schillers *Briefe über die ästhetische Erziehung des Menschen* abhebt. Der in den *Briefen* zentrale Begriff des Spiels läßt sich durchaus im Sinne eines »betwixt and between«, einer Schwellenerfahrung deuten. Denn im Spiel verwandelt sich der gewöhnliche Mensch, bei dem Stofftrieb und Formtrieb, sinnliche und vernünftige Natur auseinanderstreben und im ewigen Kampf miteinander liegen, vorübergehend, das heißt für die Dauer des »Spiels«, der ästhetischen Erfahrung in den idealen Menschen, in dem beide miteinander versöhnt sind.

Zu Beginn des 19. Jahrhunderts verlor auch die Vorstellung von der Wahrnehmung in Theateraufführungen als einem somatischen Ansteckungsvorgang ihre Geltung. An ihre Stelle trat das Konzept der Einfühlung.[30] Nun kann man auch in diesem Fall argumentieren, daß das Konzept der Einfühlung keineswegs im Widerspruch zur Vorstellung von der transformatorischen Kraft von Theateraufführungen steht. Denn die Einfühlung, vor allem die Einfühlung in verschiedene Personen, wie sie im Laufe einer Aufführung vollzogen wird, läßt sich als ein probeweises Übernehmen und Ausagieren neuer Rollen und Identifikationen begreifen und in diesem Sinne als eine Schwellenerfahrung. Dies scheint allerdings von den führenden Theoretikern der Einfühlung nicht so

29 Vgl. Lessings Brief an Nicolai vom November 1756, in: Gotthold Ephraim Lessing, *Werke*, hrsg. von Herbert G. Göpfert, 8 Bde., München 1970-1979, Bd. 4, S. 163.

30 Vgl. zum Begriff der Einfühlung Martin Fontius, »Einfühlung/Empathie/Identifikation«, in: Karlheinz Barck (Hrsg.), *Ästhetische Grundbegriffe*, Bd. 2, Stuttgart 2001, S. 121-142.

konzipiert zu sein. So bestimmt Friedrich Theodor Vischer in seiner *Ästhetik* (1846-1858) den Begriff als »leihendes Anschauen«[31] und später in seinem »Symbol«-Aufsatz (1887) als »Akt der Seelenleihung«.[32] Sein Sohn Robert beschreibt diesen Akt folgendermaßen: »Mein geistig-sinnliches Ich transportiert sich in das *Innere* des Objektes und erfühlt seinen Formcharakter von innen heraus.«[33] Die Möglichkeit einer Verwandlung des anschauenden Subjektes durch den Akt der Seelenleihung scheint dabei nicht mitgedacht, wird jedoch von dieser Definition nicht kategorisch ausgeschlossen. Soweit es sich dabei jedoch um eine wahrnehmbare körperliche Artikulation von Gefühlen handeln sollte, verfällt sie einem gnadenlosen Verdikt, wie den Bemerkungen über das Pariser Théâtre de la Porte St. Martin zu entnehmen ist, die sich in einem populären Stadtführer über Paris aus den siebziger Jahren finden: »Mitten im 19. Jahrhundert gibt es immer noch primitive Kreaturen, die ihre Tränen nicht zurückhalten können, wenn sie das Unglück irgendeiner Bühnenheldin in den Händen eines Verräters sehen. Besuchen Sie diese Theater nicht, bloß um das freimütige Schluchzen dieser offenherzigen Arbeiter, dieser leutseligen Kleinbürger mitzuerleben.«[34]

Mit der performativen Wende vom 19. zum 20. Jahrhundert und der Proklamation einer Leibkultur kehrte die im 19. Jahrhundert wenn nicht ganz verdrängte, so doch weitgehend marginalisierte Vorstellung von Theater als transformativer Performanz in den theoretischen Diskurs über Theateraufführungen zurück. In deutlicher Anlehnung an Nietzsche, der in seiner Schrift *Die Geburt der Tragödie aus dem Geiste der Musik* (1872) von der »Hoffnung [...] auf eine Wiedergeburt des Dionysus« spricht, »die wir jetzt als das Ende der Individuation ahnungsvoll zu begreifen haben«,[35] und in den nachfolgenden Jahren eine physiologische Reformulierung der Wirkungsästhetik vornahm,[36]

31 Friedrich Theodor Vischer zitiert nach ebd., S. 130.

32 Vischer, *Kritische Gänge*, Bd. 4, S. 435.

33 Robert Vischer, »Der ästhetische Akt und die reine Form« (1874), in: ders., *Drei Schriften zum ästhetischen Formproblem*, Halle 1927, S. 45-54, S. 48.

34 Paul Véron, *Paris s'amuse*, Paris 1874.

35 Friedrich Nietzsche, *Die Geburt der Tragödie aus dem Geiste der Musik*, in: *Sämtliche Werke*, Kritische Studienausgabe in 15 Bänden, hg. v. Giorgio Colli und Mazzino Montinari, München 1988, Bd. 1, S. 9-156, S. 72.

36 Vgl. hierzu u. a. Helmut Pfotenhauer, *Kunst als Physiologie. Nietzsches ästhetische Theorie und literarische Produktion*, Stuttgart 1985.

forderte Georg Fuchs vom Theater die Verwandlung des bürgerlichen Individuums in einen »neuen«, transindividuellen Menschen. Die Möglichkeit der Verwandlung sah er, wie die Theoretiker bis zum Ende des 18. Jahrhunderts, durch die leibliche Ko-Präsenz von Schauspielern und Zuschauern gegeben. Denn sie eröffne die Möglichkeit, daß die rhythmischen Bewegungen der Schauspieler sich auf die Zuschauer übertragen und auch sie in einen »Rauschzustand« versetzen.

Es ist in unserem Zusammenhang von besonderem Interesse, daß Fuchs die Vorstellung vom transformatorischen Potential von Theateraufführungen in den Diskurs über Theater zurückführt, indem er es zu einem Genre von Aufführungen in Beziehung setzt, dessen verwandelnde Kraft die Forschung gerade entdeckt hatte – zum Ritual. Wie gezeigt, avancierte um die Jahrhundertwende das Ritual geradezu zum Inbegriff für eine transformative Performanz. Sollen Theateraufführungen ihre angeblich im 19. Jahrhundert verlorene transformatorische Potenz wiedererlangen, müssen sie sich folglich am Paradigma des Rituals orientieren und Erfahrungen ermöglichen, wie sie das Ritual vermittelt – Schwellenerfahrungen.

Dieser Gedanke liegt auch Artauds Überlegungen zu einer radikalen Veränderung des Theaters zugrunde. Artaud geht, ähnlich wie Fuchs, wenn auch mit einer anderen Zielrichtung, von einer Kritik an der ihm zeitgenössischen europäischen Kultur aus. Unter den herrschenden, für die Menschen zutiefst destruktiven falschen Auffassungen des Lebens, welche die Renaissance hinterlassen habe,[37] hebt er besonders Logozentrismus, Rationalismus und Individualismus hervor. Um sie zu überwinden, soll Theater den abendländischen Menschen in Kontakt mit seinen prä-logischen, prä-rationalen, prä-individualistischen Ursprüngen bringen. Es soll im Zuschauer »Trancezustände«[38] – also »klassische« Schwellenzustände – hervorrufen und durch direkte Einwirkung auf sein Unbewußtes »zu einer Bewußtwerdung und auch zu einer Inbesitznahme gewisser dominierender Kräfte, [...] die alles lenken und leiten«,[39] befähigen. Die Theateraufführung muß in ein »magisches Ritual« verwandelt werden, das am Zu-

37 Vgl. hierzu Antonin Artaud, *Die Tarahumaras. Revolutionäre Botschaften*, München 1975, S. 164.

38 Antonin Artaud, *Das Theater und sein Double*, Frankfurt a. M. 1979, S. 88.

39 Ebd., S. 85.

schauer einen Exorzismus, einen *rite de passage* vollzieht. Es soll den an der Zivilisation schwer erkrankten okzidentalen Menschen heilen, indem es im Zuschauer »das Leben« und »den Menschen«[40] wiederherstellt – nicht »den psychologischen Menschen mit seinen wohlunterschiedlichen Gefühlen und Charakterzügen« und auch nicht »den sozialen, [der] den Gesetzen unterworfen und durch Religionen und Vorschriften entstell[t]« ist, sondern »den totalen Menschen«.[41] Immer wieder betont Artaud mit Nachdruck, daß Theateraufführungen auf einen Schwellenzustand zielen. »Wie die Pest ist das Theater eine Krise, die mit dem Tod oder der Heilung endet«.[42] Mit dem Bild der Pest kehrt ein anderes altes Konzept bei Artaud in den Diskurs über Theater zurück – das Konzept der Ansteckung: »Wichtig vor allem ist das Zugeständnis, daß das theatralische Spiel wie die Pest eine Raserei ist und daß es ansteckend wirkt.«[43] Als »Ansteckung« affiziert es nicht nur die »Seele« des Zuschauers, sondern es wirkt unmittelbar auf seinen Körper ein, verändert dessen Zustand.[44]

Theater als autonome Kunst, wie es im Literatur-, Bildungs- und Einfühlungstheater des 19. Jahrhunderts überliefert ist, scheint weder für Fuchs noch erst recht für Artaud mit verwandelnden Kräften begabt zu sein. Um sie wiederzugewinnen, muß es ihrer Meinung nach zum Ritual werden. Theater als Ritual – das meint also ein Theater, das jene verwandelnde Kraft und Wirkung zurückerlangt hat, die ihm bis Ende des 18. Jahrhunderts Gegner wie Befürworter zugesprochen haben. Nicht nur das sogenannte rituelle Theater eines Grotowski, Nitsch oder Schechner, sondern viele Aufführungen von Theater und Performance-Kunst seit den sechziger Jahren haben dieses transformatorische Potential von Aufführungen immer wieder mit Emphase hervorgehoben und in den Blick gebracht. Nachdem auf diesem Wege die Vorstellung von Theater als einer transformativen Performanz

40 Ders., *Die Tarahumaras. Revolutionäre Botschaften*, S. 167.
41 Ders., *Das Theater und sein Double*, S. 132.
42 Ebd., S. 34.
43 Ebd., S. 29.
44 Zu Artauds Theaterkonzept vgl. u. a. Doris Kolesch, »Der magische Atem des Theaters. Ritual und Revolte bei Antonin Artaud«, in: Franz Norbert Mennemeier und Erika Fischer-Lichte (Hrsg.), *Drama und Theater der europäischen Avantgarde*, Tübingen/Basel 1994, S. 231-254, sowie dies., »›Listen to the radio‹: Artauds Radio-Stimme(n)«, in *FORUM MODERNES THEATER*, Bd. 14, H.2, 1999, S. 115-143.

in den Diskurs über Theater zurückgekehrt ist, erscheint es nun kaum erkenntnisfördernd, sondern mit Blick auf die hier besprochenen Aufführungen eher kontraproduktiv, die besondere Erfahrung, die Aufführungen ermöglichen können – die Erfahrung von Liminalität – als rituelle Erfahrung zu bezeichnen. Es ist vielmehr an der Zeit, für sie den Begriff der ästhetischen Erfahrung zu reklamieren und ihn entsprechend zu redefinieren, wie es hier geschehen ist.

Auch wenn, wie dieser kurze historische Exkurs gezeigt hat, die Vorstellung von Theater als einer transformativen Performanz unter Theoretikern und Praktikern des Theaters von der Antike bis zum 18. Jahrhundert sowie im 20. Jahrhundert vorherrschend war, müssen doch die spezifischen historischen, kulturellen, ästhetischen Bedingungen mitbedacht und differenziert werden, unter denen Theateraufführungen jeweils ihr transformatorisches Potential zu entfalten vermochten. Zwar werden die Zuschauer zu allen Zeiten ihre Wohnung verlassen und sich an den Ort begeben, an dem die Aufführung stattfindet. Dies kann, je nach Lage des Aufführungsortes und des dorthin einzuschlagenden Weges, die Entfremdung vom Alltagsmilieu durchaus befördern. In jedem Fall aber werden die Figuren und Geschichten, die szenischen Mittel und Inszenierungsstrategien, mit denen der Zuschauer seinem Alltag entfremdet und für neue Erfahrungen geöffnet werden soll, ebenso wie die durch sie bewirkten Transformationen jeweils andere sein.[45] So mag um 1800 gerade das »uninteressierte und freie Wohlgefallen«, das sich auf die formale Zweckmäßigkeit des Wahrgenommenen richtet, die Bedingung der Möglichkeit dafür dargestellt haben, daß der Zuschauer sich seinem alltäglichen Milieu entfremden konnte und zu Erfahrungen vordringen, bei denen »*kein* Interesse, *weder* das der Sinne, *noch* das der Vernunft, [...] den Beifall ab[zwingt]«,[46] wie dies im Alltag der Fall ist, und die so seine Transformation bewirken mochten. Ich würde in diesem Zusammenhang so weit gehen zu behaupten, daß die Autonomieästhetik und in ihrem Gefolge der

45 Darin besteht eben die Problematik des Transformationsbegriffs, daß er jeweils sehr unterschiedliche Arten von Veränderungen meint, sich also *nicht* bestimmte Arten von Veränderungen abgrenzen lassen, auf die allein dann der Begriff der Transformation zutreffen würde.

46 Immanuel Kant, *Werke in zehn Bänden*, Bd. 8: *Kritik der Urteilskraft*, hrsg. von Wilhelm Weischedel, Darmstadt 1975, S. 287.

Begriff der ästhetischen Erfahrung u.a. deshalb entwickelt wurden, um eine grundsätzlich neue Art von Schwellenerfahrung beschreiben zu können, die der von den überlieferten Ritualen ausgelösten in wesentlichen Aspekten gerade nicht glich. Es war allein jenes »uninteressierte und freie Wohlgefallen«, welches das Subjekt bei der Wahrnehmung von Kunstwerken – oder auch der Natur – empfand, das ihm die Möglichkeit eröffnete, sich als freie Subjektivitität zu erfahren.

An der Wende vom 20. zum 21. Jahrhundert liegen völlig andere Bedingungen vor. In Zeiten einer ständig weiter um sich greifenden Ästhetisierung der Lebenswelt, unter den Bedingungen einer Spaß- und Eventkultur stellt »uninteressiertes und freies Wohlgefallen« ganz sicher nicht die geeignete Empfindung dar, um das Subjekt in einen Schwellenzustand zu versetzen. Dazu bedarf es der Aufstörung sowohl der »Sinne« als auch der »Vernunft«. Irritation, Kollision von Rahmen, Destabilisierung von Selbst-, Fremd- und Weltwahrnehmung, kurz: die Auslösung von Krisen scheint viel eher imstande, dies zu vollbringen. Denn sie vermitteln zutiefst verstörende Erfahrungen, die daher auch zu einer Transformation desjenigen führen können, der sie durchläuft.

Wie unsere kursorische Überprüfung ergeben hat, sind Theateraufführungen nicht nur immer inszeniert, sondern gelten auch prinzipiell als imstande, Schwellenerfahrungen auszulösen, auch wenn die liminalen Zustände jeweils anders zu bestimmen sind und mit jeweils anderen Mitteln herbeigeführt werden. So wie die Inszenierung von Theateraufführungen als intendierte performative Hervorbringung ihrer Materialität auf eine Wiederverzauberung der Welt zielt, strebt ästhetische Erfahrung als Schwellenerfahrung nach einer Verwandlung der an der Aufführung Beteiligten. Verwandlung erweist sich so als eine grundlegende Kategorie einer Ästhetik des Performativen.

Nun mag es durchaus einleuchten, daß Theater überwiegend als eine transformative Performanz galt und entsprechend Theateraufführungen transformatorische Kräfte zugesprochen wurden. Wie aber verhält es sich mit anderen Arten von Aufführungen? Welche Art von Erfahrung ermöglichen Rituale, Feste, Spektakel, Sportwettkämpfe, politische Versammlungen, um nur die Genres von Aufführungen (*cultural performances*) zu nennen, in die Vertreter der historischen Avantgarde Theater verwandeln wollten? Liegt nicht die Annahme nahe, daß sie diese Genres eben deshalb als Modell für Aufführungen eines neuen Theaters begriffen und proklamierten, weil sie in ihnen eben die transformatorischen Kräfte am Werk sahen, die sie im Theater der Jahrhundertwende vermißten; weil sie ihnen die Fähigkeit zusprachen, alle Beteiligten in einen Schwellenzustand zu versetzen? Die neue Wirkungsästhetik, welche die historische Avantgarde anvisierte, weist ganz zweifellos in diese Richtung. Denn bei den lauten, mit Nachdruck wiederholten Forderungen, Theater in ein Ritual oder in ein Fest zu transformieren, stand der Wunsch im Vordergrund, im Theater neue Formen von Gemeinschaft zu erproben. Es war die Gemeinschaft stiftende, bekräftigende und erhaltende Funktion von Ritualen und Festen, auf die sich das Interesse richtete. Vergleichbares gilt für politische Veranstaltungen. Auch in ihnen ging es um die Herstellung und Affirmation bestimmter politischer Gemeinschaften, die eben durch sie erzeugt oder bekräftigt werden sollten, und zwar indem gemeinsam bestimmte Handlungen vollzogen und spezifische Erlebnisse gemacht wurden. Der Bezug auf den Zirkus oder auch auf den Sport zielte dagegen nach Eisensteins Worten auf ihre Wirkung als ein »sinnlich tonisierendes Bad«, auf ihre Verweigerung, Bedeutungen zu übermitteln, ihre Fähigkeit, im Zuschauer Wundern, Staunen, Entsetzen, Schocks auszulösen und so unmittelbar körperlich auf ihn einzuwirken. Die Schwellenerfahrungen, auf die hier abgehoben wurde, betrafen also zum einen den Prozeß der Verwandlung des Individuums in ein Mitglied einer Gemeinschaft, also seine soziale Transformation, und zum anderen den einer somatischen – physiologischen, affektiven – Veränderung. Theateraufführungen sollten sich in ihren Wirkungen diesen anderen Genres von Aufführungen annähern.

Es kann nun in unserem Kontext nicht um eine historische Untersuchung des Verhältnisses von Theateraufführungen und anderen Arten von Aufführungen gehen, so interessant ein solches Unternehmen in kulturhistorischer Hinsicht auch sein mag. Vielmehr steht im Hinblick auf eine Ästhetik des Performativen, die unter Rekurs auf Aufführungen von Theater und Performance-Kunst seit den sechziger Jahren entwickelt wurde, die Frage im Vordergrund, wie sich das Verhältnis zwischen künstlerischen und nicht-künstlerischen Aufführungen seit der performativen Wende gestaltet hat, das heißt, die Frage, ob sich die Erfahrungen, die sich heute bei Festen, bei Sportwettkämpfen, bei den verschiedenen Arten von politischen Veranstaltungen und in anderen Aufführungen machen lassen, grundsätzlich von der hier als Schwellenerfahrung bestimmten ästhetischen Erfahrung unterscheiden oder ob sie ebenfalls als Schwellenerfahrungen zu betrachten sind und sich gegebenenfalls auch unter den Begriff der ästhetischen Erfahrung subsumieren lassen.

Nun ist seit den neunziger Jahren immer wieder darauf hingewiesen worden, daß seit der performativen Wende nicht nur neue Arten von Aufführungen entstanden sind, sondern wir es ganz allgemein mit einer Ästhetisierung und Theatralisierung nichtkünstlerischer Aufführungen zu tun haben. Im Zuge dieser Entwicklung sind die Grenzen zwischen künstlerischen und nichtkünstlerischen Aufführungen immer durchlässiger geworden, wenn sie nicht zuweilen gar ganz gefallen sind. Dies wird besonders augenfällig bei Festen, die im öffentlichen Raum stattfinden. Feste wie die Love Parade, der Christopher Street Day, der Karneval der Kulturen werden als Umzüge und Paraden durchgeführt und besetzen nicht nur den öffentlichen Raum, sondern transformieren ihn auch in einen liminalen Raum. Wo sollen die Grenzen gezogen werden zwischen solchen Festen und Theateraufführungen, welche die traditionellen Theatergebäude verlassen – wie die angeführten Aufführungen des Cornerstone Theaters oder von Hygiene heute – und an verschiedenen Plätzen des öffentlichen Raumes ortsspezifisch arbeiten? Feste wie Theateraufführungen verwandeln nicht nur den öffentlichen Raum in einen liminalen, in einen Übergangsraum, sondern auch die alltägliche Zeit in Übergangszeit, und ermöglichen so den Teilnehmern Schwellenerfahrungen.[47] In Aufführungen wie den in den letzten Jahren sich immer stärker verbreitenden Stadt-Inszenierungen nähern Theateraufführungen und Feste sich heute in auffälliger Weise einander noch weiter an. So nutzte die zehnte »Documenta« die Stadt Kassel als einen großen Ausstellungs-, Aufführ-

47 Vgl. zum modernen Fest u.a. Klaus-Peter Köpping, »Fest«, in: *Der Mensch. Handbuch Historische Anthropologie*, hrsg. von Christoph Wulf, Weinheim/Basel 1997, S. 1048-1065; Joachim Küchenhoff, »Das Fest und die Grenzen des Ich – Begrenzung und Entgrenzung im ›vom Gesetz gebotenen Exzeß‹«, in: *Poetik und Hermeneutik XIV*, hrsg. von Walter Haug und Rainer Warning, München 1989, S. 99-119; Wolfgang Lipp, »Feste heute: Animation, Partizipation und Happening«, in: ders., *Drama Kultur*, Berlin 1994, S. 523-547.

rungs- und Festraum, in den sich die Aufführungen des Theaterprogramms auf spezifische Weise einfügten – wie etwa *15 minutes to comply* der Performance Gruppe Gob Squad an einer Straßenbahnhaltestelle oder Heiner Goebbels' Inszenierung *Landschaft mit dem von der Schlange getöteten Mann* unter einer großen Brücke.[48] Die italienische Gruppe Teatro Potlach veranstaltet seit etwa zehn Jahren regelmäßig derartige Stadt-Inszenierungen unter dem Titel *Città invisibile* in Fara Sabina, Farfa, Klagenfurt, auf Malta, in Cardiff. In Fara Sabina zum Beispiel stellten die Bewohner der Stadt für zwei Wochen ihre Keller und Höfe zur Verfügung, damit Theater-Künstler aus aller Welt sie am Leitfaden von Italo Calvinos Roman *Die unsichtbaren Städte* ihrer Phantasie entsprechend umgestalten konnten. Die so transformierte Stadt wurde dann für das Publikum geöffnet. Handelte es sich hier um ein Fest oder eine Theateraufführung? Diese Frage läßt sich kaum eindeutig beantworten. In jedem Fall handelte es sich um eine Transformation nicht-öffentlicher Plätze in der Stadt in spezifisch gestaltete öffentliche, die allen, die sie besuchten, die Möglichkeit zu Schwellenerfahrungen eröffnete.[49]

Während moderne Feste auch darin Theateraufführungen ähneln, daß sie Gemeinschaft immer nur punktuell und im äußersten Fall für die Dauer des Festes herzustellen vermögen, so daß diese spätestens mit dem Ende der Aufführung wieder zerfällt, zielen zeitgenössische politische Veranstaltungen in der Regel darauf, länger, d. h. über die Dauer der Aufführung hinaus andauernde Gemeinschaften zu stiften bzw. zu bestärken. Diese Funktion haben politische Veranstaltungen auch in vergangenen Epochen durch Ästhetisierung und Theatralisierung verwirklicht, wie besonders deutlich an politischen Festen abzulesen ist, seien dies nun höfische Feste im 16. und 17. Jahrhundert, die Feste der französischen Revolution oder die Feste der Arbeiterbewegung in

48 Vgl. zu dieser Aufführung Christel Weiler, »Heiner Goebbels *Landschaft mit dem von der Schlange getöteten Mann*«, in: *Theater der Zeit*, Sept./Okt. 1997, Spezial »Theaterskizzen zur Dokumenta X«, S. XIII-XVI.

49 Vgl. hierzu Christian Horn, Sandra Umathum, Matthias Warstat, »Auswählen und Versäumen. Wahrnehmungsmodi zwischen Fernsehen und Theater«, in: Erika Fischer-Lichte, Christian Horn, Sandra Umathum und Matthias Warstat (Hrsg.), *Wahrnehmung und Medialität* (= *Theatralität*, Bd. 3), Tübingen/Basel 2001, S. 143-158.

den 20er Jahren des 20. Jahrhunderts.[50] Um so mehr mag es erstaunen, daß heute soviel über Theatralisierung politischer Veranstaltungen geklagt und sie als verabscheuungswürdige Ursache für den Niedergang unserer politischen Kultur an den Pranger gestellt wird. Als beim Leipziger Parteitag der SPD im April 1998 durch ein Versehen der Beleuchtungsplan der Veranstaltung in die Pressemappen für Journalisten geraten war, ergoß sich ein Strom von Häme und Empörung über die Veranstalter. In einer Reihe von Zeitungen wurde ausführlich aus dem Plan zitiert, um so die Kritik daran zu untermauern, daß der Parteitag ein inszeniertes Ereignis dargestellt habe. Heribert Prantl, der Ressortleiter Innenpolitik der *Süddeutschen Zeitung*, erläuterte diese Kritik als »eine allergische Reaktion darauf, daß man sich als Staffage mißbraucht vorkam«.[51] Man war sich wohl dessen bewußt, daß auch in der zeitgenössischen deutschen Politik Inszenierungen – besonders Inszenierungen für die Medien – eine nicht unbedeutende Rolle spielen, wie zum Beispiel die wirkungsvollen Inszenierungen von Kohl und Mitterand auf den Schlachtfeldern von Verdun oder von Klaus Toepfer, wie er als Umweltminister schwimmend den Rhein überquerte, belegen. Aber die Inszenierung von Parteitagen galt als eine amerikanische Spielart von Politik. Dabei wurde übersehen, daß derartige Aufführungen immer der Inszenierung bedürfen. Ablauf und Gestaltung des Parteitages richteten sich in diesem Fall darauf, durch Emotionen und gemeinsame Erlebnisse nicht nur ein besonderes Wir-Gefühl entstehen zu lassen, sondern eine siegeswillige politische Gemeinschaft zu erzeugen. Der Parteitag begann mit dem Einmarsch von Gerhard Schröder und Oskar Lafontaine. Mit beiden Armen winkend zogen sie in die Halle zu den Fanfarenklängen einer Hymne ein, die eigens für diesen Zweck komponiert war. Die Hymne, die stark affektiv wirkte und Emotionen wie Aufbruchsstimmung, Zuversicht, Siegesgewißheit zum Ausdruck brachte und, nach dem Gesichtsausdruck der anwesenden Delegierten zu urteilen,

50 Vgl. dazu Christian Horn, *Der aufgeführte Staat. Zur Theatralität höfischer Repräsentation unter Kurfürst Johann Georg II. von Sachsen*, Tübingen/Basel 2004; Inge Baxmann, *Die Feste der Französischen Revolution*, Weinheim/Basel 1989; Matthias Warstat, *Theatrale Gemeinschaften. Zur Festkultur der Arbeiterbewegung 1918-1933*, Tübingen/Basel 2004.

51 Heribert Prantl, »Wir denken zu sehr in PR-Kategorien«, in: *Sage & Schreibe* 9/1998, S. 44-45 (Interview mit R. Schatz), S. 45.

auch in ihnen auslöste, unterstützte zum einen die Körpersprache der einziehenden Matadore und übertrug zum anderen deren Haltung auf die Delegierten. Sie wirkte in diesem Sinne »anstekkend«. Auch der weitere Verlauf des Parteitages zielte darauf, die Delegierten in eine Gemeinschaft der Siegesbewußten und Siegeswilligen zu transformieren.[52]

Was für den Leipziger Parteitag der SPD galt, läßt sich *mutatis mutandis* auch von anderen politischen Veranstaltungen behaupten. Sie ermöglichen gemeinsame Gesten, Handlungen und Erlebnisse, durch die eine Gemeinschaft erzeugt wird, die über das Ende der Veranstaltung hinaus andauern soll.[53] Dadurch unterscheiden sie sich von Theateraufführungen.

Aber wie war das mit Schlingensiefs *Chance 2000*? Wurde hier nicht gerade diese Unterscheidung unterlaufen? War nicht die Gründung einer politischen Partei, nämlich der »Chance 2000« geplant? Das heißt, es ging – scheinbar? –auch hier darum, eine über das Ende der Aufführung hinaus andauernde Gemeinschaft zu stiften, vor allem jedoch darum, Unterschiede zwischen Theateraufführungen und politischen Veranstaltungen weiter zu verwischen, einzuebnen, zumindest jedoch eine fundamentale Verunsicherung im Hinblick auf ihre Differenz zu bewirken. Andererseits ist bei politischen Veranstaltungen zu beobachten, daß es ihnen immer weniger gelingt, eine über die Aufführung hinaus andauernde Gemeinschaft zu stiften. Es scheint sich auch hier zunehmend eher um ästhetische Gemeinschaften im Sinne Vattimos[54] zu handeln.

Auch bei Sportwettkämpfen geht es teilweise um die Stiftung und Affirmation von Gemeinschaften, um die Transformation von Individuen in Mitglieder von Fan-Gemeinden. Durch gemeinsam gebrüllte Parolen, gemeinsam vollzogene Gesten und

52 Zum weiteren Verlauf vgl. Carsten Brosda und Christian Schicha, »Politikvermittlung als Event Marketing«, in: Erika Fischer-Lichte et al. (Hrsg.), *Performativität und Ereignis* (=*Theatralität*, Bd. 4), Tübingen/Basel 2003, S. 319-338.

53 Vgl. hierzu u. a. Thomas Meyer/Martina Kampmann, *Politik als Theater. Die neue Macht der Darstellungskunst*, Berlin 1998; Herfried Münkler, »Die Theatralisierung der Politik«, in: Früchtl/Zimmermann (Hrsg.), *Ästhetik der Inszenierung*, S. 144-163; Hans Georg Soeffner/Dirk Tänzler (Hrsg.), *Figurative Politik. Zur Performanz der Macht in der modernen Gesellschaft*, Opladen 2002.

54 Vgl. Gianni Vattimo, *Die transparente Gesellschaft.*

Handlungen, gemeinsam durchlebte starke Emotionen verwandeln sich hier Anhänger bestimmter Fußballclubs in Mitglieder von Fan-Gemeinden und bei internationalen Fußballwettkämpfen die einzelnen Schlachtenbummler in Mitglieder einer nationalen Gemeinschaft. Gewisse affektive, identifikatorische Beziehungen bestanden in der Regel bereits vor dem Spiel – im Hinblick auf einen bestimmten Fußballclub oder die eigene Nationalmannschaft. Aber erst im Spiel entsteht in ihrer Affirmation und Intensivierung jeweils eine Gemeinschaft.

Bei Fußballspielen handelt es sich um einen Typus von Aufführungen, in dem besonders starke Emotionen in Akteuren und Zuschauern erzeugt werden; zwischen den das Spielfeld umschließenden Zuschauern und den auf dem Feld agierenden Spielern scheinen sich energetische Felder von hoher Intensität zu bilden. Eine teilweise kaum mehr erträgliche Spannung entsteht, die sich immer wieder in explosionsartigen Reaktionen der Zuschauer entlädt. Der emotionale Ausnahmezustand, das Aufgehen in einer Gemeinschaft, die für Sportwettkämpfe – wie für Feste – charakteristische Paradoxie von Regelhaftigkeit und Exzeß versetzt alle Beteiligten in den Zustand eines radikalen *betwixt and between* und ermöglichst ihnen so Schwellenerfahrungen.

Da Wettkämpfe auf einem agonalen Prinzip beruhen, kann sich hier nicht eine einzige große Gemeinschaft aller Akteure und Zuschauer bilden. Vielmehr handelt es sich um antagonistische Gemeinschaften: wer in eine von ihnen eingeschlossen ist, ist damit zugleich aus der anderen ausgeschlossen. Diese Gemeinschaften werden daher häufig nicht nur durch gemeinsame Erlebnisse und gemeinsam vollzogene Handlungen erzeugt und bekräftigt, sondern auch dadurch, daß sich Gefühle und Handlungen *gegen* die jeweils anderen richten. Der Ausbruch von Gewalt während der Spiele oder unmittelbar im Anschluß an sie, wie es sich bei vielen internationalen Wettkämpfen beobachten läßt, ist daher nicht nur der Paradoxie von Regelhaftigkeit und Exzeß geschuldet, wie es bei Festen der Fall ist, in deren Verlauf auch immer wieder Gewalt ausbrechen kann. Er ist auch darauf zurückzuführen, daß die eine Gemeinschaft sich gerade dadurch als Gemeinschaft bestätigt, daß sie den Mitgliedern der anderen Gemeinschaft Gewalt antut. In beiden Fällen – beim Fest wie beim Fußballspiel (oder auch bei einer künstlerischen Aufführung wie Beuys' *Kukei, akopee – nein! braunkreuz, fettecken, modellfettecken* in Aachen) – ist es der liminale Zustand, aus dem heraus Gewalt entsteht, die ihrerseits bestimmte Schwellenerfahrungen ermöglicht.

Der Aspekt von Gemeinschaftsbildung, der bei Fußballwettkämpfen und anderen Mannschaftsspielen so prominent ist – um die jeweilige Gemeinschaft der Spieler lagert sich die Gemeinschaft der sie unterstützenden Zuschauer –, spielt bei anderen Sportveranstaltungen keine oder eine eher untergeordnete Rolle. Eiskunstlauf, Turnen, viele Leichtathletik-Disziplinen wie Laufen, Weit- und Hochsprung werden von den Zuschauern – ähnlich wie die zirzensischen Künste – eher als ein Spektakel wahrgenommen. Die Emotionen, die bevorzugt beim Zuschauer hervorgerufen werden, sind Gefühle des Staunens und der Bewunderung angesichts der außergewöhnlichen Leistungen der Athleten. Zugleich genießt der Zuschauer die Wahrnehmung junger, schöner, starker, geschickter Körper, die – ganz im Gegensatz zu den von Alter, Krankheit, Gebrechlichkeit und Tod gezeichneten Körpern bei Raffaello Sanzio – überwiegend positive Gefühle in ihm auslösen. Indem der Zuschauer beobachtet, wie die Sportler sich im und durch den Raum bewegen, nimmt er wahr, wie sie in und mit ihren Bewegungen eine neue, schöne Welt erzeugen, eine Welt, die von Jugend, Schönheit, Erotik, Fitness, Fairness, Kampfesmut und Siegeswillen bestimmt wird – kurz: eine Welt der Präsenz, im Sinne des schwachen und überwiegend auch des starken Konzepts, in der zwar auch das Leistungsprinzip herrscht, die ihm gleichwohl ermöglicht, seine Alltagswelt hinter sich zu lassen und ganz neue Erfahrungen zu machen.[55]

Ob es sich um Feste, politische Veranstaltungen oder Sportwettkämpfe handelt, immer haben wir es mit Aufführungen zu tun, welche die Möglichkeit zu Schwellenerfahrungen eröffnen. Dies ist insofern nicht verwunderlich, als Aufführungen generell durch die Autopoiesis der *feedback*-Schleife hervorgebracht werden und ich gezeigt habe, daß es eben die Autopoiesis, die auf die leibliche Ko-Präsenz von Akteuren und Zuschauern zurückgeht, ist, welche Liminalität erzeugt. Auch wenn ich einerseits ästhetische Erfahrung als Schwellenerfahrung bestimmt habe und andererseits alle Genres von Aufführungen die Möglichkeit zu Schwellenerfahrungen eröffnen, muß daraus keineswegs ge-

55 Vgl. zu den Sportveranstaltungen vor allem Gunter Gebauer, *Sport in der Gesellschaft des Spektakels*, Sankt Augustin 2002.

schlossen werden, daß alle Arten von Schwellenerfahrung unter ästhetischer Erfahrung zu subsumieren sind. Während ich eine Schwellenerfahrung, bei der der Weg das Ziel ist, als ästhetisch bezeichne, bestimme ich Schwellenerfahrungen, die den Weg zu einem »anderen« Ziel darstellen, als nicht-ästhetische Erfahrungen. Solche Ziele können in einem gesellschaftlich anerkannten Statuswechsel bestehen, in der Generierung von Siegern und Verlierern, in der Bildung von Gemeinschaften, in der Legitimation von Machtansprüchen, in der Herstellung sozialer Verbindlichkeit, in der Unterhaltung u. a. mehr. Das heißt, bei ästhetischer Erfahrung geht es um die Erfahrung der Schwelle, des Übergangs, der Passage als solcher, den Prozeß der Verwandlung, bei nicht-ästhetischen Schwellenerfahrungen dagegen um den Überang *zu* etwas, die Transformation *in* dieses oder jenes.

Damit erhellt unmittelbar, daß es sich bei dieser Unterscheidung nicht um ein Kriterium handelt, mit dessen Hilfe ich künstlerische von nicht-künstlerischen Aufführungen zu unterscheiden vermöchte. Denn ästhetische und nicht-ästhetische Erfahrungen können einander in ein und derselben Aufführung abwechseln. Es hängt von der Wahrnehmung jedes einzelnen Zuschauers ab, ob er sich auf den liminalen Zustand konzentriert, in den ihn seine Wahrnehmung versetzt hat, oder ob er ihn als Übergang zu einem bestimmten Ziel erachtet und durchlebt. Dies konnte sich in *Lips of Thomas* ebenso von Minute zu Minute ändern wie beim Länderspiel Deutschland – Brasilien im Finale der Fußballweltmeisterschaft 2002.

In diesem Zusammenhang darf man nicht übersehen, daß es gerade die Künstler sind, welche danach trachten, permanent die Grenzen zwischen Kunst und Nicht-Kunst, zwischen dem Ästhetischen und dem Nicht-Ästhetischen zu überschreiten, sie zu verwischen oder gar aufzuheben. Immer wieder stellen sie Situationen her, die es dem Zuschauer erschweren, wenn nicht gar unmöglich machen, die Schwellenerfahrung als solche als das Ziel zu betrachten, Situationen, die ihm Entscheidungen abverlangen, die sich auf zielorientierte Handlungen beziehen. Gleichwohl ist es hier die ästhetische Erfahrung, das heißt die Erfahrung der Schwelle als solche, welche die nicht-ästhetischen Schwellenerfahrungen organisiert und gegebenenfalls integriert.

Auf der anderen Seite multiplizieren Feste, politische Veranstaltungen, Sportwettkämpfe – wie dies vor allem bei den Olympischen Spielen zu beobachten ist – die auch ihnen inhärenten Möglichkeiten, sich auf die Erfahrung der Schwelle zu konzentrieren, den Zustand der Liminalität als das Ziel zu begreifen. Das ist gemeint, wenn von der Ästhetisierung und Theatralisierung von nicht-künstlerischen Aufführungen – teilweise abwertend – die Rede ist. Zu einem Differenzkriterium zwischen künstlerischen und nicht-künstlerischen Aufführungen taugt, wie gesagt, die Unterscheidung in ästhetische Erfahrung als einer besonderen Art von Schwellenerfahrung und andere Arten von Schwellenerfahrungen nicht. Wenn künstlerische Aufführungen heute die Grenzen überschreiten und auf ihre Aufhebung zielen, haben sie eben dies im Blick. In allen Arten von Aufführungen vermag die Erfahrung zwischen ästhetischer Erfahrung und nicht-ästhetischen Erfahrungen oszillierend hin- und herzugleiten. Und ob die künstlerische Aufführung sich dadurch von nicht-künstlerischen Aufführungen unterscheidet, daß in ihr die ästhetische Erfahrung dominiert, ist nach meinen bisherigen Ausführungen höchst zweifelhaft. Weder Abramovićs Performances noch die Aufführungen von Schlingensiefs Inszenierungen berechtigen zu einer solchen Annahme. Wie aber lassen sich dann künstlerische und nicht-künstlerische Aufführungen unterscheiden? Und wenn sie sich nicht oder nur graduell bis partiell unterscheiden lassen, kann dann noch eine Autonomie der Kunst behauptet werden?

3. Kunst und Leben

Weder der Begriff der Inszenierung noch derjenige der ästhetischen Erfahrung implizieren Kriterien, nach denen sich künstlerische Aufführungen grundsätzlich von nicht-künstlerischen unterscheiden lassen. Auch wenn Seel der Meinung ist, daß künstlerische Inszenierungen sich dadurch auszeichnen, daß sie Präsenz nicht allein produzieren, sondern Präsenz präsentieren, so läßt sich dasselbe von Inszenierungen des Sports sagen – um nur ein Gegenbeispiel zu nennen. Auch hier wird Präsenz nicht nur hervorgebracht, sondern darüber hinaus präsentiert, als Präsenz dargeboten. Und was den Begriff der ästhetischen Erfahrung angeht, so hat sich gezeigt, daß er auf künstlerische wie auf nicht-künstlerische Aufführungen Anwendung finden kann.

Richard Shusterman, der sich in allen seinen Schriften konsequent weigert, eine essentialistische Definition von Kunst zu liefern, mit der sich Kunst grundlegend und ein für allemal von Nicht-Kunst unterscheiden ließe, hat kürzlich den Versuch unternommen, eine Definition als ein heuristisches Instrument zu formulieren, »um bestimmte Merkmale von Kunst zu betonen, die keine hinreichende Aufmerksamkeit erfahren haben«.[56] Sein Vorschlag, Kunst als Dramatisieren zu begreifen und zu bestimmen, meint zweierlei: zum einen »das Auf-die-Bühne-Bringen oder Einrahmen von Szenen« und zum anderen »die größere Lebendigkeit von Erfahrung und Handlung«,[57] durch die sich Kunst von der gewöhnlichen Realität unterscheide. Nun handelt es sich hier um ein Merkmal, das allen Aufführungen zu eigen ist, ganz gleich, ob wir es mit künstlerischen oder nicht-künstlerischen Aufführungen zu tun haben. Auch ein Fußballspiel, eine Parlamentssitzung, eine Gerichtsverhandlung, ein Gottesdienst, eine Hochzeit, ein Begräbnis und andere Arten von *cultural performances* »dramatisieren« in diesem Sinne: Sie rahmen bestimmte Szenen ein, die sie damit von anderen, die nicht von Rahmen eingeschlossen werden, abgrenzen, und sie ermöglichen eine größere Lebendigkeit von Erfahrung und Handlung. Dies mag der Grund gewesen sein, aus dem Milton Singer Ende der fünfziger Jahre den Begriff der *cultural performance* prägte. Er bestimmte sie als kleinste beobachtbare Einheit einer kulturellen Struktur, in der sich Selbstbild und Selbstverständnis der betreffenden Kultur artikuliere und vor ihren Mitgliedern wie vor anderen dar- und ausstelle.[58] Es ist gerade das »Dramatisieren«, das *cultural performances*, also Aufführungen, von der alltäglichen Lebenswelt, von der »gewöhnlichen Realität« unterscheidet. Es scheint daher müßig zu sein, weiter nach Merkmalen zu suchen, die als Differenzkriterium in bezug auf künstlerische und nicht-künstlerische Aufführungen zu fungieren vermöchten.

Auch wenn es also ein derartiges Kriterium nicht zu geben scheint, haben wir merkwürdigerweise dennoch keine Schwierigkeit, Nitschs Lammzerreißungsaktionen, Schechners *Dionysus in*

56 Richard Shusterman, »Tatort: Kunst als Dramatisieren«, in: Früchtl/Zimmermann (Hrsg.), *Ästhetik der Inszenierung*, S. 126-143, S. 128.

57 Ebd., S. 136.

58 Vgl. Milton Singer, *Traditional India – Structure and Change*, Philadelphia 1959, S. XIIf.

69, Beuys' *Coyote*, die verschiedenen Selbstverletzungsperformances, Schleefs *Sportstück*, Schlingensiefs *Bitte liebt Österreich!* den Status von künstlerischen Aufführungen zuzusprechen, die Love Parade dagegen als Fest, den Parteitag der SPD in Leipzig als eine politische Versammlung und die Olympischen Spiele als Sportveranstaltung zu klassifizieren und sie insgesamt als nicht-künstlerische Aufführungen einzustufen. Wenn einerseits die künstlerischen Aufführungen daran arbeiten, die Grenze zu nicht-künstlerischen zu überschreiten und diese sich andererseits aufgrund von Theatralisierung und Ästhetisierung permanent und kontinuierlich den künstlerischen annähern, dürfte eine solche Zuordnung eigentlich nicht möglich sein. Gleichwohl wird sie ständig vorgenommen – und sei es, um Teilnehmern, die aufgrund der gewählten Inszenierungsstrategien in Zweifel über das Genre der Aufführung verfallen, in die sie als zufällige Passanten auf einem öffentlichen Platz geraten sind, Anweisungen für ein »angemessenes« Verhalten zu liefern, wie dies bei den Wiener Festwochen im Jahre 2000 geschah. Es war allein die Zugehörigkeit zu einer bestimmten Institution, die hier eine solche Zuordnung erlaubte. Eine Aufführung gilt als künstlerisch, wenn sie im Rahmen der Institution Kunst stattfindet; sie ist den nicht-künstlerischen Aufführungen zuzurechnen, wenn sie im Rahmen der Institutionen Politik, Sport, Recht, Religion etc. veranstaltet wird. Ausschlaggebend für die Differenzierung zwischen künstlerischen und nicht-künstlerischen Aufführungen sind also weder ihre je spezifische Ereignishaftigkeit, noch die besonderen ihnen zugrundeliegenden Inszenierungsstrategien oder die ästhetische Erfahrung, welche sie ermöglichen. Es ist vielmehr der institutionelle Rahmen, der darüber entscheidet, ob sie als künstlerisch oder nicht-künstlerisch einzustufen sind.

Auch wenn die Künstler daran arbeiten, die Grenzen zwischen Kunst und Leben, zwischen dem Ästhetischen und dem Sozialen, Politischen, Ethischen zu überschreiten, zu verwischen, ja zu annullieren, vermögen die von ihnen initiierten Aufführungen wohl, auf die Autonomie von Kunst zu reflektieren, nicht aber sie aufzuheben. Denn diese wird durch die Institution Kunst garantiert. Jede ikonoklastische Geste der Künstler, jede auf die Zerschlagung der Institution Kunst zielende Aktion findet gleichwohl im Rahmen der Institution Kunst statt und stößt damit an ihre Grenzen. Daran ändert auch eine Ästhetik des Performativen nichts.

Diese Institution bildete sich im Zuge und als Folge der Forderung nach Autonomie der Kunst heraus. An die Stelle der Wirkungsästhetik, die mit einer normativen Ästhetik Hand in Hand ging und bestimmte religiöse oder moralische Zwecke zu erfüllen strebte, trat nun eine Autonomieästhetik. Das heißt, die Kunst sollte sich von jetzt an unabhängig von außerkünstlerischen, gesellschaftlichen, ökonomischen Interessen und Zwängen als ein eigenständiger Bereich etablieren und sich nach eigenen Gesetzen und Regeln weiterentwickeln. Dabei darf man allerdings nicht übersehen, daß diese Autonomie durchaus im Dienste eines »höheren« Zweckes stand – nämlich der »Bildung«, der Vervollkommnung des Menschen. Nicht nur Schillers Schrift *Über die ästhetische Erziehung des Menschen* legt über diesen »Endzweck« der Autonomie der Kunst ein beredtes Zeugnis ab, sondern auch Wagners Theorie des Gesamtkunstwerks, die er in der Mitte des 19. Jahrhunderts entwickelte. Es ging bei der Autonomie der Kunst um die Kompensation eines Verlusts, um die »Wiederherstellung« des »ganzen« Menschen, um die »Wiedergewinnung« einer in der historischen Welt und vor allem in der bürgerlichen Gesellschaft verlorenen Totalität. Mit dieser Zielsetzung hängt unmittelbar zusammen, daß der Kunst mit der Autonomie auch ein Wahrheitsanspruch übertragen wurde.

Angesichts der ernormen Bedeutung, die der Kunst nun zukam, meinte man sie nicht allein den Künstlern, den geheimnisumwitterten genialen Schöpfern der Kunstwerke, überlassen zu können. Über die Einhaltung der Autonomie wachte von nun an ein ständig wachsendes Heer von Kritikern, Theoretikern, Administratoren, Zensoren, Agenten u. a. Sie richteten ihr Augenmerk nicht nur darauf, daß der Bürger sich durch den »Genuß« der autonomen Kunst zu bilden vermochte, sondern sorgten vor allem dafür, daß sich die Kunst in ihrem hehren Wahrheits- und Totalitätsanspruch nicht dadurch beschmutzte, daß sie sich auf Partielles richtete und sich in Angelegenheiten der Politik, der Religion, der öffentlichen Moral einmischte. Durch das Zusammenwirken aller Beteiligten entstand so die Institution Kunst, die sich bis heute als stabil erwiesen hat.

Wenn das Theater seinen neuen, zuerst von Goethe und Schiller verkündeten und in der Folge konsequent vertretenen Anspruch, die Zuschauer zu bilden, das heißt zur Entfaltung ihrer Persönlichkeit beizutragen, gerecht werden wollte, mußte es zunächst einmal sein Publikum dazu bringen, den Theaterraum nicht länger mehr als einen geselligen Raum zu betrachten, sondern als Raum einer konzentrierten Wahrnehmung. Dazu sollten in der ersten Hälfte des 19. Jahrhunderts die überall erlassenen, jedoch kaum je eingehaltenen Theatergesetze dienen und in der zweiten Hälfte die in dieser Hinsicht sehr viel effektivere Verdunkelung des Zuschauerraums. Trotz dieser Anstrengungen gab es in Theateraufführungen immer wieder Grenzüberschreitungen. So wird berichtet, daß es während der Aufführung von Aubers *Die Stumme von Portici* in der Brüsseler Oper zu Tumulten kam, die sich zu jenem Aufstand ausweiteten, der die Loslösung der Belgier von den Niederlanden und damit die Gründung des belgischen Staates bewirkte. Wenn auch nicht ganz so folgenreich, sind in diesem Kontext auch viele Aufführungen des Wiener Volkstheaters zu nennen, an denen Nestroy beteiligt war. Seine verbalen und gestischen Improvisationen, die Invektiven gegen die Regierung oder die Kirche implizierten oder offen gegen gültige Moralvorstellungen verstießen, veranlaßten immer wieder die in der Aufführung anwesende Theaterpolizei, einzugreifen und Nestroy mitten in der Aufführung ein Bußgeld abzufordern. Auch die im anderen Kontext bereits erwähnte Uraufführung von Hauptmanns *Vor Sonnenaufgang*, in der sich einem Kritiker zufolge der Theatersaal in ein Versammlungslokal verwandelte, ist hier anzuführen. Das Theater kam seinem Bildungsauftrag offensichtlich nicht immer in wünschenswertem Maße nach. Die autopoietische *feedback*-Schleife, die »Ansteckung«, die von Akteuren auf die Zuschauer oder auch von Zuschauern auf andere Zuschauer übergriff, stand in allen diesen Fällen dem mit der Autonomie gesetzten Wahrheits- und Bildungsanspruch entgegen, den Literatur und bildende Kunst mit ihren ganz anders gearteten Produktions- und Rezeptionsbedingungen sehr viel konsequenter durchzusetzen vermochten.

Zu Beginn des 20. Jahrhunderts erhoben die Avantgardebewegungen die Forderung nach einer Annäherung von Kunst und Leben und proklamierten eine neue Wirkungsästhetik, weil sie weder an den Wahrheitsanspruch noch an den Bildungsauftrag einer autonomen Kunst länger zu glauben vermochten, sondern ihre völlige Loslösung vom Leben als ihr Ende begriffen. Als Marcel Duchamp ein Fahrrad, ein Flaschengestell, ein mit R. Mutt signiertes Urinoir ins Museum stellte, als der »Oberdada« Johannes

Baader im November 1918 in einem Vormittags-Gottesdienst im Berliner Dom den Hofprediger Dryander daran hinderte, seine Predigt zu halten, oder ein Jahr später in Weimar bei einer Parlamentssitzung von der Tribüne aus die Sitzung unterbrach und Flugblätter mit der Überschrift *Die grüne Leiche* in die Versammlung warf, auf denen u. a. zu lesen stand: »Wir werden Weimar in die Luft sprengen. Berlin ist der Ort DA-DA«, da arbeiteten sie ganz ähnlich wie viele Künstler später, das heißt seit den sechziger Jahren daran, die Differenz zwischen künstlerischen und nichtkünstlerischen Aufführungen, zwischen Kunst und Leben aufzuheben. Aber bereits zu diesem Zeitpunkt hatte sich die Institution Kunst so gefestigt, daß alle Attacken gegen sie und gegen die Autonomie von Kunst nicht nur ins Leere stießen, sondern ihr vielmehr integriert wurden: Unter Berufung auf die Autonomie von Kunst wurde Baader wie gut vierzig Jahre später Hermann Nitsch vom Vorwurf der Blasphemie freigesprochen.

Insofern die Autonomie der Kunst durch die Institution Kunst garantiert ist, vermag auch eine Ästhetik des Performativen sie nicht ernsthaft in Frage zu stellen, geschweige denn aufzuheben. Insofern sie die Loslösung von Kunst aus allen lebensweltlichen Zusammenhängen meint, arbeiten viele Künstler seit den sechziger Jahren in der Tat an ihrer Aufhebung. Denn sie praktizieren Kunst gerade als Kunst der Grenzüberschreitung. Wie wir gesehen haben, ist es eben die Grenze, die in der westlichen Kultur im ausgehenden 18. Jahrhundert zwischen Kunst und Nicht-Kunst, zwischen Kunst und »Wirklichkeit«, Kunst und Leben gezogen wurde, welche sie permanent überschreiten, verwischen, annullieren. Nicht nur Aufführungen von Theater und Performance-Kunst weisen in diese Richtung, sondern auch Aufführungen der anderen Künste, vor allem Ausstellungen, die Kunst weniger ausstellen denn aufführen. Dies gilt ganz prominent für die beiden letzten *Documenta*-Ausstellungen, deren Kuratorin Catherine David (Documenta X) und Kurator Okwui Enzor (Documenta XI) programmatisch den Anspruch formulierten, daß die in ihnen präsentierten Werke nicht nur »kritische Bilder der heutigen Welt und von den Phänomenen, die sie bewegt und verändert«,[59] zeigen, sondern die *Documenta* geradezu als eine »Plattform« fun-

59 Catherine David, *Stand der Dinge*, Teil 1, Katalog Kunstwerke, Berlin 2000 o. S.

giere, auf der »theoretische Ideen mit der Praxis gekreuzt werden«.[60] Die Ausstellung, die aus Anlaß des Festivals »Theater der Welt 2002« gemeinsam vom Kölner Museum Ludwig und »Theater der Welt« initiiert und veranstaltet wurde, trug programmatisch den Titel *I promise it's political. Performativität in der Kunst.* Bei einem so angelegten Ausstellungskonzept erwies es sich, »wie unscharf Begriffe wie ›Theater‹, ›Kunst‹ und ›Welt‹ geworden sind«.[61] Die Ausstellung war so eingerichtet, daß sie »neue Formen von Mutualität« hervorzubringen vermochte, »d. h. Beziehungen nicht mehr (nur) zwischen Betrachtern und Objekten, sondern zwischen Betrachtern und Räumen«, daß bei den »Prozessen der Wahrnehmung ein neues ›WIR‹« entstand,[62] die Ausstellung also ein entsprechendes transformatorisches Potential zu entfalten vermochte.

Eine Ästhetik des Performativen zielt auf diese Kunst der Grenzüberschreitung. Sie arbeitet unablässig daran, Grenzen, die, historisch gesehen, im ausgehenden 18. Jahrhundert errichtet wurden und seitdem als ebenso unverrückbar wie unüberwindbar und in diesem Sinne als quasi natürliche, das heißt von der Natur gesetzte Grenzen galten – wie die Grenzen zwischen Kunst und Leben, zwischen Hochkultur und populärer Kultur, zwischen der Kunst der westlichen Kultur und derjenigen anderer Kulturen, denen das Konzept der Autonomie von Kunst fremd ist –, zu überschreiten und so den Begriff der Grenze zu redefinieren. Während bisher das Trennende, die Abschottung, die prinzipielle Differenz als die ihn bestimmenden Aspekte im Vordergrund standen, macht eine Ästhetik des Performativen den Aspekt der Überschreitung und des Übergangs stark. Die Grenze wird zur Schwelle, die nicht voneinander trennt, sondern miteinander verbindet. An die Stelle der unüberbrückbaren Gegensätze treten graduelle Differenzen. Eine Ästhetik des Performativen verfolgt also nicht das Projekt einer Entdifferenzierung, das nach Girards Opfertheorie unweigerlich zum Ausbruch von Gewalt führen würde. Vielmehr geht es ihr um die Überwindung starrer

60 *Platform 1, Documenta XI: Democracy Unrealized,* Begleitheft, Kassel/Berlin 2001, o. S.

61 Matthias Lilienthal im Vorwort zum Katalog *I promise it's political. Performativität in der Kunst,* Köln 2002, S. 5.

62 Irit Rogoff, »WIR. Kollektivitäten, Mutualitäten, Partizipationen«, in: *I promise it's political,* S. 52-60, S. 53.

Gegensätze, um ihre Überführung in dynamische Differenzierungen. Insofern wir uns angewöhnt haben, das Hantieren mit dichotomischen Begriffspaaren als Ausweis für eine rationale Vorgehensweise zu begreifen, die der von der Aufklärung vollzogenen Entzauberung der Welt adäquat ist und sie zutreffend zu beschreiben vermag, liegt es nahe, das Projekt einer Ästhetik des Performativen, welche eben solche dichotomischen Begriffspaare kollabieren läßt und statt mit einem Entweder-oder mit einem Sowohl-als-auch argumentiert, als einen Versuch zur Wiederverzauberung der Welt zu begreifen, welche die im 18. Jahrhundert gesetzten Grenzen in Schwellen verwandelt.

Sowohl der Grenze als auch der Schwelle eignet ein gewisses Risikopotential. Die Verletzung von Grenzen ist häufig mit Sanktionen belegt. Wer immer eine Grenze errichtet, wird sie hüten und überwachen, bestimmte Regeln und Gesetze für eine mögliche – ausnahmsweise – Überschreitung der Grenze erlassen und jeden Versuch, sie unerlaubt zu überqueren, zu ahnden suchen. Aber auch das Überschreiten von Schwellen birgt mannigfache Gefahren und Risiken, weil man nicht wissen kann, was einen jenseits der Schwelle erwartet, mit welchen Erscheinungen, Herausforderungen, Ungewißheiten man dort konfrontiert wird. Die Monster, die man diesseits der Schwelle zurückgelassen hat, können einem auch jenseits der Schwelle wieder auflauern. Der Unterschied zwischen Grenze und Schwelle läßt sich also nicht im Hinblick auf die Gefahren einer Überschreitung bestimmen. Er liegt vielmehr in dem Hof von Konnotationen, ja Assoziationen, der beide Begriffe umgibt. Der Begriff der Grenze konnotiert eher den Ausschluß, das Trennende, den Endpunkt. Wer an seine Grenzen gelangt, kann nicht weiter, bleibt liegen, ist am Ende. Die Grenze markiert die deutliche Differenz; jenseits der Grenze liegt das Ersehnte, Herbeigewünschte, die Freiheit, das Paradies oder das Verabscheute, Gefürchtete, die Hölle. Die Grenze legal zu überqueren, erfordert bestimmte, häufig komplizierte Verfahren und Rechtfertigungsprozeduren, spezifische Dokumente, Pässe, Ausreisegenehmigungen u. a. Sie illegal zu überqueren, stellt einen gefährlichen, heimlichen, subversiven Akt dar, sie offen zu durchbrechen gar einen aufrührerischen, revolutionären, heroischen oder auch einen feindlich aggressiven von außen, einen Überfall.

Ganz anders sind die Konnotationen, die den Begriff der

Schwelle umgeben. Ihnen haftet nicht der Geruch des Verbotenen, des vom Gesetz Geschützten an. Während die Grenze das Weiter-, das Überschreiten zu hindern sucht, scheint die Schwelle dazu einzuladen. Da man jedoch häufig nicht wissen kann, was jenseits der Schwelle sich ereignen mag, bedarf das Passieren gewisser Vorkehrungen und Schutzmaßnahmen. Schwellen sind häufig magische, ja zum Teil sogar verruchte Orte. Ihre Magie zu bannen, ihre Verruchtheit in Segen zu verwandeln, braucht es spezielle Fähigkeiten und Kenntnisse. Ist die Schwelle verunreinigt, muß sie vor dem Übergang gereinigt werden. Trotz all der möglichen Widrigkeiten, Risiken und Gefahren, die mit dem Passieren von Schwellen verbunden sein mögen, verspricht der Übergang, wenn er auf die rechte Weise vollzogen wird, überwiegend Positives: die Wiederherstellung der Gesundheit, die Gnade der Götter, den Erwerb eines neuen gesellschaftlichen Status, eines kostbaren Besitzes, einer unschätzbaren Fähigkeit, geheimer Kenntnisse u. a. mehr. Werden beim Überschreiten der Schwelle jedoch Fehltritte begangen, kann der Übergang in einem Desaster enden: der Betreffende versinkt in einem Sumpf oder einer geheimen Falltür, wird von Geistern oder wilden Tieren angefallen, in den Wahnsinn getrieben oder zu Tode gehetzt, gestochen, zerfleischt und was der Unglücksfälle mehr noch sich ereignen mögen. Die Schwelle ist hochambivalent.

Während die Grenze eher auf das Gesetz bezogen ist, verweist die Schwelle eher auf Magie. Während die Grenze als Linie gedacht wird, die etwas ein- und anderes ausschließt, als eine Scheidelinie, ist die Schwelle als ein Zwischenraum vorzustellen, in dem sich alles mögliche ereignen kann. Während die Grenze eine klare Trennung vornimmt, stellt die Schwelle einen Ort der Ermöglichung, Ermächtigung, Verwandlung dar. Bei diesem Versuch einer Differenzierung darf man allerdings nicht übersehen, daß es sich bei Grenze oder Schwelle häufig um ein Phänomen der Wahrnehmung handelt: Was dem einen als eine – vielleicht gar unüberwindbare – Grenze erscheint, wird von dem anderen als eine Schwelle wahrgenommen, die zum Überschreiten einlädt. Auch werden Grenzen oft erst im Akt der Übertretung – also indem sie als Schwelle genutzt werden – überhaupt als Grenzen erfahren.

In den Aufführungen ist es die sie erzeugende autopoietische *feedback*-Schleife, welche Grenzen in Schwellen verwandelt – wie die Grenzen zwischen Bühne und Zuschauerraum, Akteuren und Zuschauern, Individuum und Gemeinschaft oder Kunst und Leben. Es ist, wie wir gesehen haben, dem Einsatz spezifischer Inszenierungsstrategien geschuldet, daß Grenzen weniger als Grenzen denn als Schwellen wahrgenommen werden. Wenn ich behauptet habe, daß eine Ästhetik des Performativen auf eine Kunst der Grenzüberschreitung zielt, so ist damit in diesem Sinne gemeint, daß sie darauf zielt, Grenzen in Schwellen zu verwandeln, und damit auf die Kunst des Übergangs, des Überquerens von Schwellen.

Damit reflektieren die Aufführungen zugleich auf die ihnen zugrundeliegenden anthropologischen Bedingungen. Der Mensch bedarf, wie Plessner gezeigt hat, in seiner Abständigkeit von sich selbst der Schwelle, die es zu überschreiten gilt, wenn er sich selbst als einen anderen (wieder)finden will. Als mit Bewußtsein begabter lebendiger Organismus, als *embodied mind*, kann er nur er selbst werden, wenn er sich permanent neu hervorbringt, sich ständig verwandelt, immer wieder Schwellen überschreitet, wie die Aufführung es ihm ermöglicht, ja, ihm abfordert. Die Aufführung ist in dieser Hinsicht, prononciert gesprochen, sowohl als das Leben selbst als auch als sein Modell zu begreifen – als das Leben selbst, insofern sie die Lebenszeit der an ihr Beteiligten, von Akteuren und Zuschauern, real verbraucht und ihnen Gelegenheit gibt, sich ständig neu hervorzubringen; als ein Modell des Lebens, insofern sie diese Prozesse in besonderer Intensität und Auffälligkeit vollzieht, so daß die Aufmerksamkeit der an ihr Beteiligten sich auf sie richtet und sie so ihrer gewahr werden. Es ist unser Leben, das in der Aufführung in Erscheinung tritt, gegenwärtig wird und vergeht.

Eine solche Formulierung ruft die alte Metapher vom *theatrum vitae humanae* in Erinnerung. In ihr wird Theater als Sinnbild und Abbild des menschlichen Lebens intendiert. Da die Aufführung so scheinhaft und vergänglich ist wie das menschliche Leben, vermag sie als sein vollkommenes Sinnbild auf diese Eigenschaften zu verweisen. Jede Aufführung macht dergestalt den Zuschauern die Scheinhaftigkeit und Vergänglichkeit ihres Lebens bewußt und versetzt sie in den Stand, sich von irdischen Dingen abzuwenden und Wahrheit und Ewigkeit im Glauben an Gott zu suchen. Die Metapher vom *theatrum vitae humanae* vermag nur im Rahmen eines christlichen Weltbildes zu funktionieren.

Einer Ästhetik des Performativen geht es dagegen um das Erscheinen von Menschen und Dingen, nicht um ihre Scheinhaftigkeit, um die Flüchtigkeit ihres Erscheinens und nicht um ihre Vergänglichkeit. Sie weist Aufführungen nicht als Sinnbild und Abbild menschlichen Lebens aus, sondern als das menschliche Leben selbst und zugleich als sein Modell. Es ist das Leben jedes einzelnen an ihr Beteiligten, das sich in ihr abspielt, und zwar buchstäblich und nicht nur in einem metaphorischen Sinn. Tiefer als in einer Aufführung kann sich Kunst wohl kaum auf das Leben einlassen, weiter als hier sich ihm wohl kaum annähern.

Die Wiederverzauberung der Welt, die sich in dieser Verknüpfung von Kunst und Leben vollzieht und auf die eine Ästhetik des Performativen abzielt, ist nun nicht als ein Rückfall in das religiöse Weltbild des 17. Jahrhunderts noch gar in das magische Bewußtsein jener fernen Zeiten mißzuverstehen, da das Wünschen noch geholfen hat. Der Zauber, welcher der Welt innewohnte, da sie als von Gott geschaffen galt, als durchwebt von unsichtbaren Kräften, die von IHM ausgingen und alles mit allem verknüpften, dieser Zauber ist seit den Tagen der Aufklärung unwiederbringlich dahin. Auch die Künste können ihn kaum wieder heraufbeschwören und zu neuem Leben erwecken. Mit seinem endgültigen Verlust haben wir uns abzufinden.

An seine Stelle ist jedoch im Laufe der zweiten Hälfte des 20. Jahrhunderts ein neuer Zauber getreten, der, so überraschend dies auch klingen mag, als ein »direkter«, wenn auch später Abkömmling der Aufklärung zu begreifen ist. Denn es sind die modernen Wissenschaften und durch sie ermöglichte kulturelle, technologische und gesellschaftliche Entwicklungen, die ihn entfesselt haben. Zunehmend vermitteln sie die Überzeugung, daß die Welt in der Tat von unsichtbaren Kräften durchzogen ist, die auf uns einwirken, ohne daß wir sie zu sehen oder zu hören vermöchten, obwohl wir ihre Auswirkungen körperlich spüren können; daß in der Natur und in den Gesellschaften Emergenzen auftreten, die sich jeglicher Intentionalität, Planung und Vorausberechnung entziehen; daß alles mit allem verknüpft ist und das Schlagen eines Schmetterlingsflügels in der einen Hemisphäre in der anderen einen Tornado bewirken oder verhindern kann; daß Gesellschaften – vor allem im Zuge der Globalisierung – so komplex geworden sind, daß sich über die möglichen Auswirkungen geplanter Änderungen kaum verläßliche Aussagen machen lassen, dennoch aber gehandelt werden muß; daß das Ich ganz im Sinne Freuds keineswegs Herr im eigenen Haus ist, daß vielmehr, wie führende Vertreter der heutigen Hirnforschung meinen, Entscheidungen längst gefallen sind, ehe sie bewußt werden – daß also auch im Menschen geheimnisvolle Kräfte walten, die sich seinem bewußten Wollen und Wissen entziehen.

Nun handelt es sich weder bei der Emergenz noch bei den unsichtbaren Kräften, die in Mensch und Natur am Werk zu sein scheinen, um magische Kräfte. Sie lassen sich vielmehr durchaus rational erklären – aber dennoch nicht verfügbar machen. Während die Menschen in der westlichen Welt vor der Aufklärung glaubten, mit Gebet, Bußübungen, Änderung des Lebenswandels u. ä. einen gewissen Einfluß auf Gesundheit, Wohlergehen, Ernte etc. nehmen und das Wüten von Epidemien, Hagelstürmen oder Krieg abwenden zu können, glauben wir an eine entsprechende Macht der Wissenschaft, die sich in dieser Hinsicht allerdings immer wieder als ebenso unzulänglich erwiesen hat wie Gebet und Bußübungen. Je größer die Fortschritte der Wissenschaft, je spektakulärer ihre Ergebnisse – zum Beispiel in der Gen- oder der Hirnforschung –, desto mehr schwindet paradoxerweise die Illusion, welche die Aufklärung geschaffen hat – die Illusion von der unendlichen Perfektibilität von Mensch und Welt. Es sind heute gerade die Wissenschaften wie etwa Chaosforschung und Mikrobiologie, die immer klarer die Erkenntnis hervortreten lassen, daß die Welt in diesem Sinne »verzaubert« ist und sich dem sie zurichtenden Zugriff von Wissenschaft und Technologie – höchstwahrscheinlich zum Vorteil des Menschen – immer wieder entziehen wird, ähnlich unverfügbar wie jene autopoietische *feedback*-Schleife, die in Aufführungen wirkt. Der Mensch vermag die »unsichtbaren Kräfte«, welche die Welt durchwirken, letztendlich nicht in seine Gewalt zu bringen. Auch wenn er sie zu beherrschen und zu bestimmen sucht, wird er sich immer zugleich von ihnen beherrschen und bestimmen lassen müssen.

Während diese Erkenntnis sich in der Wissenschaft erst in der Spätphase des 20. Jahrhunderts durchgesetzt hat – vereinzelt wurde sie auch früher schon geäußert –, liegt sie den Künsten bereits seit der performativen Wende in den sechziger Jahren zugrunde. Was viele Wissenschaftler lange nicht zu denken bzw. sich einzugestehen gewagt haben und was auch heute noch von vielen

Wissenschaftlern bestritten wird, haben Künstler schon seit Jahrzehnten intuitiv gespürt und danach ihr künstlerisches Handeln ausgerichtet. In ihren Aktionen, Performances, Installationen und anderen Aufführungen haben sie eben diese Erkenntnis der geheimnisvollen Unverfügbarkeit für sich und die Zuschauer erfahrbar und erlebbar gemacht. Hier konnten beide Gruppen die Welt als verzaubert erfahren und erleben und das heißt, auch sich selbst als im Prozeß einer Transformation begriffen, als Wesen im Übergang.

Auch wenn eine Ästhetik des Performativen die Wiederverzauberung der Welt vor allem durch eine Betonung der Selbstbezüglichkeit, durch einen Verzicht auf Verstehensleistungen erfahrbar und erlebbar macht, läßt sie sich nicht als eine Tendenz zur Gegenaufklärung denunzieren. Indem sie die Grenzen der Aufklärung markiert, die zur Beschreibung und Beherrschung der Welt dichotomischer Begriffspaare bedarf, indem sie den Menschen als *embodied mind* in Erscheinung treten läßt, erweist sie sich als Wirken einer »neuen« Aufklärung: Sie ruft den Menschen nicht zur Beherrschung der Natur – weder seiner eigenen noch der ihn umgebenden – auf oder treibt ihn dazu an, sie ermutigt ihn vielmehr zu dem Versuch, zu sich selbst und der Welt in ein neues, nicht vom Entweder-oder, sondern vom Sowohl-als-auch bestimmtes Verhältnis zu treten – sich im Leben aufzuführen wie in den Aufführungen der Kunst.

Zitierte Literatur

Adorno, Theodor W., »Bürgerliche Oper«, in: ders., *Gesammelte Schriften*, hrsg. von Rolf Tiedemann unter Mitwirkung von Gretel Adorno, Susan Buck-Morss u. Klaus Schultz, Bd. 16, *Musikalische Schriften I-III*, Frankfurt a. M. 1978, S. 24-39.

Akáts, Franz von, *Kunst der Scenik in ästhetischer und ökonomischer Hinsicht*, Wien 1841.

Albers, Irene, »Scheitern als Chance: Die Kunst des Krisenexperiments«, in: Johannes Finke und Matthias Wulff, *Chance 2000. Die Dokumentation – Phänomen, Materialien, Chronologie*, Neuweiler 1998.

Altenburg, Detlef, »Das Phantom des Theaters. Zur Schauspielmusik im späten 18. und frühen 19. Jahrhundert«, in: Hans-Peter Bayerdörfer (Hrsg.), *Stimmen – Klänge – Töne. Synergien im szenischen Spiel* (= *Forum Modernes Theater* 30), Tübingen 2002, S. 183-208.

Ders., »Von den Schubladen der Wissenschaft. Zur Schauspielmusik im klassisch-romantischen Zeitalter«, in: Helen Geyer/Michael Berg/Matthias Tischer (Hrsg.): *Denn in jenen Tränen lebt es. Festschrift Wolfgang Marggraf*, Weimar 1999, S. 425-449.

Ders., »Schauspielmusik«, in: *Die Musik in Geschichte und Gegenwart*, 2. neubearb. Ausgabe, hrsg. von Ludwig Finscher, Sachteil, Bd. 8, Kassel u. a. 1998, Sp. 1046-1049.

Allgemeines Theater-Lexicon oder Encyclopädie alles Wissenswerthen für Bühnenkünstler, Dilettanten und Theaterfreunde. Hrsg. von K. Herloßsohn, H. Marggraff et al., 3. Bd., neue Ausg., Altenburg/Leipzig 1846, Eintrag: »Inscenesetzen«.

Ancelet-Hustache, Jeanne, »Les ›Vitae sororum‹ d'Unterlinden. Edition critique du manuscrit 508 de la bibliothèque de Colmar«, in: *Archives d'histoire doctrinale et littéraire du Moyen Âge* (1930), S. 317-509.

Artaud, Antonin, *Die Tarahumaras. Revolutionäre Botschaften*, München 1975.

Ders., *Das Theater und sein Double*, Frankfurt a. M. 1979.

Auslander, Philip, *Liveness – Performance in a mediatized culture*, London/New York 1999.

Austin, John L., »Performative Äußerungen«, in: ders., *Gesammelte philosophische Aufsätze*, übers. u. hg. von Joachim Schulte, Stuttgart 1986, S. 305-327.

Ders., *Zur Theorie der Sprechakte* (How to do things with Words), Stuttgart 1979.

Baier, Gerold, *Rhythmus. Tanz in Körper und Gehirn,* Reinbek bei Hamburg 2001.

Bansat-Boudon, Lynde, *Poétique du théâtre indien: Lecture du Natyashastra*, Paris 1992.

Barba, Eugenio, *Jenseits der schwimmenden Inseln. Reflexionen mit dem Odin Teatret. Theorie und Praxis des Freien Theaters.* Mit einem Postskript von Ferdinando Taviani, Reinbek bei Hamburg 1985.

Bateson, Gregory, »Eine Theorie des Spiels und der Phantasie« (1955), in: ders., *Ökologie des Geistes. Anthropologische, psychologische, biologische und epistemologische Perspektiven*, Frankfurt a. M. 1985, S. 241-261.

Baxmann, Inge, *Die Feste der Französischen Revolution*, Weinheim/Basel 1989.

Beck, Julian, *The Life of the Theatre*, San Francisco 1972.

Ders./Malina, Julia, *Paradise Now*, New York 1971.

Becker, Peter von, »Die Sehnsucht nach dem Vollkommenen. Über Peter Stein, den Regisseur und sein Stück Theatergeschichte – zum sechzigsten Geburtstag«, in: *Der Tagesspiegel*, Nr. 16, 1. Oktober 1997.

Belfiore, Elizabeth S., *Tragic Pleasures. Aristotle on Plot and Emotion*, Princeton 1992.

Benjamin, Walter, *Das Kunstwerk im Zeitalter seiner technischen Reproduzierbarkeit,* Frankfurt a. M. 1963.

Ders., *Ursprung des deutschen Trauerspiels*, hrsg. von Rolf Tiedemann, Frankfurt a. M. 1972.

Biccari, Gaetano, *»Zuflucht des Geistes«? Konservativ-revolutionäre, faschistische und nationalistische Theaterdiskurse in Deutschland und Italien, 1900-1944*, Tübingen 2001.

Blätter für Theater, Musik und Kunst, redigiert und herausgegeben von Leopold Alexander Zellner, Wien, 5. März 1861.

Boenisch, Peter, »ElectrONic Bodies. Corpo-Realities in Contemporary Dance«, hier zit. nach dem unveröffentlichten Manuskript der deutschen Fassung.

Böhme, Gernot, *Atmosphäre. Essays zur neuen Ästhetik*, Frankfurt a. M. 1995.

Bormann, Hans-Friedrich/Brandstetter, Gabriele, »An der Schwelle. Performance als Forschungslabor«, in: Hanne Seitz (Hrsg.), *Schreiben auf Wasser. Performative Verfahren in Kunst, Wissenschaft und Bildung*, Bonn 1999, S. 45-55.

Brecht, Bertolt, *Der gute Mensch von Sezuan*, in: ders., *Gesammelte Werke*, Frankfurt a. M. 1967, Bd. 2, S. 1478-1607.

Brosda, Carsten/Schicha, Christian, »Politikvermittlung als Event Marketing«, in: Erika Fischer-Lichte et al. (Hrsg.), *Performativität und Ereignis* (=*Theatralität*, Bd. 4), Tübingen/Basel 2003, S. 319-338.

Brüstle, Christa, »Performance/Performativität in der neuen Musik«, in: Erika Fischer-Lichte und Christoph Wulf (Hrsg.), *Theorien des Performativen* (=*Paragrana*, Bd. 10, H. 1), Berlin 2001, S. 271-283.

Chris Burden. Beyond the Limits/Jenseits der Grenzen, hrsg. von P. Noever, Ausstellungskatalog des Museums für Angewandte Kunst, Wien 1996.

Burden, Chris, *Chris Burden. A Twenty Years Survey.* Ausstellungskatalog des Newport Harbor Museums, New Port Beach 1988.

Ders./Butterfield, Jan, »Through the Night Softly«, in: *The Art of Performance. A Critical Anthology*, hrsg. von Gregory Battock und Robert Nikkas, New York 1982, S. 222-239.

Butler, Judith, *Gender Trouble*, New York 1990.

Dies., »Performative Acts and Gender Constitution: An Essay in Phenomenology and Feminist Theory«, in: *Performing Feminism. Feminist Critical Theory and Theatre*, ed. by Sue-Ellen Case, Baltimore/London 1990, S. 270-282.

Carlson, Marvin, *Performance. A critical introduction*, London/New York 1996.

Carter, Huntly, *The Theatre of Max Reinhardt*, New York 1914.

Ciompi, Luc, *Die emotionalen Grundlagen des Denkens. Entwurf einer fraktalen Affektlogik*, Göttingen, 2. Aufl. 1999.

Craig, Edward Gordon, »Der Schauspieler und die Über-Marionette«, in: ders., *Über die kunst des theaters*, Berlin 1969, S. 51-73.

Ders., *Über die kunst des theaters*, Berlin 1969.

Csórdas, Thomas J. (Hrsg.), *Embodiment and Experience. The existential ground of culture and self*, Cambridge 1994.

Ders., »Somatic Modes of Attention«, in: *Cultural Anthropology* 8, 1993, S. 135-156.

Damasio, Antonio R., *Ich fühle, also bin ich. Die Entschlüsselung des Bewußtseins*, München 2000.

Danto, Arthur, *Die Verklärung des Gewöhnlichen. Eine Philosophie der Kunst*, Frankfurt a. M. 1989.

David, Catherine, *Stand der Dinge*, Teil 1, Katalog Kunstwerke, Berlin 2000.

Deleuze, Gilles/Guattari, Félix, *Was ist Philosophie?*, aus dem Französischen von Bernd Schwibs und Joseph Vogl, Frankfurt a. M. 1996.

Derrida, Jacques, »Restitutionen«, in: ders., *Die Wahrheit in der Malerei*, Wien 1992, S. 301-442.

Deutsches Wörterbuch, hrsg. von Jakob und Wilhelm Grimm, München 1984, Bd. 25.

Dictionnaire de spiritualité 3, Paris 1957, Eintrag: »Discipline« von E. Bertaud.

Dictionnaire historique de la langue française, Bd. 2, Paris 1994, Eintrag: »mise en scène«.

A Dictionary of Theatre Anthropology. The Secret Art of the Performer, hrsg. von Eugenio Barba und Nicola Savarese, London/New York 1991, Einträge: »Energy«, S. 74-94, »Pre-expressivity«, S. 186-204.

Diderot, Denis, »Brief über die Taubstummen«, in: ders., *Ästhetische Schriften*, hg. von F. Bassenge, 2 Bde., Frankfurt a. M. 1968, Bd. 1, S. 27-97.

Doble, Frank J., *The Voice of the Coyote*, Boston 1949.

Dobson, Michael, »A Dog at all Things. The Transformation of the Onstage Canine, 1550-1850«, in: Alan Read (Hrsg.), *Performance Research. On Animals.* Vol. 5, no. 2, London 2000, S. 116-124.

van Dülmen, Richard, *Theater des Schreckens. Gerichtspraxis und Strafrituale der frühen Neuzeit.* München 1988.

Durkheim, Emile, *Über soziale Arbeitsteilung. Studie über die Organisation höherer Gesellschaften* (1893, 2. Aufl. 1903), Frankfurt a. M. 1988.

Eisenstein, Sergej M., »Montage der Attraktionen«, in: ders., *Schriften*, Bd. 1, hrsg. von Hans-Joachim Schlegel, München 1974, S. 216-221.

Elias, Norbert, *Über den Prozeß der Zivilisation. Soziogenetische und psychogenetische Untersuchungen*, 2 Bde., Frankfurt a. M. 1976.

Engel, Johann Jakob, *Ideen zu einer Mimik* (1785/6), in: ders., *Schriften*, Bd. 7/8, Berlin 1804.

Felman, Shoshana, *The Literary Speech Act. Don Juan with J. L. Austin or Seduction in Two Languages*, Ithaca/New York 1983.

Fischer-Lichte, Erika, »Grenzgänge und Tauschhandel. Auf dem Wege zu einer performativen Kultur«, in: Uwe Wirth (Hrsg.), *Performanz. Zwischen Sprachphilosophie und Kulturwissenschaften*, Frankfurt a. M. 2002, S. 277-300.

Dies., »Die Allegorie als Paradigma einer Ästhetik der Avantgarde. Eine semiotische *re-lecture* von Walter Benjamins *Ursprung des deutschen Trauerspiels*«, in: dies.: *Ästhetische Erfahrung. Das Semiotische und das Performative*, Tübingen/Basel 2001, S. 121-137.

Dies., »*Rite de passage* im Spiel der Blicke«, in: Kerstin Gernig (Hrsg.), *Fremde Körper. Zur Konstruktion des Anderen im europäischen Diskurs*, Berlin 2001, S. 297-315.

Dies., »Der Körper als Zeichen und als Erfahrung«, in: dies., *Theater im Prozeß der Zivilisation*, Tübingen/Basel 2000, S. 67-80.

Dies., »Verwandlung als ästhetische Kategorie. Zur Entwicklung einer neuen Ästhetik des Performativen«, in: dies. et al. (Hrsg.), *Theater seit den sechziger Jahren*, Tübingen/Basel 1998, S. 21-91.

Dies., *Semiotik des Theaters*, Bd. 2, *Vom »künstlichen« zum »natürlichen« Zeichen. Theater des Barock und der Aufklärung*, Tübingen 1983, 3. Aufl. 1995.

Dies., *Semiotik des Theaters*, Bd. 3, *Die Aufführung als Text*, Tübingen 1983, 4. Aufl. 1999.

Dies. (Hrsg.), *Das Drama und seine Inszenierung*, Tübingen 1983.

Dies., *Bedeutung – Probleme einer semiotischen Hermeneutik und Ästhetik*, München 1979.

Flemming, Willi, *Barockdrama*, Bd. 3, *Das Schauspiel der Wanderbühne*, 2. verbess. Aufl. Hildesheim 1965.

Fontius, Martin, »Einfühlung/Empathie/Identifikation«, in: Karlheinz Barck (Hrsg.), *Ästhetische Grundbegriffe*, Bd. 2, Stuttgart 2001, S. 121-142.

Frank, Georg, *Ökonomie der Aufmerksamkeit*, München 1998.

Französisches etymologisches Wörterbuch, Basel 1964, Bd. 11, Eintrag: »mise en scène«.

Fried, Michael, »Art and Objecthood«, in: Gregory Battock (Hrsg.), *Minimal Art*, New York 1969, S. 116-147.

Fuchs, Georg, *Die Revolution des Theaters. Ergebnisse aus dem Münchener Künstlertheater*, München/Leipzig 1909.

Ders., *Der Tanz*, Stuttgart 1906.

Furlong, William, *Audio Arts*, Leipzig 1992.

Fusco, Coco, »The Other History of Cultural Performance«, in: *The Drama Review* 38, 1 (spring 1994), S. 145-167.

Gallese, Vittorio/Goldman, Alvin, »Mirror neurons and the simulation theory of mind-reading«, in: *Trends in Cognitive Sciences*, vol. 2, no. 12, Dec. 1998, S. 493-501.

Gebauer, Gunter, *Sport in der Gesellschaft des Spektakels,* Sankt Augustin 2002.

Gerow, Edwin, »Rasa as a category. What are the limits of its applications?«, in: Rachel van Baumer, James Brandon (Hrsg.), *Sanskrit Drama in Performance*, Honolulu 1981, S. 226-257.

»Gespräch über Reinhardt mit Hugo von Hofmannsthal, Alfred Roller und Bruno Walter (1910)«, in: Max Reinhardt, *Schriften. Briefe, Reden, Aufsätze, Interviews, Gespräche und Auszüge aus den Regiebüchern*, hrsg. von Hugo Fetting, Berlin 1974, S. 380-384.

Girard, René, *Das Heilige und die Gewalt* (1972), Frankfurt a. M. 1992.

Goffman, Erving, *Rahmen-Analyse. Ein Versuch über die Organisation von Alltagserfahrungen*, Frankfurt a. M. 1977.

Goethe, Johann Wolfgang von, »Regeln für Schauspieler«, in: ders., *Sämtliche Werke in 18 Bänden*, Bd. 14, *Schriften zur Literatur*, Zürich 1977, S. 72-90.

Gollomb, Joseph, »Sumurun«, in: *New York City Call* vom 4. Februar 1912.

Gronau, Barbara, *Zur ästhetischen Erfahrung bei Joseph Beuys*, MA-Arbeit FU Berlin 2002.

Dies., »Zeitfluß und Spur – Kunstbeschreibung in der Theaterwissenschaft zwischen Erinnerung und Imagination«, in: Haiko Wandhoff (Hg.), *Ekphrasis. Kunstbeschreibung und virtuelle Räume im medialen Wandel*, Berlin 2004.

Grotowski, Jerzy, *Für ein armes Theater*, Zürich 1986.

Hall, Edith (Hrsg.), *Dionysus since 69: Greek Tragedy and the Public Imagination at the End of the Second Millenium*, Oxford 2003.

Helbling, Hanno, *Rhythmus. Ein Versuch*, Frankfurt a. M. 1999.

Herrmann, Max, »Das theatralische Raumerlebnis«, in: *Bericht vom 4. Kongreß für Ästhetik und Allgemeine Kunstwissenschaft*, Berlin 1930.

Ders., »Über die Aufgaben eines theaterwissenschaftlichen Instituts«, Vortrag vom 27. Juni 1920, in: Helmar Klier (Hrsg.), *Theaterwissenschaft im deutschsprachigen Raum*, Darmstadt 1981, S. 15-24.

Ders., »Bühne und Drama«, in: *Vossische Zeitung* vom 30. Juli 1918 – Antwort an Prof. Dr. Klaar.

Ders., *Forschungen zur deutschen Theatergeschichte des Mittelalters und der Renaissance*, Berlin 1914, Teil II.

Hoessly, Fortunat, *Katharsis. Reinigung als Heilverfahren. Studien zum Ritual der archaischen und klassischen Zeit*, Göttingen 2001.

Home, Henry, *Grundsätze der Kritik*, Bd. 1, Leipzig 1772.

Horn, Christian, *Der aufgeführte Staat. Zur Theatralität höfischer Repräsentation unter Kurfürst Johann Georg II. von Sachsen*, Tübingen/Basel 2004.

Ders.,/Umathum, Sandra/Warstat, Matthias, »Auswählen und Versäumen. Wahrnehmungsmodi zwischen Fernsehen und Theater«, in: Erika Fischer-Lichte/Christian Horn/Sandra Umathum/Matthias Warstat (Hrsg.), *Wahrnehmung und Medialität* (= *Theatralität*, Bd. 3), Tübingen/Basel 2001, S. 143-158.

Hymes, Dell, »Breakthrough into Performance«, in: Dan Ben-Amos und Kenneth S. Goldstein (Hrsg.), *Folklore: Performance and Communication*, The Hague 1975, S. 11-74.

Iser, Wolfgang, »Akte des Fingierens oder Was ist das Fiktive im fiktionalen Text?«, in: Dieter Henrich und Wolfgang Iser (Hrsg.), *Funktionen des Fiktiven*, München 1983, S. 121-151.

Ders., *Das Fiktive und das Imaginäre. Perspektiven einer literarischen Anthropologie*, Frankfurt a. M. 1991.

Ivanov, Vjacheslav Vsevolodovich, *Einführung in die allgemeine Problematik der Semiotik*, Tübingen 1985.

Jacobsohn, Siegfried, *Das Jahr der Bühne*, Bd. 1, Berlin 1912.

Ders., *Die Schaubühne* 46 vom 17. November 1910.

Jaron, Norbert, et al. (Hrsg.), *Berliner-Theater der Jahrhundertwende. Bühnengeschichte der Reichshauptstadt im Spiegel der Kritik (1889-1914)*, Tübingen 1986.

Johnson, Mark/Lakoff, George, *Metaphors We Live By*, Chicago/London 1980.

Johnson, Mark, *The Body in the Mind. The Bodily Basis of Meaning, Imagination, and Reason*, Chicago/London 1992.

Kant, Immanuel, *Werke in zehn Bänden*, Bd. 8: *Kritik der Urteilskraft*, hrsg. von Wilhelm Weischedel, Darmstadt 1975.

Kappelhoff, Hermann, *Matrix der Gefühle. Das Kino, das Melodrama und das Theater der Empfindsamkeit*, Habil.-Schrift, FU Berlin 2002.

Kippenberg, Hans G., *Die Entdeckung der Religionsgeschichte, Religionswissenschaft und Moderne*, München 1997.

Klaar, Alfred, »Bühne und Drama. Zum Programm der deutschen dramatischen Gesellschaft von Prof. Max Herrmann«, in: *Vossische Zeitung* vom 18. Juli 1918.

Kolesch, Doris, »Der magische Atem des Theaters. Ritual und Revolte bei Antonin Artaud«, in: Franz Norbert Mennemeier und Erika Fischer-Lichte (Hrsg.), *Drama und Theater der europäischen Avantgarde*, Tübingen/Basel 1994, S. 231-254.

Dies., »›Listen to the radio‹: Artauds Radio-Stimme(n)«, in *FORUM MODERNES THEATER*, Bd. 14, H. 2, 1999, S. 115-143.

Köpping, Klaus-Peter, »Fest«, in: *Der Mensch. Handbuch Historische Anthropologie*, hrsg. von Christoph Wulf, Weinheim/Basel 1997, S. 1048-1065.

Kostelanetz, Richard, *Cage im Gespräch*, Köln 1989.

Krämer, Sybille/Stahlhut, Marco, »Das ›Performative‹ als Thema der Sprach- und Kulturphilosophie«, in: Erika Fischer-Lichte und Christoph Wulf (Hrsg.), *Theorien des Performativen* (=*Paragrana*, Bd. 10, H. 1), Berlin 2001, S. 35-64.

Kramer, Mario, *Joseph Beuys ›Das Kapital Raum 1970-1977‹*, Heidelberg 1992.

Kreuder, Friedemann, *Formen des Erinnerns im Theater Klaus Michael Grübers*, Berlin 2002.

Küchenhoff, Joachim, »Das Fest und die Grenzen des Ich – Begrenzung und Entgrenzung im ›vom Gesetz gebotenen Exzeß‹«, in: *Poetik und Hermeneutik XIV*, hrsg. von Walter Haug und Rainer Warning, München 1989, S. 99-119.

Lakoff, George, *Woman, Fire and Dangerous Things – What Categories Reveal about the Mind*, Chicago/London 1987.

Lang, P. Franciscus, *Abhandlung über die Schauspielkunst*, hrsg. und übers. von Alexander Rudin, München 1975.

Largier, Niklaus, *Lob der Peitsche. Eine Kulturgeschichte der Erregung*, München 2001.

Lazarowicz, Klaus/Balme, Christopher (Hrsg.), *Texte zur Theorie des Theaters*, Stuttgart 1991.

Lehmann, Hans-Thies, »Die Gegenwart des Theaters«, in: Erika Fischer-Lichte, Doris Kolesch, Christel Weiler (Hrsg.), *TRANSFORMATIONEN. Theater der neunziger Jahre*, Berlin 1999, S. 13-26.

Ders., *Postdramatisches Theater*, Frankfurt a. M. 1999.

Lessing, Gotthold Ephraim, Brief an Nicolai von November 1756, in: ders., *Werke*, hrsg. von Herbert G. Göpfert, 8 Bde., München 1970-1979, Bd. 4.

Lewald, August, »In die Szene setzen«, in: Klaus Lazarowicz/Christopher Balme (Hrsg.), *Texte zur Theorie des Theaters*, Stuttgart 1991, S. 306-311.

Lipp, Wolfgang, »Feste heute: Animation, Partizipation und Happening«, in: ders., *Drama Kultur*, Berlin 1994, S. 523-547.

Lorenzer, Alfred, *Kritik des psychoanalytischen Symbolbegriffs*, Frankfurt a. M. 1970.

Ders., *Zur Begründung einer materialistischen Sozialisationstheorie*, Frankfurt a. M. 1972.

Luckert, Karl W., *Coyoteway. A Navajo Holyway Healing Ceremonial*, Tucson/Flagstaff 1979.

Marinetti, Filippo Tommaso, »Das Varietétheater«, in: Umbro Apollonio (Hrsg.), *Der Futurismus. Manifeste und Dokumente einer künstlerischen Revolution. 1909-1918*, Köln 1972, S. 170-177.

Masson, Jeffrey, Patwardhan, M. V., *Aesthetic rapture – The Rasadhy-ya of Natyasastra*, Poona 1970.

Maturana, Humberto R./Francisco J. Varela, *Der Baum der Erkenntnis. Die biologische Wende des menschlichen Erkennens*, Bern/München 1987, 2. Aufl. Bern/München/Wien 1989.

McKenzie, Jon, *Perform – or else. From discipline to performance*, London/New York 2001.

Menke, Christoph, *Die Souveränität der Kunst*, Frankfurt a. M. 1988.

Merleau-Ponty, Maurice, *Das Sichtbare und das Unsichtbare*, München, 2. Aufl. 1994.

Mersch, Dieter, *Aura und Ereignis*, Frankfurt a. M. 2002.

Meyer, Petra Maria, »Als das Theater aus dem Rahmen fiel«, in: Erika Fischer-Lichte et al. (Hrsg.), *Theater seit den sechziger Jahren*, Tübingen/Basel 1998, S. 135-195.

Meyer, Thomas/Kampmann, Martina, *Politik als Theater. Die neue Macht der Darstellungskunst*, Berlin 1998.

Meyerhold, Vsevolod E., »Der Schauspieler der Zukunft und die Biomechanik«, in: *Vsevolod Meyerhold. Theaterarbeit 1917-1930*, hrsg. von Rosemarie Tietze, München 1974, S. 72-76.

Ders., »Rezension des Buches ›Aufzeichnungen eines Regisseurs‹ von A. Ja. Tairov (1921/1922)«, in: *Vsevolod Meyerhold. Theaterarbeit 1917-1930*, hrsg. von Rosemarie Tietze, München 1974, S. 63-72.

Ders., »Zur Geschichte und Technik des Theaters«, in: ders., *Schriften*, 2 Bde., Berlin 1979, Bd. 1.

Michaelis, Rolf, »Die Geburt des Rechtsstaates im Regen«, in: *DIE ZEIT* 35 (24. 10. 1980).

Münkler, Herfried, »Die Theatralisierung der Politik«, in: Josef Früchtl und Jörg Zimmermann (Hrsg.), *Ästhetik der Inszenierung*, Frankfurt a. M. 2001, S. 144-163.

Münz, Rudolf, »›Theater – eine Leistung des Publikums und seiner Diener‹. Zu Max Herrmanns Vorstellungen von Theater«, in: Erika Fischer-Lichte et al. (Hrsg.), *Berliner Theater im 20. Jahrhundert*, Berlin 1998, S. 43-52.

Nicole, Pierre: *Traité de la comédie et autres pièces d'un procès du théâtre*, hrsg. von Laurent Thirouin, Paris 1998.

Nietzsche, Friedrich, *Die Geburt der Tragödie aus dem Geiste der Musik*, in: *Sämtliche Werke*, Kritische Studienausgabe in 15 Bänden, hg. v. Giorgio Colli und Mazzino Montinari, München 1988, Bd. 1, S. 9-156.

Nitsch, Hermann, *Das Orgien – Mysterien – Theater. Die Partituren aller aufgeführten Aktionen 1960-1979*, Neapel/München/Wien 1979, Bd. 1.

Pfotenhauer, Helmut, *Kunst als Physiologie. Nietzsches ästhetische Theorie und literarische Produktion*, Stuttgart 1985.

Phelan, Peggy, *Unmarked: The Politics of Performance*, London/New York 1993.

Piscator, Erwin, *Zeittheater. »Das Politische Theater« und weitere Schriften von 1915 bis 1966*, Reinbek bei Hamburg 1986.

Plattform 1, Documenta 11: Democracy Unrealized, Begleitheft, Kassel/ Berlin 2001.

Plessner, Helmuth, »Lachen und Weinen«, in: *Philosophische Anthropologie*, hrsg. von Günter Dux, Frankfurt a. M. 1970, S. 11-171.

Ders., »Zur Anthropologie des Schauspielers«, in: ders., *Gesammelte Schriften*, hrsg. von Günter Dux, Odo Marquard, Elisabeth Ströker, Frankfurt a. M. 1982, S. 399-418.

Pluchart, François, »Risk as Practice of Thought«, in: *The Art of Performance. A Critical Anthology*, hrsg. von G. Battock und R. Nickas, New York 1982, S. 125-134.

Poizat, Michel, *The Angel's Cry. Beyond the pleasure principle in Opera*, transl. by Arthur Denner, Ithaca/London 1992.

Prantl, Heribert, »Wir denken zu sehr in PR-Kategorien«, in: *Sage & Schreibe* 9/1998, S. 44-45 (Interview mit R. Schatz).

Rao, Ursula/Köpping, Klaus-Peter, »Die ›performative Wende‹: Leben – Ritual – Theater«, in: Klaus-Peter Köpping und Ursula Rao (Hrsg.), *Im Rausch des Rituals. Gestaltung und Transformation der Wirklichkeit in körperlicher Performanz*, Münster/Hamburg/London 2000, S. 1-31.

Rapp, Uri, *Handeln und Zuschauen. Untersuchungen über den theatersoziologischen Aspekt in der menschlichen Interaktion*, Darmstadt/Neuwied 1973.

Reichard, August Ottokar (Hrsg.), *Theater-Kalender auf das Jahr 1781*, Gotha 1781.

Rischbieter, Henning, »*EXPERIMENTA*. Theater und Publikum neu definiert«, in: *Theater heute* 6, Juli 1966, S. 8-17.

Risi, Clemens, »Die bewegende Sängerin. Zu stimmlichen und körperlichen Austauschprozessen in Opernaufführungen«, in: Christa Brüstle/Albrecht Riethmüller (Hrsg.), *Klang und Bewegung. Beiträge zu einer Grundkonstellation*, Aachen 2004.

Ders., »Rhythmen der Aufführung. Kollidierende Rhythmen bei Steve Reich und Heiner Goebbels«, in: Erika Fischer-Lichte, Clemens Risi, Jens Roselt (Hrsg.), *Kunst der Aufführung – Aufführung der Kunst*, Berlin 2004.

Rogoff, Irit, »WIR. Kollektivitäten, Mutualitäten, Partizipationen«, in: *I promise it's political. Performativität in der Kunst*, Ausstellungskatalog, Köln 2002, S. 53-60.

Roselt, Jens, »*Big Brother* – Zur Theatralität eines Medienereignisses«, in: *Schlingensiefs AUSLÄNDER RAUS*, hrsg. von Matthias Lilienthal und Claus Philipp, Frankfurt a. M. 2000, S. 70-78.

Ders., »Wo die Gefühle wohnen – zur Performativität von Räumen«, in: Hajo Kurzenberger und Annemarie Matzke (Hrsg.), *TheorieTheaterPraxis*, Berlin 2004.

Roth, Gerhard, *Fühlen, Denken, Handeln. Wie das Gehirn unser Verhalten steuert*, Frankfurt a. M. 2001.

Rosenthal, Rachel, »Performance and the Masochist Tradition«, in: *High Performance*, Winter 1981/2.

Rousseau, Jean-Jacques, »Brief an Herrn d'Alembert über seinen Artikel ›Genf‹ im VII. Band der Encyclopädie und insbesondere über seinen Plan, ein Schauspielhaus in dieser Stadt zu errichten«, in: ders., *Schriften*, Bd. 1, hrsg. v. Henning Ritter, München/Wien 1978, S. 333-474.

Rühle, Günther, *Theater für die Republik*, 2 Bde., Frankfurt a. M. 1988, Bd. 2, 1926-1933.

Sainte Albine, Rémond de, »Auszug aus dem *Schauspieler* des Herrn Remond von Sainte Albine«, in: *Lessings Werke*, hrsg. von Robert Boxberger, Berlin/Stuttgart 1883-1890, V. Teil: *Theatralische Bibliothek*, 1. Teil, 1. Stück 1754, S. 128-159.

Schacter, Daniel L., *Wir sind Erinnerung. Gedächtnis und Persönlichkeit*, Reinbek bei Hamburg 1999.

Schechner, Richard, *Dionysus in 69*, New York 1970.

Ders., *Environmental Theater*, New York 1973.

Ders., »Rasaesthetics«, in: *TDR*, vol. 45, no. 3 (T171), Fall 2001, S. 27-50.

Scheibe, Johann Adolph, *Der Critische Musicus*, Leipzig 1745.

Schiller, Friedrich, »Was kann eine gute stehende Schaubühne eigentlich wirken?« (1784), in: *Schillers Werke*, Nationalausgabe, Bd. 20, Weimar 1962, S. 87-100.

Ders., »Briefe über die ästhetische Erziehung des Menschen«, in: *Schillers Werke*, Nationalausgabe, Bd. 20, Weimar 1962, S. 309-412.

Schleef, Einar, *Droge Faust Parsifal*, Frankfurt a. M. 1997.

Schlösser, Rainer, »Vom kommenden Volksschauspiel«, in: ders., *Das Volk und seine Bühne*, Berlin 1935.

Schmidt, Friedrich Ludwig, *Denkwürdigkeiten des Schauspielers, Schauspieldichters und Schauspieldirectors Friedrich Ludwig Schmidt (1772-1841)*, hrsg. von Hermann Uhde, 2 Bde., Stuttgart 1878, Bd. 2.

Schmitz, Hermann, *System der Philosophie*, II, 1: *Der Leib*, Bonn 1965.

Schmitz-Emans, Monika, »Labyrinthbücher als Spielanleitungen«, in: Erika Fischer-Lichte und Gertrud Lehnert (Hrsg.), *[(v)er]SPIEL[en] Felder – Figuren – Regeln* (=*Paragrana*, Bd. 11, H. 1), Berlin 2002, S. 179-207.

Schneede, Uwe M., *Joseph Beuys – Die Aktionen*. Kommentiertes Werkverzeichnis mit fotografischer Dokumentation, Ostfildern-Ruit bei Stuttgart 1994.

Schreyer, Lothar, »Das Bühnenkunstwerk«, in: *Der Sturm* 7, 5 (August 1916), S. 50f.

Seel, Martin, *Ästhetik des Erscheinens*, München 2000.

Ders., »Inszenieren als Erscheinenlassen. Thesen über die Reichweite eines Begriffs«, in: Josef Früchtl und Jörg Zimmermann (Hrsg.), *Ästhetik der Inszenierung*, Frankfurt a. M. 2001, S. 48-62.

Seitter, Walter, »Aufmerksamkeitskorrelate auf der Ebene der Erscheinungen«, in: Aleida Assmann und Jan Assmann (Hrsg.), *Aufmerksamkeiten. Archäologie der literarischen Kommunikation,* München 2002.

Shusterman, Richard, »Tatort: Kunst als Dramatisieren«, in: Josef Früchtl und Jörg Zimmermann (Hrsg.), *Ästhetik der Inszenierung*, Frankfurt a. M. 2001, *S.* 126-143.

Simmel, Georg, »Zur Philosophie des Schauspielers«, in: ders., *Das individuelle Gesetz. Philosophische Exkurse*, Frankfurt a. M. 1968, S. 75-95.

Ders., *Soziologie. Untersuchungen über die Form der Vergesellschaftung*, 2. Aufl., München/Leipzig 1922.

Singer, Milton, *Traditional India – Structure and Change*, Philadelphia 1959.

Smith, William Robertson, *Lectures on the Religion of the Semites*, First Series: *The Fundamental Institutions* (Burnett Lectures 1888/9), London 1889, 2. Aufl. 1894, dt. Übersetzung: *Die Religion der Semiten* (1899), Nachdruck Darmstadt 1967.

Soeffner, Hans Georg/Tänzler, Dirk (Hrsg.), *Figurative Politik. Zur Performanz der Macht in der modernen Gesellschaft*, Opladen 2002.

Stadler, Michael/Kruse, Peter, »Visuelles Gedächtnis für Formen und das Problem der Bedeutungszuweisung in kognitiven Systemen«, in: Siegfried J. Schmidt (Hrsg.), *Gedächtnis. Probleme und Perspektiven der interdisziplinären Gedächtnisforschung,* Frankfurt a. M. 1991, S. 250-266.

Dies., »Zur Emergenz psychischer Qualitäten. Das psychophysische Problem im Lichte der Selbstorganisationstheorie«, in: Wolfgang Krohn und Günter Küppers (Hrsg.), *Emergenz: Die Entstehung von Ordnung, Organisation und Bedeutung*, Frankfurt a. M. 1992, S. 134-160.

Steinweg, Reiner, »Ein ›Theater der Zukunft‹. Über die Arbeit von Angelus Novus am Beispiel von Brecht und Homer«, in: *Falter*, Ausgabe 23, 1986.

Stephan, Achim, *Emergenz. Von der Unvorhersagbarkeit zur Selbstorganisation*, Dresden/München 1999.

Ders., »Emergenz in kognitionsfähigen Systemen«, in: Michael Pauen/Gerhard Roth (Hrsg.), *Neurowissenschaften und Philosophie*, München 2001, S. 123-154.

Stoss, Toni (Hrsg.), *Marina Abramović Artist Body, Performances 1969-1997*, Mailand 1998.

Soussa, Ronald de, *Die Rationalität des Gefühls*, Frankfurt a. M. 1997.

Sulzer, Johann Georg, *Allgemeine Theorie der schönen Künste*, Bd. 4, neue, verm. zweyte Aufl. Leipzig 1794.

Tisdall, Caroline, *Joseph Beuys Coyote*, München, 3. Aufl. 1988.

Turner, Victor, *The Ritual Process – Structure and Anti-Structure*, London 1969.

Ders., »Variations on a Theme of Liminality«, in: Sally F. Moore & Barbara C. Myerhoff (Hrsg.), *Secular Rites*, Assen 1977, S. 36-57.

Umathum, Sandra, *Der Zuschauer als Akteur.* Untersuchungen am Beispiel von Christoph Schlingensiefs *Chance 2000 – Wahlkampfzirkus '98*, FU Berlin 1999.

Varela, Francisco J./Thompson, Evan/Rosch, Eleanor, *Der mittlere Weg der Erkenntnis – Der Brückenschlag zwischen wissenschaftlicher Theorie und menschlicher Erfahrung* (engl.: *The Embodied Mind*), München 1996.

Vattimo, Gianni, *Die transparente Gesellschaft*, Wien 1992.

Véron, Paul, *Paris s'amuse*, Paris 1874.

Vielhaber, Gert, »Oedipus Komplex auf der Bühne«, in: *DIE ZEIT*, 2. 10. 1947.

Vischer, Friedrich Theodor, »Das Symbol« (1887), in: ders., *Kritische Gänge IV*, hg. von Robert Vischer, München 1922, S. 420-456.

Vischer, Friedrich Theodor, *Ästhetik* (1846-1858), Bd. 2, München 1922.

Vischer, Robert, »Der ästhetische Akt und die reine Form« (1874), in: ders., *Drei Schriften zum ästhetischen Formproblem*, Halle 1927, S. 45-54.

Vollmoeller, Carl, »Zur Entwicklungsgeschichte des Großen Hauses«, in: *Das Große Schauspielhaus. Zur Eröffnung des Hauses*, hrsg. vom Deutschen Theater Berlin, Berlin 1920, S. 15-21.

Wägenbaur, Thomas (Hrsg.), *Blinde Emergenz? Interdisziplinäre Beiträge zu Fragen kultureller Evolution*, Heidelberg 2000.

Warstat, Matthias, *Theatrale Gemeinschaften. Zur Festkultur der Arbeiterbewegung 1918-1933*, Tübingen/Basel 2004.

Weiler, Christel, »Haschen nach dem Vogelschwanz. Überlegungen zu den Grundlagen schauspielerischer Praxis«, in: Christel Weiler und Hans-Thies Lehmann (Hrsg.), *Szenarien von Theater (und) Wissenschaft* (= *Theater der Zeit*, Recherchen 15), Berlin 2003, S. 204-214.

Dies., »Bilderloses Licht. *Mythos Europa* von Jörg Laue«, in: *Theater der Zeit*, Mai/Juni 1999, S. 48ff.

Dies., »Am Ende/Geschichte. Anmerkungen zur theatralen Historiographie und zur Zeitlichkeit theaterwissenschaftlicher Arbeit«, in: Erika Fischer-Lichte, Doris Kolesch, Christel Weiler (Hrsg.), *TRANSFORMATIONEN. Theater der neunziger Jahre*, Berlin 1999, S. 43-56.

Dies., »Heiner Goebbels *Landschaft mit dem von der Schlange getöteten Mann*«, in: *Theater der Zeit*, Sept./Okt. 1997, Spezial »Theaterskizzen zur Dokumenta X«, S. XIII-XVI.

Wilson, Robert, *the CIVIL warS, a tree is best measured when it is down*, Frankfurt a. M. 1984.

Woll, Stefan, *Das Totaltheater. Ein Projekt von Walter Gropius und Erwin Piscator* (= *Schriften der Gesellschaft für Theatergeschichte e. V.*, Bd. 68), Berlin 1984.

Ton- und Filmdokumente

Burden, Chris, *Documentation of Selected Works 1971-1974*, Videoband (USA 1975), VHS, 34 Min. Hrsg. von A. Wirths in Zusammenarbeit mit F. Malsch und dem Kölner Kunstverein, Köln 1990.

Emmerling, Hans, Filmische Dokumentation zu Beuys' Aktion *Celtic* + ~~~, Bemerkungen zu Arbeiten und Theorien von Joseph Beuys, Produktion des Saarländischen Rundfunks, Saarbrücken 1971, im: Medien-Archiv im Hamburger Bahnhof – Museum für Moderne Kunst, Berlin.

Klüser, Bernd, Filmische Dokumentation zu Beuys' Aktion *Celtic* + ~~~, hrsg. v. Schelemann & Klüser, München 1971, im: Medien-Archiv Hamburger Bahnhof – Museum für Moderne Kunst, Berlin.

Riewoldt, Otto, »Herrscher über Raum und Zeit. Das Theater Robert Wilsons«, Feature vom Südfunk vom 3. Juni 1987.

Wietz, Helmuth: *Joseph Beuys. I like America and America likes me*, Film-Dokumentation, Vertrieb René Block, Berlin 1974.

Literaturwissenschaft und Kulturtheorie in der edition suhrkamp Eine Auswahl

Jan Assmann. Der Tod als Thema der Kulturtheorie. Todesbilder und Todesriten im Alten Ägypten. Mit zahlreichen Abbildungen. es 2157. 128 Seiten

Etienne Barilier. Gegen den neuen Obskurantismus. Lob des Fortschritts. Übersetzt von Ulrich Kunzmann. es 2099. 180 Seiten

Roland Barthes

- Am Nullpunkt der Literatur. Literatur oder Geschichte. Kritik und Wahrheit. Übersetzt von Helmut Scheffel. es 2471. 203 Seiten
- Der entgegenkommende und der stumpfe Sinn. Kritische Essays III. Übersetzt von Dieter Hornig. es 1367. 319 Seiten
- Die Körnung der Stimme. Übersetzt von A. Bucaille-Euler, B. Spielmann und G. Mahlberg. es 2278. 404 Seiten
- Mythen des Alltags. Übersetzt von Helmut Scheffel. es 92. 168 Seiten
- Das Neutrum. Vorlesung am Collège de France 1977-1978. Übersetzt von Horst Brühmann. es 2377. 346 Seiten
- Das Rauschen der Sprache. Kritische Essays IV. Übersetzt von Dieter Hornig. es 1695. 404 Seiten
- Das Reich der Zeichen. Übersetzt von Michael Bischoff. Mit zahlreichen Abbildungen. es 1077. 168 Seiten
- Das semiologische Abenteuer. Übersetzt von Dieter Hornig. es 1441. 304 Seiten
- Die Sprache der Mode. Übersetzt von Horst Brühmann. es 1318. 384 Seiten

Benjamins Begriffe. Herausgegeben von Michael Opitz und Erdmut Wizisla. Zwei Bände. es 2048. 880 Seiten

NF 308/1/12.07

Elena Esposito. Die Fiktion der wahrscheinlichen Realität. es 2485. 127 Seiten

Ottmar Ette. Roland Barthes. Eine intellektuelle Biographie. es 2077. 522 Seiten

Erika Fischer-Lichte. Ästhetik des Performativen. es 2373. 378 Seiten

Jochen Hörisch. Brot und Wein. Die Poesie des Abendmahls. es 1692. 295 Seiten

Jochen Hörisch. Kopf oder Zahl. Die Poesie des Geldes. Mit Abbildungen. es 1998. 370 Seiten

Jochen Hörisch. Ende der Vorstellung. Die Poesie der Medien. es 2115. 292 Seiten

Konstruktionen praktischer Vernunft. Philosophie im Gespräch. Herausgegeben von Herlinde Pauer-Studer. es 2181. 304 Seiten

Hans Peter Neureuter. Brecht in Finnland. Studien zu Leben und Werk 1940-41. es 2056. 376 Seiten

Henning Ritter. Die Fassaden am East River. es 2158. 95 Seiten

Richard Rorty. Die Schönheit, die Erhabenheit und die Gemeinschaft der Philosophen. es 2149. 87 Seiten

Eckhard Schumacher. Gerade Eben Jetzt. Schreibweisen der Gegenwart. es 2282. 206 Seiten

Bernd Stiegler. Bilder der Photographie. Ein Album photographischer Metaphern. es 2461. 246 Seiten

NF 308/2/12.07

Peter Strasser. Journal der letzten Dinge. es 2051. 301 Seiten

Peter Strasser. Der Weg nach draußen. es 2177. 272 Seiten

Hans-Ulrich Treichel. Über die Schrift hinaus. Essays zur Literatur. es 2144. 240 Seiten

Robert Walser und die moderne Poetik. Herausgegeben von Dieter Borchmeyer. es 2107. 251 Seiten

NF 308/3/12.07

»Aesthetica«
in der edition suhrkamp

Ulrich Baer. Traumdeutung. es 2253. 300 Seiten

Harold Bloom. Ein Topographie des Fehllesens. Übersetzt von Isabella Mayr. es 2011. 281 Seiten

Gilles Deleuze. Kritik und Klinik. Übersetzt von Joseph Vogl. es 1919. 208 Seiten

Gilles Deleuze. Die Logik des Sinns. Übersetzt von Bernhard Dieckmann. es 1707. 397 Seiten

Josef Früchtl/Jörg Zimmermann (Hg.). Ästhetik der Inszenierung. Dimensionen eines künstlerischen, kulturellen und gesellschaftlichen Phänomens. es 2196. 310 Seiten

Neil Hertz. Das Ende des Weges. Die Psychoanalyse und das Erhabene. Übersetzt von Isabella König. es 1939. 304 Seiten

Philippe Lejeune. Der autobiographische Pakt. es 1896. 204 Seiten

Paul de Man. Die Ideologie des Ästhetischen. Herausgegeben von Christoph Menke. Übersetzt von Jürgen Blasius. es 1682. 300 Seiten

Dieter Mersch. Ereignis und Aura. Untersuchungen zu einer »performativen Ästhetik«. es 2219. 250 Seiten

Eckhard Schumacher. Die Ironie der Unverständlichkeit. Johann Georg Hamann, Friedrich Schlegel, Jacques Derrida, Paul de Man. es 2172. 300 Seiten

NF 309/1/8.06